PROYECTOS 1

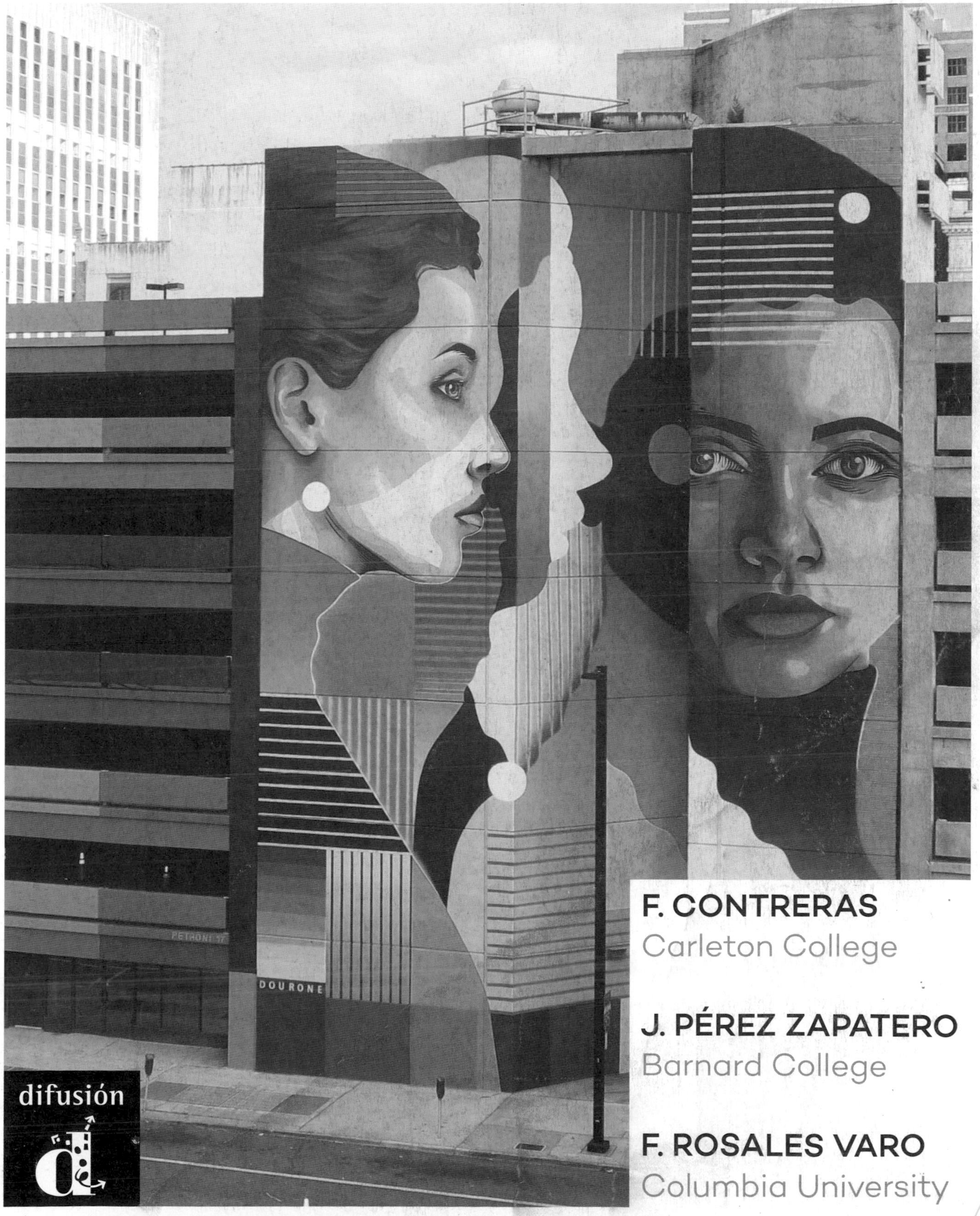

F. CONTRERAS
Carleton College

J. PÉREZ ZAPATERO
Barnard College

F. ROSALES VARO
Columbia University

difusión

Authors
Fernando Contreras
Javier Pérez
Francisco Rosales

Contributors
Kris Buyse
Pablo Garrido
Matilde Martínez
Ana Martínez Lara
Teresa Moreno
Núria Murillo
Pilar Salamanca

Publisher
Agustín Garmendia

Project Managers
Emilia Conejo, Maribel García, Jaume Muntal, Núria Murillo

Director of Art & Design
Pedro Ponciano

Photo Researcher and Art Buyer
Sara Zucconi, Gaëlle Suñer

Translation and Proofreading in English
Javier Pérez Zapatero, Justine Ciovacco, Tom Keon, Kristin Swanson

Proofreading in Spanish
Carmen Aranda, Manuel Felipe Álvarez Galeano, Sílvia Jofresa

Cover Image Credit
La verdad no tiene forma © Petroni/Dourone

Student Text ISBN: 978-84-18032-57-8
Printed in Spain by Imprenta Gómez Aparicio
First Edition
1 2 3 4 5 6 7 8 9 10

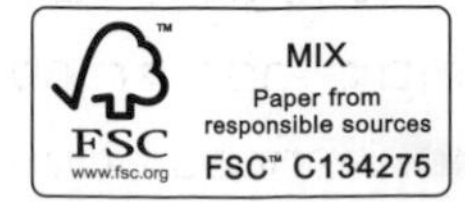

www.difusion.us

WHY **PROYECTOS**?

The term **project** implies the designing and building of a future from our present perspective. We live in a dynamic and changing world that is becoming increasingly heterogeneous. Our students aren't just algorithms in this digital global environment; they are also people as well as citizens who are learning to adapt to ever-changing circumstances. As language teachers and authors, we are devoted to our students as individuals. We want to emphasize and prioritize students' autonomy and identity, placing the learner at the forefront as an active agent who is able to generate skills to succeed in this new environment. This is why we created **PROYECTOS**—to meet the need for contemporary, vibrant, and diverse educational tools and materials, developed from a humanistic perspective.

By humanistic, we refer to a learning environment that is student centered, where learners are empowered and can participate in their own personal growth. We firmly believe that this educational experience needs to be supported by critical-thinking skills that are developed via real-life experiences. This approach is reflected throughout **PROYECTOS**. We strived to create an open and multidimensional proposal, which leaves room for the particular needs of students, following a learner-centered curriculum. Our experiences have shown us how essential it is to respect our students' needs. **PROYECTOS** helps meet these needs by developing multiple competencies simultaneously, not only linguistic and communicative, but also academic and multicultural. We believe that our Spanish classes should not only be focused on grammar, vocabulary, conversation and culture, but also be an interdisciplinary space. By combining these elements, **PROYECTOS** creates a new universe for exploration and communication.

We also believe that students should develop a positive view of themselves as learners. That is why we created a non-authoritarian learning model that helps students interpret the world in new and original ways. Instruction must always facilitate decision-making, without suppressing or controlling the learner's desire to communicate. This kind of meaningful learning fosters a high-motivation environment that helps the learner process information more successfully. Research in applied linguistics has taught us that exploratory learning and content-based projects help create the kind of classroom experience that develops the learner's critical-thinking skills via real and memorable engagement with the language.

PROYECTOS invites students to transform their present, create new meanings for this new world, and build the path that will lead them to their best future.

The Authors

PROYECTOS 1 is a program aimed at North American college and university students of Spanish at the introductory Spanish level.

Its innovative design follows a project-based, content-focused approach. Its main goal is to stimulate students to build knowledge through explorative and expansive learning.
The Spanish classroom becomes a space where students develop 21st-century skills, such as collaboration, creativity, critical thinking, and communication.

PROYECTOS 1 OFFERS MANY EXCITING FEATURES.

→ **PROYECTOS 1** brings a contemporary view of Hispanic cultures to the Spanish classroom through engaging texts, themes, and topics: students are motivated to act and create in Spanish.

→ **PROYECTOS 1** offers a pedagogical sequence in which grammar, vocabulary, and discourse work in service of communication: students are truly capable of acting and creating in Spanish.

→ **PROYECTOS 1** presents groundbreaking content and language integration. Students use the language in interdisciplinary scenarios related to their own academic experiences, which helps them develop their professional skills and prepare for their future careers.

→ **PROYECTOS 1** promotes intercultural competence, enabling critical thinking about essential questions from a multidimensional, contemporary, and inclusive perspective that is free of stereotypes.

→ **PROYECTOS 1** offers an inclusive perspective on learning. Its approach makes it open to all learners and all types of intelligences (visual, linguistic, interpersonal, intrapersonal, etc.). In addition, its its diverse and stimulating vision of cultural realities embraces all the identities and communities in the Hispanic world —and in the students' world as well.

→ **PROYECTOS 1** allows for flipped classroom dynamics, which optimizes class time. Students can prepare independently before the classe session thus maximizing classroom communication and collaboration.

→ **PROYECTOS 1** is the product of authentic student-centered design. Students make decisions and create projects which are not only personally relevant but also academically, and they take a leading active role in their own learning.

PÁGINA DE ENTRADA

The introductory page presents the content of the chapter organized by the seven areas that are developed throughout the chapter (learning outcomes, vocabulary, language structures, oral and written texts, sounds, culture and projects).

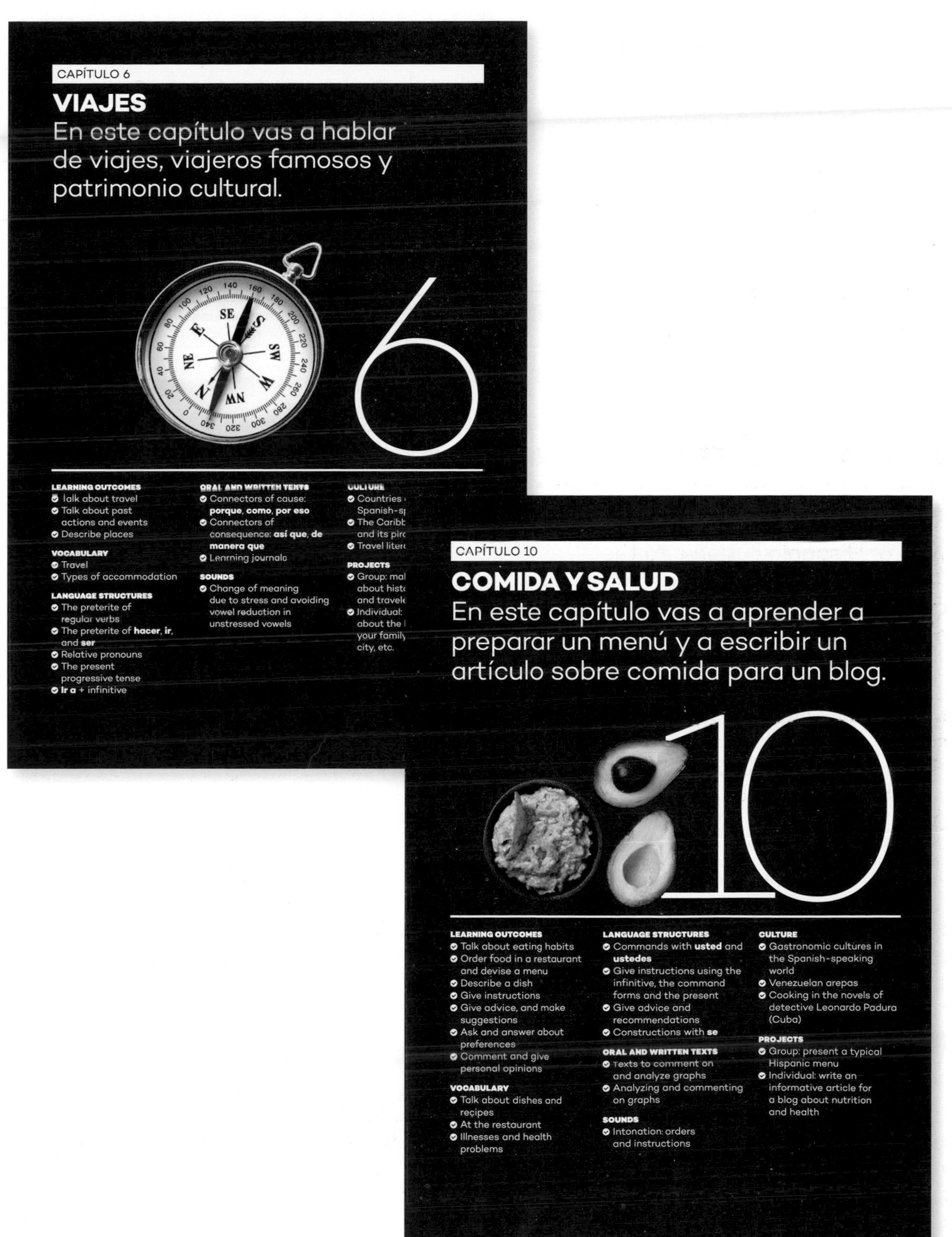

CAPÍTULO 6

VIAJES

En este capítulo vas a hablar de viajes, viajeros famosos y patrimonio cultural.

6

LEARNING OUTCOMES
- Talk about travel
- Talk about past actions and events
- Describe places

VOCABULARY
- Travel
- Types of accommodation

LANGUAGE STRUCTURES
- The preterite of regular verbs
- The preterite of **hacer**, **ir**, and **ser**
- Relative pronouns
- The present progressive tense
- **Ir a** + infinitive

ORAL AND WRITTEN TEXTS
- Connectors of cause: **porque**, **como**, **por eso**
- Connectors of consequence: **así que**, **de manera que**
- Learning journals

SOUNDS
- Change of meaning due to stress and avoiding vowel reduction in unstressed vowels

CULTURE
- Countries Spanish-s
- The Carib and its pir
- Travel liter

PROJECTS
- Group: mal about hist and travel
- Individual: about the your famil city, etc.

CAPÍTULO 10

COMIDA Y SALUD

En este capítulo vas a aprender a preparar un menú y a escribir un artículo sobre comida para un blog.

10

LEARNING OUTCOMES
- Talk about eating habits
- Order food in a restaurant and devise a menu
- Describe a dish
- Give instructions
- Give advice, and make suggestions
- Ask and answer about preferences
- Comment and give personal opinions

VOCABULARY
- Talk about dishes and recipes
- At the restaurant
- Illnesses and health problems

LANGUAGE STRUCTURES
- Commands with **usted** and **ustedes**
- Give instructions using the infinitive, the command forms and the present
- Give advice and recommendations
- Constructions with **se**

ORAL AND WRITTEN TEXTS
- Texts to comment on and analyze graphs
- Analyzing and commenting on graphs

SOUNDS
- Intonation: orders and instructions

CULTURE
- Gastronomic cultures in the Spanish-speaking world
- Venezuelan arepas
- Cooking in the novels of detective Leonardo Padura (Cuba)

PROJECTS
- Group: present a typical Hispanic menu
- Individual: write an informative article for a blog about nutrition and health

PARA EMPEZAR

This section presents images, charts, quotes, graphics and other textual prompts with meaningful information, but minimal written text, that allow students to work on comprehension activities. It is through these textual prompts that students warm up to the different content of the chapter. Here, and throughout **PROYECTOS 1**, active vocabulary is highlighted in yellow, which draws students' attention to how these words are used in context.

Each chapter includes a **video** with socioculturally meaningful content and thought-provoking themes. Students have the support of the script to accompany each video. Activities associated with the videos aim at fostering comprehension as well as promoting oral communication.

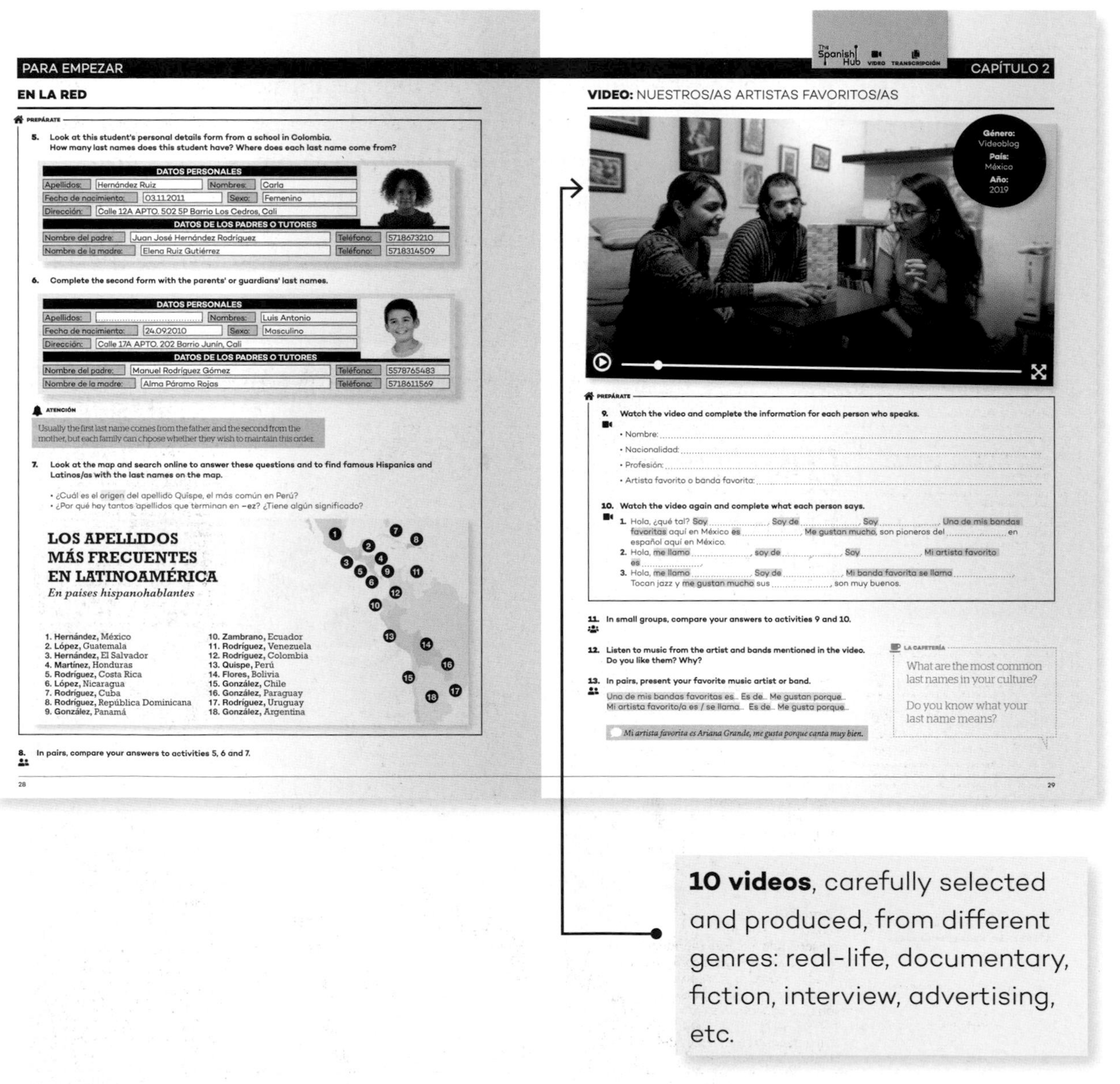

PARA EMPEZAR

EN LA RED

PREPÁRATE

5. Look at this student's personal details form from a school in Colombia. How many last names does this student have? Where does each last name come from?

DATOS PERSONALES			
Apellidos:	Hernández Ruiz	Nombres:	Carla
Fecha de nacimiento:	03.11.2011	Sexo:	Femenino
Dirección:	Calle 12A APTO. 502 5P Barrio Los Cedros, Cali		
DATOS DE LOS PADRES O TUTORES			
Nombre del padre:	Juan José Hernández Rodríguez	Teléfono:	5718673210
Nombre de la madre:	Elena Ruiz Gutiérrez	Teléfono:	5718314509

6. Complete the second form with the parents' or guardians' last names.

DATOS PERSONALES			
Apellidos:	....	Nombres:	Luis Antonio
Fecha de nacimiento:	24.09.2010	Sexo:	Masculino
Dirección:	Calle 17A APTO. 202 Barrio Junín, Cali		
DATOS DE LOS PADRES O TUTORES			
Nombre del padre:	Manuel Rodríguez Gómez	Teléfono:	5578765483
Nombre de la madre:	Alma Páramo Rojas	Teléfono:	5718611569

ATENCIÓN

Usually the first last name comes from the father and the second from the mother, but each family can choose whether they wish to maintain this order.

7. Look at the map and search online to answer these questions and to find famous Hispanics and Latinos/as with the last names on the map.

- ¿Cuál es el origen del apellido Quispe, el más común en Perú?
- ¿Por qué hay tantos apellidos que terminan en **–ez**? ¿Tiene algún significado?

LOS APELLIDOS MÁS FRECUENTES EN LATINOAMÉRICA

En países hispanohablantes

1. **Hernández**, México
2. **López**, Guatemala
3. **Hernández**, El Salvador
4. **Martínez**, Honduras
5. **Rodríguez**, Costa Rica
6. **López**, Nicaragua
7. **Rodríguez**, Cuba
8. **Rodríguez**, República Dominicana
9. **González**, Panamá
10. **Zambrano**, Ecuador
11. **Rodríguez**, Venezuela
12. **Rodríguez**, Colombia
13. **Quispe**, Perú
14. **Flores**, Bolivia
15. **González**, Chile
16. **González**, Paraguay
17. **Rodríguez**, Uruguay
18. **González**, Argentina

8. In pairs, compare your answers to activities 5, 6 and 7.

28

The Spanish Hub VIDEO TRANSCRIPCIÓN

CAPÍTULO 2

VIDEO: NUESTROS/AS ARTISTAS FAVORITOS/AS

Género: Videoblog
País: México
Año: 2019

PREPÁRATE

9. Watch the video and complete the information for each person who speaks.

- Nombre: ....
- Nacionalidad: ....
- Profesión: ....
- Artista favorito o banda favorita: ....

10. Watch the video again and complete what each person says.

1. Hola, ¿qué tal? Soy ...., Soy de ...., Soy ...., Una de mis bandas favoritas aquí en México es ...., Me gustan mucho, son pioneros del .... en español aquí en México.
2. Hola, me llamo ...., soy de ...., Soy ...., Mi artista favorito es ....,
3. Hola, me llamo ...., Soy de ...., Mi banda favorita se llama ...., Tocan jazz y me gustan mucho sus ...., son muy buenos.

11. In small groups, compare your answers to activities 9 and 10.

12. Listen to music from the artist and bands mentioned in the video. Do you like them? Why?

13. In pairs, present your favorite music artist or band.

Una de mis bandas favoritas es... Es de... Me gustan porque...
Mi artista favorito/a es / se llama... Es de... Me gusta porque...

Mi artista favorita es Ariana Grande, me gusta porque canta muy bien.

LA CAFETERÍA

What are the most common last names in your culture?

Do you know what your last name means?

29

10 videos, carefully selected and produced, from different genres: real-life, documentary, fiction, interview, advertising, etc.

DOCUMENTOS PARA DESCUBRIR

In this section, students will find text-based activities that scaffold the work on language structures, vocabulary and listening and reading comprehension. The diversity and quality of texts included in **Documentos para descubrir** allows students to approach each one from different angles – vocabulary, reading and listening comprehension, communication – all of it in dialogue with sociocultural practices and products. In addition, **PROYECTOS 1** offers students the unique feature of **Textos locutados y mapeados**. The mapping of these texts identifies three different linguistic features: connectors, frequently combined words, and verb combinations. **Textos locutados** are a fantastic source of samples of different varieties of Spanish. Students can use them to focus attention on pronunciation, to compare varieties and to appreciate linguistic variation.

PREPÁRATE

Activities with this heading can be assigned as homework for students, or as a warm-up activity. In the grammar section, however, **Prepárate** has a strong scaffolding function, preparing students to activate critical thinking as they inductively predict forms and syntactic rules to later use them in isolation or in conversation.

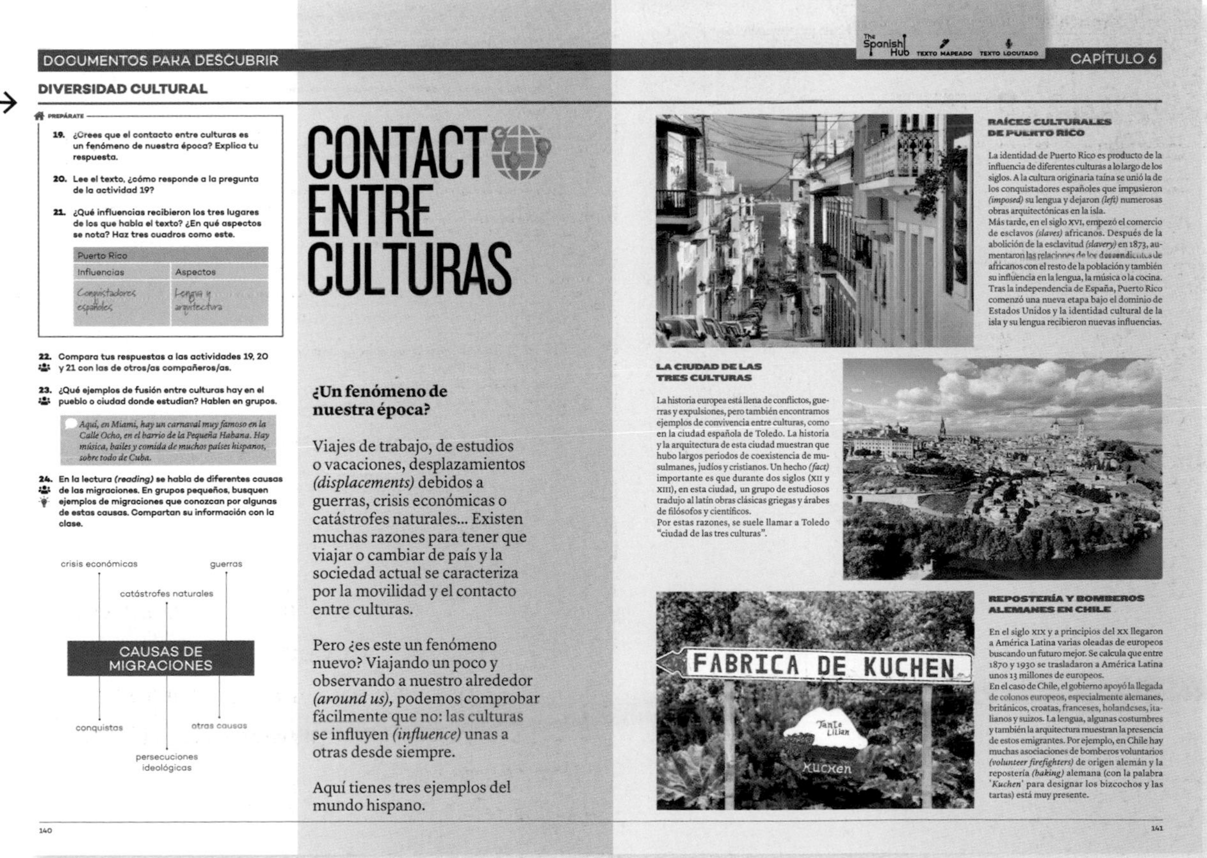

DOCUMENTOS PARA DESCUBRIR

DIVERSIDAD CULTURAL

PREPÁRATE

19. ¿Crees que el contacto entre culturas es un fenómeno de nuestra época? Explica tu respuesta.

20. Lee el texto, ¿cómo responde a la pregunta de la actividad 19?

21. ¿Qué influencias recibieron los tres lugares de los que habla el texto? ¿En qué aspectos se nota? Haz tres cuadros como este.

Puerto Rico	
Influencias	Aspectos
Conquistadores españoles	Lengua y arquitectura

22. Compara tus respuestas a las actividades 19, 20 y 21 con las de otros/as compañeros/as.

23. ¿Qué ejemplos de fusión entre culturas hay en el pueblo o ciudad donde estudian? Hablen en grupos.

Aquí, en Miami, hay un carnaval muy famoso en la Calle Ocho, en el barrio de la Pequeña Habana. Hay música, bailes y comida de muchos países hispanos, sobre todo de Cuba.

24. En la lectura *(reading)* se habla de diferentes causas de las migraciones. En grupos pequeños, busquen ejemplos de migraciones que conozcan por algunas de estas causas. Compartan su información con la clase.

CAUSAS DE MIGRACIONES: crisis económicas, guerras, catástrofes naturales, conquistas, otras causas, persecuciones ideológicas

140

CONTACTO ENTRE CULTURAS

¿Un fenómeno de nuestra época?

Viajes de trabajo, de estudios o vacaciones, desplazamientos *(displacements)* debidos a guerras, crisis económicas o catástrofes naturales... Existen muchas razones para tener que viajar o cambiar de país y la sociedad actual se caracteriza por la movilidad y el contacto entre culturas.

Pero ¿es este un fenómeno nuevo? Viajando un poco y observando a nuestro alrededor *(around us)*, podemos comprobar fácilmente que no: las culturas se influyen *(influence)* unas a otras desde siempre.

Aquí tienes tres ejemplos del mundo hispano.

The Spanish Hub TEXTO MAPEADO TEXTO LOCUTADO CAPÍTULO 6

RAÍCES CULTURALES DE PUERTO RICO

La identidad de Puerto Rico es producto de la influencia de diferentes culturas a lo largo de los siglos. A la cultura originaria taína se unió la de los conquistadores españoles que impusieron *(imposed)* su lengua y dejaron *(left)* numerosas obras arquitectónicas en la isla.
Más tarde, en el siglo XVI, empezó el comercio de esclavos *(slaves)* africanos. Después de la abolición de la esclavitud *(slavery)* en 1873, aumentaron las relaciones de los descendientes de africanos con el resto de la población y también su influencia en la lengua, la música o la cocina.
Tras la independencia de España, Puerto Rico comenzó una nueva etapa bajo el dominio de Estados Unidos y la identidad cultural de la isla y su lengua recibieron nuevas influencias.

LA CIUDAD DE LAS TRES CULTURAS

La historia europea está llena de conflictos, guerras y expulsiones, pero también encontramos ejemplos de convivencia entre culturas, como en la ciudad española de Toledo. La historia y la arquitectura de esta ciudad muestran que hubo largos periodos de coexistencia de musulmanes, judíos y cristianos. Un hecho *(fact)* importante es que durante dos siglos (XII y XIII), en esta ciudad, un grupo de estudiosos tradujo al latín obras clásicas griegas y árabes de filósofos y científicos.
Por estas razones, se suele llamar a Toledo "ciudad de las tres culturas".

REPOSTERÍA Y BOMBEROS ALEMANES EN CHILE

En el siglo XIX y a principios del XX llegaron a América Latina varias oleadas de europeos buscando un futuro mejor. Se calcula que entre 1870 y 1930 se trasladaron a América Latina unos 13 millones de europeos.
En el caso de Chile, el gobierno apoyó la llegada de colonos europeos, especialmente alemanes, británicos, croatas, franceses, holandeses, italianos y suizos. La lengua, algunas costumbres y también la arquitectura muestran la presencia de estos emigrantes. Por ejemplo, en Chile hay muchas asociaciones de bomberos voluntarios *(volunteer firefighters)* de origen alemán y la repostería *(baking)* alemana (con la palabra '*Kuchen*' para designar los bizcochos y las tartas) está muy presente.

141

ENTENDER CÓMO FUNCIONA LA LENGUA

This section offers a place to find scaffolding activities that **focus on form**. Here, students have the opportunity to advance into more complex structures in context. It includes models and examples that target the form and structures under study, and gives students the chance to work inductively when analyzing grammar structures. Meaningful **lexical bundles** of language are highlighted in blue.

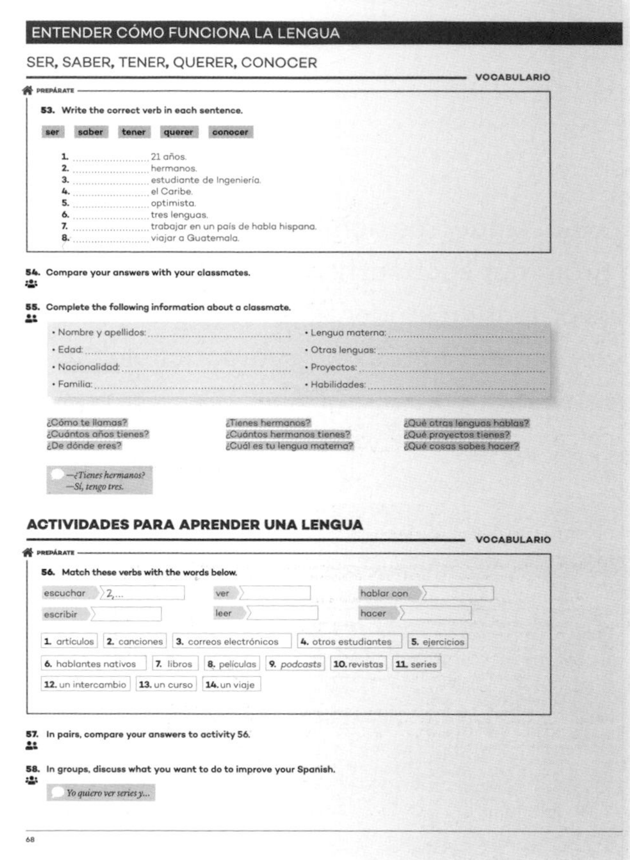

SONIDOS addresses a wide spectrum of oral input and practice in Spanish. Students will find activities focused on specific phonemes as well as exercises emphasizing the pragmatics of intonation in Spanish.

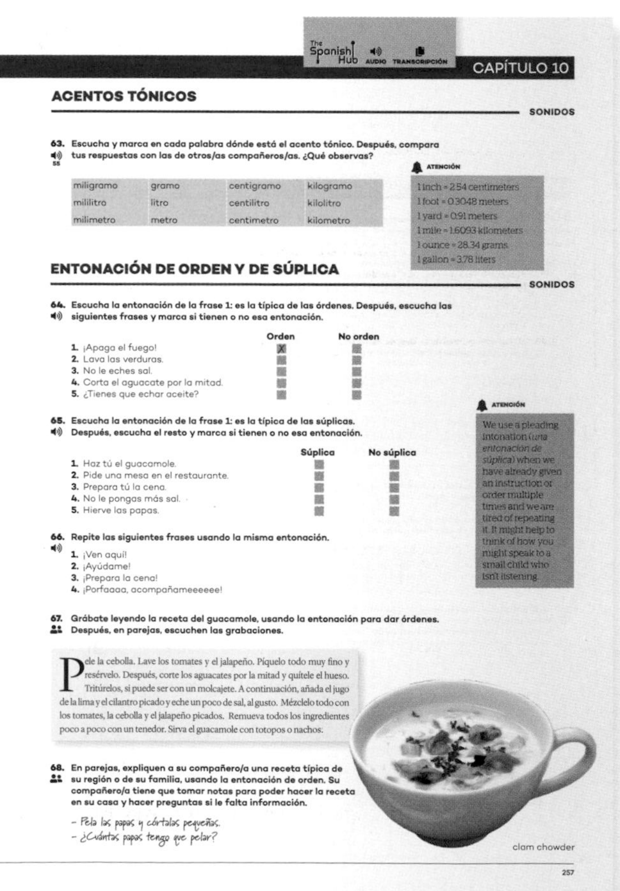

CULTURAS

This section highlights products, practices, and perspectives in an organic way. Poetry, short stories, essays, and texts that feature music, art, history, and cinema are introduced from the early chapters. A **multiliteracies approach** to working with cultural texts emphasizes the need to expose students to these cultural expressions, regardless of their language level.

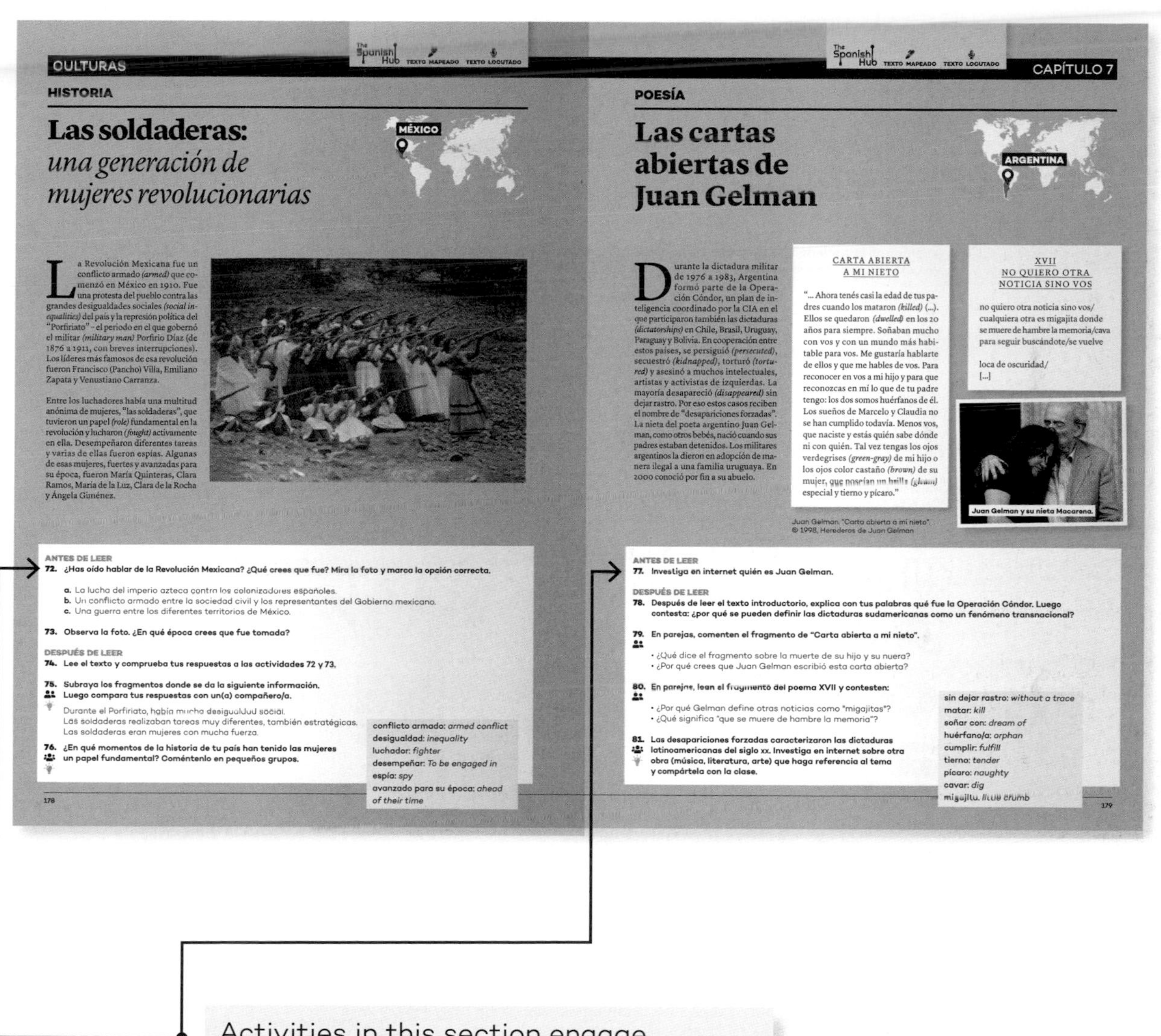

CULTURAS | The Spanish Hub | TEXTO MAPEADO | TEXTO LOCUTADO

HISTORIA

Las soldaderas: *una generación de mujeres revolucionarias*

MÉXICO

La Revolución Mexicana fue un conflicto armado *(armed)* que comenzó en México en 1910. Fue una protesta del pueblo contra las grandes desigualdades sociales *(social inequalities)* del país y la represión política del "Porfiriato" - el periodo en el que gobernó el militar *(military man)* Porfirio Díaz (de 1876 a 1911, con breves interrupciones). Los líderes más famosos de esa revolución fueron Francisco (Pancho) Villa, Emiliano Zapata y Venustiano Carranza.

Entre los luchadores había una multitud anónima de mujeres, "las soldaderas", que tuvieron un papel *(role)* fundamental en la revolución y lucharon *(fought)* activamente en ella. Desempeñaron diferentes tareas y varias de ellas fueron espías. Algunas de esas mujeres, fuertes y avanzadas para su época, fueron María Quinteras, Clara Ramos, María de la Luz, Clara de la Rocha y Ángela Giménez.

ANTES DE LEER

72. **¿Has oído hablar de la Revolución Mexicana? ¿Qué crees que fue? Mira la foto y marca la opción correcta.**

a. La lucha del imperio azteca contra los colonizadores españoles.
b. Un conflicto armado entre la sociedad civil y los representantes del Gobierno mexicano.
c. Una guerra entre los diferentes territorios de México.

73. **Observa la foto. ¿En qué época crees que fue tomada?**

DESPUÉS DE LEER

74. **Lee el texto y comprueba tus respuestas a las actividades 72 y 73.**

75. **Subraya los fragmentos donde se da la siguiente información. Luego compara tus respuestas con un(a) compañero/a.**

Durante el Porfiriato, había mucha desigualdad social.
Las soldaderas realizaban tareas muy diferentes, también estratégicas.
Las soldaderas eran mujeres con mucha fuerza.

76. **¿En qué momentos de la historia de tu país han tenido las mujeres un papel fundamental? Coméntenlo en pequeños grupos.**

conflicto armado: *armed conflict*
desigualdad: *inequality*
luchador: *fighter*
desempeñar: *To be engaged in*
espía: *spy*
avanzado para su época: *ahead of their time*

178

The Spanish Hub | TEXTO MAPEADO | TEXTO LOCUTADO | CAPÍTULO 7

POESÍA

Las cartas abiertas de Juan Gelman

ARGENTINA

Durante la dictadura militar de 1976 a 1983, Argentina formó parte de la Operación Cóndor, un plan de inteligencia coordinado por la CIA en el que participaron también las dictaduras *(dictatorships)* en Chile, Brasil, Uruguay, Paraguay y Bolivia. En cooperación entre estos países, se persiguió *(persecuted)*, secuestró *(kidnapped)*, torturó *(tortured)* y asesinó a muchos intelectuales, artistas y activistas de izquierdas. La mayoría desapareció *(disappeared)* sin dejar rastro. Por eso estos casos reciben el nombre de "desapariciones forzadas". La nieta del poeta argentino Juan Gelman, como otros bebés, nació cuando sus padres estaban detenidos. Los militares argentinos la dieron en adopción de manera ilegal a una familia uruguaya. En 2000 conoció por fin a su abuelo.

CARTA ABIERTA A MI NIETO

"... Ahora tenés casi la edad de tus padres cuando los mataron *(killed)* (...). Ellos se quedaron *(dwelled)* en los 20 años para siempre. Soñaban mucho con vos y con un mundo más habitable para vos. Me gustaría hablarte de ellos y que me hables de vos. Para reconocer en vos a mi hijo y para que reconozcas en mí lo que de tu padre tengo: los dos somos huérfanos de él. Los sueños de Marcelo y Claudia no se han cumplido todavía. Menos vos, que naciste y estás quién sabe dónde ni con quién. Tal vez tengas los ojos verdegrises *(green-gray)* de mi hijo o los ojos color castaño *(brown)* de su mujer, que poseían un brillo *(gleam)* especial y tierno y pícaro."

Juan Gelman. "Carta abierta a mi nieto". © 1998, Herederos de Juan Gelman

XVII
NO QUIERO OTRA NOTICIA SINO VOS

no quiero otra noticia sino vos/
cualquiera otra es migajita donde
se muere de hambre la memoria/cava
para seguir buscándote/se vuelve

loca de oscuridad/
[...]

Juan Gelman y su nieta Macarena.

ANTES DE LEER

77. **Investiga en internet quién es Juan Gelman.**

DESPUÉS DE LEER

78. **Después de leer el texto introductorio, explica con tus palabras qué fue la Operación Cóndor. Luego contesta: ¿por qué se pueden definir las dictaduras sudamericanas como un fenómeno transnacional?**

79. **En parejas, comenten el fragmento de "Carta abierta a mi nieto".**

- ¿Qué dice el fragmento sobre la muerte de su hijo y su nuera?
- ¿Por qué crees que Juan Gelman escribió esta carta abierta?

80. **En parejas, lean el fragmento del poema XVII y contesten:**

- ¿Por qué Gelman define otras noticias como "migajitas"?
- ¿Qué significa "que se muere de hambre la memoria"?

81. **Las desapariciones forzadas caracterizaron las dictaduras latinoamericanas del siglo xx. Investiga en internet sobre otra obra (música, literatura, arte) que haga referencia al tema y compártela con la clase.**

sin dejar rastro: *without a trace*
matar: *kill*
soñar con: *dream of*
huérfano/a: *orphan*
cumplir: *fulfill*
tierno: *tender*
pícaro: *naughty*
cavar: *dig*
migajita: *little crumb*

179

Activities in this section engage students' critical abilities to think about and understand cultural representations of Spanish-speaking groups in contrast or in **comparison** to their own.

CONOCER LOS TEXTOS

This section focuses on different types of written and oral texts. Early chapters present and discuss in English the type of written or oral work students will do. In later chapters, students learn about different genres, especially in connection with **academic work**. This section functions in some cases as scaffolding for the final projects **Proyecto en grupo** and **Proyecto individual**.

CONOCER LOS TEXTOS

REALIZAR UN PÓSTER PARA APOYAR UNA PRESENTACIÓN ORAL

PREPÁRATE

67. **Vivimos en la sociedad de la imagen. A menudo, acompañamos nuestros textos de un componente visual. ¿Qué herramientas visuales utilizas para acompañar tus textos escritos? ¿Y los orales?**

Yo hago presentaciones digitales con fotografías, gráficos y palabras clave.

68. **Una herramienta útil para visualizar el contenido de un texto es un cartel. ¿Cuáles de los siguientes usos de un cartel te parecen más interesantes?**

- Summarize the most important information from a class session.
- Summarize the main ideas of a text.
- Organize information for an oral presentation.
- Support an oral presentation with a visual aid.
- Others: ....

69. **En este texto se mencionan algunos aspectos relevantes para hacer un cartel como apoyo de una presentación oral. Marca las ideas que te parezcan más importantes.**

TO SEE IS TO UNDERSTAND:
Advice for creating a poster

Using a poster as a visual aid during an oral presentation can help your audience better understand your message. At the same time, the process of making the poster can help you not only organize your ideas, but also better commit the information to memory. And if you have a poster, you won't need any other papers or notes.

What should you be thinking about when making a poster? These are the most important components.

THE TEXT
First, think about what you want to include: What will the title be? How many main ideas do you have? Do you want to provide any numbers? If you want to ensure that your audience will easily understand your presentation, it is best not to include too much information on the poster. A few key words and expressions should suffice.

THE STRUCTURE
Next, decide how to organize the information: In what order will you present it? Are some aspects more important than others? Can any of your information be grouped logically? How will you lay out everything?

CONNECTING ELEMENTS
What symbols are you going to use to demonstrate the relationships between different types of information?

IMAGES
Are you going to include graphics, photos, icons, etc.? Will you do any drawings? Images can grab your audience's attention and help them better remember your ideas.

COLOR
Color can make your poster more attractive and help you emphasize the most important information. You can also use it to highlight the structure of your presentation.

126

PROYECTOS

These are the concluding activities of each chapter, when students first work collaboratively and then individually to create their own pieces of work and texts that reflect the topics under consideration.

Proyecto en grupo The group presentations give students the opportunity to think critically about the themes presented in the chapter. Students brainstorm, negotiate, create and present a final piece of work to the class.

Proyecto individual The individual project builds on the themes presented in the group presentation, and while the group presentations stress oral production, the individual presentations invite students to produce a written text such as a blog post, essay, article, a script for an audiovisual product, etc.

PROYECTOS

PROYECTO EN GRUPO

¿Cómo era la vida antes de...?

Vamos a hacer una presentación sobre cómo vivía la gente antes de un acontecimiento histórico importante.

A. **Fíjense en estas imágenes. ¿Qué acontecimientos representan? Coméntenlo en grupos.**

La revolución (de)...
El fin de...
El descubrimiento de...
La invención de...
La llegada de...
La caída de...
La aparición de...
El movimiento...
El inicio de...

B. **Elijan uno de ellos y preparen una presentación explicando cómo era la vida antes de ese acontecimiento. Pueden ilustrar la presentación con fotos o videos.**

C. **Hagan su presentación al resto de la clase.**

CAPÍTULO 7

PROYECTO INDIVIDUAL

Una ciudad, una época

Vas a escribir cómo era la vida en una ciudad en una época determinada y a compararla con la vida allí hoy.

A. **Piensa en una ciudad que vivió una década interesante en el siglo xx. Puede ser una ciudad de Estados Unidos o de otro lugar y el interés puede ser histórico, social, cultural, musical, etc. Aquí tienes algunas ideas, pero puedes elegir otra.**

- Ciudad Juárez en los años 10 durante la Revolución Mexicana.
- Nueva York en los años 60 durante los disturbios *(riots)* de Stonewall.
- París en los años 20 y las vanguardias artísticas.
- San Francisco en los años 60 y el movimiento *hippie*.

B. **Investiga y encuentra objetos o imágenes que representen esa época.**

- un objeto cotidiano
- una obra artística (pintura, música, diseño gráfico...)
- un edificio
- una película
- un personaje popular o importante

C. **Investiga cómo era la vida allí y cómo era la rutina diaria de un grupo de personas que te interese: los jóvenes de tu edad, los artistas, las mujeres, etc.**

D. **Investiga también cómo es la vida hoy en día para ese colectivo en esa ciudad.**

E. **Escribe un texto con todo el material y compara ambas épocas. Valora qué cambios son positivos y cuáles negativos. Usa las imágenes para ilustrarlo y ponles pies de foto para explicar qué es cada cosa. Investiga cómo vivían las diferentes generaciones en esa ciudad en la época que escogiste.**

182 183

Every project has been designed to develop specific skills and cover a **wide range of formats**. To complete them, students must **research**, **create**, and **prepare presentations** about interdisciplinary subjects and engaging topics that are **culturally relevant** and often **related to their community.**

RECURSOS LINGÜÍSTICOS

This section contains linguistic information and explanations with meaningful examples pertaining to the key themes developed in the chapter. This section is enhanced by images, graphics and pictures to supplement descriptions and definitions that otherwise could be dry and intimidating.

Grammar Explanations and tables that describe morphology, as well as syntactic structures, are presented here. Some concepts are intentionally explained with the use of graphics to facilitate understanding. In addition, the **Atención** box adds supplementary information about grammar usage.

Communication This section addresses the linguistic functions that accompany the grammatical features just presented. The focus is on supporting oral communication. In addition, there is a section that refers to cohesion applicable to oral and written texts.

Cohesion This section focuses on aspects of discourse. It helps students connect their ideas and sequence information in a logical way in order to construct both oral and written texts.

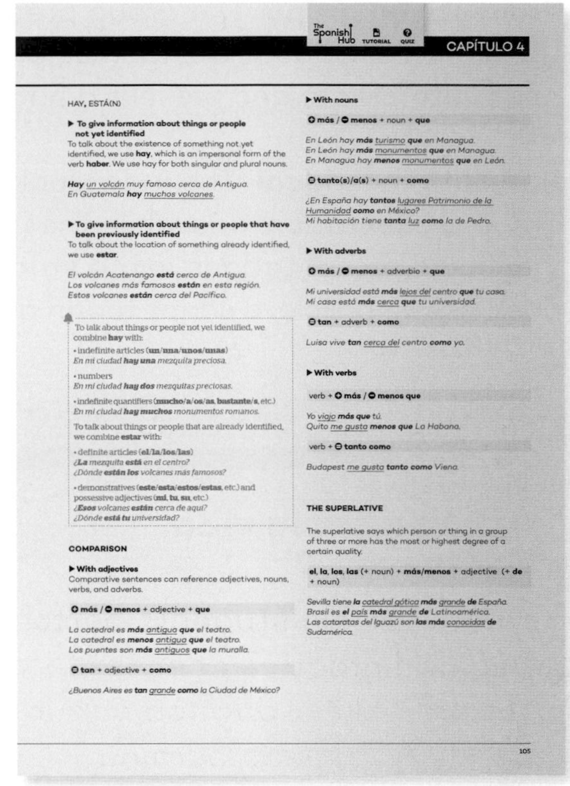

The Spanish Hub TUTORIAL QUIZ

CAPÍTULO 4

HAY, ESTÁ(N)

▶ **To give information about things or people not yet identified**
To talk about the existence of something not yet identified, we use **hay**, which is an impersonal form of the verb **haber**. We use hay for both singular and plural nouns.

Hay *un volcán muy famoso cerca de Antigua.*
En Guatemala ***hay*** *muchos volcanes.*

▶ **To give information about things or people that have been previously identified**
To talk about the location of something already identified, we use **estar**.

El volcán Acatenango ***está*** *cerca de Antigua.*
Los volcanes más famosos ***están*** *en esta región.*
Estos volcanes ***están*** *cerca del Pacífico.*

To talk about things or people not yet identified, we combine **hay** with:
• indefinite articles (**un/una/unos/unas**)
En mi ciudad ***hay una*** *mezquita preciosa.*
• numbers
En mi ciudad ***hay dos*** *mezquitas preciosas.*
• indefinite quantifiers (**mucho/a/os/as**, **bastante/s**, etc.)
En mi ciudad ***hay muchos*** *monumentos romanos.*
To talk about things or people that are already identified, we combine **estar** with:
• definite articles (**el/la/los/las**)
*¿**La** mezquita **está** en el centro?*
*¿Dónde **están los** volcanes más famosos?*
• demonstratives (**este/esta/estos/estas**, etc.) and possessive adjectives (**mi**, **tu**, **su**, etc.)
*¿**Esos** volcanes **están** cerca de aquí?*
*¿Dónde **está tu** universidad?*

COMPARISON

▶ **With adjectives**
Comparative sentences can reference adjectives, nouns, verbs, and adverbs.

más / **menos** + adjective + **que**

La catedral es ***más*** *antigua* ***que*** *el teatro.*
La catedral es ***menos*** *antigua* ***que*** *el teatro.*
Los puentes son ***más*** *antiguos* ***que*** *la muralla.*

tan + adjective + **como**

¿Buenos Aires es ***tan*** *grande* ***como*** *la Ciudad de México?*

▶ **With nouns**

más / **menos** + noun + **que**

En León hay ***más*** *turismo* ***que*** *en Managua.*
En León hay ***más*** *monumentos* ***que*** *en Managua.*
En Managua hay ***menos*** *monumentos* ***que*** *en León.*

tanto(s)/a(s) + noun + **como**

¿En España hay ***tantos*** *lugares Patrimonio de la Humanidad* ***como*** *en México?*
Mi habitación tiene ***tanta*** *luz* ***como*** *la de Pedro.*

▶ **With adverbs**

más / **menos** + adverbio + **que**

Mi universidad está ***más*** *lejos del centro* ***que*** *tu casa.*
Mi casa está ***más*** *cerca* ***que*** *tu universidad.*

tan + adverb + **como**

Luisa vive ***tan*** *cerca del centro* ***como*** *yo.*

▶ **With verbs**

verb + **más** / **menos que**

Yo viajo ***más que*** *tú.*
Quito me gusta ***menos que*** *La Habana.*

verb + **tanto como**

Budapest me gusta ***tanto como*** *Viena.*

THE SUPERLATIVE

The superlative says which person or thing in a group of three or more has the most or highest degree of a certain quality.

el, **la**, **los**, **las** (+ noun) + **más/menos** + adjective (+ **de** + noun)

Sevilla tiene ***la*** *catedral gótica* ***más*** *grande* ***de*** *España.*
Brasil es ***el*** *país* ***más*** *grande* ***de*** *Latinoamérica.*
Las cataratas del Iguazú son ***las más*** *conocidas* ***de*** *Sudamérica.*

105

It highlights the use of discourse and time markers, connectors of cause and consequence, narrative resources and other cohesive devices, offering students a toolkit to steadily develop their discourse skills.

The **Vocabulary** section presents lexical items **logically and visually**, putting special emphasis on frequent **word** 〉combinations.
The format of this presentation of words and expressions resembles how vocabulary is learned in an immersion environment and, in addition, facilitates learning via **graphic** organizers, **mental mapping**, **images**, outlines, etc.

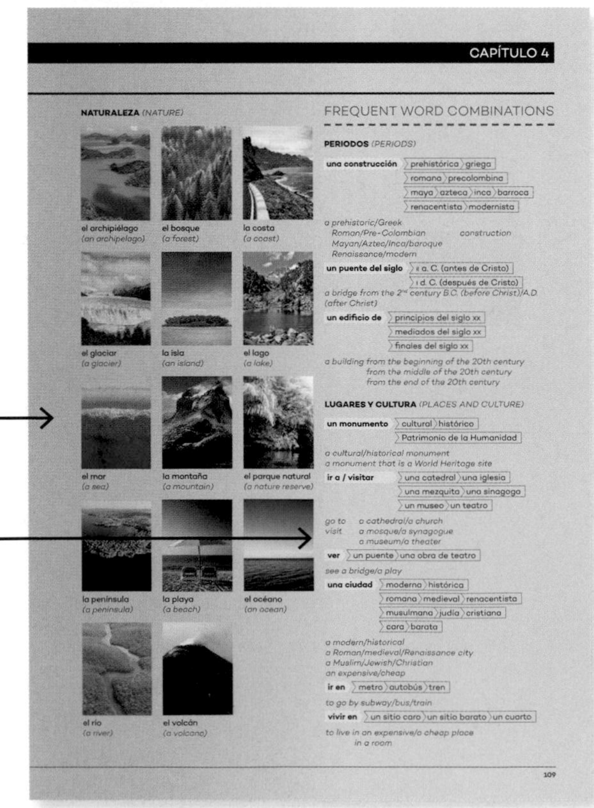

CAPÍTULO 4

NATURALEZA *(NATURE)*

el archipiélago *(an archipelago)*
el bosque *(a forest)*
la costa *(a coast)*
el glaciar *(a glacier)*
la isla *(an island)*
el lago *(a lake)*
el mar *(a sea)*
la montaña *(a mountain)*
el parque natural *(a nature reserve)*
la península *(a peninsula)*
la playa *(a beach)*
el océano *(an ocean)*
el río *(a river)*
el volcán *(a volcano)*

FREQUENT WORD COMBINATIONS

PERIODOS *(PERIODS)*

una construcción 〉prehistórica 〉griega 〉romana 〉precolombina 〉maya 〉azteca 〉inca 〉barroca 〉renacentista 〉modernista

a prehistoric/Greek Roman/Pre-Colombian Mayan/Aztec/Inca/baroque Renaissance/modern construction

un puente del siglo 〉II a. C. (antes de Cristo) 〉I d. C. (después de Cristo)

a bridge from the 2nd century B.C. (before Christ)/A.D. (after Christ)

un edificio de 〉principios del siglo XX 〉mediados del siglo XX 〉finales del siglo XX

a building from the beginning of the 20th century / from the middle of the 20th century / from the end of the 20th century

LUGARES Y CULTURA *(PLACES AND CULTURE)*

un monumento 〉cultural 〉histórico 〉Patrimonio de la Humanidad

a cultural/historical monument
a monument that is a World Heritage site

ir a / visitar 〉una catedral 〉una iglesia 〉una mezquita 〉una sinagoga 〉un museo 〉un teatro

go to / visit a cathedral/a church, a mosque/a synagogue, a museum/a theater

ver 〉un puente 〉una obra de teatro

see a bridge/a play

una ciudad 〉moderna 〉histórica 〉romana 〉medieval 〉renacentista 〉musulmana 〉judía 〉cristiana 〉cara 〉barata

a modern/historical
a Roman/medieval/Renaissance city
a Muslim/Jewish/Christian
an expensive/cheap

ir en 〉metro 〉autobús 〉tren

to go by subway/bus/train

vivir en 〉un sitio caro 〉un sitio barato 〉un cuarto

to live in an expensive/a cheap place / in a room

109

The Spanish Hub

TheSpanishHub is a platform offering digital content and resources for students and instructors who work with **PROYECTOS 1**.

It is designed with a clear purpose in mind: to improve teaching and learning experiences in higher education environments with engaging content and helpful, user-friendly tools.
It offers easy access to a vast array of material in different formats to help students better grasp and practice concepts, build their skills, develop cultural insights, and meet learning objectives. These resources include online homework, grammar tutorials, and assessment material.

You may have received an **online access code** with your textbook. If not, you can purchase one at **difusion.us/tsh**.

It features the following components:

- **INTERACTIVE TEXTBOOK**
- **INTERACTIVE ACTIVITIES**
- **ENRICHED eTEXT**
- **DIGITAL AIE**
- **GRAMMAR TUTORIALS**
- **GRAMMAR AND VERB TABLES**

• INTERACTIVE TEXTBOOK

The Interactive Textbook is a full html version of the Textbook which can be used to complement the hardcopy version of the book or used instead of the hard copy (both in face-to-face and online classes).
The Interactive Textbook offers in-class and out-of-class content and activities for students. It is browser-friendly with size-adaptable pages and a format adaptable to any desktop or tablet. It also offers a wide rich variety of resources making it more manageable than a classic printed textbook.
In individual activities, students may write directly in the writing fields or, when more space is needed, they can attach files. These notes are just for their personal use and may be used and corrected in class.

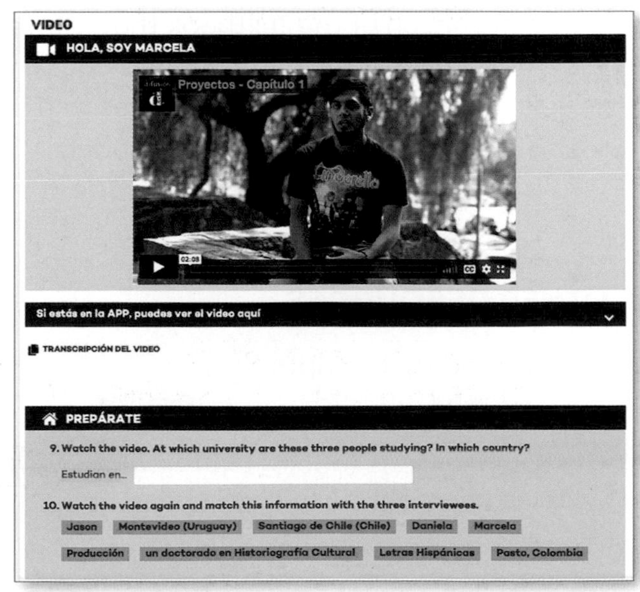

• INTERACTIVE ACTIVITIES

A modern and interactive version of a classic SAM (Student's Activities Manual). Students will be able to practice and expand the content and skills introduced in the Textbook. Most exercises are self-correcting, particularly those with the main objective of learning and reviewing grammar, vocabulary, listening comprehension, phonetics and culture. It also includes activities for written production and pronunciation practice which students may send to their instructors to receive feedback from them.

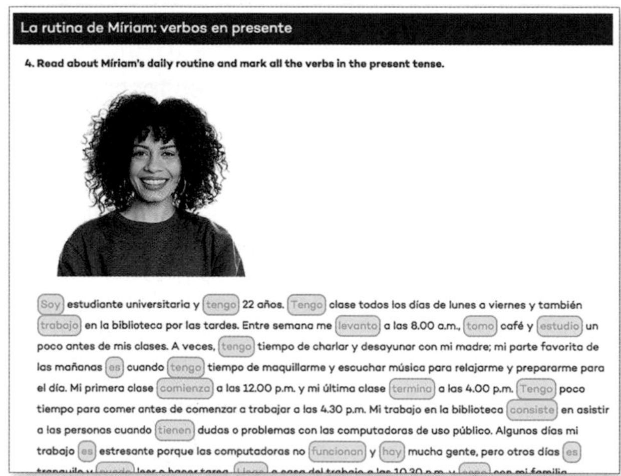

• ENRICHED eTEXT

An eBook version of the Textbook that allows students to browse through all the pages of the Textbook and grants them access to the most basic resources: videos and audios.

• GRAMMAR TUTORIALS

A series of short films features animated grammar to make grammatical structures easier and more fun to understand and learn.

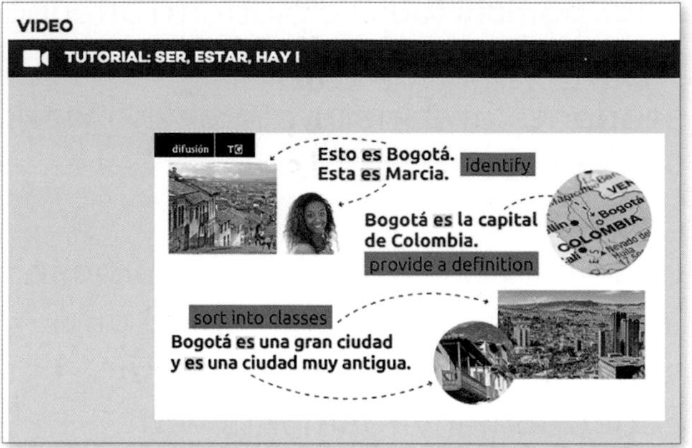

• GRAMMAR AND VERB TABLES

Printable and projectable tables on selected grammar themes and examples of how to conjugate verbs.

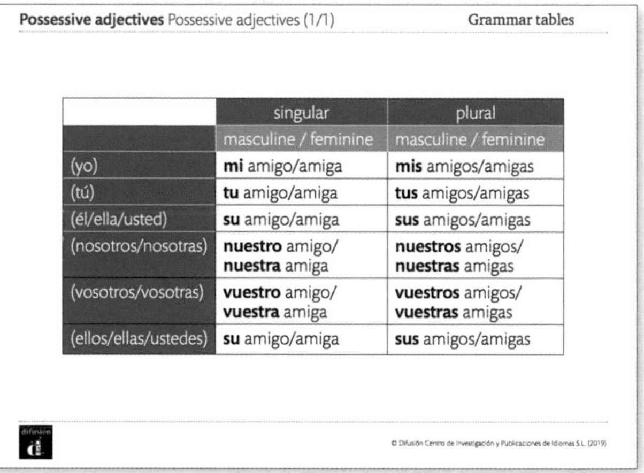

Possessive adjectives Possessive adjectives (1/1) — Grammar tables

	singular	plural
	masculine / feminine	masculine / feminine
(yo)	**mi** amigo/amiga	**mis** amigos/amigas
(tú)	**tu** amigo/amiga	**tus** amigos/amigas
(él/ella/usted)	**su** amigo/amiga	**sus** amigos/amigas
(nosotros/nosotras)	**nuestro** amigo/ **nuestra** amiga	**nuestros** amigos/ **nuestras** amigas
(vosotros/vosotras)	**vuestro** amigo/ **vuestra** amiga	**vuestros** amigos/ **vuestras** amigas
(ellos/ellas/ustedes)	**su** amigo/amiga	**sus** amigos/amigas

OTHER RESOURCES

- Videos and their scripts
- Audios and their scripts
- Textos locutados (audio text narrated in four different Spanish varieties)
- Textos mapeados (mapped versions of texts)
- Interactive quizzes on each chapter
- Spanish-English and English-Spanish Glossaries
- Maps
- Rubrics

PROYECTOS ICONS

 **PREPÁRATE**

This icon indicates activities that students can prepare independently before coming to class (**flipped-classroom)** in order to **maximize group communication and collaboration**.

Examples of language used in oral activities are given in these boxes.

 **ATENCIÓN**

The **Atención** boxes highlight important points regarding grammar and vocabulary.

ESTRATEGIAS

These boxes offer **learning strategies** for comprehension, speaking, writing, memorizing, vocabulary expansion, and more.

 **LA CAFETERÍA**

A resource that presents topics that break down the walls of the classroom and spark **conversations about essential questions**. In many cases, they may take on a linguistic character, but in others the main goal is developing persuasive and critical thinking skills, or showing the **connections between learned content and real life**.

This icon at the top of the pages highlights the digital content and resources available on **TheSpanishHub** platform.

TEXTO MAPEADO

This icon indicates that a "mapped" version of text can be downloaded from **TheSpanishHub**. It's a unique and effective way to make the best of the readings.

TEXTO LOCUTADO

This icon indicates that the text has **four audio versions** on **TheSpanishHub**. Each one is narrated by a different **native speaker from Mexico**, **Colombia**, the Caribbean (**Cuba** and **Puerto Rico**), and **Spain**.

TRANSCRIPCIÓN

Audio and video scripts

TUTORIAL

Grammar Tutorial

QUIZ

Quiz

Activities marked with this icon have been created specifically to develop learners' **critical thinking skills**. In these activities, students reflect critically on what they have read, on their own culture, and on the cultures of others.

 Pair activity  Group activity

 Audios  Videos

COURSE PLANNING

PROYECTOS has been designed keeping in mind the need for flexibility and manageability in a wide variety of academic situations. The following charts illustrate how **PROYECTOS** can be used on two-semester and four-semester courses.

TWO-SEMESTER SYLLABUS
(3–5 class periods per week)

FIRST SEMESTER	SECOND SEMESTER
PROYECTOS 1 Chapters 1 – 10	**PROYECTOS 2** Preliminary Chapter – Chapter 10

FOUR-SEMESTER SYLLABUS
(3 class periods per week)

FIRST SEMESTER	SECOND SEMESTER	THIRD SEMESTER	FOURTH SEMESTER
PROYECTOS 1 Chapters 1 – 5	**PROYECTOS 1** Chapters 6 – 10	**PROYECTOS 2** Preliminary Chapter – Chapter 5	**PROYECTOS 2** Chapters 6 – 10

REVIEWERS

SERGIO ADRADA RAFAEL
Fairfield University. Connecticut

CLARA BURGO
Loyola University Chicago. Illinois

LORENA CAMACHO GUARDADO
The University of Texas at Dallas. Texas

ESTHER CASTRO-CUENCA
Mount Holyoke College. Massachusetts

ANNA MARTHA CEPEDA
Florida International University. Florida

HEATHER COLBURN
Northwestern University. Illinois

JUAN PABLO COMÍNGUEZ
Columbia University. New York

ERICA FISCHER
Saint Mary's University. Halifax, NS. Canada

SUSANA GARCÍA PRUDENCIO
The Pennsylvania State University. Pensilvania

EVA GÓMEZ GARCÍA
Brown University. Rhode Island

GRACIELA HELGUERO-BALCELLS
Northern Virginia Community College, Nova Southeastern University. Florida

ANTONIO ILLESCAS
Mount Holyoke College. Massachusetts

AGGIE JOHNSON
Flagler College. Florida

ESTHER LOMAS SAMPEDRO
Fordham University. New York

CLAUDIA M. LANGE
Carleton College. Minnesota

MARÍA MERCEDES FREEMAN
The University of North Carolina at Greensboro. North Carolina

REYES MORÁN
Northwestern University. Illinois

KELLEY MELVIN
University of Missouri-Kansas City. Missouri

ADRIANA MERINO
Princeton University. New Jersey

JOAN MUNNÉ
Duke University. North Carolina

LISA MERSCHEL
Duke University. North Carolina

SAMUEL A. NAVARRO ORTEGA
Independent Researcher

LILIANA PAREDES
Duke University. North Carolina

ROBERTO REY AGUDO
Dartmouth College. New Hampshire

EDGAR SERRANO
University of Mississippi. Mississippi

ESTHER TRUZMAN
New York University. New York

SARA VILLA
The New School. New York

MARLENYS VILLAMAR
City University of New York. New York

ANA YÁÑEZ RODRÍGUEZ
Massachusetts Institute of Technology. Massachusetts

The authors would like to thank:
Adolfo Sánchez Cuadrado, Almudena Marín Cobos, Marta Ferrer, Víctor Mora, Mercedes Gaspar, Mabel Cuesta, Óscar Guerra, Ana Pérez, María Dolores Torres, Xavier Llovet, David Rodríguez Solás

SCOPE AND SEQUENCE

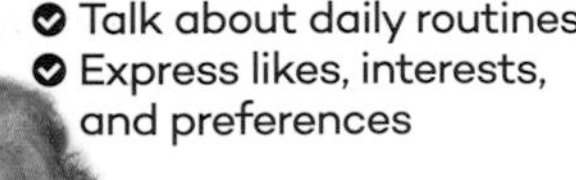

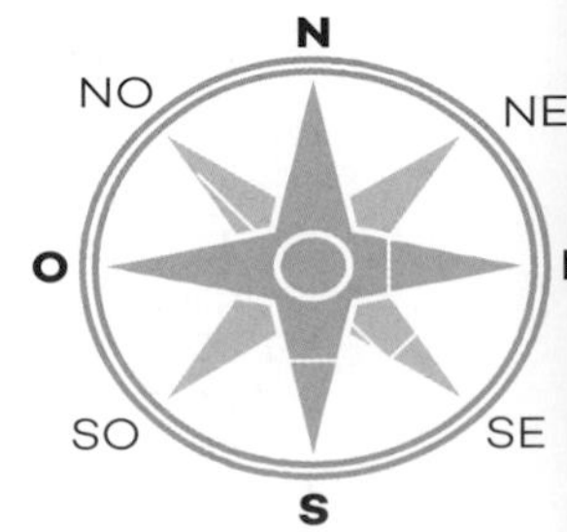

VOCABULARY	ORAL & WRITTEN TEXTS	SOUNDS	PROJECTS	CULTURE
Activities to learn a language Interesting topics in a Spanish course	Communication resources in the Spanish classroom Basic politeness How to create a text	Alphabet and sounds	Group: introduce yourselves to the class Individual: introduce yourself in writing on an online platform	Linguistic landscape (USA) Hispanic artistic heritage in the United States
Personal information Nationalities and professions Numbers 1 to 500	Basic connectors: **y (e)**, **pero**, **por eso**, **también** Studying vocabulary	Intonation: questions	Group: research and present basic information about the most influential Hispanics and Latinos/as in the US Individual: make an infographic about five influential people in the Spanish-speaking world	Celebrities in the Spanish-speaking world Three Mexican film directors Self-portraits by Nahui Olín y David Alfaro Siqueiros (Mexico)
Languages Leisure activities The family The verbs **saber** and **conocer**	Rules for using accents Writing emails	Rules of accentuation Vowels	Group: interviewing classmates and deciding what you want to do in your Spanish class Individual: applying to a study-abroad program in a Spanish-speaking country	The first academy of an indigenous language (Paraguay) Fernando Iwasaki. *Las palabras primas* (Peru)
College life Numbers Colors My room Periods, places and culture	Use of the relative pronouns **que**, **donde** / **en** + article + **que** Objective and subjective description	Stressed vowels Accentuation rules	Group: Identify needs and find solutions to campus housing problems Individual: Report on the quality of campus housing	Geography, history, and borders in the Spanish-speaking world Special places in Nicaragua Architectural styles in Guatemala
Stereotypes and clichés Habits The academic calendar Ordinal numbers 1-10 Weather and climate Months and seasons	Organizing information Contrasting arguments Making a poster	Diphthongs	Group: Prepare a presentation about a place in a Spanish-speaking country Individual: Write a text about an important day in your community	Surprising data in Panama Images of Spain in art

SCOPE AND SEQUENCE

LEARNING OUTCOMES | **LANGUAGE STRUCTURES**

CAPÍTULO 6 VIAJES p. 136

In this chapter, you will learn how to talk about travel, famous travelers, and cultural heritage.

Learning outcomes
- Talk about travel
- Talk about past actions and events
- Describe places

Language structures
- The preterite of regular verbs
- The preterite of **hacer**, **ir**, and **ser**
- Relative pronouns
- The present progressive tense
- **Ir a** + infinitive

CAPÍTULO 7 GENERACIONES p. 164

In this chapter, you will learn how to talk about periods in history.

Learning outcomes
- Describe people, objects, places and situations in the past
- Talk about habitual actions in the past
- Talk about changes and similarities

Language structures
- The imperfect of regular and irregular verbs
- Use of the imperfect
- **Ya no**, **todavía** + present
- Possessive adjectives and pronouns

CAPÍTULO 8 RELACIONES p. 188

In this chapter, you will learn how to tell a story. based on a picture or painting.

Learning outcomes
- Express agreement and disagreement
- Talk about what we would do in certain circumstances
- Talk about past events
- Talk about feelings and emotions

Language structures
- Direct and indirect object pronouns
- The preterite: irregular verbs
- Contrast of preterite / imperfect
- **Ser** and **estar**

CAPÍTULO 9 MODA Y CUERPO p. 218

In this chapter, you will learn how to talk about fashion and write guidelines for buying clothes.

Learning outcomes
- Examine and give opinions about the world of fashion
- Give advice and make suggestions
- Refer to something already mentioned

Language structures
- **Tú** commands
- Conditional sentences: **si** + present, imperative/present
- Commands using **tener que** / **hay que** + infinitive

CAPÍTULO 10 COMIDA Y SALUD p. 242

In this chapter, you will learn how to create a menu and write a blog post about food.

Learning outcomes
- Talking about eating habits
- Order food in a restaurant and devise a menu
- Describe a dish
- Give instructions and advice, and make suggestions
- Comment and give personal opinions

Language structures
- Commands with **usted** and **ustedes**
- Give instructions using the infinitive, the command forms and the present
- Give advice and recommendations
- Constructions with **se**

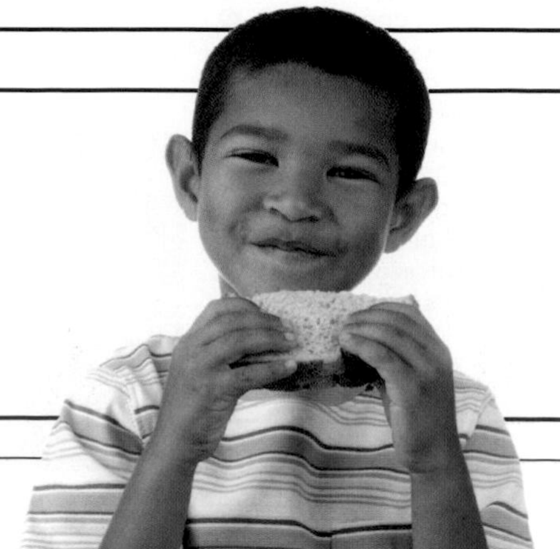

VOCABULARY	ORAL & WRITTEN TEXTS	SOUNDS	PROJECTS	CULTURE
• Travel • Types of accommodation	• Connectors of cause: **porque**, **como**, **por eso** • Connectors of consequence: **así que**, **de manera que** • Learning journals	• Change of meaning change due to stress and avoiding vowel reduction in unstressed vowels	• Group: make a presentation about historical journeys and travelers • Individual: write a report about your family, community, city's background, etc.	• Countries and cities in the Spanish-speaking world • The Caribbean and its pirates • Travel literature
• The stages of life • Generations	• Connectors for contrast: **aunque**, **a pesar de que**, **y eso que**, **sin embargo** • Revising a text	• Review of intonation and sounds • The consonants	• Group: make a presentation on life prior to a major historical event • Individual: life in a city over time	• Women and the Mexican revolution • Juan Gelman (Argentina)
• The verbs **prestar**, **dejar**, **pedir**, and **deber** • Feelings and moods • Social relationships	• Narrative markers • Reacting to what others say • The literary narrative text	• **r** and **rr**	• Group: tell a story based on a picture or painting • Individual: write a story	• Mexico and Surrealism • A short story by Ana María Matute (Spain)
• Clothes • Colors • The verbs **ponerse**, **llevar**, **probarse**, and **quedar bien/mal**	• Text cohesion devices • Journalistic style	• **p**, **t**, and **k**	• Group: write guidelines for buying clothes • Individual: write an article about buying clothes	• Alpaca fiber (Peru) • New Latin American designers (Bolivia, Mexico and Costa Rica)
• Talk about dishes and recipes • At the restaurant • Illnesses and health problems	• Texts to comment on and analyze graphss • Analyzing and commenting on graphs	• Intonation: orders and instructions	• Group: present a typical Hispanic menu • Individual: write an informative article for a blog about nutrition and health	• Gastronomic cultures in the Spanish-speaking world • Venezuelan arepas • Cooking in the detective novels of Leonardo Padura (Cuba)

PERSONAS

In this chapter, you will learn how to introduce yourself and write a text, or piece of writing for an online platform.

LEARNING OUTCOMES
- Introduce yourself and others
- Exchange personal information (I)

VOCABULARY
- Activities to learn a language
- Interesting topics in a Spanish course

LANGUAGE STRUCTURES

ORAL AND WRITTEN TEXTS
- Communication resources in the Spanish classroom
- Basic politeness
- How to create a text

SOUNDS
- Alphabet and sounds

CULTURE
- Linguistic landscape (USA)
- Hispanic artistic heritage in the United States

EN LA RED

PREPÁRATE

1. **Fill out this form with your personal information.**

NOMBRE *FIRST NAME*

....

APELLIDO *LAST NAME*

....

CORREO ELECTRÓNICO *E-MAIL*

....

LUGAR DE ORIGEN *PLACE OF ORIGIN*

....

PROMOCIÓN *CLASS*

....

- O **Estudiante de primer año** *Freshman*
- O **Estudiante de segundo año** *Sophomore*
- O **Estudiante de tercer año** *Junior*
- O **Cuarto año** *Senior*
- O **Otros** *Other*

UNIVERSIDAD *COLLEGE, UNIVERSITY*

....

CURSO ACADÉMICO *ACADEMIC YEAR*

....

Semestre *Semester* **Trimestre** *Term-Quarter*

de otoño *(Fall)* **de invierno** *(Winter)* **de primavera** *(Spring)* **de verano** *(Summer)*

2. **Complete this introduction and then introduce yourself to the class.**

1. (Yo) me llamo ....
2. (Yo) soy estudiante de ....

Hola. (Yo) me llamo Brendan Kruger.
Soy estudiante de primer año.

To greet:
¿Qué tal?
Buenos días.
Buenas tardes.
Buenas noches.

ATENCIÓN

To introduce yourself:
(Yo) **soy** Brendan. = (Yo) **me llamo** Brendan.
Soy estudiante de primero.
~~Me llamo es Brendan.~~
Mi nombre es Brendan.

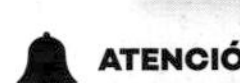

To ask:
¿Cómo te llamas?
¿Cuál es tu apellido?
¿Qué estudias?

3. **Write down the information of two other students in the class.**

Estudiante 1
1. (Él/Ella) se llama ....
2. Es estudiante de ....

Estudiante 2
1. (Él/Ella) se llama ....
2. Es estudiante de ....

PARA EMPEZAR

IMÁGENES

4. **Four people are sharing photos of famous landmarks in their hometowns. In pairs, match the name of each landmark with its corresponding photo.**

Esto es el puente / la playa de...

El puente de Brooklyn | **La Giralda de Kansas City** | **La playa de Santa Bárbara** | **La Giralda de Sevilla**

5. **Use the information provided to write an introduction for each person.**

Sophia	**Marta**	**Nat**	**Emma**
Kansas	Sevilla	Nueva York	Santa Bárbara
Estudiante de español	Profesora de español	Estudiante de cine	Estudiante de biología

Es de Estados Unidos/Illinois...
Es estudiante de...
Es profesor(a) de...

Sophia es de Kansas. Es estudiante de español.

6. **Find a photo from your hometown and explain where you are from.**

(Yo) soy de Seattle. Esto es el Fish Market.

ATENCIÓN

TALK ABOUT PROFESSIONS

ser + nombre
*Sofía **es** estudiante.*

TALK ABOUT ORIGIN

ser de + lugar
*Mark **es de** EE. UU.*

ASK ABOUT ORIGIN

*¿**De dónde es** Sophia?*

PALABRAS CLAVE

7. **Carefully read this list of academic departments and programs. Which English cognates do you recognize? In groups, look up the words you don't recognize in the dictionary.**

A Antropología
B Biología
C Ciencias de la Computación
Cine
D Danza
Derecho
Derechos Humanos
E Educación
Economía y Finanzas
Escritura creativa
Estadística
Estudios Asiáticos
Estudios Latinoamericanos
F Farmacia
G Genética
H Historia
I Inglés
Ingeniería
L Lingüística
Literatura Comparada
M Mercadotecnia
Matemáticas
Medicina
N Negocios
Neurociencia
O Oftalmología
P Periodismo
Psicología
Q Química
R Relaciones Internacionales
S Sociología
Salud
T Teatro
U Urbanismo
V Veterinaria
Z Zoología

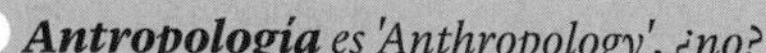
***Antropología** es 'Anthropology', ¿no?*

ATENCIÓN

CLASSROOM COMMUNICATION

–***¿Qué significa** Derecho?* (What does Derecho mean?)

–***Significa** Law.* (It means Law.)

–***¿Cómo se dice** Chemistry **en español?*** (How do you say Chemistry in Spanish?)

–*Chemistry **se dice** Química.* (Chemistry in Spanish is Química.)

8. **What are you studying this semester? Complete the sentence and share with your classmates.**

Este semestre estudio *(I'm studying)* ....

VIDEO: HOLA, SOY MARCELA

PREPÁRATE

9. Watch the video. At which university are these three people studying? In which country?

Estudian en...

10. Watch the video again and match this information with the three interviewees.

Jason | Montevideo (Uruguay) | Santiago de Chile (Chile) | Daniela | Marcela | Producción | un doctorado en Historiografía Cultural | Letras Hispánicas | Pasto (Colombia)

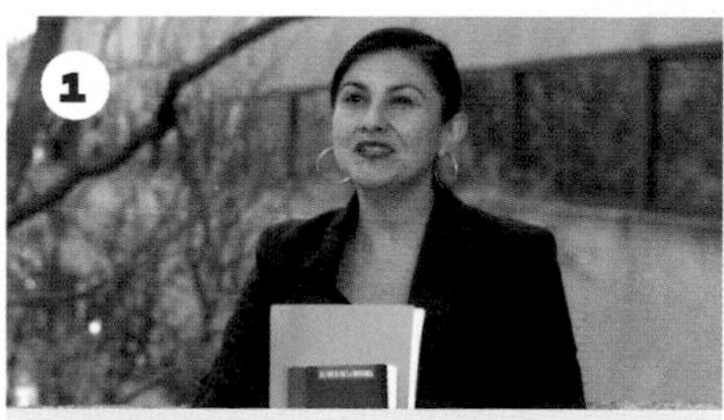

1

Se llama ....
Es de ....
Estudia ....

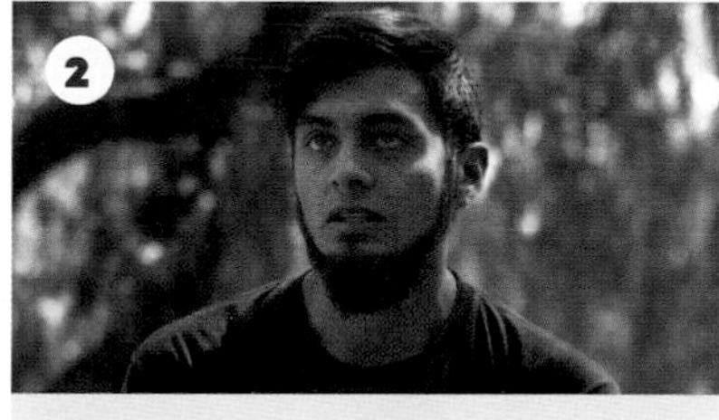

2

Se llama ....
Es de ....
Estudia ....

3

Se llama ....
Es de ....
Estudia ....

11. The favorite words of these three people are coraje, utopía, **and** playa. **Find the meaning of each in a dictionary and write it down.**

12. Write down a word that you know in Spanish, along with its meaning.

13. In pairs, compare your answers to activities 9, 10 and 11.

14. In groups, share the words that you wrote in activity 12.

LA CAFETERÍA

What is your favorite word in English? Why?

NUESTROS TEMAS

15. Look at these photos and read about the topics included in *Proyectos*. Write the topic that corresponds with each photo.

1. la gastronomía ....
2. ....
3. ....
4. ....
5. ....
6. ....
7. ....
8. ....
9. ....
10. ....
11. ....
12. ....

ATENCIÓN

1	uno	6	seis	11	once	16	dieciséis
2	dos	7	siete	12	doce	17	diecisiete
3	tres	8	ocho	13	trece	18	dieciocho
4	cuatro	9	nueve	14	catorce	19	diecinueve
5	cinco	10	diez	15	quince	20	veinte

16. In groups, compare your answers to activity 15.

17. In groups, take turns sharing which themes interest you. Follow the model.

Para mí, es interesante la política.
Para mí, son interesantes las tradiciones.

—Para mí, son interesantes los problemas del medioambiente.
—Pues, para mí, la gastronomía.

18. Three students of Spanish talk about the topics that are important to them. Write them down.

1. Mike: ....
2. Kathy: ....
3. Bill: ....

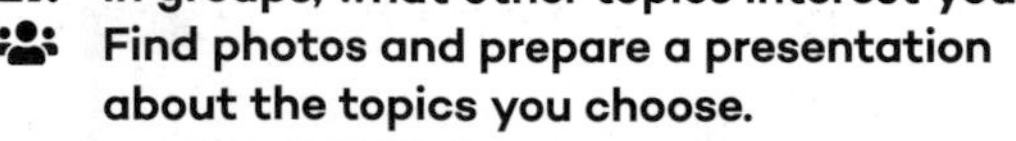

19. In groups, what other topics interest you? Find photos and prepare a presentation about the topics you choose.

CON *PROYECTOS* LOS ESTUDIANTES HABLAN, LEEN Y ESCRIBEN SOBRE...

→ la literatura en español

→ la **mercadotecnia** y la **publicidad**

→ la **geografía** del mundo hispano

→ la historia del mundo hispano

→ la política

→ los problemas del **medioambiente**

→ la **gastronomía** hispana

→ el **arte**

→ las **tradiciones** y las **celebraciones** del mundo hispano

→ las redes sociales

→ el español como lengua internacional

→ la vida de los estudiantes universitarios

1

2

3

4

5

6

7

8

9

10

Japonés 128 MH

Lahnda (Pakistán) 88.7 MH

Inglés 335 MH

Hindi (India) 260 MH

Español 470 MH

Chino 1197 MH

Situación mexicana

289 lenguas vivas

4.1 % del total de lenguas en el mundo

Lenguas existentes 7102

11

12

LAS PERSONAS DEL VERBO

 **PREPÁRATE**

20. Look at the photos and read the conversations. Then fill out the table with the correct subject pronouns.

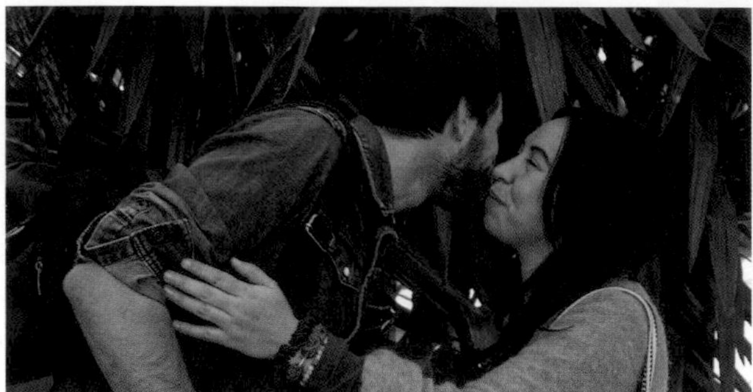

—Buenos días, yo soy Ana, ¿tú eres...?
—Yo soy Arturo, encantado.

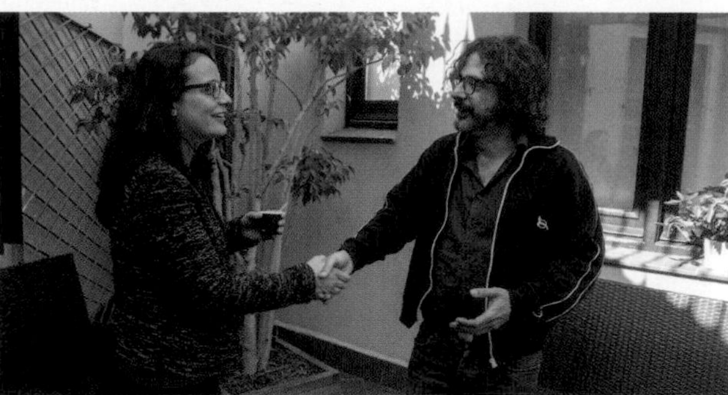

—Buenos días, ¿usted es el nuevo *(new)* profesor de Español?
—Sí, y usted es la profesora de Economía, ¿no?

—Hola, soy Marta, ¿ustedes son también estudiantes de segundo año?
—Sí, somos de segundo; yo soy Carlos y ella es Estela.
—¡Encantada! ¿Son de aquí, de Bogotá?
—Yo sí, pero Carlos, no; él es de Cali.

—¿Son estudiantes de segundo año?
—No, nosotras somos de primer año.
—Nosotros sí, nosotros somos de segundo.

—Hola, ¿ustedes son estudiantes de primer año?
—No, nosotras somos de segundo año, pero ellos sí, ellos son de primer año.

—¿Ustedes son de la Universidad de Chile?
—No, nosotros somos de la Universidad de Valparaíso, pero ellas sí, ellas son de la Universidad de Chile.

pronombres	SER
....	soy
....	eres
....	es
....	somos
vosotros/as	sois
....	son

 **ATENCIÓN**

Vosotros is the plural form of **you**. It is used exclusively in Spain. The rest of the Spanish-speaking world uses **ustedes**:

–*¿**Vosotros** sois de Barcelona?*

–*Él sí, pero yo soy de Madrid.*

encantado/a: *pleased to meet you*

también: *also*

21. **In pairs, compare your answers to activity 20.**

22. **In groups of two, three, or five, choose one of the scenes in activity 20 and perform it using your own information.**

—Hola, soy Mark, ¿ustedes son también estudiantes de primer año?
—Sí, somos de primero; yo soy Anna y ella es Tricia.
—¡Encantado! ¿Son de aquí, de Los Ángeles?
—Yo sí, pero Tricia, no; ella es de Nueva York.

23. **In pairs, write the English pronoun that corresponds to each pronoun in Spanish.**

— ***Nosotros*** *es 'we', ¿no?*
— *Sí, y* ***nosotras*** *también.*

1. yo: ....
2. tú: ....
3. usted: ....
4. él: ....
5. ella: ....
6. nosotros: ....
7. nosotras: ....
8. vosotros: ....
9. vosotras: ....
10. ellos: ....
11. ellas: ....
12. ustedes: ....

ESTRATEGIAS

Reflecting on your own language activates knowledge that you can apply when learning a new language.

24. **In groups, read the statements on pronouns and say whether they refer to Spanish or English. Then write the pronouns.**

1. *There are 12 subject pronouns in this language.* Spanish. Yo, tú, él, ella, usted, nosotros, nosotras, vosotros, vosotras, ellos, ellas, ustedes.
2. *There's one pronoun that has the same form in the singular and plural.* ....
3. *There are 7 subject pronouns.* ....
4. *In this language, there is one masculine subject pronoun and one feminine subject pronoun.* ....
5. *In this language, there are four subject pronouns with a masculine form and four with a feminine form.* ....

GÉNERO Y NÚMERO

GRAMÁTICA

PREPÁRATE

25. Identify and mark the gender and number of these nouns referring to people. Write other examples in your notebook.

		Masculino singular	Femenino singular	Masculino o femenino plural	Masculino plural	Femenino plural
-o/-a	**El** compañer**o**	×				
	La compañer**a**		×			
	Los compañer**os**			×	×	
	Las compañer**as**					×
-e	**Los** estudiant**es**					
	Las estudiant**es**					
	El estudiant**e**					
	La estudiant**e**					
-or/ -ora	**El** profes**or**					
	Las profes**oras**					
	La profes**ora**					
	Los profes**ores**					

26. Mark the gender and number of these nouns referring to things. Then add two more nouns.

	Masculino singular	Femenino singular	Masculino plural	Femenino plural
La clase				
Las clases				
El libro				
Los libros				
La playa				
Las playas				
La actividad				
Las actividades				
....				
....				

27. Compare your answers to activities 25 and 26 with a partner. Then find other examples of nouns in this chapter and identify their gender and number together.

ATENCIÓN

In Spanish, the masculine plural form is used to refer to groups including both masculine and feminine nouns: **los compañeros** = **los compañeros** + **las compañeras**

Some people prefer to use alternatives such as: **compañeros y compañeras** or, when writing, **lxs compañerxs** / **l@s compañer@s**: **los compañeros** + **las compañeras**

LA CAFETERÍA

Do you think languages can be sexist?

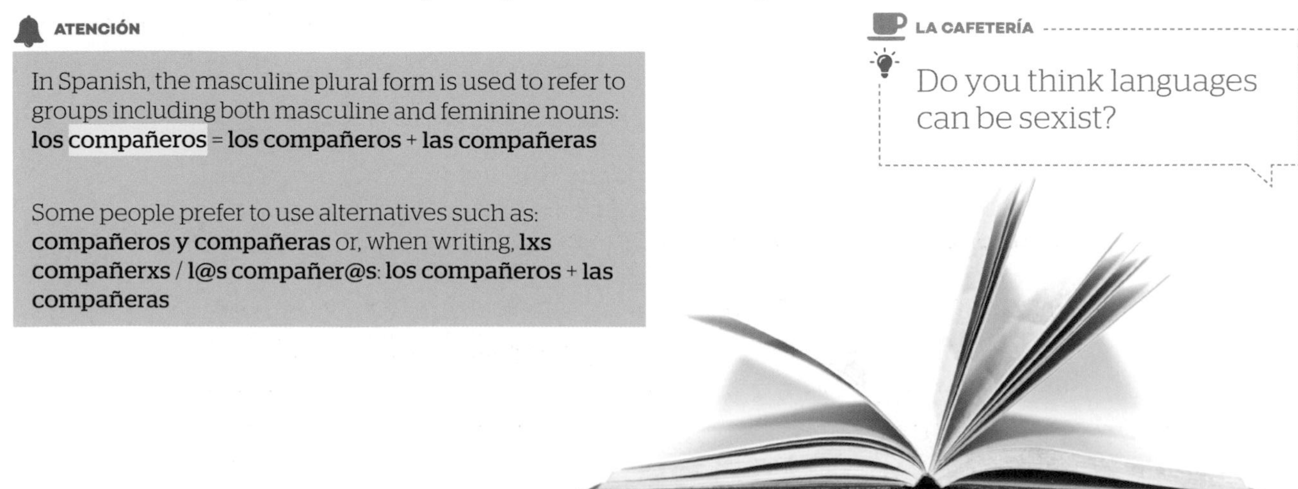

ACTIVIDADES DE MI CLASE DE ESPAÑOL

VOCABULARIO Y GRAMÁTICA

PREPÁRATE

28. Match these verbs with their corresponding icons.

1. escuchar ....
2. leer ....
3. hablar ....
4. escribir ....
5. trabajar ....

A B C D E

29. Match the activities with the photos.

1. escuchar audios
2. leer libros
3. hablar en español
4. ver videos
5. trabajar en grupos
6. trabajar en parejas
7. escribir correos (*e-mails*)
8. escribir textos

30. Compare your answers to activities 28 and 29 with a classmate.

TEMAS DEL CURSO DE ESPAÑOL

VOCABULARIO

31. Work in groups to complete the table. What do you know about the Spanish-speaking world in relation to these topics? You may use a dictionary.

TEMAS DEL CURSO DE ESPAÑOL

La geografía	La música	El cine	La historia y la política	La gastronomía
Las islas Galápagos	La salsa	Guillermo del Toro	La independencia de Puerto Rico	El ceviche

El deporte	El arte	Las tradiciones y las celebraciones	Las ciudades
Miguel Cabrera	Pablo Picasso	El carnaval de Barranquilla	Cartagena de Indias

EL ABECEDARIO Y LOS SONIDOS

SONIDOS

32. **Listen to the Spanish alphabet and write the names of the letters in the** Nombre **columns of the table.**

Letra	Nombre	Ejemplos	Se parece a...
A	a	**a**diós	La u en hut
B	be	**b**uenos, escri**b**ir	
C		**c**orreo, do**c**e	
D		**d**ías	
E		**e**studiar	
F		**f**avor	
G		pre**g**unta, pá**g**ina	
H		**h**ola	
I		**i**magen	
J		pare**j**a	
K		**k**ilómetro	
L		**l**ugar	
M		**m**undo	
N		**n**oches	

Letra	Nombre	Ejemplos	Se parece a...
Ñ		espa**ñ**ol	
O		**o**nce	
P		**p**rofesor	
Q		**q**uímica	
R		**r**espuesta, co**rr**eo, pa**r**a	
S		**s**eis	
T		**t**ardes	
U		**u**niversidad	
V		**v**erbo, acti**v**idad	
W		**w**ifi	
X		te**x**to	
Y		**y**o	
Z		**z**oo	

33. **Listen to the pronunciation of the example words in activity 32. Then, in the** Se parece a... **column, write an English word with a similar sound.**

34. **Listen to the pronunciation of these letters in the following words. Are there similar sounds in English?**

CH	**ch**ocolate/escu**ch**a/no**ch**e
LL	**ll**amarse

ATENCIÓN

Although they are not part of the alphabet, these two pairs of letters —**ch** and **ll**— represent distinct sounds in Spanish.

35. **How do you spell your first name, last name, and city/town? How do you pronounce them? Tell a partner.**

—Me llamo Elizabeth.
—¿Cómo se escribe?
—E, ele, i, zeta, a, be, e, te, hache.
—¿Y cuál es tu apellido?
—Baker.
—¿Cómo se escribe?
—Be, a, ka, e, erre.
—¿De dónde eres?
—Soy de Nogales, de Arizona.
—¿Cómo se escribe Nogales?
—Ene, o, ge, a, ele, e, ese.

36. **In groups, write the Spanish alphabet using words. You may look up words in a dictionary.**

A de América
B de Buenos días

RECURSOS PARA COMUNICARNOS EN LA CLASE DE ESPAÑOL

VOCABULARIO

PREPÁRATE

37. Match the Spanish questions with their equivalents in English. Look for cognates and use a dictionary, if necessary.

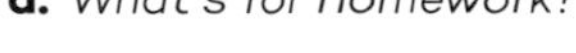

1. ¿Puedo ir al baño?	**a.** *What's for homework?*
2. ¿Puede/Puedes repetir (,por favor)?	**b.** *What page?*
3. ¿Cómo se dice... en español?	**c.** *How do you say... in Spanish?*
4. ¿Qué significa...?	**d.** *What does... mean?*
5. ¿Cómo se pronuncia...?	**e.** *How do you pronounce...?*
6. ¿Cómo se escribe...?	**f.** *May I go to the bathroom?*
7. ¿Qué tarea tenemos?	**g.** *Can you repeat please?*
8. ¿Qué página?	**h.** *How do you spell...?*

ATENCIÓN

¿**Puede** repetir? = **usted**
¿**Puedes** repetir? = **tú**

ESTRATEGIAS

Cognates are words that are the same or similar and etymologically related in different languages. Recognizing them will help you understand new words in Spanish.

pronunciar - *to pronounce*
página - *page*

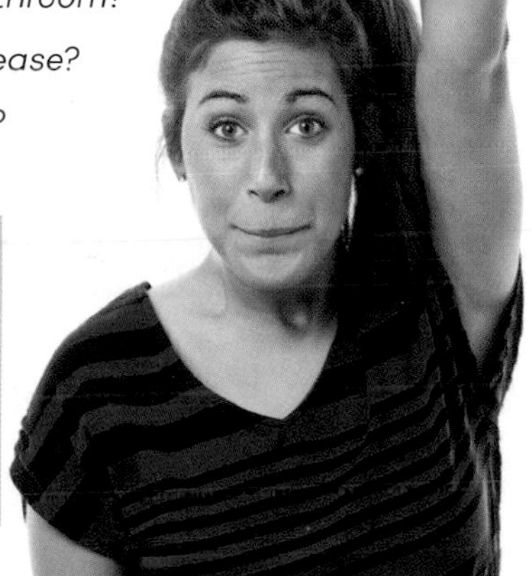

38. In pairs, compare your answers to activity 37. Then complete the dialogues by writing the question that goes with each answer.

1.
–¿Puede/Puedes repetir (, por favor)?
–Sí: la terminación **–s** es para la forma **tú**.

2.
–..........
–Quince (15), página quince.

3.
–..........
–Se dice 'libro'.

4.
–..........
–Hache, i, ese, te, o, erre, i, a: his-to-ria.

5.
–..........
–Leer el texto de la página quince (15).

6.
–..........
–Significa *classmate*.

CORTESÍA BÁSICA PARA LA CLASE DE ESPAÑOL

VOCABULARIO

39. Match the groups of expressions 1 to 4 with the corresponding category.

a. disculpas *(apologies)*
b. despedidas *(farewells)*
c. saludos *(greetings)*
d. agradecimientos *(thanks)*

1.	**2.**	**3.**	**4.**
Hola. ¿Qué tal? (Hola,) buenos días. (Hola,) buenas tardes. (Hola,) buenas noches.	Hasta luego. Hasta mañana. Hasta el lunes/martes/ miércoles... Buen fin de semana.	(Muchas) gracias. De nada.	Lo siento. Perdona (= tú). Perdone (= usted).

ESPAÑOL EN ESTADOS UNIDOS

Un paisaje lingüístico bilingüe

ESTADOS UNIDOS

Multiculturalism is one of the most distinctive characteristics of the United States. We can see examples of this co-existence of cultures by observing the linguistic landscape -that is, the presence of language in public spaces. Hispanic communities in particular become visible in cities in the United States through the use of Spanish. Here are some examples.

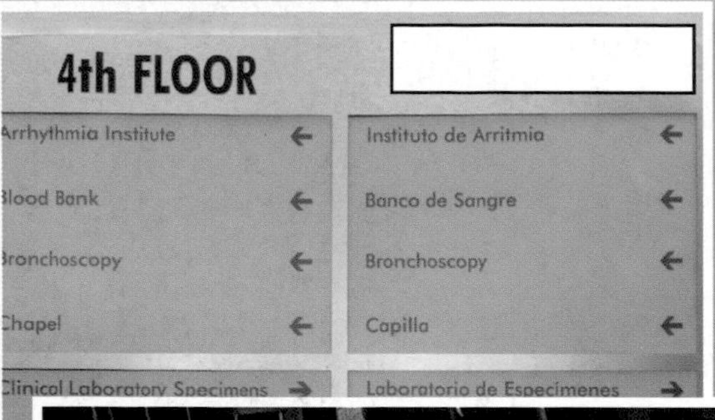

FREE/

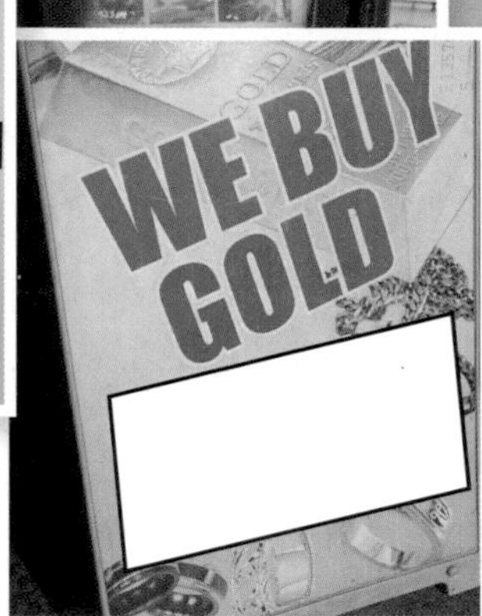

ANTES DE LEER

40. **What do you think "linguistic landscape" means?**

DESPUÉS DE LEER

41. **Read the introductory text to confirm your hypothesis.**

42. **The text in Spanish is hidden in the eight photos above. Match the texts with the right photo.**

1. Jugos naturales & batidas.
2. Se rentan cuartos.
3. Cuidado. Piso mojado.
4. Prohibido fumar en cualquier lugar del hospital.
5. ¿Olor a gas? Actúe de inmediato.
6. Cuarto piso.
7. Compramos oro.
8. Gratis.

43. **What words did you already know? Can you guess the meaning of any new vocabulary?**

Cuidado *significa 'Caution'.*

44. **Find similar texts—in Spanish only or in English and Spanish—where you study or live, or somewhere in the United States. Explain where they are and what they say.**

PINTURA

Patrimonio artístico

En Estados Unidos se encuentran algunas obras importantes de pintores de habla hispana.
Estas son dos de ellas.

Detalle de *Unidad Panamericana*, Diego Rivera (1886-1957)

***Las señoritas de Avignon*,** Pablo Picasso (1881-1973)

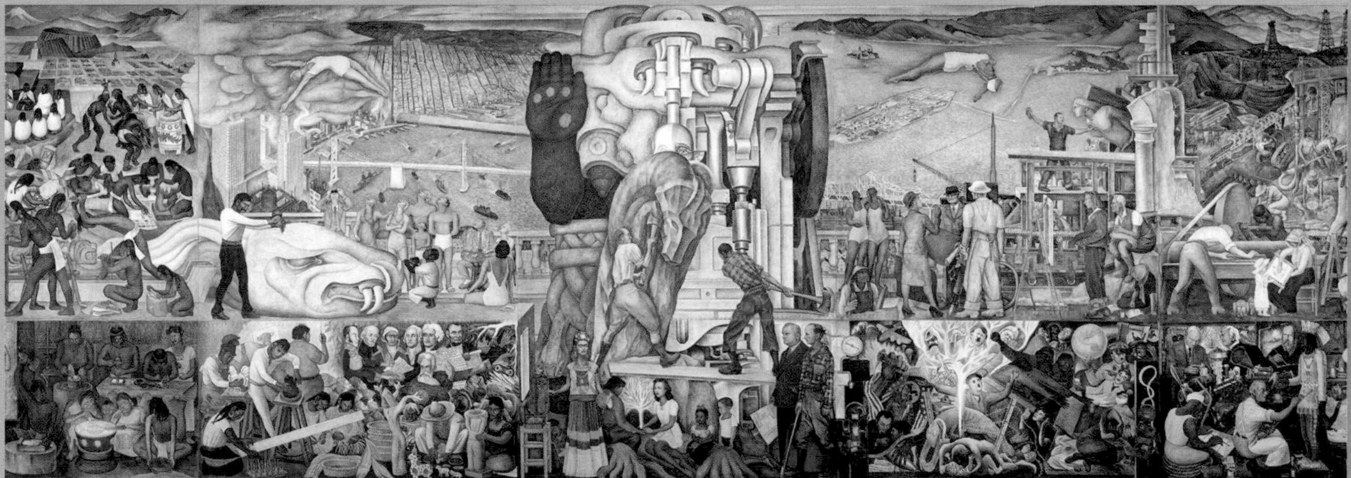

ANTES DE LEER

45. Look at these paintings. Have you seen them before? What do you know about the artists?

DESPUÉS DE LEER

46. Read the text. What do the two works have in common?

47. Match each piece of information with the correct painting. You may search online.

- **a.** Museo MOMA, Nueva York.
- **b.** City College de San Francisco.
- **c.** Primera obra considerada cubista.
- **d.** Es una pintura mural (pintada en un muro).
- **e.** Es de 1940.
- **f.** Pintado en Estados Unidos.
- **g.** Es una pintura al óleo ***(oil)***.
- **h.** El tema es la unión del arte del sur y del norte del continente americano.
- **i.** Es de 1907.

48. Search online for works of art by other Spanish-speaking artists in the U.S. and share your findings. Here are some names.

Dalí **Botero** **Kahlo** **Sert** **Varo** **Plensa** **...**

PREPARAR VOCABULARIO PARA TEXTOS Y EXÁMENES

PREPÁRATE

49. Read the text. Which of the following pieces of advice do you follow when you write a text? Underline them.

HOW TO CREATE A TEXT

BEFORE YOU WRITE

- What type of text is it? A form, an email, an infographic, a poster, an academic essay, a summary, an exam, a newspaper article, an advertisement, a poem, etc.?
- What strategies are used in this type of text? Description, narration, exposition, argumentation, explanation, etc.? Very important: look for examples of similar texts to learn about their characteristics, register (level and style of language), vocabulary, and structures.
- What topic(s) will be dealt with?
- What is its purpose? Who are the target readers and what are their expectations?
- Does it require any particular format or design? Does it contain any images or graphics? What is the length or number of words?

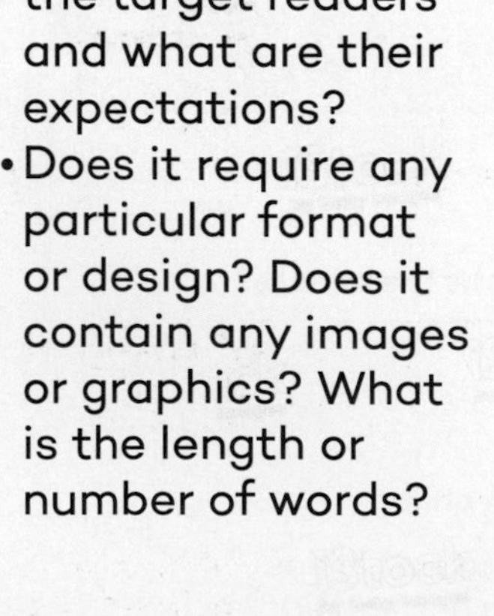

DURING THE WRITING PROCESS

Organize your ideas. Consider writing as a process, not a product. First of all, take notes for your draft by brainstorming, using outlines, lists, etc.

Write a first draft. Write an initial version of your text. Use your notes and start to create a text. Don't forget the type of text, the topic, the target reader, and the purpose.

Write a second draft. Review your first draft, making any necessary changes. In order to do so, ask these questions about your text:

- Does it conform to the characteristics of this type of text?
- Is/Are the topic(s) clear? Are they relevant?
- Is the goal of the text accomplished? Are the target readers' expectations fulfilled?
- Are the design, format, and length of the text adequate?

PREPÁRATE

Grammar

- Gender and number: Have you used the correct masculine/ feminine and singular/plural forms of nouns, adjectives, pronouns, and determiners (articles, demonstratives, possessives, or quantifiers)?
- Verb system: Have you chosen the appropriate tenses and moods to express your ideas? Have you checked your verbs for correct endings and spelling changes?
- Prepositions: Have you consulted a dictionary to check that you have used the correct prepositions?
- Does it conform to spelling and punctuation rules?

Vocabulary

- Is it accurate and varied?
- Is the register appropriate?
- Is the vocabulary appropriate for the context?
- Was more than one dictionary (monolingual/bilingual) used?

Coherence and cohesion

- Is the general structure of the text coherent?
- Are the presentation and organization of ideas logical?
- Are discourse markers and connectors (pronouns, articles, demonstratives, possessives, etc.) used?
- Is the format adequate and appropriate?
- Does the text contain redundancies or unnecessary repetitions of words or structures? Are synonyms, pronouns, etc. used to avoid them?

BEFORE YOU FINISH

Write a final version. Proofread it carefully and consider if it needs more corrections. Cite all sources, including dictionaries.

50. In pairs, comment on these questions.

1. Have you used these or similar procedures to write texts in a foreign language or in English?

....

....

....

....

....

....

2. Taking into account your learning style(s), which of these resources/procedures do you anticipate as being more or less relevant in this Spanish course?

....

....

....

....

....

....

ATENCIÓN

You can use this plan to review future writing assignments in this course.

ESTRATEGIAS

Reflecting on your method writing a text in English or in other languages can help you write better texts in Spanish.

PROYECTO EN GRUPO

Presentación en grupo

We introduce ourselves to the class.

A. **Fill out this form with your personal information.**

NOMBRE Y SEGUNDO NOMBRE O INICIAL *FIRST NAME AND MIDDLE NAME OR INITIAL*

Sam Riley

APELLIDO *LAST NAME*

Williams

PROCEDENCIA *WHERE I AM FROM*

Hamilton, NY

ESTUDIOS. EN ESTE MOMENTO ESTUDIO *I STUDY*

La musica

CURSO *YEAR*

ACTIVIDADES DE CLASE INTERESANTES PARA MÍ *CLASS ACTIVITIES I FIND INTERESTING*

TEMAS INTERESANTES PARA MÍ *TOPICS I FIND INTERESTING*

B. **In small groups, share your information from A.**

¿Cómo te llamas? ¿Cuál es tu apellido?
¿De dónde eres?
¿Qué estudias?
¿Qué curso estudias?
¿Qué temas son interesantes para ti?

C. **Choose a name for your group and present yourselves to the rest of the class.**

—*El grupo se llama* El Dorado.
—*Somos Eva, Mark, Lily y Duncan.*
—*Paul es de California y Mark, también.*
—*Sí, soy de Los Ángeles.*
—*Yo soy de Paso Robles.*
—...

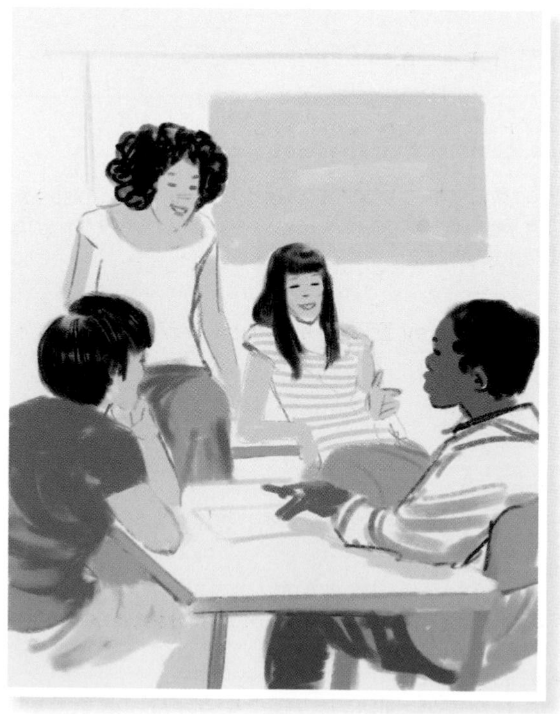

PROYECTO INDIVIDUAL

Presentarse en un foro o un blog

Introduce yourself in writing on an online platform.

A. Prepare your draft with personal information.

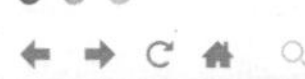

NOMBRE Kimberley

APELLIDO Tomassini

LUGAR DE ORIGEN Austin, Texas

TEMAS INTERESANTES PARA TI La música, las series y los animales

ESTUDIAS Biología, Español y Computación

Me llamo Kimberley Tomassini. Soy de Austin, Texas…

B. You can add photos showing your interests, your favorite places, etc.

C. Write a final text.

GRAMMAR

PERSONAL PRONOUNS

Spanish has first-, second-, and third-person personal pronouns, each with singular and plural forms. These correspond to the English personal pronouns **I**, **you**, **he**, **she**, **it**, **we**, **you**, **they**.

The pronoun **vos** (and its related verb forms) is used instead of **tú** in informal contexts in Argentina, Uruguay, Paraguay, Costa Rica, and Andean areas of Venezuela and Colombia.

Vosotros/-as is used only in Spain.
Ustedes is used everywhere in the Americas.

singular	plural
yo	**nosotros/as**
tú/vos	**vosotros/as**
él, ella, usted	**ellos, ellas, ustedes**

***Ella** es Amelia y **yo** soy Yirley.*
*¿**Ustedes** son estudiantes de primer año?*

THE PRESENT

▶ Conjugation of regular verbs: -ar, -er, -ir

In Spanish, there are three groups of verbs, called conjugations: those that end in **-ar** (1st conjugation), those that end in **-er** (2nd conjugation), and those that end in **-ir** (3rd conjugation).

	ESTUDIAR	LEER	ESCRIBIR
yo	estudi**o**	le**o**	escrib**o**
tú/vos	estudi**as/ás**	le**es/és**	escrib**es/ís**
él, ella, usted	estudi**a**	le**e**	escrib**e**
nosotros/-as	estudi**amos**	le**emos**	escrib**imos**
vosotros/-as	estudi**áis**	le**éis**	escrib**ís**
ellos, ellas, ustedes	estudi**an**	le**en**	escrib**en**

In Spanish, second person singular **tú (vos)** and plural **(vosotros/as)** forms of verbs in the present tense end with **-s**:
Tú/Vos: **-as(ás)/-es(és/is)**
Vosotros/as: **-áis, -éis, -s.**

Tú estudias / Vos estudiás español.
~~*Ella estudias español.*~~
Ella estudia español. 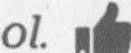

▶ The present tense of the verb llamarse

In Spanish, some verbs are reflexive and always include the reflexive pronouns **me**, **te**, **se**, **nos**, **os**, **se**.

*Yo **me llamo** Carla.*
*¿Tú cómo **te llamas**?*

yo	**me**	llam**o**
tú/vos	**te**	llam**as**/llam**ás**
él, ella, usted	**se**	llam**a**
nosotros/as	**nos**	llam**amos**
vosotros/as	**os**	llam**áis**
ellos, ellas, ustedes	**se**	llam**an**

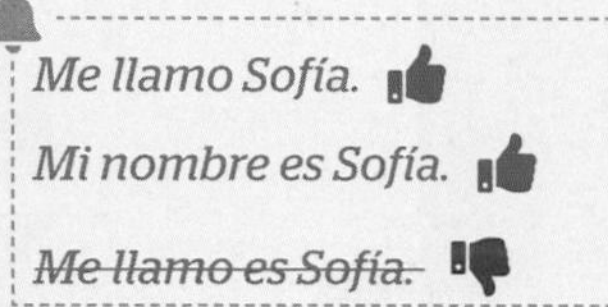
Me llamo Sofía.
Mi nombre es Sofía.
~~*Me llamo es Sofía.*~~

▶ The present tense of the verb ser

yo	**soy**
tú/vos	**eres/sos**
él, ella, usted	**es**
nosotros/as	**somos**
vosotros/as	**sois**
ellos, ellas, ustedes	**son**

▶ Uses of the verb ser

We use the verb **ser** + noun to identify a person, an object or a place.

*Yo **soy** David.*
***Soy** estudiante de segundo año.*

*—¿Qué **es** esto?*
*—Esto **es** el puente de Brooklyn.*

To identify objects, places, and situations (never people), we can use the neutral pronoun.
~~*Esto es*~~ *Jim.*

We use **ser de** + location to talk about one's place of origin.

***Soy de** California, **soy de** San Diego.*

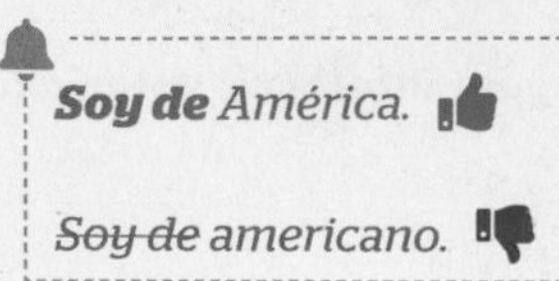
***Soy de** América.*
~~*Soy de*~~ *americano.*

PERSONAL INFORMATION

first person singular	second person singular	third person singular
(Yo) **soy** Kim.	¿(Tú) **eres** Tom?	(Ella) **es** Ali.
(Yo) **me llamo** Kim.	¿(Tú) **te llamas** Tom?	(Ella) **se llama** Ali.
(Yo) **soy** de Nevada.	¿(Tú) **eres** de Florida?	(Ella) **es** de Vermont.
(Yo) **soy** estudiante.	¿(Tú) **eres** estudiante?	(Ella) **es** estudiante.

THE DEFINITE ARTICLE

	masculine	feminine
singular	el	la
plural	los	las

The definite article is used to identify specific and known information:

*Esto es **el** puente de Brooklyn.*
***La** profesora de español se llama Marta.*
*Para mí son interesantes **los** problemas del medioambiente.*
***Las** tradiciones del mundo hispano son muy variadas.*

GENDER OF NOUNS

In Spanish, nouns that refer to people and animals have masculine and feminine forms, according to the gender of the person or animal.

	masculine singular	feminine singular
-o>-a	el compañer**o**	la compañer**a**
-or>-ora	el profes**or**	la profes**ora**
-e>-e	el estudiant**e**	la estudiant**e**

Nouns that refer to objects, situations, ideas, etc. have one grammatical gender only.

	masculine singular
-o	el libr**o**
-e	el nombr**e**
-s	el paí**s**

	feminine singular
-a	la letr**a**
-e	la clas**e**
-dad	la activi**dad**

Keep in mind that there can be exceptions.
La mano 👍
~~El mano~~ 👎

El tema - Los temas 👍
~~La tema - Las temas~~ 👎

Learn each new noun along with the corresponding article. That way you will always know if it is masculine or feminine.

PLURAL NOUNS

To form the plural, we add:

an **-s** to nouns that end with a vowel
la clas**e** → las clase**s**
el compañer**o** → los compañero**s**
la letr**a** → las letra**s**

-es to nouns that end with a consonant
la activida**d** → las activida**des**
el paí**s** → los paí**ses**

-z > -ces
El lápiz - Los lápices

COMMUNICATION

CLASSROOM COMMUNICATION RESOURCES

Pedir permiso *(Asking for permission)*

¿Puedo ir al baño? (May I go to the bathroom?)

Pedir algo *(Requesting an action)*

¿Puede usted repetir, por favor?
(Can you repeat, please?)
¿Puedes repetir, por favor? (Can you repeat, please?)
¿Puede deletrear 'universidad', por favor? (Can you spell 'universidad', please?)

Pedir información *(Requesting information)*

¿Cómo se dice... en español?
(How do you say... in Spanish?)
¿Qué significa...? (What does... mean?)
¿Qué tarea tenemos? (What's for homework?)
¿Qué página? (What page?)

Pedir instrucciones (*Asking how to do something)*

¿Cómo se pronuncia...? (How do you pronounce...?)
¿Cómo se escribe...? (How do you spell/write...?)
Con ***be*** *de* ***Bogotá****. (With a* ***b*** *like* ***Bogotá****.)*

POLITENESS IN THE CLASSROOM

Saludos y presentaciones *(Greetings and introductions)*

Hola. ¿Qué tal? (How's it going? / How are you?)
Hola, buenos días / buenas tardes / buenas noches.
(Good morning / Good afternoon / Good evening.)
Soy Adrián, encantado.
(I'm Adrián, delighted to meet you.)

Despedidas *(Farewells)*

Hasta luego. (See you later.)
Hasta mañana. (See you tomorrow.)
Hasta el lunes/martes/miércoles... (See you on Monday/ Tuesday/Wednesday...)
Buen fin de semana. (Have a nice weekend.)

Agradecimientos *(Thanks)*

(Muchas) gracias. (Thank you (very much).)
De nada. (You're welcome.)

Disculpas *(Apologies)*

Lo siento. (I'm sorry.)
Perdone. (Excuse me.)
Perdona. (Excuse me.)

PERSONAL INFORMATION

Nombre: *¿Cómo te llamas? (What's your name?)*
Apellido: *¿Cuál es tu apellido? / ¿Cómo te apellidas? (What's your last name?)*
Procedencia: *¿De dónde eres?*
(Where do you come from?)
Estudios: *¿Qué estudias? (What are you studying?)*

VOCABULARY

TEMAS DE LA CLASE DE ESPAÑOL
(TOPICS IN THE SPANISH CLASS)

La gastronomía *(Cuisine)*

La historia *(History)*

La política *(Politics)*

La geografía *(Geography)*

El medioambiente
(The environment)

El arte
(Art)

La mercadotecnia
y la publicidad
(Marketing and advertising)

Los estudiantes
universitarios
(College students)

Las tradiciones y las
celebraciones *(Traditions
and celebrations)*

La música
(Music)

El cine
(Cinema)

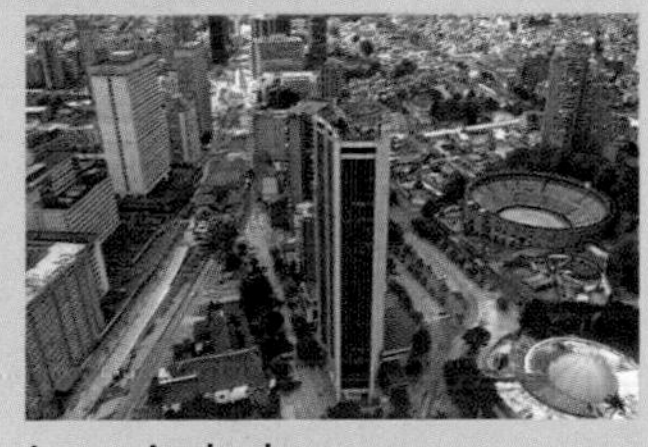
Las ciudades
(Cities)

LOS NÚMEROS DEL 1 AL 20
(NUMBERS FROM 1 TO 20)

1 **uno**
2 **dos**
3 **tres**
4 **cuatro**
5 **cinco**
6 **seis**
7 **siete**
8 **ocho**
9 **nueve**
10 **diez**
11 **once**
12 **doce**
13 **trece**
14 **catorce**
15 **quince**
16 **dieciséis**
17 **diecisiete**
18 **dieciocho**
19 **diecinueve**
20 **veinte**

VOCABULARY

CURSOS Y MATERIAS *(COURSES AND SUBJECTS)*

(la) antropología
(Anthropology)

(la) biología
(Biology)

(las) ciencias de la computación
(Computer Science)

(la) danza
(Dance)

(el) derecho
(Law)

(la) economía y (las) finanzas
(Economics and Finance)

(la) educación
(Education)

(el) español
(Spanish)

(la) estadística
(Statistics)

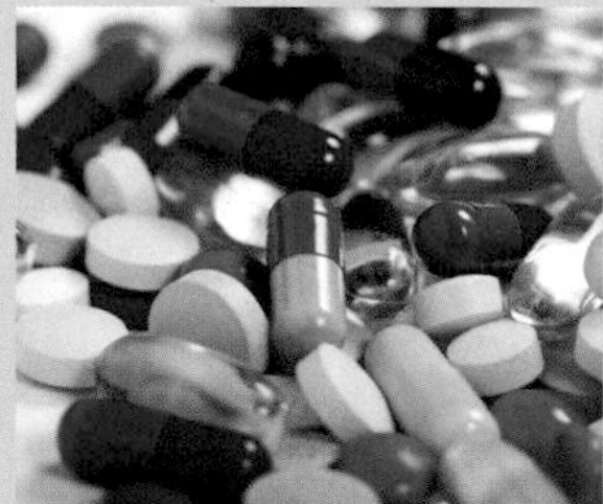
(la) farmacia
(Pharmaceutical Science)

(la) genética
(Genetics)

(la) historia
(History)

(la) ingeniería
(Engineering)

(el) inglés
(English)

(la) literatura
(Literature)

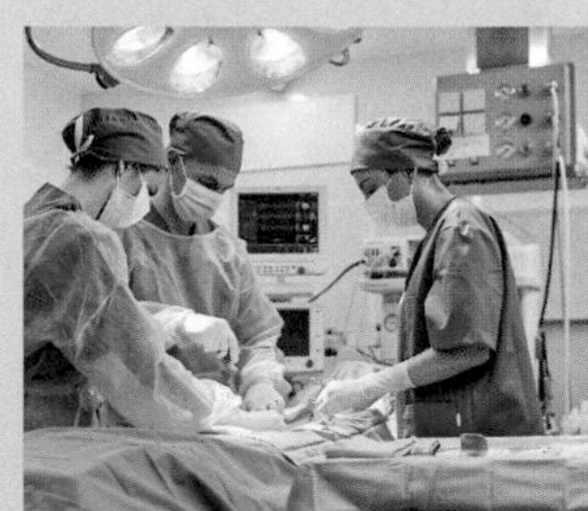
(la) medicina
(Medicine)

(la) mercadotecnia
(Marketing)

(los) negocios
(Business)

(el) periodismo
(Journalism)

(la) química
(Chemistry)

(las) relaciones internacionales
(International Relations)

(el) teatro
(Theater)

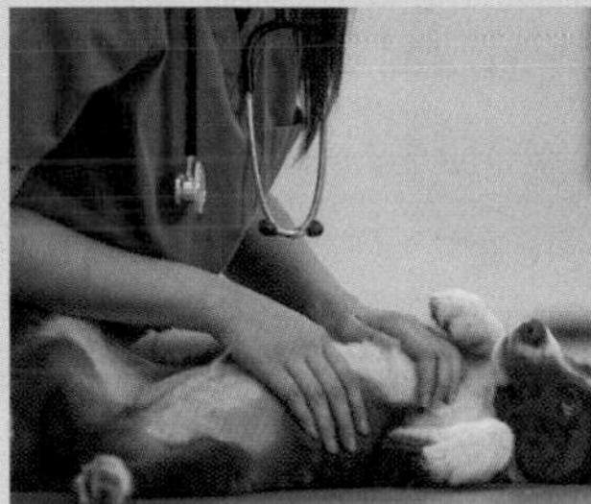

(la) veterinaria
(Veterinary Medicine)

(la) zoología
(Zoology)

CURSOS Y NÚMEROS *(YEARS AND NUMBERS)*

1 → uno → primer curso/año
(first year / freshman year)

2 → dos → segundo curso/año
(second year / sophomore year)

3 → tres → tercer curso/año
(third year / junior year)

4 → cuatro → cuarto curso/año
(fourth year / senior year)

INFORMACIÓN PERSONAL
(PERSONAL INFORMATION)

el nombre *(first name)*

el apellido *(last name)*

la universidad *(college, university)*

la promoción *(class)*

el curso *(year)*

el semestre *(semester)*

FREQUENT WORD COMBINATIONS

ACTIVIDADES DE CLASE *(CLASS ACTIVITIES)*

escuchar › audios › música

to listen to audio/music

ver › videos › imágenes

to watch videos
to look at pictures

leer › textos › libros

to read texts/books

escribir › textos › correos electrónicos › en las redes sociales

to write texts/emails/in social networks

hablar › en español › en inglés › con un(a) compañero/a › con un(a) profesor(a) › sobre un tema

to speak in Spanish / in English / with a classmate / with an instructor/professor / about a topic

trabajar › en grupos › en parejas

to work in groups / in pairs

PERÍODOS LECTIVOS *(ACADEMIC PERIODS)*

trimestre › de otoño › de invierno › de primavera › de verano

fall/winter/spring/summer quarter/term

semestre › de otoño › de primavera

fall/spring semester

estudiar › un tema › español

to study a subject/Spanish

IDENTIDADES

In this chapter, you will learn how to talk about noteworthy personalities in the Spanish-speaking world.

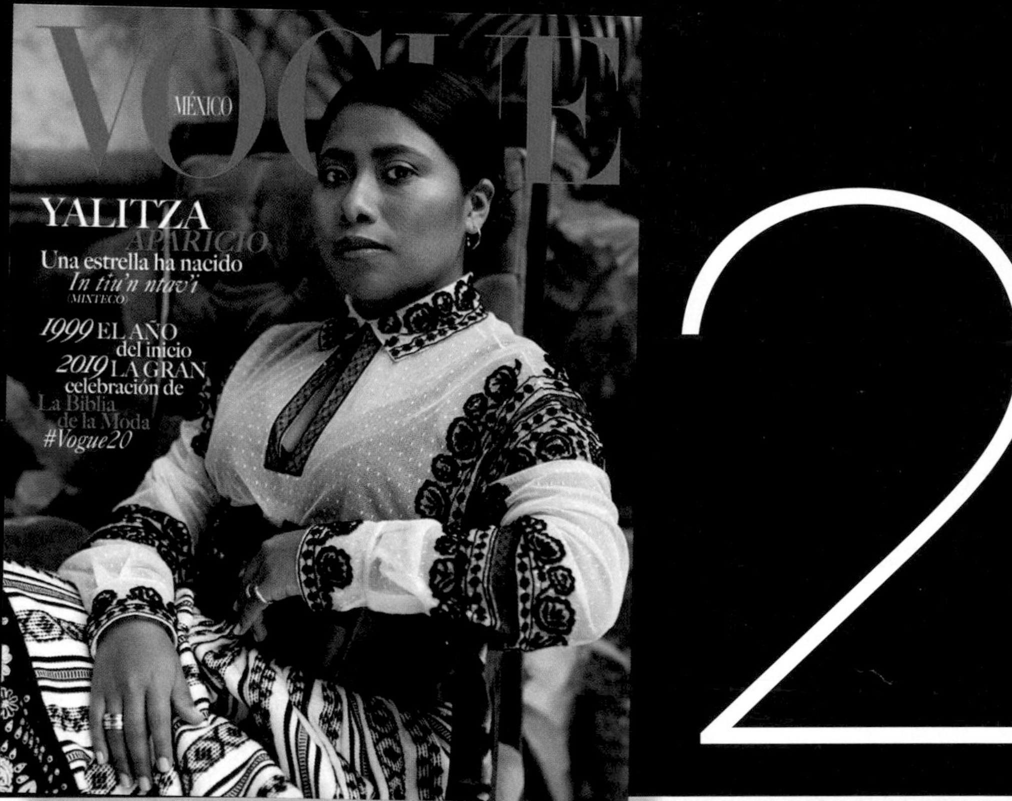

LEARNING OUTCOMES

- Exchange personal information (II)
- Ask and answer questions
- Express likes and dislikes using **me gusta/n**, **te gusta/n**

VOCABULARY

- Personal information
- Nationalities and professions
- Numbers 1 to 500

LANGUAGE STRUCTURES

- Present tense of **ser**, **ir**, **tener**, **hacer**
- Definite and indefinite articles
- Nouns and adjectives: gender and number
- Demonstrative adjectives and pronouns

ORAL AND WRITTEN TEXTS

- Basic connectors and conjuctions: **y (e)**, **pero**, **por eso**, **también**
- Studying vocabulary

SOUNDS

- Intonation: questions

CULTURE

- Celebrities in the Spanish-speaking world
- Three Mexican film directors
- Self-portraits by Nahui Olín and David Alfaro Siqueiros (Mexico)

PROJECTS

- Group: research and present basic information about the most influential Hispanics and Latinos/as in the US
- Individual: make an infographic about five influential people in the Spanish-speaking world

IMÁGENES

PREPÁRATE

1. Look at these photos of prominent Hispanic and Spanish personalities and match them with the descriptions below by writing the numbers. You may search online.

1. Actriz española
2. Directora de cine peruana
3. Director de orquesta venezolano
4. Compositor y actor de origen puertorriqueño
5. Cantantes colombianos
6. Política chilena, dos veces *(twice)* presidenta de Chile
7. Directores de cine mexicanos
8. Escritoras argentinas

2. Do you know any other prominent figures in the Spanish-speaking world? Search for photos online to present in class.

3. In pairs, compare your answers to activity 1.

¿Quién es este hombre/esta mujer de la foto?
¿Quién es este/esta de la foto?
¿Quiénes son estos hombres/estas mujeres de la foto?
¿Quiénes son estos/estas de la foto?
Esta es Claudia Llosa, una directora de cine peruana muy famosa.
Este es Gustavo Dudamel, un...
Estas son..., unas escritoras argentinas...
Estos son..., unos...

ATENCIÓN

We use the indefinite article (**un**, **una**, **unos**, **unas**) to identify a person. For example, when we respond to the question **¿Quién es Ana de Armas?**
Ana de Armas es una actriz cubana famosa.
We do not use the article when speaking only about a person's profession.
Ana de Armas es ø actriz.

ATENCIÓN

un actor
una actriz
unos directores
unas escritoras

4. In groups of three or four, share your answers to activity 2.

EN LA RED

PREPÁRATE

5. Look at this student's personal details form from a school in Colombia. How many last names does this student have? Where does each last name come from?

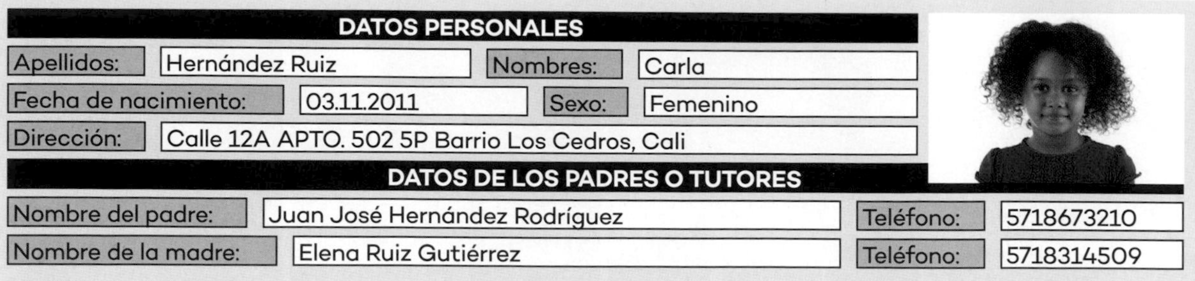

DATOS PERSONALES

Apellidos:	Hernández Ruiz	Nombres:	Carla
Fecha de nacimiento:	03.11.2011	Sexo:	Femenino
Dirección:	Calle 12A APTO. 502 5P Barrio Los Cedros, Cali		

DATOS DE LOS PADRES O TUTORES

Nombre del padre:	Juan José Hernández Rodríguez	Teléfono:	5718673210
Nombre de la madre:	Elena Ruiz Gutiérrez	Teléfono:	5718314509

6. Complete the second form with the parents' or guardians' last names.

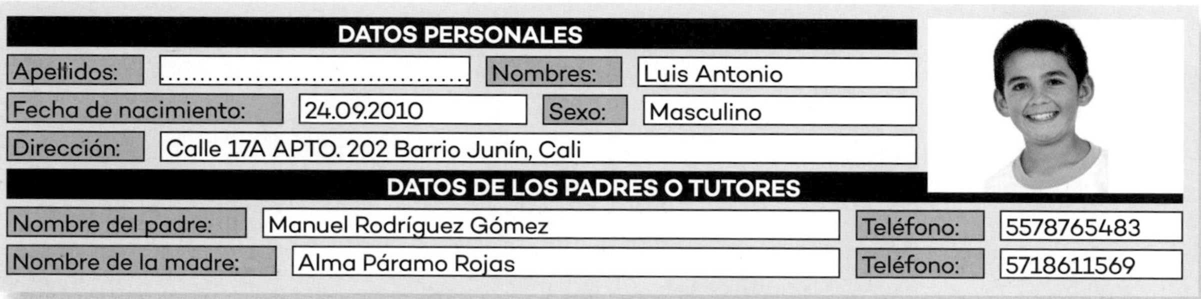

DATOS PERSONALES

Apellidos:	....	Nombres:	Luis Antonio
Fecha de nacimiento:	24.09.2010	Sexo:	Masculino
Dirección:	Calle 17A APTO. 202 Barrio Junín, Cali		

DATOS DE LOS PADRES O TUTORES

Nombre del padre:	Manuel Rodríguez Gómez	Teléfono:	5578765483
Nombre de la madre:	Alma Páramo Rojas	Teléfono:	5718611569

ATENCIÓN

Usually the first last name comes from the father and the second from the mother, but each family can choose whether they wish to maintain this order.

7. Look at the map and search online to answer these questions and to find famous Hispanics and Latinos/as with the last names on the map.

- ¿Cuál es el origen del apellido Quispe, el más común en Perú?
- ¿Por qué hay tantos apellidos que terminan en **–ez**? ¿Tiene algún significado?

LOS APELLIDOS MÁS FRECUENTES EN LATINOAMÉRICA

En países hispanohablantes

1. **Hernández,** México
2. **López,** Guatemala
3. **Hernández,** El Salvador
4. **Martínez,** Honduras
5. **Rodríguez,** Costa Rica
6. **López,** Nicaragua
7. **Rodríguez,** Cuba
8. **Rodríguez,** República Dominicana
9. **González,** Panamá
10. **Zambrano,** Ecuador
11. **Rodríguez,** Venezuela
12. **Rodríguez,** Colombia
13. **Quispe,** Perú
14. **Flores,** Bolivia
15. **González,** Chile
16. **González,** Paraguay
17. **Rodríguez,** Uruguay
18. **González,** Argentina

8. In pairs, compare your answers to activities 5, 6 and 7.

VIDEO: NUESTROS/AS ARTISTAS FAVORITOS/AS

PREPÁRATE

9. Watch the video and complete the information for each person who speaks.

- Nombre: ....
- Nacionalidad: ....
- Profesión: ....
- Artista favorito o banda favorita: ....

10. Watch the video again and complete what each person says.

1. Hola, ¿qué tal? Soy .... Soy de .... Soy .... Una de mis bandas favoritas aquí en México es .... Me gustan mucho, son pioneros del .... en español aquí en México.
2. Hola, me llamo ...., soy de .... Soy .... Mi artista favorito es ....
3. Hola, me llamo .... Soy de .... Mi banda favorita se llama .... Tocan jazz y me gustan mucho sus ...., son muy buenos.

11. In small groups, compare your answers to activities 9 and 10.

12. Listen to music from the artist and bands mentioned in the video. Do you like them? Why?

13. In pairs, present your favorite music artist or band.

Una de mis bandas favoritas es... Es de... Me gustan porque...
Mi artista favorito/a es / se llama... Es de... Me gusta porque...

Mi artista favorita es Ariana Grande, me gusta porque canta muy bien.

LA CAFETERÍA

What are the most common last names in your culture?

Do you know what your last name means?

DIVERSIDAD DE IDENTIDADES

PREPÁRATE

14. **Read the text and complete the sentences with the correct names.**

DIVERSIDAD HISPANOHABLANTE

Estas son algunas de las personas creativas y talentosas que trabajan a favor del reconocimiento de la diversidad cultural en los países de habla hispana.

ALDO VILLEGAS, BOCAFLOJA

¿Quién es?
Un artista de hip hop mexicano.
¿Dónde vive?
En Estados Unidos.
¿Qué hace?
Hace rap, escribe poesía y hace documentales sobre la discriminación de la cultura afrodescendiente en América Latina.

LÍA SAMANTHA

¿Quién es?
Una diseñadora de moda y cantante colombiana.
¿Dónde vive?
En Colombia.
¿Qué hace?
Diseña moda *(fashion)* y canta sobre las culturas afrodescendientes en el Caribe.

DOMINGO ANTONIO EDJANG MORENO, EL CHOJIN

¿Quién es?
Un cantante de rap y conductor de radio y televisión español.
¿Dónde vive?
En España.
¿Qué hace?
Hace música, escribe artículos y trabaja con diferentes organizaciones contra la discriminación y el racismo.

SARA CURRUCHICH

¿Quién es?
Una cantautora guatemalteca.
¿Dónde vive?
En Guatemala.
¿Qué hace?
Compone canciones, toca la guitarra y canta a favor del respeto a los pueblos originarios *(indigenous peoples)*.

INTI CASTRO

¿Quién es?
Un artista urbano chileno.
¿Dónde vive?
En Francia.
¿Qué hace?
Pinta murales con crítica social y personajes *(characters)* característicos de las culturas andinas.

- .... y .... viven fuera de sus países de origen.
- ...., y .... escriben.
- ...., ..., ... y .... cantan.
- .... y .... son sudamericanos.

PREPÁRATE

15. **Do you know any artist committed to social issues or working to build community? Choose one and write a brief description of him or her.**

Es un pintor / una pintora de la costa oeste...
Vive en Santa Fe...
Es uno de los artistas más representativos de...
una de las artistas más famosas de...
Hace música/fotografías...
Escribe poesía/libros...
En sus libros/canciones... habla sobre...
Me gusta porque...

16. **In pairs, compare your answers to activity 14.**

17. **In groups, read your descriptions from activity 15 and choose the most interesting artist to present to the rest of the class.**

18. **Make the presentation.**

—Nosotros presentamos a Logan Hicks. Es un artista urbano muy famoso.
—Vive en Nueva York...

ESTRATEGIAS

Use your knowledge of English and other languages to make connections and identify similar words.

artista - *artist*

diversidad - *diversity*

19. **Read the text again. Then match the words in the two columns to create sentences.**

1. Lía es	**a.** la guitarra.
2. Aldo y Domingo hacen	**b.** rap.
3. Inti y Aldo viven en	**c.** cantantes.
4. Sara toca	**d.** colombiana.
5. Sara y Lía son	**e.** el extranjero.

20. **Use the words below to complete the information about these prominent Guatemalans. You may search online.**

cantante | **programador/a** | **político/a** | **Estados Unidos** | **Guatemala** | **Premio Grammy** | **Premio Nobel de la Paz** | **Premio MacArthur** | **México**

1. Rigoberta Menchú Tum

es ...., vive en ...., es ganadora (*winner*) del ....

2. Ricardo Arjona

es ...., vive en ...., es ganador del ....

3. Luis von Ahn

es ...., vive en ...., es ganador del ....

EL MUNDO EN 100 PERSONAS

PREPÁRATE

21. **Read the words below. Do you know their meaning? You may use a dictionary.**

continente | vivienda | nutrición | alfabetización | sexo | idioma | agua | información | religión

22. **Look at this infographic about the world population. Read the six statements below and correct the wrong information.**

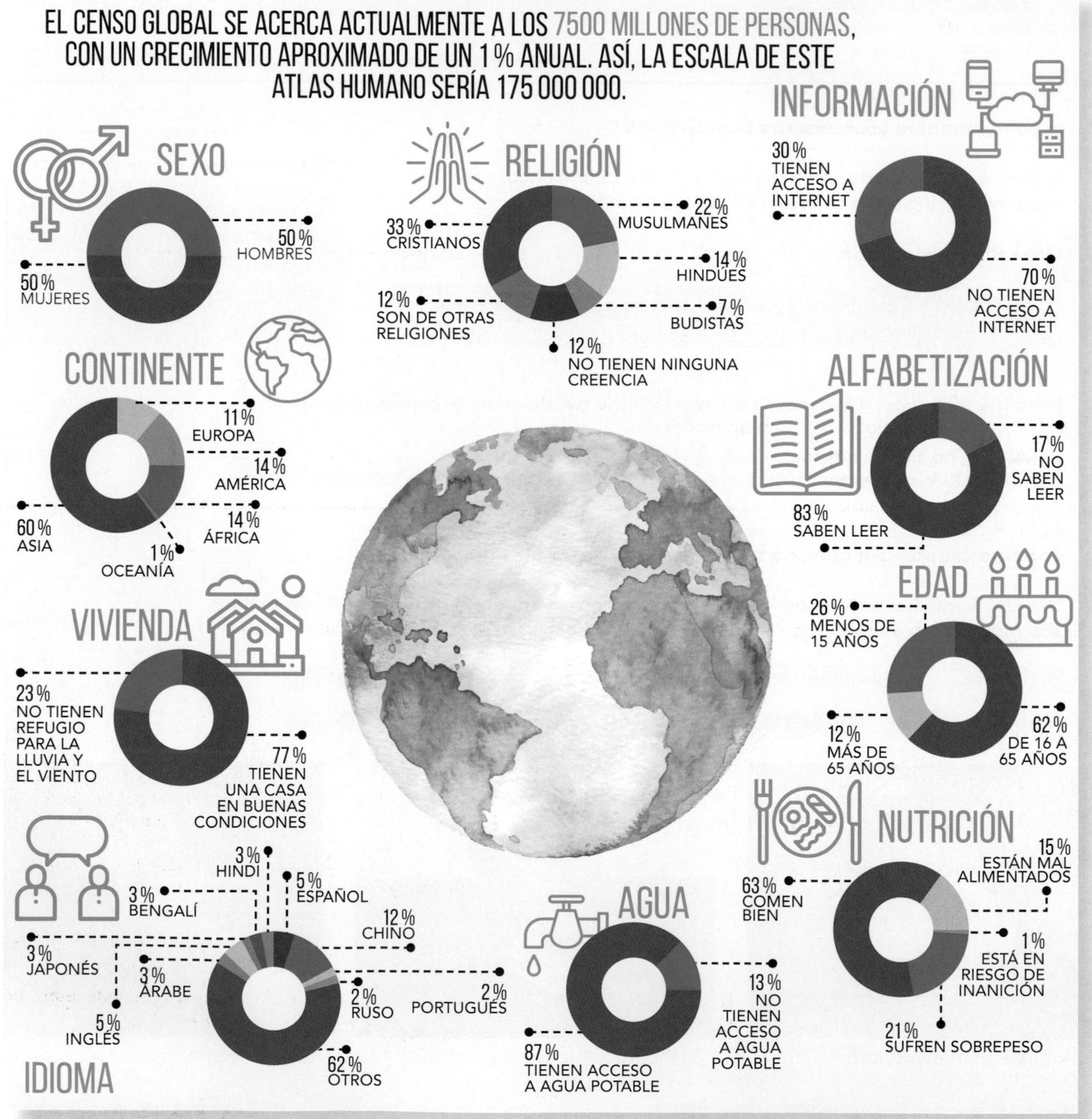

EL CENSO GLOBAL SE ACERCA ACTUALMENTE A LOS 7500 MILLONES DE PERSONAS, CON UN CRECIMIENTO APROXIMADO DE UN 1 % ANUAL. ASÍ, LA ESCALA DE ESTE ATLAS HUMANO SERÍA 175 000 000.

SEXO
50 % HOMBRES
50 % MUJERES

RELIGIÓN
33 % CRISTIANOS
22 % MUSULMANES
14 % HINDÚES
7 % BUDISTAS
12 % SON DE OTRAS RELIGIONES
12 % NO TIENEN NINGUNA CREENCIA

INFORMACIÓN
30 % TIENEN ACCESO A INTERNET
70 % NO TIENEN ACCESO A INTERNET

CONTINENTE
11 % EUROPA
14 % AMÉRICA
14 % ÁFRICA
1 % OCEANÍA
60 % ASIA

ALFABETIZACIÓN
17 % NO SABEN LEER
83 % SABEN LEER

EDAD
26 % MENOS DE 15 AÑOS
12 % MÁS DE 65 AÑOS
62 % DE 16 A 65 AÑOS

VIVIENDA
23 % NO TIENEN REFUGIO PARA LA LLUVIA Y EL VIENTO
77 % TIENEN UNA CASA EN BUENAS CONDICIONES

NUTRICIÓN
15 % ESTÁN MAL ALIMENTADOS
63 % COMEN BIEN
1 % ESTÁ EN RIESGO DE INANICIÓN
21 % SUFREN SOBREPESO

AGUA
13 % NO TIENEN ACCESO A AGUA POTABLE
87 % TIENEN ACCESO A AGUA POTABLE

IDIOMA
3 % HINDI
5 % ESPAÑOL
3 % BENGALÍ
12 % CHINO
3 % JAPONÉS
3 % ÁRABE
2 % RUSO
2 % PORTUGUÉS
5 % INGLÉS
62 % OTROS

Fuente de los datos: 100people.org

1. Cinco personas de cada cien viven en el continente americano.
2. Veintiséis personas tienen menos de sesenta y cinco años.
3. Veinticuatro personas no tienen una religión.
4. Cincuenta personas son mujeres.
5. Nueve personas hablan español.
6. Siete personas no tienen acceso a internet.

refugio: *shelter*
viento: *wind*
saber: *to know*
crecimiento: *growth*
ninguna creencia: *no faith, not religious*
alimentado: *nourished*
potable: *drinking*
sobrepeso: *overweight*

PREPÁRATE

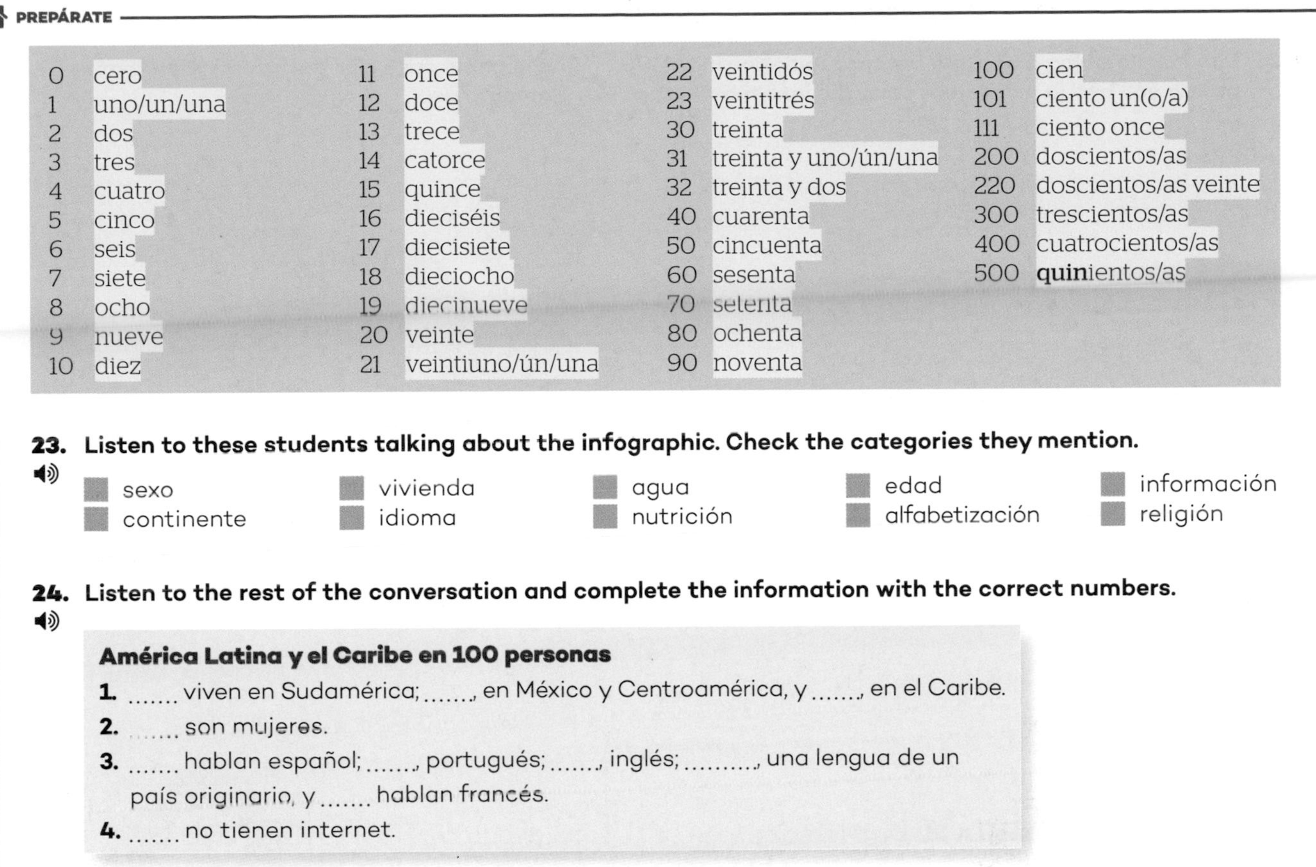

0	cero	11	once	22	veintidós	100	cien
1	uno/un/una	12	doce	23	veintitrés	101	ciento un(o/a)
2	dos	13	trece	30	treinta	111	ciento once
3	tres	14	catorce	31	treinta y uno/ún/una	200	doscientos/as
4	cuatro	15	quince	32	treinta y dos	220	doscientos/as veinte
5	cinco	16	dieciséis	40	cuarenta	300	trescientos/as
6	seis	17	diecisiete	50	cincuenta	400	cuatrocientos/as
7	siete	18	dieciocho	60	sesenta	500	quinientos/as
8	ocho	19	diecinueve	70	setenta		
9	nueve	20	veinte	80	ochenta		
10	diez	21	veintiuno/ún/una	90	noventa		

23. **Listen to these students talking about the infographic. Check the categories they mention.**

- sexo
- continente
- vivienda
- idioma
- agua
- nutrición
- edad
- alfabetización
- información
- religión

24. **Listen to the rest of the conversation and complete the information with the correct numbers.**

América Latina y el Caribe en 100 personas

1. .... viven en Sudamérica; ...., en México y Centroamérica, y ...., en el Caribe.
2. .... son mujeres.
3. .... hablan español; ...., portugués; ...., inglés; ...., una lengua de un país originario, y .... hablan francés.
4. .... no tienen internet.

25. **In pairs, compare your answers to activities 21, 22, 23, and 24.**

26. **Listen to this audio and complete the text with the correct numbers in the spaces below.**

MUNDO HISPANO

El español es el idioma oficial de (1) .... países. Los países con mayor población (*population*) son México, Colombia y España. En México viven aproximadamente (2) .... millones de personas. España y Colombia tienen alrededor de (3) .... millones de habitantes (*inhabitants*). La población hispana en Estados Unidos también es importante: con poco más de .... millones, representa el (4) ....% de la población total. Los países hispanohablantes tienen una gran diversidad étnica, cultural, lingüística y una biodiversidad notable (*remarkable*). Colombia, Ecuador, México, Perú, Estados Unidos y Venezuela forman parte de los (5) .... países llamados 'megadiversos' porque contienen más del (6) ....% de la biodiversidad del planeta. España es también el país europeo con mayor biodiversidad.

27. **Check the numbers that you hear.**

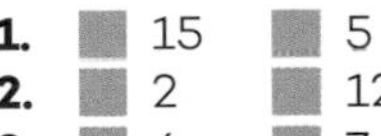

1. 15 / 5
2. 2 / 12
3. 6 / 7
4. 8 / 80
5. 39 / 93
6. 4 / 44

EL PRESENTE DE LOS VERBOS REGULARES

PREPÁRATE

28. **Read Linda's blog about the Latino population in the US and highlight in one color the information that is new to you and in a different color the information that you already knew.**

SOBRE MÍ

Hola, soy Linda Ramírez, vivo en Los Ángeles con mis padres. Mi madre es de origen mexicano y mi padre, ecuatoriano. En Los Ángeles vive mucha gente de origen hispano. También los estados de Texas, Florida y Nueva York tienen un porcentaje importante de población hispana.

Los hispanos son el grupo de población más joven en Estados Unidos. En mi universidad estudian muchos jóvenes hispanos. Yo tengo 21 años, soy ciudadana estadounidense y estudio Comunicación y Ciencias Políticas en la UCLA.

Afortunadamente, muchas personas creen en la juventud hispana. Yo creo que todos los jóvenes que vivimos, estudiamos y trabajamos en este país tenemos derecho (*right*) a las mismas oportunidades. Por eso (*For that reason*) soy activista a favor de los derechos de los inmigrantes. Me gusta ayudar (*help*) a la gente.

ESTRATEGIAS

Underline grammatical structures in the text that can help you talk about your own life.

Discovering Spanish grammar rules on your own will help you learn the language more effectively.

GRAMÁTICA

PREPÁRATE

29. Scan the text in activity 28 to find the present indicative forms that are missing in this table.

	verbos regulares			verbos irregulares	
	TRABAJAR	**CREER**	**VIVIR**	**SER**	**TENER**
yo	trabajo	....	....	....	....
tú, vos	trabajas/trabajás	crees/creés	vives/vivís	eres/sos	tienes/tenés
él, ella, usted	trabaja	cree	....	....	tiene
nosotros, nosotras	....	creemos	....	somos	tenemos
vosotros, vosotras	trabajáis	creéis	vivís	sois	tenéis
ellos, ellas, ustedes	trabajan	creen	viven	....	....

30. Complete these sentences about Linda.

Linda .... 21 años y .... estudiante de Ciencias Políticas en la UCLA. .... estadounidense, pero sus padres .... de origen hispano.

31. In pairs, compare your answers to activities 28, 29 and 30.

32. In groups of three, go online to find out which are the main countries of origin of Hispanics and Latinos/as in the United States.

Los principales países de origen de los hispanos en Estados Unidos son...

33. In the same groups, write a brief description of three famous personalities with Hispanic heritage.

Zoe Saldaña es una actriz estadounidense. Sus padres son de origen dominicano y puertorriqueño. Zoe habla inglés, español e italiano. Vive en...

Zoe Saldaña con Manouschka Guerrier, en la *LA Mission Homeless Thanksgiving*.

¿TÚ, USTED O USTEDES?

GRAMÁTICA

PREPÁRATE

34. Read and listen to these conversations. Match them with the photos.

1.
—¡Hola! Tú eres la chica estadounidense de intercambio, ¿no?
—Sí, me llamo Alyssa, ¿y tú?
—Soy Ana. Encantada.

2.
—Buenos días, ¿es usted la profesora visitante colombiana?
—Sí, soy Sheila López. ¿Y usted?
—Yo soy Marta Díaz, del Departamento de Sociología. Mucho gusto.

35. Which of the two previous conversations is more formal? What differences do you see and hear in the use of names, pronouns, and verb forms? In pairs, complete the table below.

recursos informales en español	recursos formales en español
Nombres: Alyssa (nombre)	Nombres: Marta Díaz (nombre y apellido)
Pronombres:	Pronombres:
Formas verbales:	Formas verbales:

36. In pairs, write conversations in English for these two situations. Then perform them. Use the conversations in activity 34 as models.

- Dos participantes de un congreso internacional.
- Un amigo te presenta a un compañero de clase.

37. Analyze your conversations with the class. What words or elements do you use in English in formal and informal situations?

recursos formales en inglés	recursos informales en inglés
Nombres:	Nombres:
Pronombres:	Pronombres:
Formas verbales:	Formas verbales:

ESTRATEGIAS

Understanding how your language works and comparing it to Spanish is a helpful learning strategy.

38. In groups, write two conversations in Spanish, one formal and one informal, and perform them.

LOS INTERROGATIVOS

GRAMÁTICA

PREPÁRATE

39. Match each question with the right personal information category.

Nombre y apellidos | **Nacionalidad/origen** | **Lugar de residencia** | **Edad** | **Estudios/profesión** | **Idiomas**

1. ¿Cómo te llamas?
2. ¿Dónde vives?
3. ¿De dónde eres?
4. ¿Eres colombiana?
5. ¿Vives en Ecuador?
6. ¿Cuántos años tienes?
7. ¿Hablas inglés?
8. ¿Qué estudias?
9. ¿Qué haces?
10. ¿Qué lenguas hablas?

40. Write ten questions for your classmates using these question words and verbs.

- ¿Cómo...
- ¿Quién...
- ¿Cuántos/as...
- ¿Qué...
- ¿Dónde...
- ¿De dónde...

ser
tener
trabajar
vivir
estudiar

llamarse
hacer
leer
hablar

41. Ask your classmates your questions.

Max, ¿cuántos años tienes?

ATENCIÓN

An inverted question mark is also used at the beginning of the question (**¿...?**).
¿Cómo te llamas? ¿Dónde vives?

GÉNERO Y NÚMERO DE LOS SUSTANTIVOS Y ADJETIVOS

GRAMÁTICA

PREPÁRATE

42. Look closely at the endings of the nouns and adjectives in the sentences below. Does English have these types of endings? Refer to Recursos lingüísticos.

- Ricardo es un chic**o** muy inteligent**e** y simpátic**o**.
- Ricardo y Manuel son dos chic**os** muy inteligent**es** y simpátic**os**.

- Luisa es una chic**a** inteligent**e** y simpátic**a**.
- Luisa y Jazmín son dos chic**as** muy inteligent**es** y simpátic**as**.

- Daniel Alarcón es un escrit**or** famos**o**. Es una person**a** muy crític**a** e influyent**e**.
- Julia Álvarez es una escritor**a** famos**a**. Es una person**a** muy crític**a** e influyent**e**.

- Daniel Alarcón y Julia Álvarez son dos escritor**es** famos**os**. Son dos person**as** muy crític**as** e influyent**es**.

43. Write sentences combining these nouns and adjectives.

una científica
unas estudiantes
un político
unos actores

talentoso/a/os/as
importante(s)
activo/a/os/as
internacional(es)
simpático/a/os/as

Tengo una amiga muy talentosa: se llama Alice y toca cinco instrumentos musicales.

44. In groups, compare your examples in activity 43. Do you have the same combinations?

45. Write examples for each category and compare them with your classmates.

- Un país interesante
- Un artista crítico
- Una compañía internacional
- Un político influyente
- Una escritora talentosa
- Un actor simpático

Un país interesante para mí es India. Es un país...

ENTENDER CÓMO FUNCIONA LA LENGUA

LOS NOMBRES DE LOS PAÍSES HISPANOHABLANTES

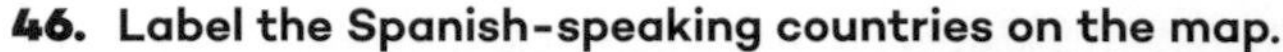

46. Label the Spanish-speaking countries on the map.

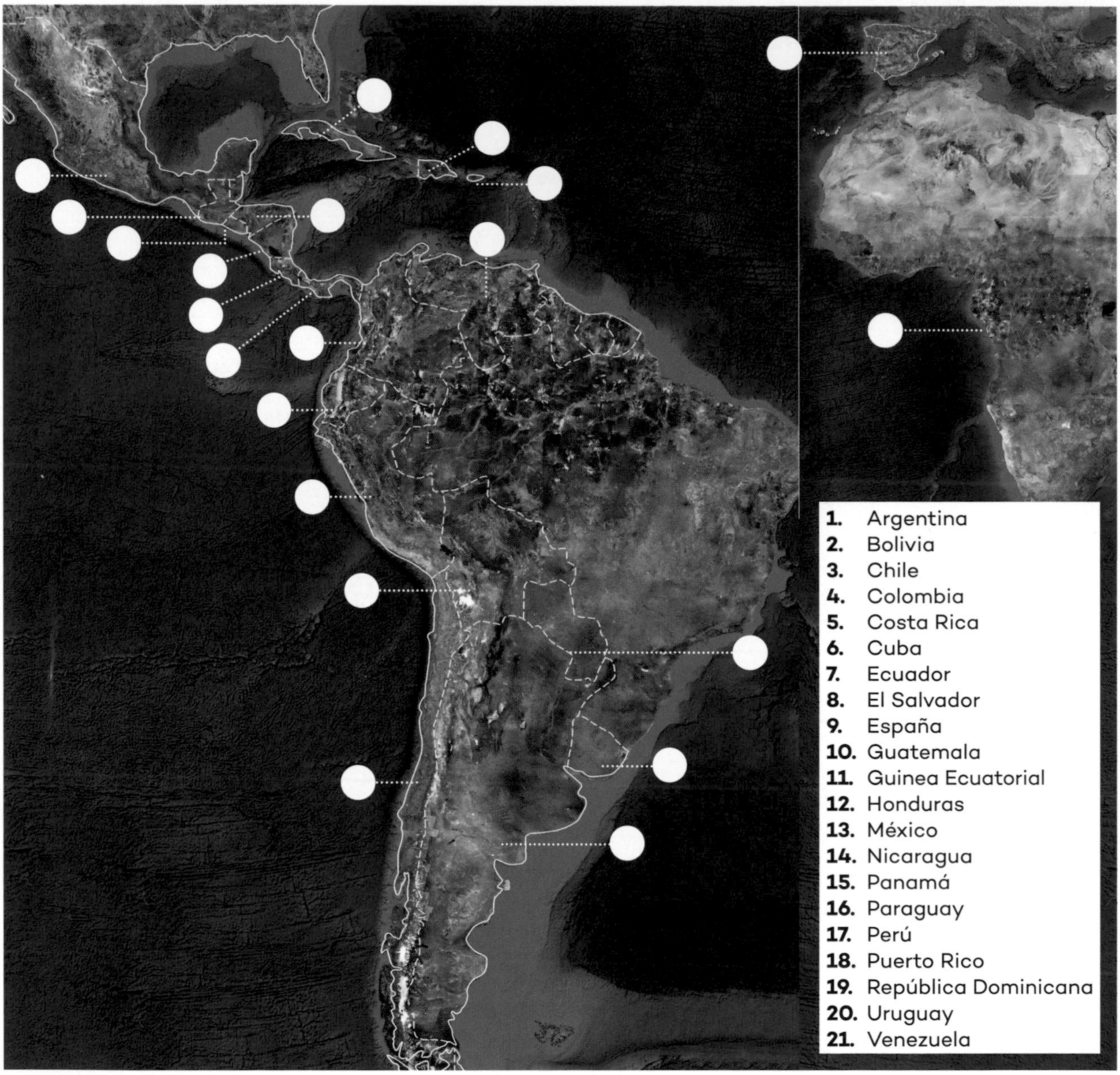

1. Argentina
2. Bolivia
3. Chile
4. Colombia
5. Costa Rica
6. Cuba
7. Ecuador
8. El Salvador
9. España
10. Guatemala
11. Guinea Ecuatorial
12. Honduras
13. México
14. Nicaragua
15. Panamá
16. Paraguay
17. Perú
18. Puerto Rico
19. República Dominicana
20. Uruguay
21. Venezuela

Fuente: Google Earth

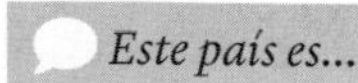

Este país es...

47. Do you know these important Hispanic personalities? Match the names with their professions and nationalities. You may search online.

1. Carlos Gardel
2. Lionel Messi
3. Frida Kahlo
4. Teresa Carreño
5. Isabel Allende
6. José Andrés
7. Augusto Roa Bastos
8. Nina García

a. pintora mexicana
b. compositora y pianista venezolana
c. escritor paraguayo
d. editora de moda colombiana
e. chef español
f. cantante de tango y compositor uruguayo
g. escritora chilena
h. futbolista argentino

—¿Quién es Carlos Gardel?
—Es un cantante de tango y compositor uruguayo.

VOCABULARIO

48. **In pairs, share your answers to activities 46 and 47.**

—¿Lionel Messi es un futbolista argentino?
—No sé.
—Sí, sí; es un futbolista argentino muy famoso.

49. **Find other famous people from history or the present day with the following nationalities. Then, share your findings with the class.**

boliviano/a
costarricense
cubano/a
dominicano/a
ecuatoguineano/a
ecuatoriano/a
guatemalteco/a
hondureño/a
nicaragüense
panameño/a
peruano/a
puertorriqueño/a
salvadoreño/a

Frida Kahlo es una pintora mexicana.

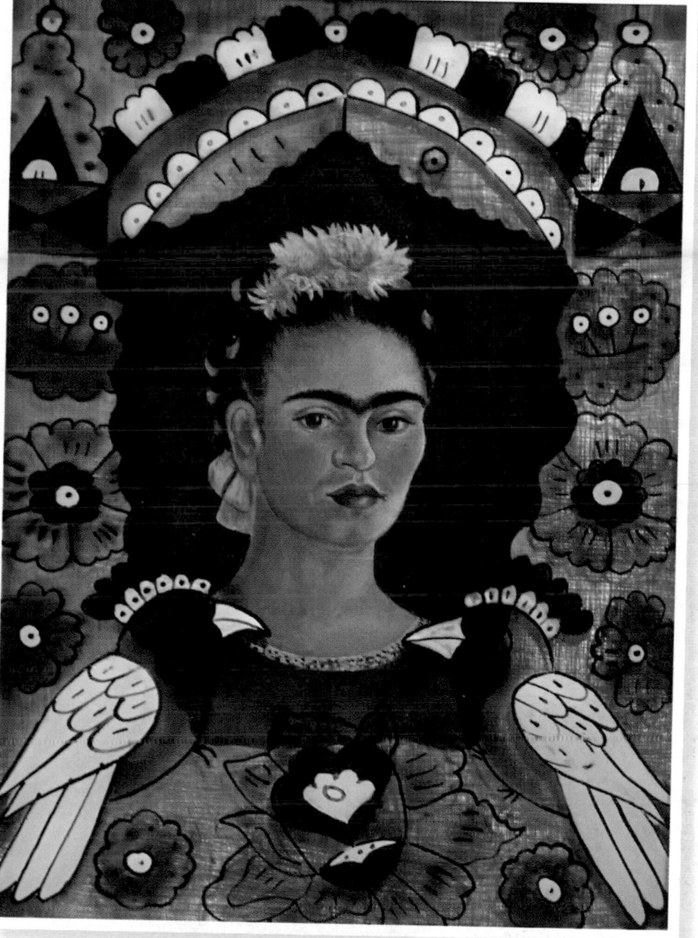

Autorretrato – El marco, Frida Kahlo.

ADJETIVOS PARA DESCRIBIR EL CARÁCTER

VOCABULARIO

PREPÁRATE

50. **Underline the adjectives that are similar in English or in any other language that you know.**

- famoso/a
- crítico/a
- talentoso/a
- creativo/a
- activo/a
- productivo/a
- optimista
- independiente
- inteligente
- simpático/a
- interesante
- influyente

51. **Complete these sentences with the correct adjective from the list above.**

1. Manuel tiene ideas originales: es muy ....
2. Carla hace muchas cosas diferentes en un día: es una persona ....
3. Amalia tiene una actitud positiva ante la vida: es una chica *(girl)* ....
4. Alberto toca el piano fenomenal: es muy ....
5. Camila vive sola *(alone)*, trabaja y no quiere la ayuda *(help)* de sus padres: es muy ....

52. **In pairs, compare your answers to activity 50.**

53. **Write more sentences with the adjectives not used in activity 51. Share them with the class.**

CONECTORES

CARACTERÍSTICAS DEL TEXTO

PREPÁRATE

54. Check whether you think these statements are true (V) or false (F). Then read the text and verify your answers.

	V	F
1. En Argentina muchas personas tienen origen italiano.		
2. Muchos peruanos son de origen asiático.		
3. El español tiene palabras de origen árabe.		
4. En América Latina existen más de 500 pueblos originarios *(indigenous peoples)*.		

GENTE DE AQUÍ Y DE ALLÁ

El mundo hispanohablante tiene una larga historia de conquistas *(conquests)*, migraciones e intercambios culturales; por eso la gente, la cultura y la lengua son muy diversas.

Muchos países no tienen estadísticas sobre la población originaria, pero, según UNICEF, en América Latina viven actualmente 522 pueblos indígenas. En los países de habla hispana, una parte importante de la población tiene antepasados *(ancestors)* africanos o españoles. Hay también muchas personas de origen chino y japonés (como en Perú), judío *(jewish)*, alemán o italiano (como en Argentina).

España tiene también una larga historia de conquistas y encuentros *(interactions)* entre pueblos ibéricos, celtas, romanos, judíos, germánicos y árabes.

55. Look at the connectors underlined in the text above. What are their equivalents in English?

56. Complete the sentences with the most appropriate connector. Then compare answers with your classmates.

1. Ana es una persona muy inteligente, creativa .... talentosa.
2. Carlos es de México, ... vive en España desde 2016.
3. Eva Longoria es actriz y modelo. .... es activista por los derechos de los hispanos en Estados Unidos.
4. Es un actor muy bueno y colabora con muchas organizaciones sociales, ... tiene el reconocimiento *(recognition)* de muchas personas.
5. ¿Tú vives en el campus .... fuera *(off campus)*?
6. Isabel habla francés, español .... inglés.

ENTONACIÓN DE LAS PREGUNTAS

SONIDOS

57. Listen. Which sentences are questions and which are statements? Check the sentence that you hear. How can you tell the difference?

1. ☐ ¿Es de Perú? ☐ Es de Perú.
2. ☐ ¿Viaja mucho? ☐ Viaja mucho.
3. ☐ ¿Dónde vive Julia? ☐ Donde vive Julia.
4. ☐ ¿Eres estudiante? ☐ Eres estudiante.

58. In the previous activity there are two types of questions: *Yes/No* questions, to which we respond sí **or** no**; and *Wh-* questions, which require longer answers. Write the questions from activity 57 in the appropriate columns below.**

***Yes/No* questions**	***Wh-* questions**
....	....
....	....
....	....
....	....

59. Listen and repeat the following questions. Then, in pairs, take turns asking and answering them.

- ¿Cómo te llamas?
- ¿Cuál es tu apellido?
- ¿Eres de primer año?
- ¿De dónde eres?
- ¿Cuántos años tienes?
- ¿Dónde vives?
- ¿Te gusta el español?

ATENCIÓN

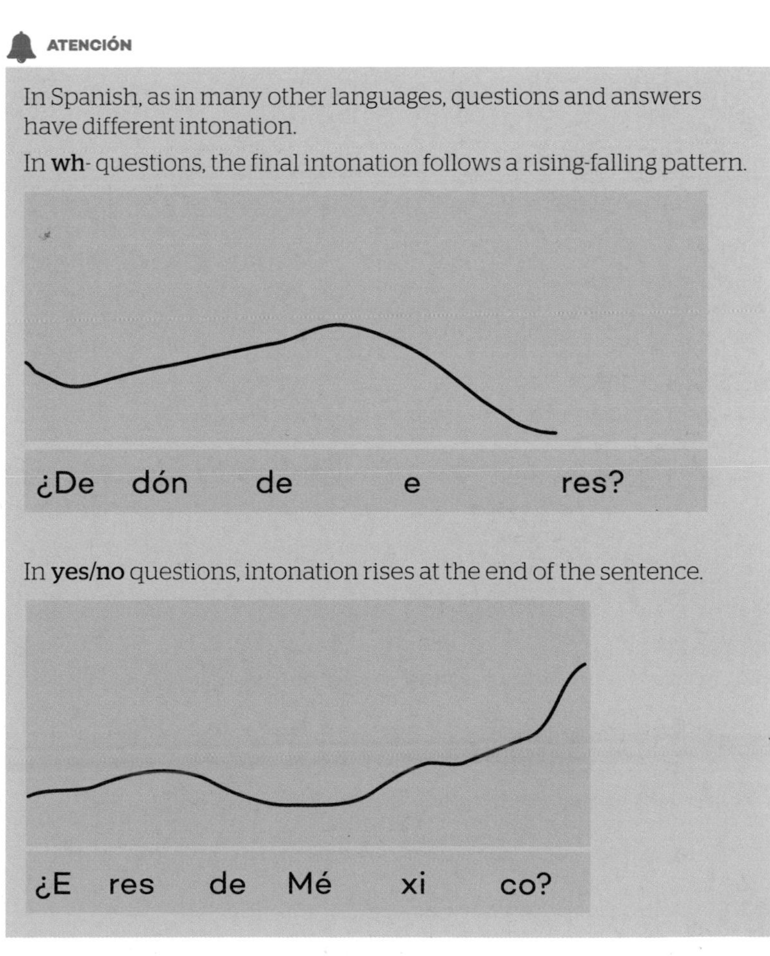

In Spanish, as in many other languages, questions and answers have different intonation.

In **wh**- questions, the final intonation follows a rising-falling pattern.

In **yes/no** questions, intonation rises at the end of the sentence.

The Spanish Hub TEXTO MAPEADO TEXTO LOCUTADO

CINE

Tres amigos

Alejandro, Alfonso y Guillermo son en Hollywood "los tres amigos", algo muy especial en un ambiente considerado hostil. ◯ Del Toro es experto en historias de terror y fantasía; Iñárritu, en drama, y Cuarón, en combinar diferentes géneros.

Los tres tienen premios Óscar: Cuarón por *Gravity* (2014) y por *Roma* (2018) como mejor película de habla no inglesa; Iñárritu, por *Birdman* (2015) y *The Revenant* (2016), y Del Toro, por *The Shape of Water* (2018). ◯

Orgullosos de su origen, pero con una perspectiva global, los tres cuentan historias humanas. ◯

ANTES DE LEER

60. Search online for information about the following artists. Then answer the questions.

Alejandro González Iñárritu | Alfonso Cuarón | Guillermo del Toro

- ¿Quiénes son?
- ¿Qué hacen?
- ¿De dónde son?

DESPUÉS DE LEER

61. Write the number of each missing phrase where it belongs in the article.

1. Y es que saben que el cine es universal y que traspasa fronteras y banderas.
2. Los tres tienen en común su lugar de origen, su profesión y su talento, pero sus estilos son muy diferentes.
3. Pero también son muy conocidas sus películas en español, como *Amores perros* (Iñárritu, 2000), *Y tu mamá también* (Cuarón, 2001) y *El laberinto del fauno* (Del Toro, 2006).

62. In pairs, compare your answers to activities 60 and 61.

63. Do you know of any group of friends who are famous in other fields (e.g., culture, sports, politics, etc.)?

ambiente: *environment*
amistad: *friendship*
saber: *to know*
bandera: *flag*
orgulloso/a de: *proud of*
tener en común: *to have in common*
conocido/a: *famous, well-known*

PINTURA

Autorretratos

MÉXICO

El arte es una forma de conocer la realidad y de construir la propia identidad, y en todas sus formas (pintura, escultura, música, cine, etc.) es también un reflejo del artista. Por eso, los autorretratos son fundamentales en la obra de muchos creadores. Aquí presentamos dos ejemplos del mundo hispanohablante.

↑
Autorretrato, David Alfaro Siqueiros (1894-1974)

Su obra humanista, de carácter político, refleja el dolor y la miseria y denuncia la violencia del siglo XX.

←
Autorretrato, Nahui Olín (1893-1978)
Colección Andrés Blaisten Dr. (Gerardo Murillo) ATL Nahui Olin, Ca. 1922. Atl colors / fresco, 100 × 100

En su arte utiliza normalmente la estética naíf. Su obra es una celebración de la espontaneidad y la ingenuidad.

ANTES DE LEER

64. Look at the self-portraits and write five words that they evoke for you. Compare your ideas in small groups.

DESPUÉS DE LEER

65. How does the text express the following ideas? Underline the relevant words or sentences and compare your answers with a partner.

- Con el arte podemos conocer e interpretar el mundo.
- Los autorretratos muestran la personalidad del artista.

66. Research the following online.

- ¿De dónde son los artistas?
- ¿Quién tiene raíces indígenas?
- Busca otras obras de estos artistas. ¿Te gustan o no? ¿Por qué?

67. Self-portraits and selfies are ways of presenting oneself to the world, but can a selfie be a work of art? Discuss in groups.

exaltar: *to celebrate*
vivo: *bright*
construir: *to build*
reflejar: *to reflect*
autorretratos: *self-portraits*

PREPARAR VOCABULARIO PARA TEXTOS Y EXÁMENES

68. How do you study vocabulary? What strategies do you use?

A mí me gustan los diccionarios visuales, relacionar palabras con imágenes.

69. Look at these strategies for organizing and learning and write your own examples.

A. LLUVIA DE IDEAS *(Brainstorm)*
Free association of words related to a theme.

Universidad
estudiar biblioteca semestre campus

AHORA TÚ: Do your own brainstorm on the topic of **Latinoamérica**.

B. MAPAS CONCEPTUALES SIMPLES Y COMPLEJOS *(Simple and complex mind maps)*
Words related to a theme, organized by category.

C. JERARQUÍA *(Hierarchy)*
Words organized in a specific order.

Países hispanoamericanos de norte a sur

México
Guatemala
Honduras
El Salvador
Nicaragua
Costa Rica
Panamá
...

AHORA TÚ: Create your own list of **interesting topics for your Spanish class**.

D. COMPLEMENTARIOS U OPUESTOS
(Complementary or opposed)
Words organized by related or opposing meanings.

actor/actriz estudiante/profesor(a)

AHORA TÚ

E. FAMILIA DE PALABRAS *(Word families)*
Words with the same root.

cantante/cantar/canción

AHORA TÚ: Create the word family for the verb **estudiar**.

F. COMBINACIONES Y COLOCACIONES LÉXICAS
(Word combinations and collocations)
Groups of words often used together.

director de cine / orquesta

AHORA TÚ

G. SONIDO Y ORTOGRAFÍA *(Sound and spelling)*
Words organized by sound or spelling.

Palabras con eñe: español baño niños

AHORA TÚ

H. COGNADOS *(Cognates)*
Words related by derivation, borrowing, or descent in different languages.

arte > art
información > information

AHORA TÚ: Write five more examples.

70. **Choose words from chapters 1 and 2 and organize them using one of these strategies.**

71. **Share your examples with the class.**

PROYECTO EN GRUPO

Latinos influyentes

We are going to research and present some basic information about the most famous Latinos in the United States.

A. In small groups, identify the people in these pictures and search their information online to complete their personal information.

Serena Auñón | Gustavo Santaolalla | Salma Hayek | Sonia Sotomayor

¿Quiénes son los latinos más influyentes de Estados Unidos?

Los latinos son ya la minoría más importante en Estados Unidos. Muchas personas relevantes de esta comunidad son muy influyentes en el mundo de la política, los negocios, la ciencia, la literatura, el cine, la moda, el arte, la música, los deportes, el periodismo y los medios de comunicación.

¿Cuál es tu *top 10* entre los latinos más influyentes en Estados Unidos? Aquí tenemos algunos ejemplos.

Nombre y apellido: ....

Origen, nacionalidad: ....

Edad: ....

Profesión-actividad: ....

Personalidad: ....

Otra información relevante: ....

ATENCIÓN

NOMBRE Y APELLIDO: ¿Cómo se llama? ¿Cómo se apellida?
ORIGEN, NACIONALIDAD: ¿De dónde es exactamente?
EDAD: ¿Cuántos años tiene?
PROFESIÓN, ACTIVIDAD: ¿Qué hace? ¿Qué es?
PERSONALIDAD: ¿Cómo es?
OTRA INFORMACIÓN RELEVANTE: Trabaja en... vive en... habla...

B. Search online for more famous Latinos/as in these or other professions. Then make a list of the ten that you find most influential. Order them by importance, where number one is the most influential.

- mujer/hombre de negocios
- científico/a
- escritor(a)
- director(a) de cine
- actor/actriz
- diseñador(a) de moda
- artista
- músico/a
- deportista
- periodista
- político/a

C. Present your list to the rest of the class and share basic information about the top three figures on your list.

En el número 1 tenemos a... Para nosotros es importante porque...

PROYECTO INDIVIDUAL

Mi infografía

You are going to design an infographic about the five people you think are the most influential in the Spanish-speaking world.

A. **Choose one influential Hispanic or Latino in five of the following fields. Then put them in order of descending importance from 1 to 5.**

la política | los negocios | la ciencia | la literatura | el cine | la moda | el arte | la música | los deportes | el periodismo

B. **For each person, create a personal information card like the one in the group project, and add a photo.**

C. **Organize the important information in a first draft.**

D. **Think of a title for your infographic and prepare your final version.**

ESTRATEGIAS

Review the vocabulary and use the dictionary. No automatic translators. Also refer to this chapter's Recursos lingüísticos.

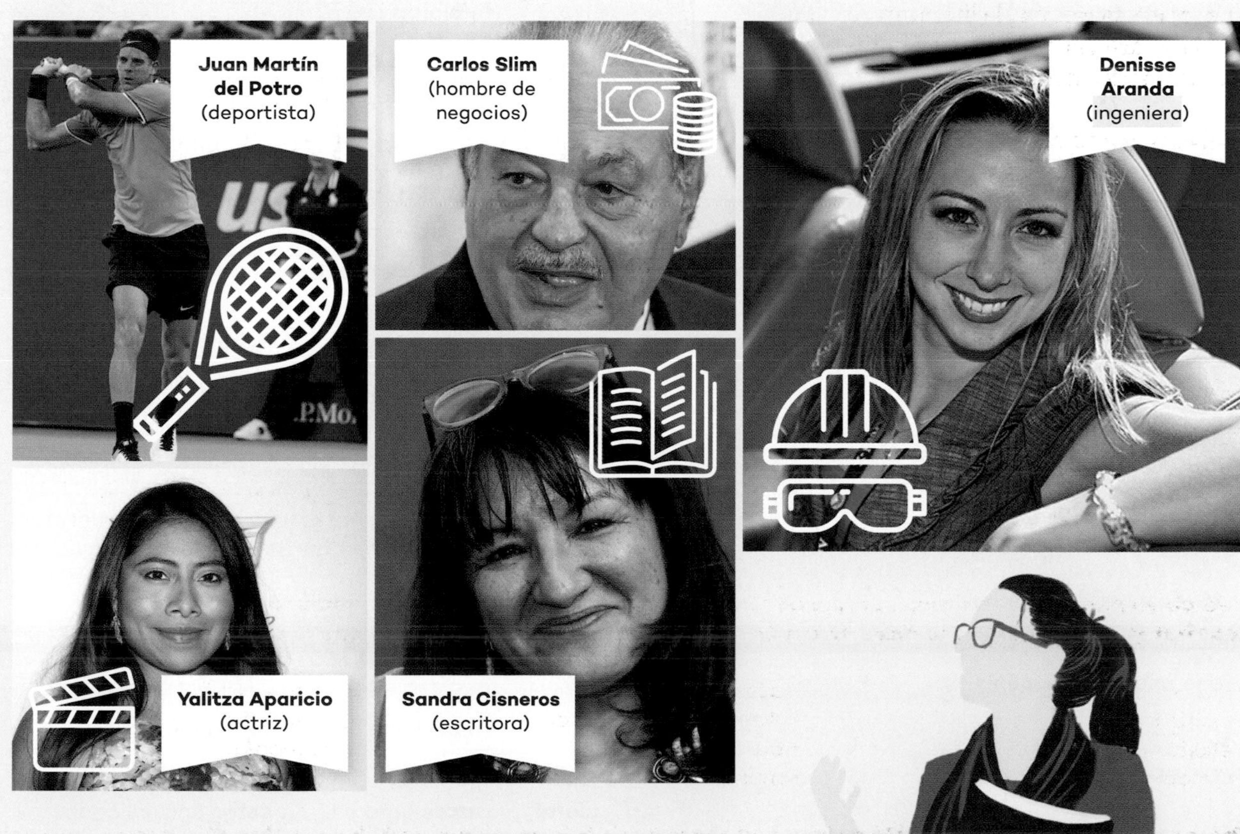

GRAMMAR

THE PRESENT TENSE

▶ Regular -ar, **-**er, **-**ir **verbs**

In Spanish, there are three types of verbs: those that end in **-ar**, those that end in **-er**, and those that end in **-ir**.

	TRABAJAR	APRENDER	VIVIR
yo	trabaj**o**	aprend**o**	viv**o**
tú, vos	trabaj**as**/**ás**	aprend**es**/**és**	viv**es**/**ís**
él, ella, usted	trabaj**a**	aprend**e**	viv**e**
nosotros, nosotras	trabaj**amos**	aprend**emos**	viv**imos**
vosotros, vosotras	trabaj**áis**	aprend**éis**	viv**ís**
ellos, ellas, ustedes	trabaj**an**	aprend**en**	viv**en**

Other **-ar** verbs:
buscar, **cantar**, **escuchar**, **estudiar**, **deletrear**, **diseñar**, **investigar**, **presentar**, **pintar**, **preguntar**, **terminar**, **tocar**, **viajar**

Other **-er** verbs: **creer**, **leer**, **ver**

Other **-ir** verbs: **escribir**

▶ The verbs ser, ir, tener **and** hacer

The verbs **ser** and **ir** are completely irregular. **Tener** has some regular and some irregular forms. **Hacer** is irregular only in the first person singular.

	SER	IR	TENER
yo	**soy**	**voy**	**ten**g**o**
tú, vos	**eres**/ **sos**	**vas**	**tienes**/ **tenés**
él, ella, usted	**es**	**va**	**tiene**
nosotros, nosotras	**somos**	**vamos**	**tenemos**
vosotros, vosotras	**sois**	**vais**	**tenéis**
ellos, ellas, ustedes	**son**	**van**	**tienen**

	HACER
yo	**hago**
tú, vos	**haces**
él, ella, usted	**hace**
nosotros, nosotras	**hacemos**
vosotros, vosotras	**hacéis**
ellos, ellas, ustedes	**hacen**

SUBJECT PRONOUNS

Subject pronouns are used only when we want to highlight or contrast the person.

*¡Hola! **Yo** soy Teresa. **Él** es Juan y **ella** es Ana.*
*Yo no soy María, es **ella**.*

VOSOTROS **OR** USTEDES?

In most areas of Spain, the informal form to address a group of two or more people is **vosotros**, while **ustedes** is the corresponding formal plural. In Latin American Spanish, **vosotros** is not used; **ustedes** is the only (formal and informal) form to address a group of two or more people.

QUESTION WORDS

*¿**Quién** es Gael García?*
*¿**Cómo** te llamas?*
*¿**Cuántos** años tienes?*
*¿**Dónde** vives?*
*¿**De dónde** eres?*
*¿**Qué** estudias?*

THE DEFINITE ARTICLE

In Spanish, definite articles agree in gender and number with the nouns that follow.

	masculine
singular	**el** libro, **el** actor
plural	**los** libros, **los** actores

El (without accent) is a definite article: **el** libro, **el** chico.
Él (with accent) is a personal pronoun: ***Él*** *es Carlos.*

	feminine
singular	**la** familia, **la** universidad
plural	**las** familias, **las** universidades

Feminine nouns that begin with **a** or **ha** and that are stressed on that vowel take the article **el**: **el a**gua, **el a**rma, **el ha**cha.

THE INDEFINITE ARTICLE

	masculine	feminine
singular	**un** libro, **un** actor	**una** familia, **una** universidad
plural	**unos** libros, **unos** actores	**unas** familias, **unas** universidades

Feminine nouns that begin with **a** or **ha** and that are stressed on that vowel take the article **un**: **un a**gua, **un a**rma, **un ha**cha.

DEMONSTRATIVE ADJECTIVES

	masculine	feminine
singular	**este** actor	**esta** universidad
plural	**estos** actores	**estas** universidades

*¿Quién es **este** chico de la foto?*
*¿Quién es **esta** mujer?*
***Estas** universidades son muy reconocidas.*

COHESION

DEMONSTRATIVE PRONOUNS

	masculine	feminine
singular	este	esta
plural	estos	estas

Este *es Marcelo, mi padre.*
Estos *son Oswaldo y Wilson, dos amigos.*

NOUNS: GENDER AND NUMBER

Nouns in Spanish can be masculine or feminine. Here are the most frequent masculine and feminine noun endings in their singular and plural forms.

gender	ending	singular	plural (-s/-es)
masculine	-o	libr**o**	libr**os**
	-ema, -oma	probl**ema**	probl**emas**
	-aje	pais**aje**	pais**ajes**
feminine	-a	person**a**	person**as**
	-dad, -tad	universi**dad**	universi**dades**
	-ción, -sión	discu**sión**	discu**siones**
masculine/ feminine	-ista -ante	art**ista** estudi**ante**	art**istas** estudi**antes**

Nouns that end with a consonant (**-l**, **-n**, **-r**, **-s**, **-z**) or with **-e** may be either masculine or feminine:

el *celular*	***el*** *autobús*	***la*** *calle*
la *imagen*	***el*** *lápiz*	***la*** *web*
el *examen*	***el*** *parque*	***el*** *color*

ADJECTIVES: GENDER AND NUMBER

Adjectives agree in gender and number with the nouns that they accompany.

ending	masculine	feminine	plural (-s/-es)
-o/a	simpátic**o**	simpátic**a**	simpátic**os** simpátic**as**
-or(a)	trabajad**or**	trabajad**ora**	trabajad**ores** trabajad**oras**
-e	amabl**e**	amabl**e**	amabl**es**
-ista	femin**ista**	femin**ista**	femin**istas**
-n -l -r -z	jove**n** especia**l** regula**r** capa**z**	jove**n** especia**l** regula**r** capa**z**	jóven**es** especial**es** regular**es** capac**es**

Adjectives usually come after the noun:

una persona ***comprometida***
un estudiante ***joven***

BASIC CONNECTORS

y: links words or phrases at the same level.

Martín ***y*** *Rosa estudian* ***y*** *trabajan.*

Y becomes **e** when the following word begins with the sound [i].

Luis ***e*** *Irene*

Padres ***e*** *hijos*

o: is used to show options.

¿Estudias ***o*** *trabajas?*

también: adds information.

Se habla español en España, en América Latina y ***también*** *en Estados Unidos.*

pero: introduces a contrasting idea.

Entiendo español, ***pero*** *no lo hablo muy bien.*

por eso: introduces a consequence.

Mi novio es de Perú, ***por eso*** *estudio español.*

In informal texts in Spanish (especially in digital formats and handwritten notes), the opening inverted question mark or exclamation point is often omitted. In formal texts, however, it is very important to use them.

PUNCTUATION: QUESTION MARKS AND EXCLAMATION POINTS

In Spanish, an inverted question mark and exclamation point is also used at the beginning of the question or exclamation (**¿?**, **¡!**).

¿*Cuál es la capital de Argentina****?***
¡*Muchas gracias****!***

RECURSOS LINGÜÍSTICOS

COMMUNICATION

IDENTIFYING

¿Quién + ser...**?**

¿Quién es *este hombre/esta mujer**?***
¿Quién es *este/esta**?***
¿Quiénes son *estos hombres/estas mujeres**?***
¿Quiénes son *estos/estas**?***

Este/Esta/Estos/Estas + ser...

Esta es *Andrea, una amiga.*
Este es *Carlos, un amigo.*
Estas son *Andrea **y** Míriam, unas amigas.*
Estos son *Carlos **y** Leandro, unos amigos.*

TALKING ABOUT ARTISTS

Es *una pintora/cantante/fotógrafa...*
Vive en *Santa Fe...*
Hace *música/fotografías/documentales...*
Escribe *poesía/libros...*
En sus libros/canciones/obras... **habla sobre** *la vida*
la sociedad.
Me gusta porque *es divertido.*

EXPRESSING LIKES AND DISLIKES

(No) me gusta + sustantivo en singular/infinitivo

Me gusta *aprender lenguas.*
No me gusta *la música clásica.*

(No) me gustan + sustantivos en plural

Me gustan *las obras de Frida Kahlo.*
No me gustan *las matemáticas.*

(No) te gusta + sustantivo en singular/infinitivo

*¿**Te gusta** aprender lenguas?*
*¿**No te gusta** la música clásica?*

(No) te gustan + sustantivos en plural

*¿**Te gustan** las obras de Frida Kahlo?*

The noun(s) that follow(s) **me gusta(n)** must have an article, possesive, or demonstrative.
~~*Me gusta arte.*~~ 👎
Me gusta el arte. (I like art.) 👍
Me gusta tu casa. (I like your house.) 👍
Me gusta esta canción. (I like this song.) 👍
~~*Me no gusta el jazz.*~~ 👎
~~*Yo gusto el jazz.*~~ 👎

EXPRESSSING LACK OF KNOWLEDGE

No sé + question word

No sé *quién es.*

No sé + infinitivo

No sé *hablar francés.*

PERSONAL INFORMATION

¿Cómo te llamas?
¿Cuál es tu apellido?/¿Cómo te apellidas?
¿De dónde eres?
¿Qué lenguas hablas?
¿Qué estudias?
¿Dónde vives?
¿Cuántos años tienes?
¿Qué haces?

VOCABULARY

PROFESIONES *(PROFESSIONS)*

un actor *(an actor)*
una actriz *(an actress)*

un(a) artista
(an artist)

un(a) cantante
(a singer)

un(a) cantautor(a)
(a singer-songwriter)

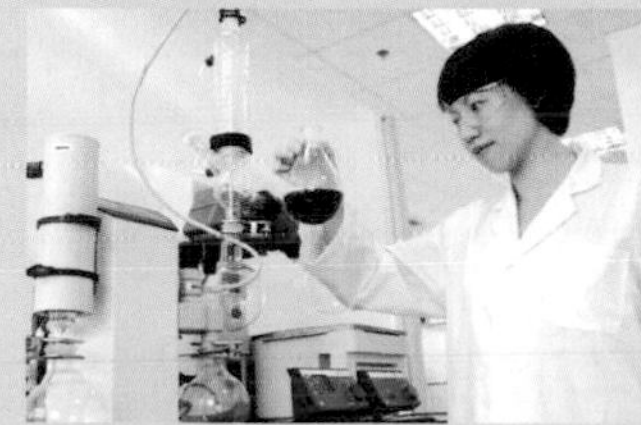
un(a) científico/a
(a scientist)

un(a) compositor(a)
(a composer)

un(a) chef
(a chef)

un(a) deportista
(an athlete)

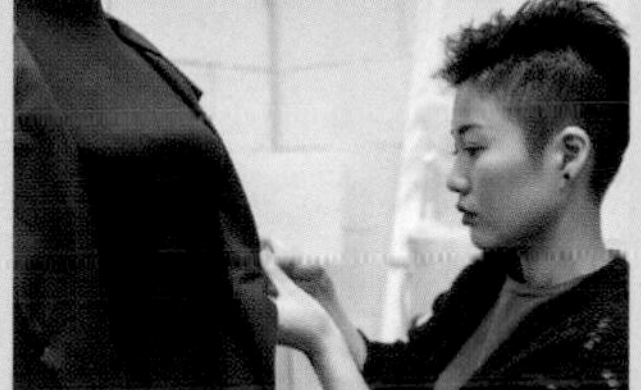
un(a) diseñador(a)
(a designer)

un(a) director(a) de cine
(a film director)

un(a) director(a) de orquesta
(a conductor)

un(a) editor(a)
(a publisher)

un(a) escritor(a)
(a writer)

un(a) estudiante
(a student)

un(a) futbolista
(a soccer player)

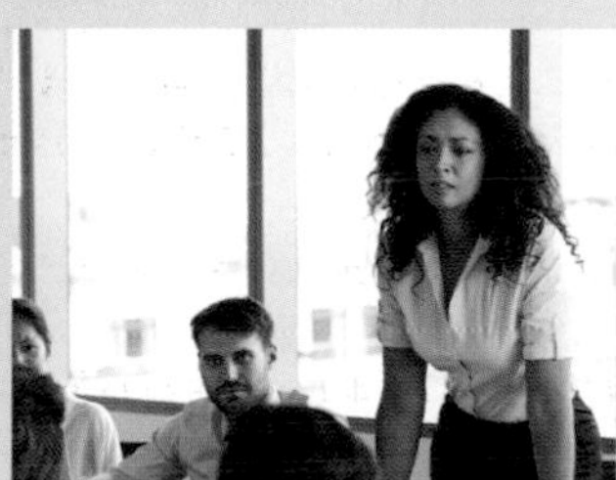
un(a) hombre/mujer de negocios
(a businessman/businesswoman)

un(a) ingeniero/a
(an engineer)

un(a) músico/a
(a musician)

un(a) periodista
(a journalist)

un(a) pianista
(a piano player)

un(a) pintor(a)
(a painter)

un(a) político/a
(a politician)

un(a) profesor(a)
(a teacher)

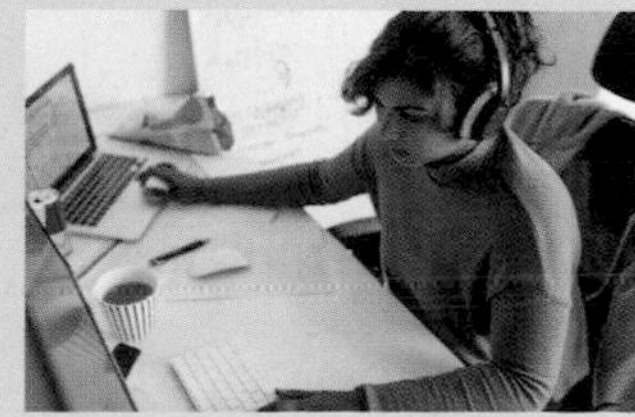
un(a) programador(a)
(a programmer)

RECURSOS LINGÜÍSTICOS

VOCABULARY

NACIONALIDADES DEL MUNDO HISPANOHABLANTE *(NATIONALITIES OF THE SPANISH-SPEAKING WORLD)*

argentino/a
(Argentinian)

boliviano/a
(Bolivian)

chileno/a
(Chilean)

colombiano/a
(Colombian)

costarricense
(Costa Rican)

cubano/a
(Cuban)

dominicano/a
(Dominican)

ecuatoguineano/a
(Ecuatoguinean)

ecuatoriano/a
(Ecuadorian)

español(a)
(Spanish)

guatemalteco/a
(Guatemalan)

hondureño/a
(Honduran)

mexicano/a
(Mexican)

nicaragüense
(Nicaraguan)

panameño/a
(Panamanian)

paraguayo/a
(Paraguayan)

peruano/a
(Peruvian)

puertorriqueño/a
(Puerto Rican)

salvadoreño/a
(Salvadoran)

uruguayo/a
(Uruguayan)

venezolano/a
(Venezuelan)

NACIONALIDADES DE NORTEAMÉRICA *(NATIONALITIES OF NORTH AMERICA)*

estadounidense
(American)

canadiense
(Canadian)

mexicano/a
(Mexican)

NÚMEROS CARDINALES DEL 0 AL 500
(CARDINAL NUMBERS (0-500))

0 cero
1 uno/un/una
2 dos
3 tres
4 cuatro
5 cinco
6 seis
7 siete
8 ocho
9 nueve
10 diez
11 once
12 doce
13 trece
14 catorce
15 quince
16 dieciséis
17 diecisiete
18 dieciocho
19 diecinueve
20 veinte
21 veintiuno/ún/una
22 veintidós
23 veintitrés
30 treinta
31 treinta y uno/un/una
32 treinta y dos
40 cuarenta
50 cincuenta
60 sesenta
70 setenta
80 ochenta
90 noventa
100 cien

101 ciento uno/un/una)
111 ciento once
200 doscientos/as
220 doscientos/as veinte
300 trescientos/as
400 cuatrocientos/as
500 **quin**ientos/as

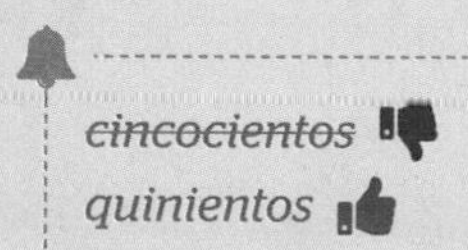

ADJETIVOS DE PERSONALIDAD
(PERSONALITY ADJECTIVES)

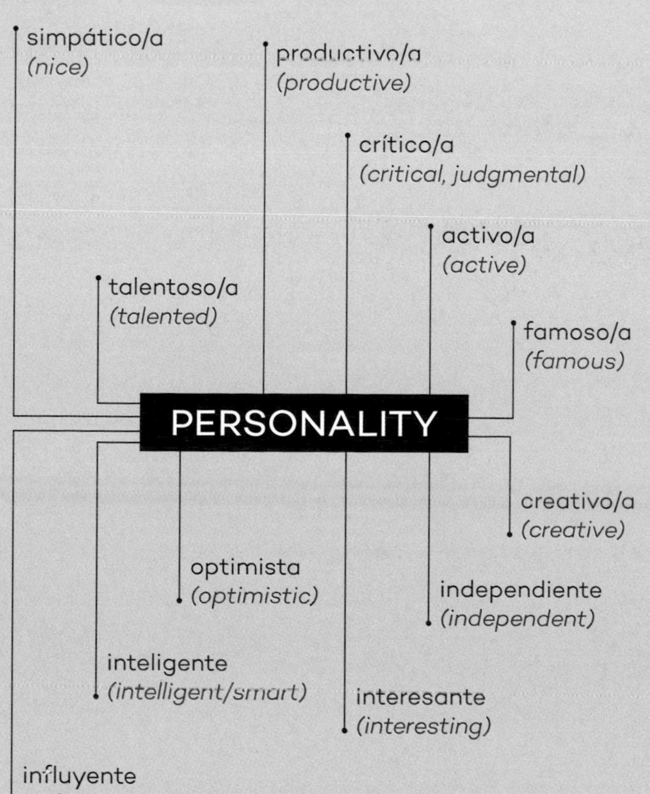

FREQUENT WORD COMBINATIONS

INFORMACIÓN PERSONAL *(PERSONAL INFORMATION)*

estudiar › Ingeniería › idiomas
› en una universidad › en España

to study engineering/languages
at a college / university / in Spain

hablar › español › lenguas extranjeras
› con compañeros › con amigos

to speak Spanish / foreign languages
with classmates / with friends

ser › estudiante
› mexicano/a
› simpático/a
› de Bogotá
› un(a) artista crítico/a › un(a) cantante mexicano/a
› de origen asiático

to be a student
Mexican
nice
from Bogotá
an artist who is a social critic / a Mexican singer
of Asian descent

tener › 23 años
› amigos/as

to be 23 years old
to have friends

trabajar › en una universidad › en México › en una ONG
› con niños/as › con jóvenes inmigrantes

to work at/for a college/university
in Mexico / for an NGO
with kids / with immigrant children

vivir › en España › en el extranjero
› con los padres › solo/a
› en el campus

to live in Spain/abroad
with (your) parents/alone
on campus

CAPÍTULO 3

MI ENTORNO

In this chapter, you will decide what you want to do in your Spanish class and apply to a study abroad program in a Spanish-speaking country.

3

LEARNING OUTCOMES
- Talk about future plans using **querer** + infinitive
- Express degree using **muy**, **bastante**, **un poco (de)**...
- Talk about abilities and knowledge
- Exchange personal information (III) (telephone, email, address...)

VOCABULARY
- Languages
- Leisure activities
- The family
- The verbs **saber** and **conocer**

LANGUAGE STRUCTURES
- Stem-changing verbs **e - ie**: **entender**, **querer**
- Present indicative: verbs with irregular **yo** forms
- **Porque**, **para**, **por**
- Possessive adjectives

ORAL AND WRITTEN TEXTS
- Rules for using accents
- Writing emails

SOUNDS
- Rules of accentuation
- Vowels

CULTURE
- The first academy of an indigenous language (Paraguay)
- Fernando Iwasaki, *Las palabras primas* (Peru)

PROJECTS
- Group: interviewing classmates and deciding what you want to do in your Spanish class
- Individual: applying to a study abroad program in a Spanish-speaking country

INFOGRAFÍA

 **PREPÁRATE**

1. **Which is your native language? Do you speak any other languages? If they are not on the infographic, go online to find out how many people speak them.**

Lenguas que dominan el mundo

En todo el planeta se hablan más de siete mil lenguas.
Conoce cuáles son las que más se hablan.

Japonés 128 MH

Lahnda (Pakistán) 88.7 MH

Inglés 335 MH

Hindi (India) 260 MH

Portugués 203 MH

Bengalí (Bangladesh) 189 MH

Español 470 MH

Chino 1197 MH

Árabe 242 MH

Ruso 166 MH

Situación mexicana

289 lenguas vivas

4.1 % del total de lenguas en el mundo

Lenguas existentes 7102

Se hablan en Asia 32 %

Se hablan en América 15 %

Sabías que...
En 2030 los hispanohablantes serán el 7.5 % de la población mundial.

MH = millones de hablantes

Fuentes: *Ethnologue: Languages of the World*, Instituto Cervantes

2. **Look up the countries where these languages are spoken.**

- alemán: ....
- dakota: ....
- francés: ....
- griego: ....
- guaraní: ....
- italiano: ....
- náhuatl: ....
- navajo: ....
- polaco: ....
- quechua: ....

3. **Find out what official languages in addition to Spanish are spoken in these countries.**

- Bolivia: ....
- Ecuador: ....
- Paraguay: ....
- Perú: ....

4. **In groups, compare your answers to activities 1, 2 and 3.**

El portugués se habla en Portugal, Brasil, Angola...

En Bolivia también se habla...

 **ATENCIÓN**

Impersonal sentences:
se + 3rd person singular/plural

CITAS

PREPÁRATE

5. Match each sentence (a-b) with the appropriate quotation (1-2).

a. Cuando hablas otro idioma, adoptas una personalidad diferente.
b. Cuando aprendes otros idiomas, descubres *(discover)* más sobre tu identidad.

6. In pairs, compare your answers to activity 5 and discuss which quotation you consider more interesting.

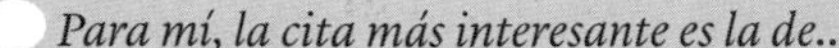

Para mí, la cita más interesante es la de...

7. In pairs, write two more sentences about the importance of speaking foreign languages. Then share them with the class.

8. What are some of the advantages of learning languages? In pairs, match the elements in the two columns.

mejorar	más abierto/a
conocer	otras formas de ver el mundo
hacer	nuevos amigos/as
trabajar	en el extranjero
ser	la memoria

LA CAFETERÍA

What do we know about Sandra Cisneros?

Have you read any of her books, or any by another Latin American author?

VIDEO: *CHICAS DAY*

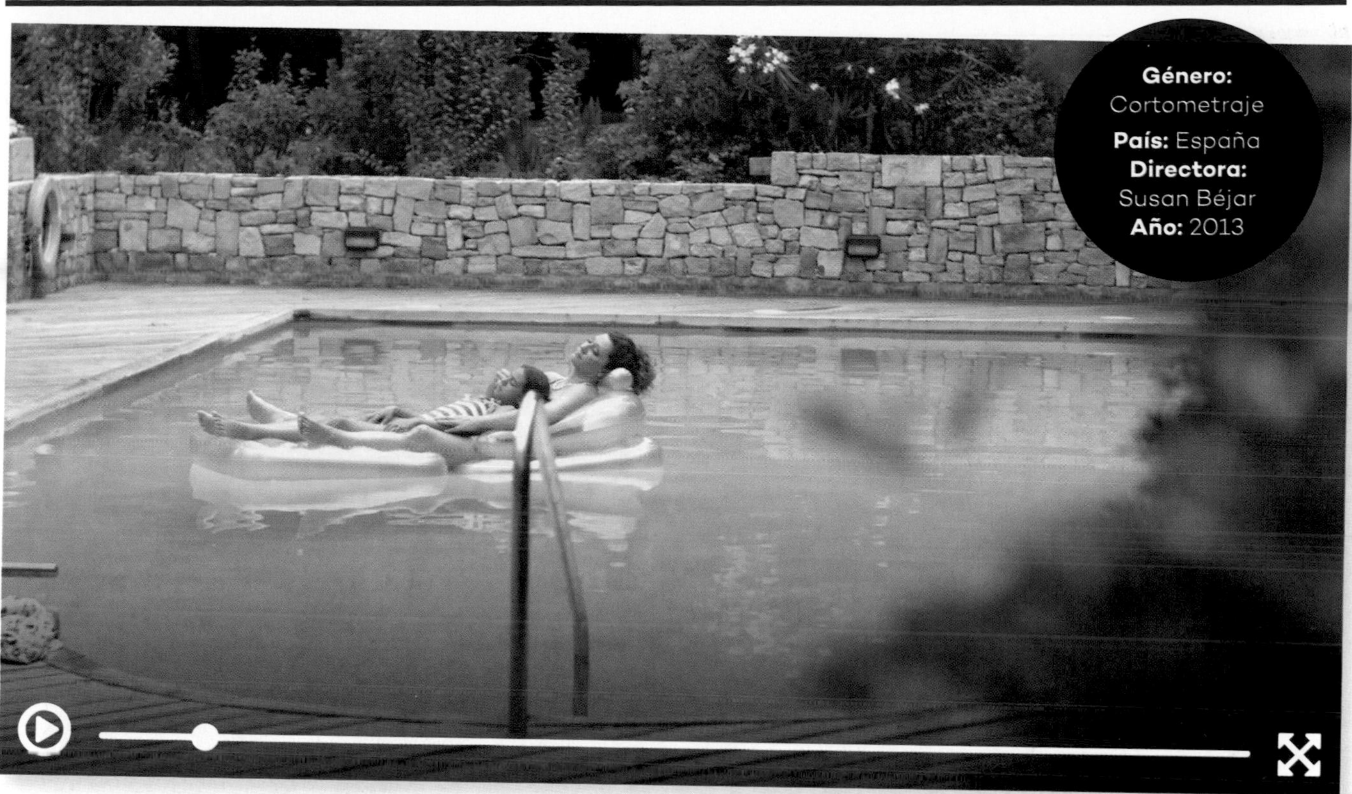

PREPÁRATE

9. **You are going to watch a short film called *Chicas day*. Based on the title and the video still, write your prediction of what the film is about.**

10. **Watch the short film until 06:05. What are they doing?**

- ☐ se bañan en la piscina
- ☐ van de compras
- ☐ comen
- ☐ ven la televisión
- ☐ van al cine
- ☐ bailan
- ☐ toman el sol
- ☐ escuchan música
- ☐ van a un restaurante

11. **Watch the rest of the film and answer the questions.**

- ¿Quién llega a casa? ¿Qué relación tiene con la chica?

....

- ¿Quién es la mujer mayor?

....

- Dónde está la madre de la chica?

....

12. **In pairs, compare your answers to activities 10 and 11.**

13. **What do you think the film's message is? Discuss in groups.**

ESTUDIAR Y VIAJAR

PREPÁRATE

14. Read the article. Who does the information refer to?

	Alyssa	Rufus	Anne
1. Quiere trabajar en un país de América Latina después de sus estudios.	■	■	■
2. Su país tiene un gran número de hispanohablantes.	■	■	■
3. Estudia español porque es muy importante en su profesión.	■	■	■
4. Tiene mucho interés por la cultura.	■	■	■
5. Su país es un socio comercial importante de España.	■	■	■

LOS **UNIVERSITARIOS APRENDEN ESPAÑOL**

Aprender idiomas es importante para el desarrollo personal *(personal development)* y profesional. Los jóvenes de hoy aprenden más de una lengua extranjera, viajan más, hacen intercambios, voluntariados, pasantías o trabajan por un tiempo en otros países.

Los países favoritos de los estudiantes estadounidenses en América Latina son Costa Rica, México y Argentina; en Europa, España es el destino número uno de los estudiantes del programa de intercambio europeo Erasmus. Tres estudiantes nos presentan sus motivos *(reasons)* para aprender español y vivir en un país hispanohablante.

"Realmente hablar español no es obligatorio para mi doctorado o mi profesión, pero yo quiero hablar con la gente en español y conocer más cosas de la cultura costarricense. Además, ¡Estados Unidos tiene millones de hispanohablantes! Después de mi doctorado, quiero trabajar un tiempo aquí y conocer mejor las políticas de biodiversidad de Costa Rica".

Alyssa
Estadounidense en Costa Rica
27 años
Doctoranda en Biología

"Yo estudio español porque quiero ser periodista *(journalist)*. Creo que un buen periodista tiene que hablar varios idiomas. El español es la tercera lengua en internet y la segunda en las redes sociales *(social networks)*, por eso para mí es una lengua muy importante. Quiero hacer una pasantía en una agencia de noticias acá en Asunción un año y después viajar por Sudamérica unos meses".

Rufus
Canadiense en Paraguay
23 años
Estudiante de Periodismo

"Este semestre estoy en Granada con el programa Erasmus. El español es una lengua muy importante para los negocios internacionales y Alemania tiene muchas relaciones con España y América Latina. Después de mis estudios, quiero hacer una pasantía en México y trabajar en una empresa transnacional".

Anne
Alemana en España
22 años
Estudiante de Administración de Empresas

PREPÁRATE

15. Which of the following statements are true (V), and which are false (F)? Correct the false sentences.

1. El principal país de intercambio para los estudiantes europeos es Inglaterra. **V** ☐ **F** ☐

   ....

2. Argentina es uno de los tres destinos preferidos de los estudiantes estadounidenses. **V** ☐ **F** ☐

   ....

3. El español es la segunda lengua más usada en las redes sociales. **V** ☐ **F** ☐

   ....

4. América Latina tiene muchas relaciones comerciales con España. **V** ☐ **F** ☐

   ....

16. Match the elements in the two columns.

1. Hacer un voluntariado	**a.** en una universidad.
2. Hacer una pasantía	**b.** en una empresa.
3. Hacer un intercambio	**c.** en una organización (ONG).

17. In pairs, compare your answers to activities 14, 15 and 16.

18. What motivates you to study Spanish? Check your reasons. Then discuss them with a partner.

Quiero aprender español...

- ☐ para hacer una pasantía o un voluntariado en el extranjero.
- ☐ para trabajar en otro país después de mis estudios.
- ☐ para viajar por América Latina.
- ☐ para entender canciones en español.
- ☐ porque tengo amigos/as hispanohablantes.
- ☐ porque mi novio/a es hispanohablante.
- ☐ porque quiero hacer un intercambio.
- ☐ por la cultura.
- ☐ por mis estudios.
- ☐ porque es necesario en mi universidad.
- ☐ otros: ....

Yo aprendo español por mis estudios (estudio Lingüística), y también porque tengo amigos hispanohablantes de Chile y España y...

19. What are the three most frequent motivations? Interview your classmates, make a list, and share the results.

Michael, ¿tú por qué estudias español?

BUSCO UN INTERCAMBIO

PREPÁRATE

20. Read these posts on a Mexican university's bulletin board. What motivates each student to find a language exchange?

BUSCO INTERCAMBIO

¡Hola! Soy Amy, de Estados Unidos.

Estudio Etnología. Tengo un nivel avanzado de español y quiero practicar para hablar con más fluidez. Soy muy abierta. Mi lengua materna es el inglés, pero también hablo francés perfectamente.

Mi correo: amy.collins@mymail.com
Mi celular: 5559356224

Intercambio español – francés

¡Salut! ¡Hola! Soy Ludovic, soy canadiense y estudio Turismo. Busco alguien para practicar español. Cocino muy bien y quiero aprender a cocinar platos mexicanos. ¿Quién me enseña?

Email: jesuisludo@yahoo.ca
Celular: 5559329815

¿QUIERES PRACTICAR CHINO? YO QUIERO PRACTICAR ESPAÑOL

Soy Mei Ling, estudio Economía y quiero practicar conversación. Busco una persona tranquila y simpática para hablar de cine y arte. Contáctame por correo (meiling@mail.com) o por celular (5559307218).

21. Listen to these three people calling to respond to these posts and complete the following forms.

1.
- Cómo se llama: ....
- Qué estudia: ....
- A quién llama: ....
- Qué lengua quiere practicar: ...
- Cuáles son sus motivos para hacer el intercambio: ....

2.
- Cómo se llama: ....
- Qué estudia: ....
- A quién llama: ....
- Qué lengua quiere practicar: ...
- Cuáles son sus motivos para hacer el intercambio: ....

3.
- Cómo se llama: ....
- Qué estudia: ....
- A quién llama: ....
- Qué lengua quiere practicar: ...
- Cuáles son sus motivos para hacer el intercambio: ....

22. **In pairs, compare your answers to activities 20 and 21.**

23. **Write your own message to find a language exchange at your college.**

24. **In groups, exchange phone numbers and email addresses.**

¿Cuál es tu correo electrónico / número de celular?
Mi correo electrónico / número de celular es...

ATENCIÓN

@ la arroba
- el guion
_ el guion bajo
. el punto

ATENCIÓN

VARIEDAD LÉXICA
Latin America: celular
Spain: móvil

LA CAFETERÍA

What type of notices are posted in your college? What do the students offer or want?

25. **You want to write a notice to find a language exchange. Prepare your text by answering the following questions.**

¿Cuántas lenguas hablas?

....

....

....

¿Qué lenguas quieres practicar?

....

....

....

¿Cómo eres y qué tipo de persona buscas?

....

....

....

¿Qué actividades quieres hacer para practicar la lengua?

....

....

....

ENTENDER CÓMO FUNCIONA LA LENGUA

PORQUE, POR, PARA

GRAMÁTICA

PREPÁRATE

26. Read the following student statements. What do they study? Complete the sentences with their majors or degrees. Then create your own personal statement for item 6.

- Administración de Empresas
- Arqueología
- Educación
- Física
- Medicina
- Química
- Sociología
- Ciencias de la Computación

1. "Estudio .... **porque creo** que es fascinante conocer culturas antiguas". (Martín, 21 años)
2. "Estudio .... **por curiosidad**. Quiero comprender el universo, la energía, la materia, la relación entre el tiempo y el espacio". (Laura, 23 años)
3. "Estudio .... **para entender** mejor las relaciones entre las personas, sus instituciones, sus costumbres y su evolución". (Leo, 19 años)
4. "Estudio .... **para saber** cómo funciona el cuerpo **humano**, curar enfermedades. Mi idea es trabajar para una ONG". (Jasmine, 23 años)
5. "Estudio .... **porque quiero** trabajar con niños. La escuela es muy importante para tener un mundo mejor". (Edgardo, 22 años)
6. ....
....
....
....
....
....

27. Notice the words in boldface. Can you infer how to use porque, por **and** para**?**

28. In pairs, compare your answers to activities 26 and 27.

Martín estudia...

29. Write a statement similar to those in activity 26 about a course you like without mentioning it. Share it with other students. They must guess it.

Estudio... porque para mí es importante la justicia.

EXPRESAR PLANES: QUERER + INFINITIVO

GRAMÁTICA

PREPÁRATE

30. What are your plans for your next vacation? Check and complete them.

- Hacer una pasantía o un voluntariado.
- Hacer un curso de ....
- Ir de vacaciones a ....
- Trabajar en ....
- Visitar a mis padres o a ....

31. In small groups, compare your answers to activity 30.

En las próximas vacaciones yo quiero trabajar en un café.
Pues yo quiero ir a Costa Rica con mi novia.

32. Complete the form on the right with your plans.

Después de la clase de español ....
....
Esta noche ....
Mañana ....
El fin de semana ....

LA FAMILIA

VOCABULARIO

PREPÁRATE

33. Read the sentences and complete Ana's family tree with the highlighted words.

1. Ángeles es la esposa de José.
2. Antonia y Rosario son las madres de Cristina.
3. Carlos es el nieto de José y de Ángeles.
4. Rodrigo es el hermano de Carmen y Ana.
5. Elisa es la tía de Cristina.
6. Elisa y Carlos son primos.
7. Cristina es la hija de Antonia y de Rosario.
8. Alberto es el padre de Rosario y Elisa y el abuelo de Cristina.

LA FAMILIA DE ANA

- José (esposo) ⟷ Ángeles (esposa)
- Ángeles: abuela de Carlos
- Alberto (abuelo de Cristina; padre de Rosario) ⚭ Carmen ⟷ ANA ⟷ Rodrigo (hermano de Ana)
- Antonia ⚭ Rosario (sobrina de Ana)
- Elisa: tía de Cristina
- Carlos: nieto de Ángeles
- Elisa y Carlos: son primos
- Antonia y Rosario: padres de Cristina
- nieta de Alberto → Cristina: .... de Antonia y Rosario

34. In pairs, compare your answers to activity 33.

35. Write one or two sentences about someone in Ana's family without naming them. Who can guess the name first?

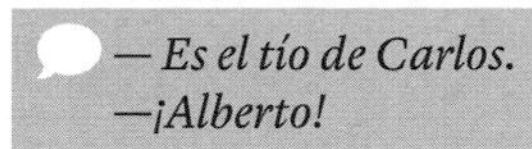

36. In pairs, choose a famous person and write a brief description of his or her family.

Es una actriz muy famosa. Hace películas y series de televisión. Sus padres son hondureños.

LOS POSESIVOS

PREPÁRATE

37. Read this article about Jorge Drexler. Then write five questions to check whether your classmates understood the text.

JORGE DREXLER

Jorge Drexler es un famoso cantautor uruguayo, pero también es médico. "Todos en mi familia —mis padres, mis tíos, mis primos, mis hermanos— son médicos", comenta en una entrevista *(interview)* para la BBC.

Jorge vive en España con su segunda esposa, una actriz y cantante española, y sus hijos, pero mantiene el contacto con Uruguay. Jorge es una persona creativa, optimista y sensible, habla cuatro idiomas y canta en otros más: español, portugués, italiano, catalán e inglés.

38. In pairs, ask and answer the questions you prepared.

— ¿De dónde es Jorge Drexler?
—De...

GRAMÁTICA

39. Look closely at the possessive adjectives in the text in activity 37 and complete the table. Do possesive adjectives work similarly in English? Discuss with a partner.

	singular	plural
yo	**mi** hermano	.... **mis** hermanas
tú, vos	**tu** abuelo **tu** abuela	**tus** abuelos **tus** abuelas
él, ella, usted	**su** hijo	.... **sus** hijas
nosotros, nosotras	**nuestro** tío **nuestra** tía	**nuestros** tíos **nuestras** tías
vosotros, vosotras	**vuestro** primo **vuestra** prima	**vuestros** primos **vuestras** primas
ellos, ellas, ustedes	**su** nieto **su** nieta	**sus** nietos **sus** nietas

ATENCIÓN

In Spanish, possessive adjectives agree in number with the noun they describe. The only possessives that also agree in gender are **nuestro/a** and **vuestro/a**.

ATENCIÓN

Mi hermano + mi hermano = mis hermanos

Mi hermana + mi hermana = mis hermanas

Mi hermano + mi hermana = mis hermanos

40. In groups, make a presentation to your class about a famous or successful family (in business, politics, the arts, etc.). Search online to find photos and the following information.

- Nombres de los miembros: ....
- Ámbito profesional: ....
- Lugar de origen y de residencia: ....
- Un dato curioso o interesante sobre la familia: ....

Nosotros presentamos a la familia de Mario Vargas Llosa, un escritor peruano y español que tiene el premio Nobel. Vargas Llosa está divorciado de su primera esposa y tiene tres hijos: Álvaro, Gonzalo y Morgana...

EXPRESAR GRADACIÓN

GRAMÁTICA

PREPÁRATE

41. Listen to someone talking about their relationship with languages and complete the information.

Lengua(s) materna(s): ....

Lengua(s) que habla: ....

Lengua(s) que entiende: ....

42. Listen again. How well does the person speak each language? Take notes. If necessary, refer to the Recursos lingüísticos section "Expressing degree: how well, how much" and look at the Atención **box below.**

43. In pairs, compare your answers to activities 41 and 42.

Su lengua materna es / sus lenguas maternas son el... y el...
Habla perfectamente / muy bien / bastante bien / un poco de... turco/alemán...
Entiende un poco el árabe.

ATENCIÓN

\+ perfectamente
muy bien
un poco (de)
bastante bien
bastante mal
\- muy mal

ACTIVIDADES DE TIEMPO LIBRE

PREPÁRATE

44. **Look at this infographic. Are your leisure activities similar to these?**

Yo voy al cine, pero no voy a bailar.

¿A qué dedicas tu tiempo libre?

La mayoría de los jóvenes mexicanos dedican gran parte de su tiempo al estudio y otros al trabajo, pero cuando tienen ratos de ocio, ¿qué hacen?

8.4 %
Salir en pareja

8,3 %
Ir al cine

4.3 %
Salir a bailar

4.5 %
Jugar videojuegos

10.7 %
Cosas de hogar

2.6 %
Ir a bares, billares o cantinas

2 %
Ir a conciertos, teatros, danza, museos...

1.1 %
Ir de paseo al campo o a la playa

30.3 %
Descansar, dormir

7 %
Ver deporte

17 %
Reunirse con amigos o familiares

19.2 %
Utilizar la computadora, internet

51 %
Ver televisión

41.6 %
Escuchar música

8.8 %
Salir a caminar

8.8 %
Fiestas

18.2 %
Leer
(diarios, revistas, libros)

1 %
Pasear por la ciudad

15.7 %
Praticar deporte o actividad física

10 %
Terminar trabajos atrasados

3.6 %
Ir de compras

Los jóvenes dedican tiempo libre especialmente a ver la televisión, escuchar música y dormir o descansar.

Fuente de los datos: Instituto Mexicano de la Juventud

acudir: *to go*
atrasados: *behind schedule*
billares: *pool halls*
cantinas: *restaurants*
danza: *dance performances*
ocio: *leisure time*
primordial: *essential*
reunirse: *to get together*
seguido: *followed*
tendencia: *trend*

VOCABULARIO

45. **In pairs, talk about your leisure activities and the things you like.**

¿Te gusta ver la televisión en tu tiempo libre?

Sí. ¿Y a ti?

Bueno, no tengo televisión, pero veo muchas series en la computadora. Y tú, ¿sales a caminar?

46. **Do you do other leisure activities that don't appear in the infographic? Discuss these with your classmates and write them down.**

—Yo toco la guitarra.
—Yo hago teatro.

47. **In pairs, find images that show leisure activities. Show them to the rest of the class. They must say the name of that activity in Spanish.**

¡Cantar!

ATENCIÓN

—¿Te gustan **los videojuegos?**
—**Sí,** ¿y a ti?

VARIEDAD LÉXICA

In Latin America, they say **computador** or **computadora**. In Spain, they say **ordenador**.

a ~~+ el~~ cine = **al** cine
a ~~+ el~~ tenis = **al** tenis

LOS VERBOS SABER Y CONOCER

VOCABULARIO

PREPÁRATE

48. **Which of these statements are true for you? Which aren't?**

1. Conozco tres países hispanohablantes.
2. Sé hablar dos idiomas.
3. Conozco muchas canciones en español.
4. Sé tocar un instrumento musical.
5. Conozco a algunos estudiantes de intercambio hispanohablantes.
6. Sé bailar salsa.
7. Conozco un restaurante mexicano en mi ciudad.
8. Sé cocinar bastante bien.

49. **Which statements refer to learned skills (S) and which refer to being familiar with a person, place, or thing (F)?**

50. **Compare your answers to activities 48 and 49.**

Yo sé cocinar bastante bien.

51. **Discuss the difference between the verbs** saber **and** conocer. **Then verify your hypotheses in** Recursos lingüísticos.

Sé hablar dos idiomas.
(I can speak two languages.)
***Conozco** un restaurante mexicano muy bueno.*
(I know a really good Mexican restaurant.)

52. **In groups, say three things about yourself using** conocer **and three things using** saber. **Do you have anything in common with your partners?**

Sé tocar la guitarra.
¿Sabes...?
Conozco muy bien Yosemite Valley.
¿Conoces...?

ENTENDER CÓMO FUNCIONA LA LENGUA

SER, SABER, TENER, QUERER, CONOCER

VOCABULARIO

PREPÁRATE

53. Write the correct verb in each sentence.

ser | saber | tener | querer | conocer

1. .... 21 años.
2. .... hermanos.
3. .... estudiante de Ingeniería.
4. .... el Caribe.
5. .... optimista.
6. .... tres lenguas.
7. .... trabajar en un país de habla hispana.
8. .... viajar a Guatemala.

54. Compare your answers with your classmates.

55. Complete the following information about a classmate.

- Nombre y apellidos: ....
- Edad: ....
- Nacionalidad: ....
- Familia: ....
- Lengua materna: ....
- Otras lenguas: ....
- Proyectos: ....
- Habilidades: ....

¿Cómo te llamas?
¿Cuántos años tienes?
¿De dónde eres?

¿Tienes hermanos?
¿Cuántos hermanos tienes?
¿Cuál es tu lengua materna?

¿Qué otras lenguas hablas?
¿Qué proyectos tienes?
¿Qué cosas sabes hacer?

—¿Tienes hermanos?
—Sí, tengo tres.

ACTIVIDADES PARA APRENDER UNA LENGUA

VOCABULARIO

PREPÁRATE

56. Match these verbs with the words below.

escuchar: 2,...
ver:
hablar con:
escribir:
leer:
hacer:

1. artículos | **2.** canciones | **3.** correos electrónicos | **4.** otros estudiantes | **5.** ejercicios | **6.** hablantes nativos | **7.** libros | **8.** películas | **9.** *podcasts* | **10.** revistas | **11.** series | **12.** un intercambio | **13.** un curso | **14.** un viaje

57. In pairs, compare your answers to activity 56.

58. In groups, discuss what you want to do to improve your Spanish.

Yo quiero ver series y...

REGLAS DE ACENTUACIÓN

CARACTERÍSTICAS DEL TEXTO

PREPÁRATE

59. **Read the information in the table below. Then listen to the list of words and classify them based on the position of the stressed syllable.**

En español, todas las palabras tienen una sílaba que se pronuncia con más intensidad (sílaba tónica):

última sílaba	**penúltima sílaba**	**antepenúltima sílaba**
yo	**li**-bro	**mé**-di-co
ha-**blar**	her-**ma**-no	po-**lí**-ti-ca
en-ten-**der**	es-cri-**to**-ra	
e-du-ca-**ción**		

1. dolar
2. cancion
3. clasica
4. mejor
5. papa
6. academico
7. cancer
8. adios
9. Sudamerica
10. dificil
11. casa
12. gramatica
13. control
14. primo
15. telefono

última sílaba	penúltima sílaba	antepenúltima sílaba
....	....	....
....	....	....
....	....	....
....	....	....

60. **Now read these rules for marking accents on words in Spanish. Then add the missing accent marks to the words in the previous activity.**

En español hay un único acento gráfico (o tilde) y solo se escribe sobre las vocales (á, é, í, ó, ú). Estas son las reglas básicas de uso del acento gráfico.

- La mayor parte de las palabras en español tienen la sílaba tónica en la última (ha-**blar**) o penúltima sílaba (**li**-bro).
- Cuando la última sílaba de una palabra es tónica, lleva tilde si termina en vocal, **–n** o **–s**: ca-**fé**, a-le-**mán**, in-**glés**.
- Cuando la penúltima sílaba de una palabra es tónica, lleva tilde si la palabra termina en una consonante diferente de **–n** o **–s**: **fá**-cil, **pós**-ter, **Chá**-vez.
- Cuando la antepenúltima sílaba de una palabra es tónica, lleva tilde siempre: **mú**-si-ca, **á**-ra-be, **jó**-ve-nes.

61. **Compare your answers to activities 59 and 60.**

ENTENDER CÓMO FUNCIONA LA LENGUA

LAS VOCALES

PREPÁRATE

62. Look up these words in a dictionary and listen to how they sound. Then answer the questions.

paso | peso | piso | poso | puso

1. ¿Existen las vocales **a**, **e**, **i**, **o**, **u** en inglés?
2. ¿Se pronuncian igual que en español?

ESTRATEGIAS

On the internet, there are resources (dictionaries, videos, etc.) where you can learn how a word is pronounced.

63. Compare your answers to activity 62.

64. Listen to how the vowels are pronounced in these words and decide if the speaker is pronouncing them in Spanish or in English.

1. pan ☐ En español ☐ En inglés
2. ten ☐ En español ☐ En inglés
3. pin ☐ En español ☐ En inglés
4. ron ☐ En español ☐ En inglés
5. full ☐ En español ☐ En inglés

ESTRATEGIAS

In Spanish, the sounds **e** and **o** are pronounced with your mouth more closed than in English. To help you pronounce the Spanish closed **e**, practice with words that have an **i**, like **peine** or **reina**. The **i** will help you to close your mouth more when producing the sound. For closing the vowel **o**, you can practice with words like **voy**, **soy** or **estoy**.

The Spanish **a** is also different from the English one. In Spanish, you need to put your tongue nearer to the front part of your mouth. In fact, the Spanish **a** is similar to what you use in words like *buy*. Therefore, your Spanish **a** will come naturally if you try saying words like **baile** or **aire**.

65. Listen to these words again and decide which vowels are the most similar in the two languages and which are the most different. Discuss in pairs.

	Son parecidas	Son diferentes
pan	☐	☐
ten	☐	☐
pin	☐	☐
ron	☐	☐
full	☐	☐

66. In groups, find words in English that sound similar to the vowels in Spanish.

1. La **[a]** del español es parecida a la vocal que suena en *bike*.
2. La **[e]** del español es parecida a la vocal que suena en ....
3. La **[i]** del español es parecida a la vocal que suena en ....
4. La **[o]** del español es parecida a la vocal que suena en ....
5. La **[u]** del español es parecida a la vocal que suena en ....

67. Listen to the words below. While you listen, focus on the final vowel and check the word you hear.

1. ☐ niño ☐ niña
2. ☐ chico ☐ chica
3. ☐ político ☐ política
4. ☐ hijo ☐ hija
5. ☐ secretario ☐ secretaria
6. ☐ bueno ☐ buena
7. ☐ argentino ☐ argentina
8. ☐ colombiano ☐ colombiana
9. ☐ nuevo ☐ nueva

68. Listen and repeat the following vowels and words.

a, e, i, o, u

sa, se, si, go, gu

la, lata

té, tele

sí, sino

no, nota

tú, tutú

69. In pairs, take turns reading the syllables below aloud. Say them in English or in Spanish, and your partner can guess which language you're speaking.

ma, me, mi, mo, mu

70. Look at these photos of a speaker's mouth as they say the words in activity 65 in Spanish and in English. Pay attention to the position of the mouth and try to imitate it as you say the words aloud yourself.

pan

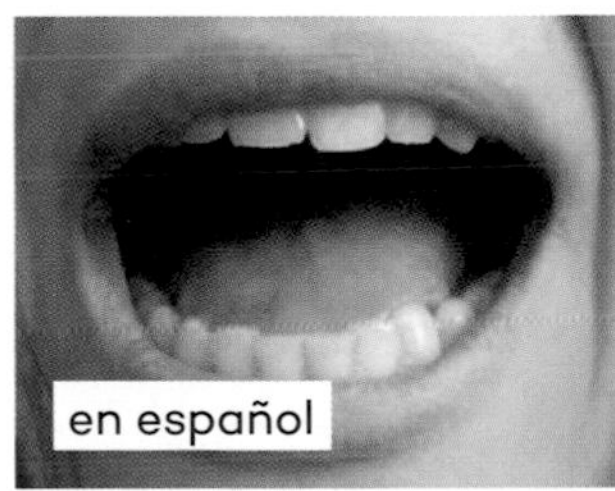
en español

en inglés

ten

en español

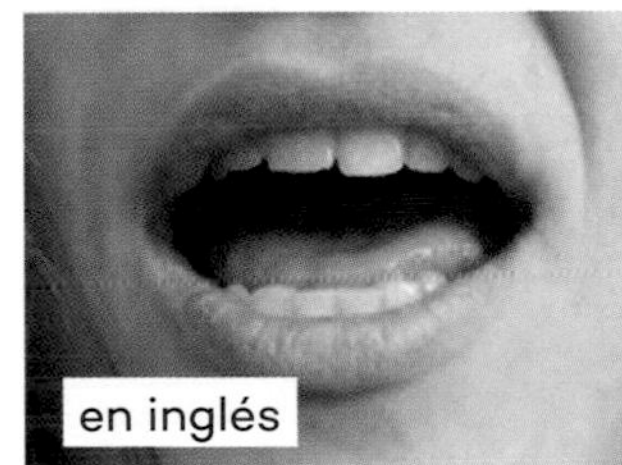
en inglés

pin

en español

en inglés

ron

en español

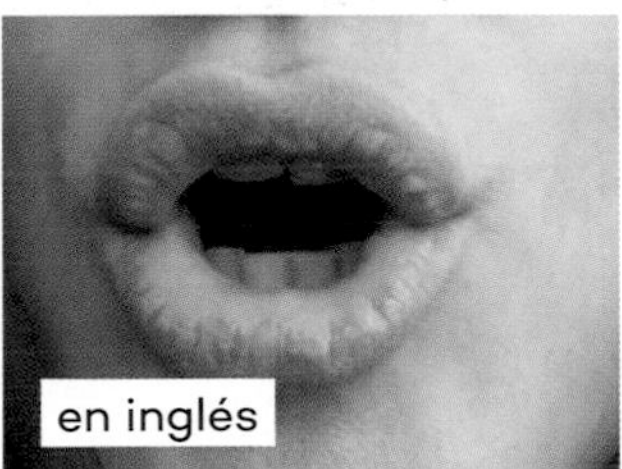
en inglés

full

en español

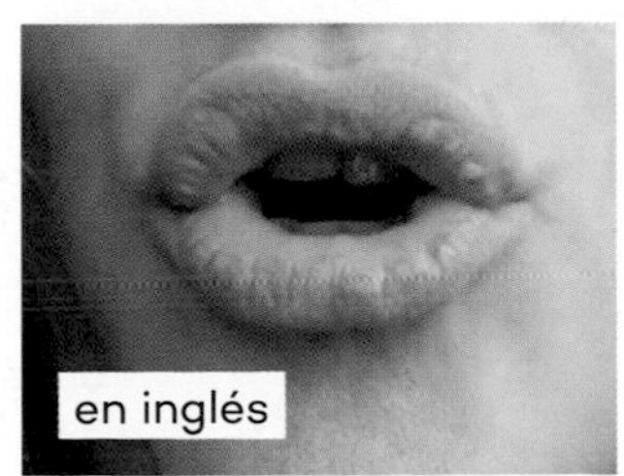
en inglés

LENGUAS ORIGINARIAS

La primera academia de una lengua indígena

Desde 1992, el guaraní es el idioma oficial de Paraguay junto con el español y, en la actualidad, aproximadamente un 90 % de la población paraguaya habla los dos idiomas. Es la lengua de los guaraníes, pueblos originarios de la zona, que hoy representan menos del 2 % de la población. El dialecto que hoy habla la mayoría de los paraguayos se denomina también guaraní moderno.

El guaraní tiene una larga tradición oral, pero mucha gente no sabe leerlo ni escribirlo. Por ese motivo, la Academia de la Lengua Guaraní quiere elaborar un diccionario oficial y una gramática. La Academia de la Lengua Guaraní existe oficialmente desde 2012 y tiene 30 miembros: escritores, antropólogos, artistas y lingüistas.

Otro objetivo de la Academia es fomentar la igualdad entre el español y el guaraní en la sociedad. El guaraní se enseña en las universidades, pero todavía existen prejuicios en algunos ámbitos. De hecho, esta lengua tiene una larga historia de discriminación, prohibición y persecución, como muchas otras lenguas indígenas en el mundo.

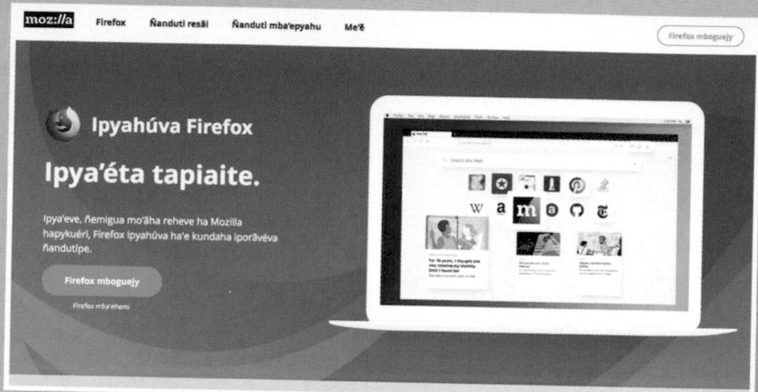

Fuente: Firefox

Fuente: Wikipedia

ANTES DE LEER

71. **Read the title and look at the pictures. What do you think the text will be about?**

....

....

DESPUÉS DE LEER

72. **Read the text and say whether these statements are true or false.**

	V	F
a. El 90 % de la población de Paraguay es bilingüe, porque habla español y guaraní.		
b. El 90 % de la población de Paraguay es de origen guaraní.		
c. El guaraní es una lengua de tradición escrita.		
d. El guaraní y el español tienen el mismo prestigio en la sociedad paraguaya.		

73. **Compare your answers to activities 71 and 72.**

74. **What are the goals of the *Academia de la Lengua Guaraní*? Discuss in groups.**

75. **Search online to find answers to these questions.**

1. ¿Qué significa **Paraguay** en guaraní?
2. ¿En qué otros países sudamericanos se habla guaraní?
3. ¿Qué significa **avañe'ẽ** en guaraní?

Por ese motivo: *For this reason*

prejuicios: *prejudice*

ámbitos: *environments*

ENSAYO

Las palabras primas (2018) de Fernando Iwasaki

Fernando Iwasaki Cauti nació en Lima, Perú, en 1961. Su familia es de origen japonés. En la actualidad vive en Sevilla (España).

Es autor de novelas, ensayos y relatos, y escribe en varios periódicos y revistas. *Las palabras primas* recibió el Premio Málaga de Ensayo en 2018.

A MANERA DE INTRODUCCIÓN

(...) desde hace años escribo sobre el espacio que ocupo entre el castellano de América y el castellano de España, porque cada vez que voy al Perú todo el mundo me enrostra que ya hablo como español, aunque en España nadie me ha preguntado todavía de qué parte de España soy.
(...)

USTED

(...) En América Latina —o Iberoamérica, como usted prefiera— aprendemos a usar el "usted" desde la más tierna edad. Siempre con las personas mayores, los maestros, los amigos de nuestros padres, los padres de nuestros amigos, y, por supuesto, con desconocidos. Hay países como Colombia, donde hablan un castellano finísimo, en los que el "usted" es incluso cotidiano entre padres e hijos. Y créame que pocos placeres más intensos he experimentado como cuando mis profesores universitarios (...) me invitaban a tratarles de "tú". Y es que cuando alguien nos pide que le hablemos de "tú" es que vamos por buen camino.

ANTES DE LEER

76. What do you know about the author's origins based on his last name?

DESPUÉS DE LEER

77. Read the author's biography and the first passage: "A manera de introducción". How do you think the writer feels?

78. Read the second passage "Usted". What English words or terms are used to show respect or differences in status? Which ones do you use?

79. What are the differences between the English that you speak and that of other English-speaking countries?

enrostrar: *to rebuke*
la más tierna edad: *an early age*
finísimo: *purest*

ESCRIBIR CORREOS ELECTRÓNICOS

80. Read these emails. Write the following two subjects in the emails that they go with. Then write a new subject for the remaining email.

- Evaluación de español
- Justificante médico

81. Match the instructors' replies with the emails. Write the numbers.

- ☐ No hay problema. Podemos vernos mañana a las 14:00 en el salón.
- ☐ Gracias por la nota. Adjunto *(I'm attaching)* la tarea para el viernes. Cuídate.
- ☐ Me alegra tener noticias tuyas. Encantado de escribirte la evaluación. Espero el enlace *(link)*.

1

Para: palonso@lgu.edu

De: sshah@lgu.edu

Asunto:

Hola, Pablo!

¿Qué tal? Soy Saani, de tu clase de Español Intermedio. Siento molestarte, pero no entiendo el ejercicio 3 de la tarea de mañana. No puedo ir a tus horas de oficina. ¿Podemos vernos antes de clase en el salón?

Gracias.
Un cordial saludo,
Saani

2

Para: agila@lgu.edu

De: nledger@lgu.edu

Asunto:

Querido Sr. Gila:

Cómo está? Soy Nat Ledger, de su curso de Español para Médicos de la primavera pasada. Me gustaría pedir una beca *(scholarship)* para una pasantía *(internship)* en el Riverside Hospital. Necesito una evaluación de mi nivel de español. Por favor, ¿puede hacerla usted? El plazo *(deadline)* termina muy pronto, el lunes 8, lo siento. Puedo enviarle el enlace *(link)*.

Gracias de antemano por su ayuda.
Saludos,
Nathaniel Ledger

3

Para: lchamorro@lgu.edu

De: jcruz@lgu.edu

Asunto:

Estimada profesora Chamorro,

Soy Julia Cruz, su estudiante de Escritura Creativa. Estoy enferma y no puedo ir a clase hoy. Lo siento. Adjunto *(I am attaching)* el justificante de la doctora y la tarea de hoy. Por favor, ¿puede enviarme la tarea para nuestra próxima clase?

Muchas gracias.
Atentamente,
Julia

82. In groups, discuss the following questions.

- Which emails are more formal? Which are more informal?

....

....

- What expressions are used to greet and sign off in each email? What are their equivalents in English?

....

....

- Which emails use **tú** and which use **usted**? Write the verb forms.

....

....

- Remember how Spanish uses the question mark and the exclamation point. Find two mistakes in the emails and write the correct form.

....

....

- In more formal emails and letters, the correct punctuation following a greeting is a colon, not a comma. Find one mistake in the emails and write the correct form.

....

....

ATENCIÓN

~~Sinceramente~~ 👎
Atentamente 👍

PROYECTO EN GRUPO

Nuestra clase de español

We negotiate what we want to do in our Spanish class.

A. Answer the questionnaire individually.

1. ¿Por qué estudias español?

2. ¿Qué otras lenguas quieres aprender además del español? ¿Por qué?

3. ¿Qué lugares conoces o quieres conocer relacionados *(associated)* con el español?

4. ¿Qué temas y personajes de la historia, la política, el arte, etc., conoces relacionados con el español?

5. ¿Cuáles de estas cosas sabes hacer en tu idioma? ¿Cómo las haces (bien, muy bien, regular, mal, etc.)?

- hablar en público
- leer en alto
- escribir textos largos
- entender la gramática
- entender audios y videos

6. ¿Cuáles de esas cosas quieres hacer en español?

7. ¿Qué actividades para aprender español te gusta hacer en clase? ¿Y en casa?

B. In groups of three, ask each other the above questions and find out what you have in common.

C. Share your answers with the rest of the class and agree on what you want to do in this Spanish class.

- Nosotros tres estudiamos español porque es un requisito en nuestros estudios.
- Nosotras tres queremos estudiar portugués para visitar Brasil.
- Nosotros tres no conocemos Portugal.
- Nosotros sabemos tocar un instrumento musical.
- A nosotros nos interesan mucho las actividades con videos.
- Nuestro programa interactivo ideal tiene muchas actividades con videos subtitulados en español e inglés.

PROYECTO INDIVIDUAL

Carta de presentación

Write a cover letter to apply to a Spanish program in a Spanish-speaking country.

A. Prepare your draft with the information below. Remember that a cover letter is a formal text. In the "Conocer los textos" section, you can find some of the language elements that are used in this type of text.

- Información personal básica (nombre, ciudad de origen, edad, lenguas que hablas): ....
- Estudios actuales: ....
- Habilidades y conocimientos: ....
- Motivos para solicitar un programa de estudios en el extranjero: ....
- Intereses específicos sobre ese país hispanohablante y su cultura: ....
- Planes y proyectos de futuro: ....

B. Check your draft for overall structure, vocabulary, grammar, and style.

C. Share your text with another student and try to improve it.

Para:

De:

Asunto: Solicitud para estudiar un semestre en Lima

Buenos días:

Mi nombre es...

GRAMMAR

IRREGULAR FORMS IN THE PRESENT

▶ **Stem-changing verbs** e - ie: entender, querer
In some Spanish verbs, the **e** in the stem changes to **ie** in four forms in the present: **yo**, **tú**, **él/ella**, **ellos/ellas**.

	ENTENDER
yo	ent**ie**nd**o**
tú, vos	ent**ie**nd**es**/ entend**és**
él, ella, usted	ent**ie**nd**e**
nosotros, nosotras	entend**emos**
vosotros, vosotras	entend**éis**
ellos, ellas, ustedes	ent**ie**nd**en**

	QUERER
yo	qu**ie**r**o**
tú, vos	qu**ie**r**es**/quer**és**
él, ella, usted	qu**ie**r**e**
nosotros, nosotras	quer**emos**
vosotros, vosotras	quer**éis**
ellos, ellas, ustedes	qu**ie**r**en**

▶ **Verbs with irregular** yo **forms:** saber, hacer, conocer, salir
Some Spanish verbs have irregular yo forms in the present.

	SABER	HACER
yo	**sé**	**hago**
tú, vos	sabes/sabés	haces/hacés
él, ella, usted	sabe	hace
nosotros, nosotras	sabemos	hacemos
vosotros, vosotras	sabéis	hacéis
ellos, ellas, ustedes	saben	hacen

	CONOCER	SALIR
yo	**conozco**	**salgo**
tú, vos	conoces/conocés	sales/salís
él, ella, usted	conoce	sale
nosotros, nosotras	conocemos	salimos
vosotros, vosotras	conocéis	salís
ellos, ellas, ustedes	conocen	salen

Like **conocer**, verbs that finish with **-ecer** and **-ucir** also form the first person singular with **-zco**.

cr**ecer** → cre**zco**

prod**ucir** → produ**zco**

▶ **Verbs with more than one irregularity:** tener, venir, estar

	TENER	VENIR	ESTAR
yo	**tengo**	**vengo**	**estoy**
tú, vos	t**ie**n**es**/ ten**és**	v**ie**n**es**/ ven**ís**	est**ás**/ estás
él, ella, usted	t**ie**n**e**	v**ie**n**e**	est**á**
nosotros, nosotras	ten**emos**	ven**imos**	est**amos**
vosotros, vosotras	ten**éis**	ven**ís**	est**áis**
ellos, ellas, ustedes	t**ie**n**en**	v**ie**n**en**	est**án**

EXPRESSING IMPERSONALITY

To make generalizations without a specific subject, we use the following construction:

se + 3rd person singular/plural

*En Guinea Ecuatorial **se** habla español.*
*En Perú **se** habla**n** varias lenguas.*

EXPRESSING INTENTION: THE VERB QUERER

We use the verb **querer** + infinitive to express intentions.

yo	quier**o**	+ infinitive
tú, vos	quier**es**	
él, ella, usted	quier**e**	
nosotros, nosotras	quer**emos**	
vosotros, vosotras	quer**éis**	
ellos, ellas, ustedes	quier**en**	

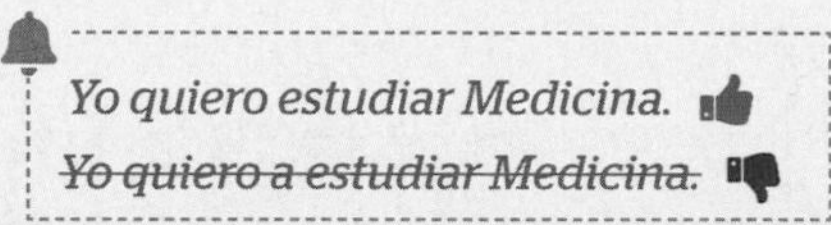

COMMUNICATION

POSSESSIVE ADJECTIVES

We use possessive adjectives to identify someone or something in reference to its owner. Possession isn't always literal; it may express actual ownership (*my car*), kinship (*my brother*), a relationship (*my professor*), etc.

singular	plural
mi padre **mi** madre	**mis** hermanos **mis** hermanas
tu padre **tu** madre	**tus** hermanos **tus** hermanas
su padre **su** madre	**sus** hermanos **sus** hermanas
nuestro padre **nuestra** madre	**nuestros** hermanos **nuestras** hermanas
vuestro padre **vuestra** madre	**vuestros** hermanos **vuestras** hermanas
su padre **su** madre	**sus** hermanos **sus** hermanas

In Spanish, possessive adjectives agree in gender and number with the object or person that they refer to.

THE PREPOSITION DE

The preposition **de** is used to express origin, possession, or subject.

Carlos es ***de*** *Guatemala.* (origin)
Un amigo ***de*** *mi hermana.* (possession)
Un libro ***de*** *español.* (subject)

The preposition **de** contracts with the article **el**.

la página 20 ***del*** *libro* 👍
~~*la página 20 de el libro*~~ 👎

la clase ***del*** *profesor Muñoz* 👍
~~*la clase de el profesor Muñoz*~~ 👎

EXPRESSING CAUSE

porque + conjugated verb

Aprendo español ***porque quiero*** *viajar por Sudamérica.*

por + noun

Aprendo español ***por mi trabajo****. Mi empresa es española.*

EXPRESSING PURPOSE

para + infinitive

Aprendo español ***para hablar*** con la familia de mi novio.

EXPRESSING DEGREE: HOW WELL, HOW MUCH

(muy) bien	Hablo francés **muy bien**.
bastante bien	Hablo francés **bastante bien**.
un poco (de)	Hablo **un poco de** francés.
regular	Hablo francés **regular**.
(muy) mal	Hablo francés **muy mal**.
nada de	No hablo **nada de** francés.

(very) well / I speak French (very) well.
(pretty/fairly) well / I speak French pretty/fairly well.
(a little) / I speak a little French.
(so-so/not great) / I speak French just ok./I don't speak French very well.
(very) badly / I speak French (very) badly.
(not any/none at all) / I don't speak (any) French at all.

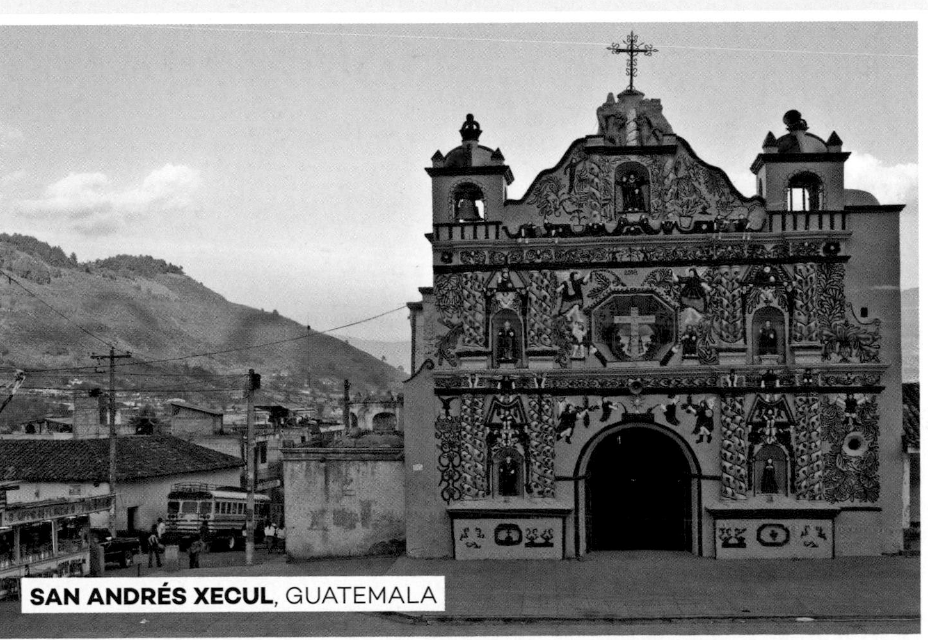
SAN ANDRÉS XECUL, GUATEMALA

VOCABULARY

SABER **Y** CONOCER *(**SABER** AND **CONOCER**)*

We use the verb **saber** to refer to information, data, subjects, or skills that are considered to have been integrated into our knowledge.

***Sé** contar en español: uno, dos, tres...*
*No **sé** qué significa* paraguas.
***Sé** bailar flamenco.*

We use the verb **conocer** to refer to familiarity or acquaintance with a person, place, or thing.

***Conozco** muy bien Buenos Aires.*
*No **conozco** la palabra* paraguas. *¿Qué significa?*

VERBOS Y PREPOSICIONES
(VERBS AND PREPOSITIONS)

Ir a / viajar a *(Go to / Travel to)*

***Ir a** Ciudad de México.*
***Viajar a** Ciudad de México.*

Ir de *(Go from)*

***Ir de** Tijuana **a** Oaxaca.*

Venir de *(Come from)*

***Venir de** Tijuana **a** Oaxaca.*

Pasar por *(Go through / Pass through)*

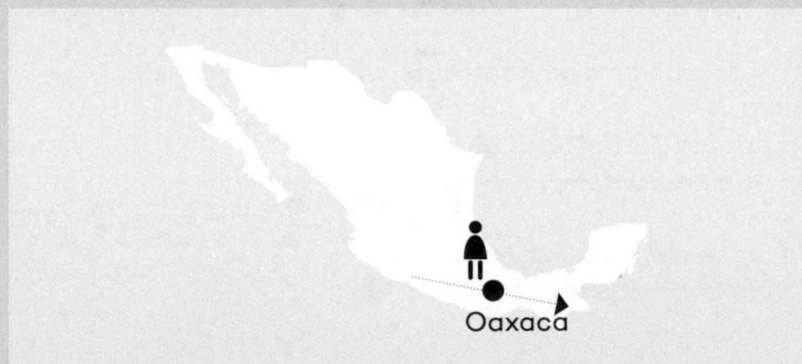

***Pasar por** Oaxaca.*

Viajar por *(Travel around)*

***Viajar por** México.*

FAMILIA *(FAMILY)*

el abuelo *(grandfather)*
el cuñado *(brother-in-law)*
el hermano *(brother)*
el hijo *(son)*
el esposo *(husband)*
el nieto *(grandson)*

la abuela *(grandmother)*
la cuñada *(sister-in-law)*
la hermana *(sister)*
la hija *(daughter)*
la esposa *(wife)*
la nieta *(granddaughter)*

el padre *(father)*
el primo *(cousin)*
el sobrino *(nephew)*
el tío *(uncle)*
el novio *(boyfriend)*

la madre *(mother)*
la prima *(cousin)*
la sobrina *(niece)*
la tía *(aunt)*
la novia *(girlfriend)*

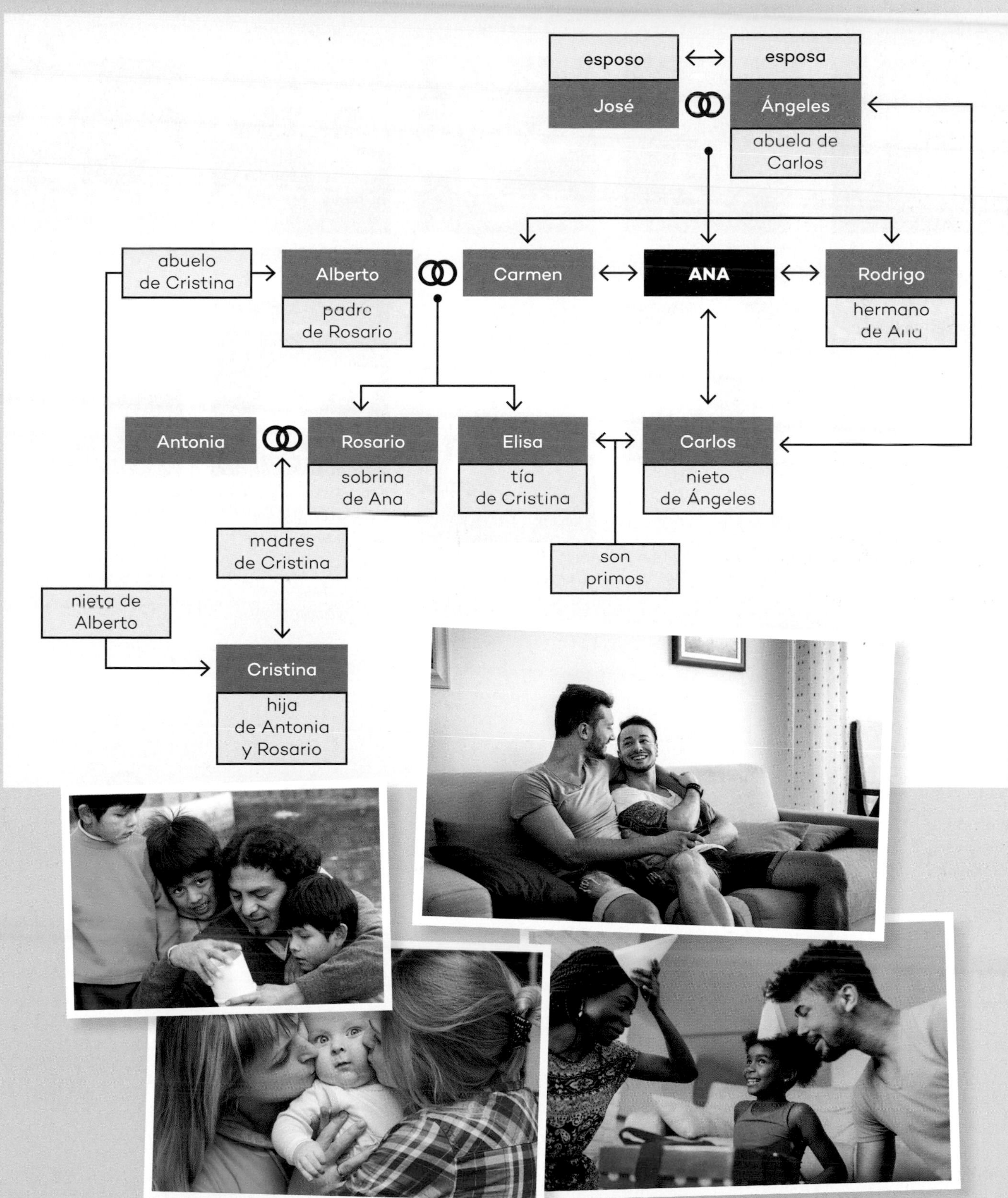

VOCABULARY

ACTIVIDADES DE OCIO *(LEISURE ACTIVITIES)*

Cultura
(Culture)

ir al cine
(to go to the movies)

ir a conciertos
(to go to concerts)

ir al teatro
(to go to the theater)

ir a museos
(to go to museums)

Actividad física
(Physical activity)

practicar deporte
(to play sports)

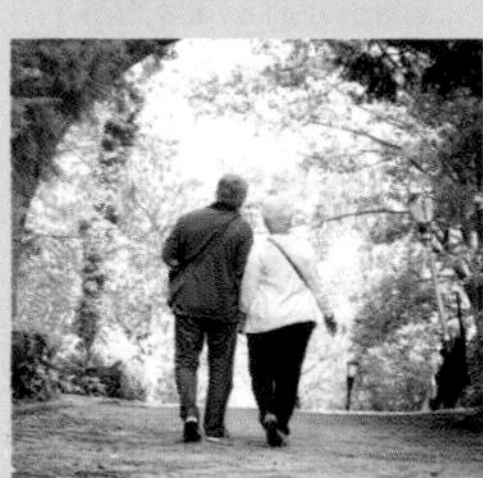

salir a caminar
(to go for a walk)

Vida social
(Social life)

ir a cafés y restaurantes
(to go to coffee shops and restaurants)

salir
(to go out)

Tecnología
(Technology)

jugar videojuegos
(to play videogames)

ver películas/series
(to watch movies/ (TV) series)

ver la tele
(to watch TV)

Otros
(Others)

aprender idiomas
(to learn languages)

dormir
(to sleep)

ir de compras
(to go shopping)

ir de paseo
(to go for a walk)

IDIOMAS *(LANGUAGES)*

A

alemán
(German)

árabe
(Arabic)

B

bengalí
(Bengali)

C

chino
(Chinese)

D

dakota
(Dakota)

E

español
(Spanish)

F

francés
(French)

G

griego
(Greek)

guaraní
(Guarani)

H

hindi
(Hindi)

I

inglés
(English)

italiano
(Italian)

J

japonés
(Japanese)

L

lahnda
(Lahnda)

N

náhuatl
(Nahuatl)

navajo
(Navajo)

P

polaco
(Polish)

portugués
(Portuguese)

Q

quechua
(Quechua)

R

ruso
(Russian)

FREQUENT WORD COMBINATIONS

ACTIVIDADES PARA PRACTICAR UNA LENGUA *(ACTIVITIES TO PRACTICE A LANGUAGE)*

chatear con › compañeros › amigos

to chat with classmates/friends

chatear en › español › inglés

to chat in Spanish/English

escuchar › canciones › *podcasts* › la radio
› al profesor › a los compañeros

to listen to songs/podcasts/the radio
to listen to the teacher/classmates

hablar › español › inglés › francés
› con amigos › con la familia
› con compañeros
› de cine › de arte
› perfectamente › con fluidez
› mal › regular › bien › muy bien

to speak Spanish/English/French
to talk with friends / with family
to talk with classmates
to talk about cinema / about art
to speak perfectly/fluently
to speak badly / so-so / well / very well

hacer › un intercambio

to do an exchange

ir a › clases

to go to classes

leer › libros › periódicos › revistas › blogs
› en español

to read books/newspapers/magazines/blogs in Spanish

ver › series › películas › noticieros

to watch (TV) series/movies/the news

viajar › a un país hispanohablante › a Costa Rica
› por América Latina › por España

to travel to a Spanish-speaking country / to Costa Rica through Latin America / through Spain

ESTUDIOS Y TRABAJO *(STUDIES AND WORK)*

escribir › un texto › un ensayo

to write a text/an essay

estudiar › Física › Medicina › Ingeniería › Periodismo
› en un país hispanohablante › en la biblioteca

to study physics/medicine/engeneering/journalism in a Spanish-speaking country / in the library

hacer › una pasantía › un voluntariado › un intercambio

to do an internship / to work as a volunteer / to do an exchange

mejorar › un ensayo › tu español

to improve an essay / your Spanish

solicitar › una beca

to apply for a scholarship

tener › clase de español › un examen

to have Spanish class / an exam

trabajar › en otro país › en el extranjero
› en una empresa internacional

to work in another country / abroad / for an international company

hacer › preparar › **una presentación**

to make/prepare a presentation

LUGARES

In this chapter, you will learn how to evaluate the quality of housing on your campus.

LEARNING OUTCOMES

- Indicate location
- Identify places
- Describe and compare

VOCABULARY

ORAL AND WRITTEN TEXTS

- Use of the relative pronouns **que/donde/en** + article + **que**
- Objective and subjective description

PROJECTS

- Group: identify needs and find solutions to campus housing problems.
- Individual: report on the quality of campus housing

PALABRAS CLAVE

PREPÁRATE

1. Look at this mind map and add two more places to each category.

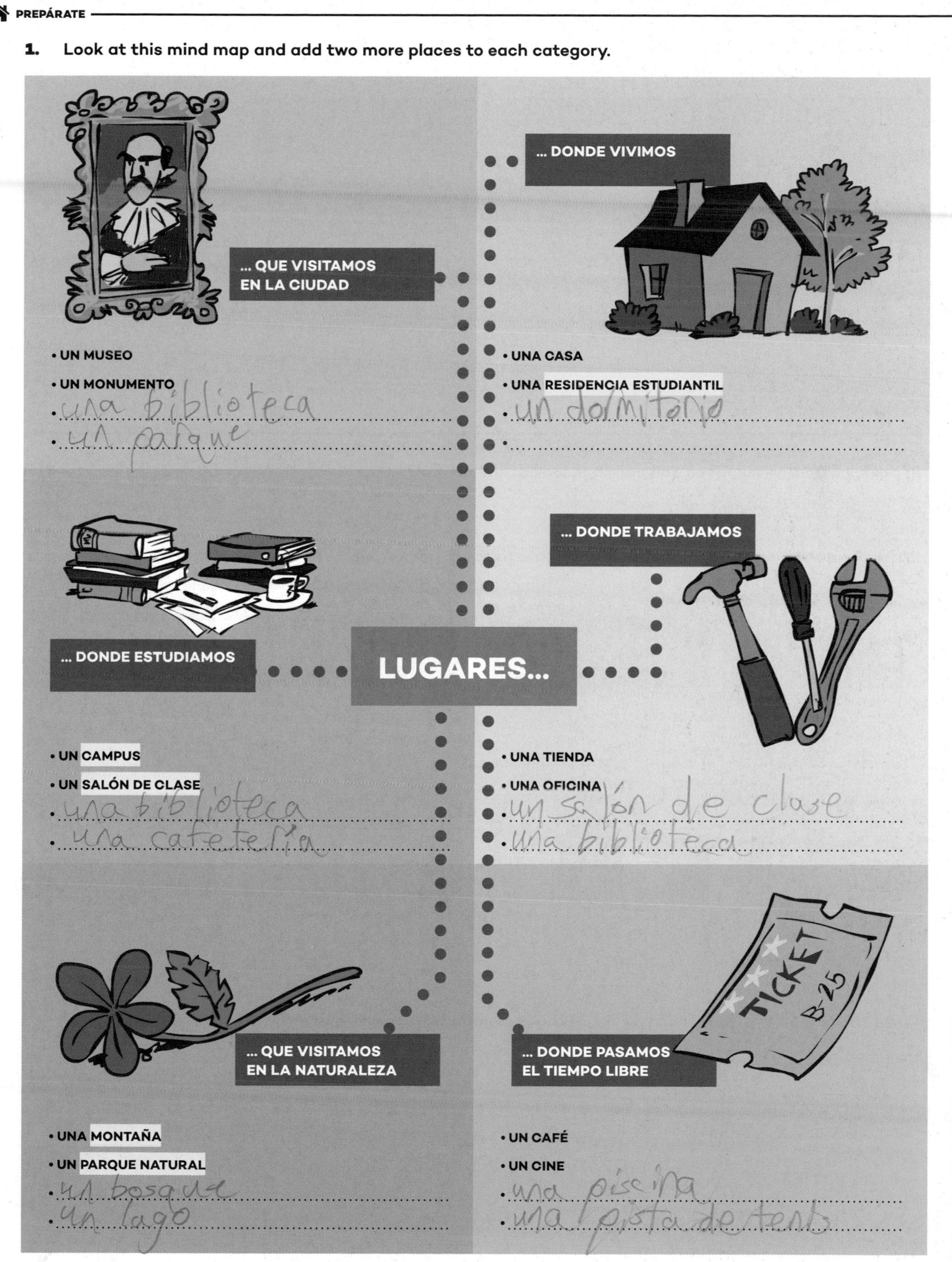

2. Compare your mind map with your classmates'.

IMÁGENES

PREPÁRATE

3. Take a look at these four photos and describe what you see in each. Where do you think these places are?

(Esto) es un edificio / un puente / una calle / una plaza / un pueblo / una ciudad / una iglesia...
Creo que es un glaciar / un parque natural...
Pienso que está en...

4. In pairs, compare your ideas. You can then look at the answers in the right margin of this page.

Esto es un puente. Creo que es...

5. Write the names of famous places for each category. Where are they? You may use the internet, if necessary.

a. un puente: El puente de Brooklyn está en Nueva York.

b. un río: ....

c. una montaña: ....

d. un bosque: ....

e. una plaza: ....

f. un monumento: ....

g. una playa: ....

h. una calle: ....

6. Write the names of places that you like or that are important to you, and discuss with a partner.

- un cine: ....
- un café: ....
- un museo: ....
- una montaña: ....
- una plaza: ....
- un edificio histórico: ....
- un parque natural: ....
- una tienda: ....
- un bosque: ....
- una ciudad: ....
- un río: ....
- una calle: ....

7. When do you go to those places? What do you do there? Discuss in groups of three.

Trabajo en el cine Landmark, en Berkeley, los fines de semana. A veces puedo ver películas gratis.

1. Puente romano de Córdoba, Andalucía, España. **2.** Glaciar Perito Moreno, en el Parque Nacional Los Glaciares, Patagonia austral, Argentina. **3.** Misión de El Álamo, Texas, EE. UU. **4.** Calle y plaza de La Habana Vieja, Cuba.

VIDEO: PATRIMONIO DE LA HUMANIDAD EN EL MUNDO HISPANO

Género: Reportaje
País: México, Perú
Año: 2019

PREPÁRATE

8. In this video, two people discuss World Heritage sites in Mexico and Peru. Before watching the video, try to match each statement with the site that it describes.

	A	B
1. Es un edificio de la segunda mitad del siglo XX.		
2. Es un calendario astronómico de una cultura anterior a la de los incas.		
3. Tiene edificios con grandes ventanales.		
4. Tiene una biblioteca muy grande.		
5. Está en una zona desértica.		
6. Está en el sur de la ciudad.		
7. Está en la región de la costa.		
8. Hay figuras enormes, con formas de animales.		
9. Hay un estadio olímpico.		

A UNAM, CIUDAD UNIVERSITARIA (MÉXICO)

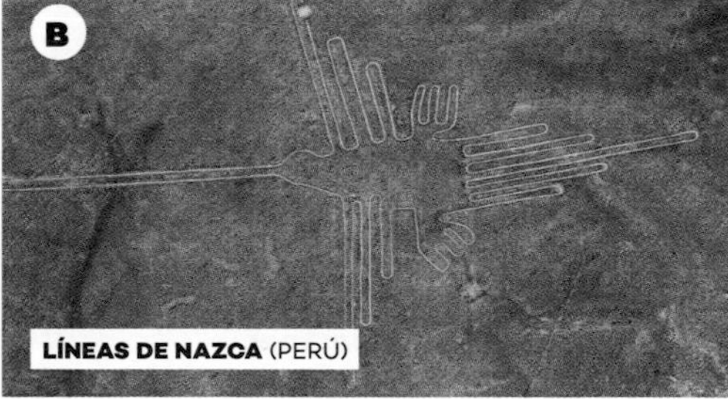

B LÍNEAS DE NAZCA (PERÚ)

9. Watch the video and check your answers to activity 8.

10. Watch the video again and write down another piece of information that you find interesting.

11. In pairs, compare your answers to activities 8 and 10.

12. What other World Heritage sites do you know? Where are they?

Yo conozco el Parque Nacional de los Everglades. Está en Florida.

PATRIMONIO DE LA HUMANIDAD

PREPÁRATE

13. **Think of a cultural place of interest or tourist attraction that you know and answer these five questions.**

1. ¿Cómo se llama?
2. ¿Dónde está?
3. ¿De qué época es?
4. ¿Qué es? ¿Cómo es?
5. ¿Por qué es importante?

14. **Share your answers to activity 13 with your classmates.**

Mi lugar es el Gran Cañón...

15. **Do you know these eight World Heritage sites? You may search online for information. Talk with a partner.**

1. La cueva de las Manos
2. Las ruinas de Copán
3. La UNAM
4. La isla de Pascua
5. Machu Picchu
6. La zona colonial de Santo Domingo
7. Antigua
8. El teatro romano de Mérida

No sé qué es esto.
Creo que esto es Antigua.
Esto es un teatro / una iglesia...

16. **In pairs, match each photo with its name and write the number. Then read the texts and order the eight locations chronologically. Take notes on the dates of each and its style or characteristics. Compare your answers with a partner.**

ATENCIÓN

1.º: primero	6.º: sexto
2.º: segundo	7.º: séptimo
3.º: tercero	8.º: octavo
4.º: cuarto	9.º: noveno
5.º: quinto	10.º: décimo

OCHO LUGARES ÚNICOS

La UNESCO (Organización de Naciones Unidas para la Educación, la Ciencia y la Cultura) da el título de Patrimonio de la Humanidad a lugares de interés cultural o natural de todo el mundo. En total, hay más de mil sitios que tienen este título. Aquí tenemos ocho ejemplos del mundo hispano.

A. La Zona Colonial de Santo Domingo es el antiguo centro histórico de la ciudad. Fundada en 1496, cambió de lugar en 1502 y pasó a ser la primera ciudad levantada por los europeos en América. La Zona Colonial tiene más de 300 edificios, calles y monumentos coloniales.

B. La isla de Pascua es una de las islas habitadas más aisladas del mundo. Está en el océano Pacífico, a 3500 km de la costa chilena. En ella hay unas enormes esculturas de piedra con forma de cabeza llamadas '*moáis*', que son una muestra de la cultura de los rapanui, que llegó a la isla en el segundo milenio a. C. Es la isla más grande de Chile.

C. Antigua es una ciudad situada en el centro de Guatemala. Fue la capital colonial española de América Central entre 1543 y 1776. Es famosa por su arquitectura colonial, de estilo barroco, que se conserva en muy buen estado.

D. Machu Picchu significa en quechua 'montaña vieja', y es la ciudad

inca más famosa del mundo. Construida en el siglo XV, está rodeada de templos y canales de agua, y está construida en lo más alto de una montaña. Está a 110 km del noreste de Cuzco, en la provincia de Urubamba.

E. La Universidad Nacional Autónoma de México (UNAM) se inauguró en 1910 y es una de las mejores universidades del mundo, y una de las más activas en arte y tecnología. Es la más grande de América Latina y su campus es uno de los más grandes del mundo. En la fachada de la Biblioteca Central hay un enorme mural titulado *Representación histórica de la cultura*, del mexicano Juan O'Gorman.

F. Copán es uno de los sitios arqueológicos más importantes de la antigua civilización maya, y fue un centro muy poderoso en el siglo V d. C. Está situado en el departamento de Copán, en Honduras, a 12 km al este de la frontera con Guatemala.

G. Este teatro romano del siglo I a. C. está situado en Mérida, la capital de Extremadura, en España. Hay muchos restos de la época romana en toda la península ibérica, pero este es uno de los mejor conservados. En la actualidad todavía funciona como teatro.

H. La cueva de las Manos es un sitio arqueológico y de pinturas rupestres de más de 9000 años de antigüedad. Estas son una de las expresiones artísticas más antiguas de Sudamérica. La cueva está situada en el cañón del río Pinturas, en el sur de Argentina, entre las localidades de Perito Moreno y Bajo Caracoles, en el noroeste de la Provincia de Santa Cruz.

17. **In pairs, discuss which locations you would like to visit.**

A mí me gustaría ir a... ¿Y a ti?

18. **In pairs, create information profiles for the two locations that interest you the most, using the questions in activity 13.**

ATENCIÓN

To express wants or desires, we use **me gustaría** + infinitive.

***Me gustaría** tener un cine 3D en el campus.*

19. **In groups, have one person think of one of the eight locations while the others try to guess which it is. You may ask only yes/no questions.**

—¿Es un monumento antiguo?
—No.

20. **Imagine that you have the opportunity to visit five of these places in two weeks. Choose the five you'll visit and create an itinerary.**

—A mí me interesan mucho las civilizaciones precolombinas; podemos visitar las ruinas de Copán.
—A mí también. Podemos ir primero a...

21. **Listen to Valeria and Sebastián talk about their favorite places in Colombia. Match each place with its corresponding photo by writing its name.**

1. ....

2. ....

22. **Listen again and answer the following questions for each place.**

1. ¿Dónde está ese lugar?
2. ¿Qué es? ¿Cómo es? ¿Qué hay?
3. ¿De qué época y estilo es?
4. ¿Por qué es importante para él o para ella?

ENTENDER CÓMO FUNCIONA LA LENGUA

MARCADORES DE LUGAR

GRAMÁTICA

23. In pairs, write the names of the countries of Central America and the Caribbean on the map. One of you will look on the internet and then explain to the other where each country is located.

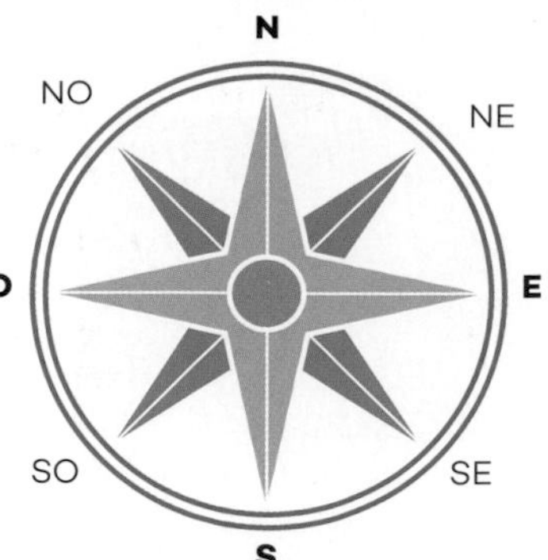

Está...

al norte (de)
al noroeste (de)
al noreste (de)
al sur (de)
al suroeste (de)
al sureste (de)
al este/oriente (de) / a la derecha (de)
al oeste/occidente (de) /a la izquierda (de)
en el centro (de)
entre

—Cuba es más grande y está más al oeste.
—De acuerdo, pero entonces, ¿esto qué es?
—Esto es Puerto Rico; es más pequeña y está más al este.

ATENCIÓN

VARIEDAD LÉXICA

In America, ***oriente*** and ***occidente*** are often used for **east** and **west**, respectively.

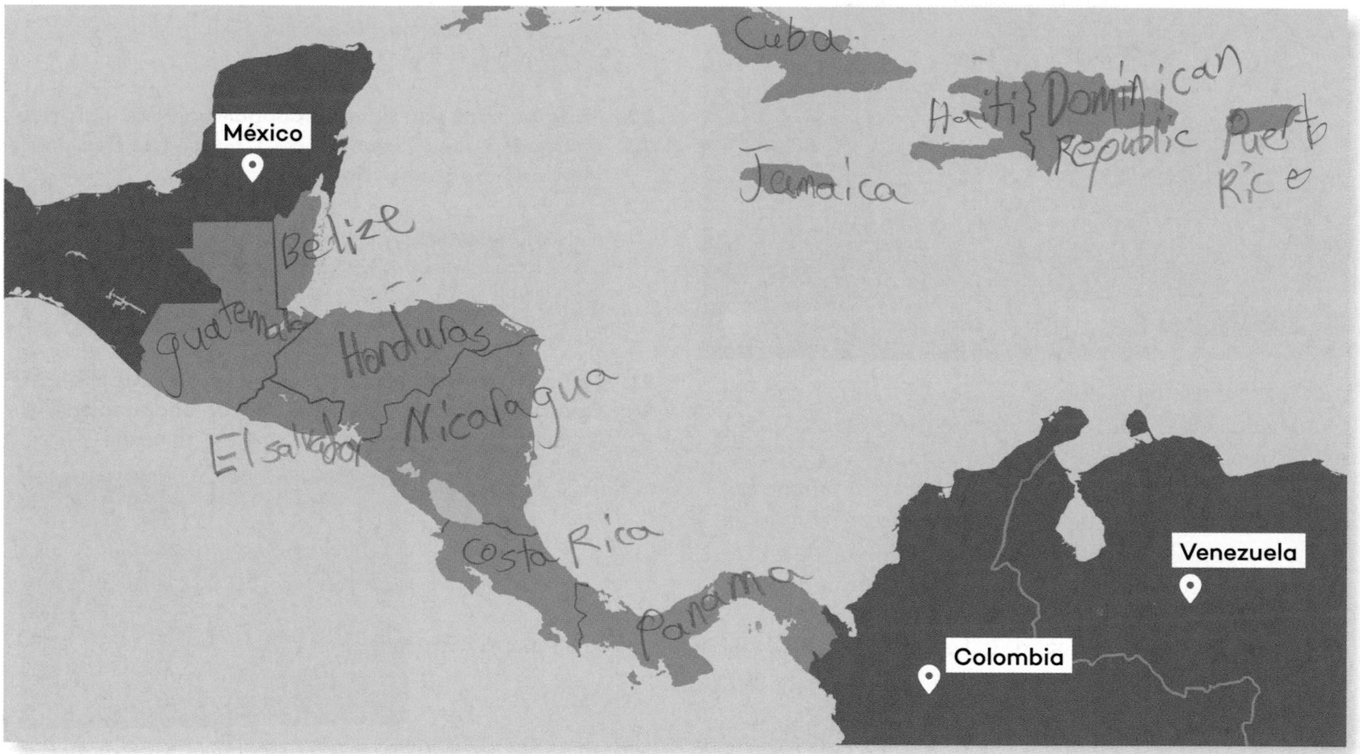

24. Compare your map with those of the rest of the class. Where exactly are the countries? How would you describe them? How many are there?

25. Indicate whether the following statements are true or false.

	V	F
1. Nicaragua **está** al norte de Costa Rica. Tiene costa en el Caribe y el Pacífico.		
2. Colombia **está** al sur de Panamá.		
3. Guatemala **está** al norte de México. No **es** muy grande.		
4. La República Dominicana **está** al este de Haití.		
5. La isla de Puerto Rico **es** la más grande del Caribe.		
6. El Salvador **está** al norte de Guatemala y al este de Honduras.		

26. Look closely at the sentences in activity 25. Which verb is used in Spanish to say where something is located?

27. Write four more sentences like those in activity 25. Then say them to a partner, who will say whether they are true or false.

INTERROGATIVOS

GRAMÁTICA

PREPÁRATE

28. Take this test about La Fortaleza and the Aconcagua. You may look up the information on the internet. The answers are in the margin on the right.

1. ¿Qué es La Fortaleza?
a. Es un castillo *(castle)*.
b. Es una torre *(tower)*.
c. Es un palacio.

2. ¿Cuál es su estilo?
a. Medieval.
b. Inca.
c. Barroco.

3. ¿Dónde está?
a. Está en Santo Domingo (República Dominicana).
b. Está en San Juan (Puerto Rico).
c. Está en Ciudad de México (México).

4. ¿Qué afirmación es cierta?
a. Allí vive el gobernador *(governor)* del país.
b. Es más antigua que Machu Picchu.
c. Tiene obras de arte de todo el mundo.

5. ¿Qué es el Aconcagua?
a. Es una isla.
b. Es una montaña.
c. Es un parque natural.

6. ¿Dónde está?
a. En Argentina.
b. En Guatemala.
c. En Venezuela.

7. ¿Cuál es su altura?
a. 5479 metros.
b. 3763 metros.
c. 6960 metros.

8. ¿Qué afirmación es cierta?
a. Es un volcán activo.
b. Es la montaña más alta del mundo.
c. Está en los Andes.

Soluciones: 1.c 2.c 3.b 4.a 5.b 6.a 7.c 8.c

29. In pairs, compare your answers to activity 28.

30. In groups, each of you find a photo of a place that you really like and show it to the others. They will then ask you questions about it.

- ¿Qué es/son...?
- ¿Cuál es... / Cuáles son...?
- ¿Qué ciudad/río... es/está...?
- ¿Dónde está/n...?

FECHAS

VOCABULARIO

PREPÁRATE

31. Most of the countries in Latin America gained independence in the 19th century. Read these dates of declarations of independence and write them out as in the example.

- Ecuador: 24-05-1822 24 de mayo de 1822 (mil ochocientos veintidós)
- Colombia: 20-07-1810 ....
- Uruguay: 25-08-1825 ....
- México: 27-09-1827 ....
- República Dominicana: 27-02-1844 ....

ATENCIÓN

ROMAN NUMERALS

1 = I	7 = VII
2 = II	8 = VIII
3 = III	9 = IX
4 = IV	10 = X
5 = V	20 = XX
6 = VI	30 = XXX

32. Compare your answers to activity 31 with a partner and then organize the dates chronologically.

33. Find and write the dates of independence for other countries of the Spanish-speaking world.

34. In pairs, look for photos of monuments, squares, streets, parks, etc., that are associated in some way with the independence of countries of the Spanish-speaking world.

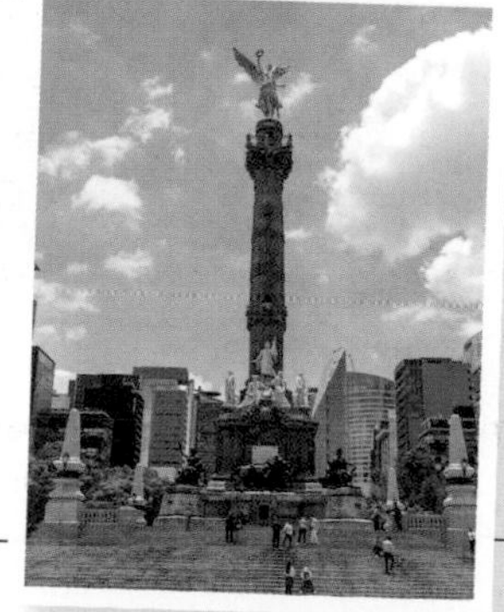

El Ángel o Monumento a la Independencia (Ciudad de México, México) ←

ENTENDER CÓMO FUNCIONA LA LENGUA

COMPARATIVOS Y NUMERALES

35. In pairs, match these flags with the names of the countries.

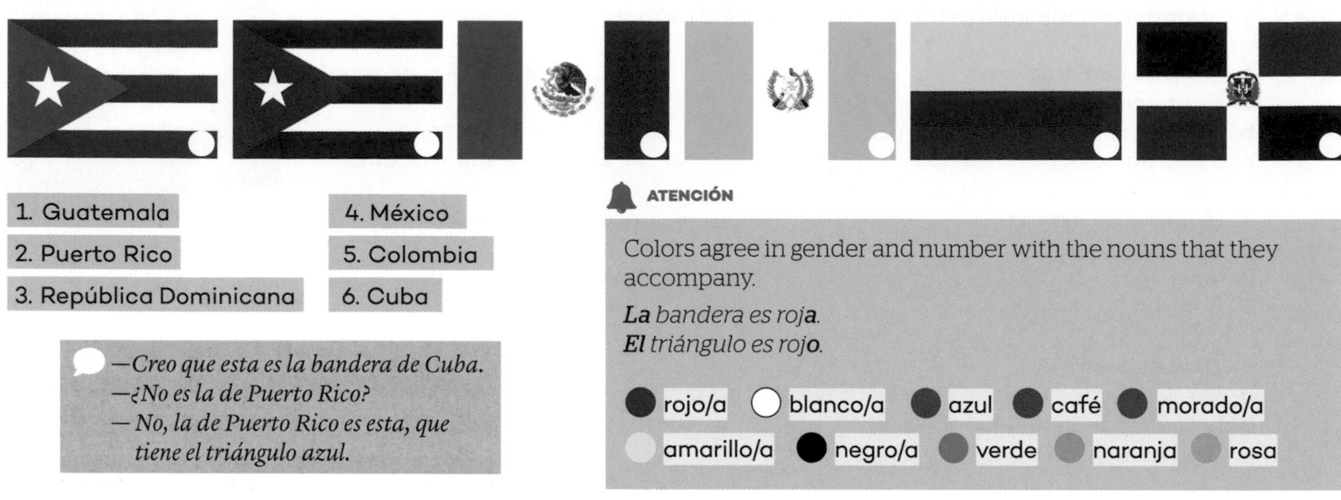

1. Guatemala
2. Puerto Rico
3. República Dominicana
4. México
5. Colombia
6. Cuba

—Creo que esta es la bandera de Cuba.
—¿No es la de Puerto Rico?
—No, la de Puerto Rico es esta, que tiene el triángulo azul.

ATENCIÓN

Colors agree in gender and number with the nouns that they accompany.

***La** bandera es roj**a**.*
***El** triángulo es roj**o**.*

rojo/a · blanco/a · azul · café · morado/a · amarillo/a · negro/a · verde · naranja · rosa

36. Find and describe the flags of other countries in the Spanish-speaking world.

37. Now identify the silhouettes of the six countries in activity 35.

—¿Cuál es este país?
—Creo que es Costa Rica.

38. In activity 37, the images of the six countries are the same size. Which is the largest country in reality?

—¿Qué país es más grande, la República Dominicana o Cuba?
—Yo creo que Cuba.

... es más grande que...
... es menos grande que... / ...es más pequeño/a que...
... es tan grande como...

... tiene más superficie que...
... tiene menos superficie que...
... tiene tanta superficie como....

El país más grande/pequeño de Centroamérica es...
La isla más grande/pequeña del Caribe es...

39. Match the area of each country with its equivalent in words.

1. Colombia: 1 141 748 km²
2. Cuba: 109 884 km²
3. Guatemala: 108 889 km²
4. México: 1 972 550 km²
5. Puerto Rico: 9104 km²
6. República Dominicana: 48 442 km²

a. Ciento nueve mil ochocientos ochenta y cuatro kilómetros cuadrados.
b. Cuarenta y ocho mil cuatrocientos cuarenta y dos kilómetros cuadrados.
c. Ciento ocho mil ochocientos ochenta y nueve kilómetros cuadrados.
d. Un millón ciento cuarenta y un mil setecientos cuarenta y ocho kilómetros cuadrados.
e. Un millón novecientos setenta y dos mil quinientos cincuenta kilómetros cuadrados.
f. Nueve mil ciento cuatro kilómetros cuadrados.

40. Do you understand how numbers work in Spanish? Write the area of four countries of your choosing in both numbers and words.

41. In small groups, guess whether these statements are true or false and correct those that are false. Then use the internet to check your answers.

1. El Lago Nicaragua es más grande que el Parque Nacional de Yosemite.
2. El desierto de Mojave es más pequeño que el desierto de Atacama.
3. Hay más habitantes en el estado de México que en el estado de Nueva York.
4. El río Misisipi es más largo que el río Paraná.
5. Hay más países en América Central y el Caribe que en América del Sur.
6. La montaña Aconcagua es tan alta como el monte McKinley.

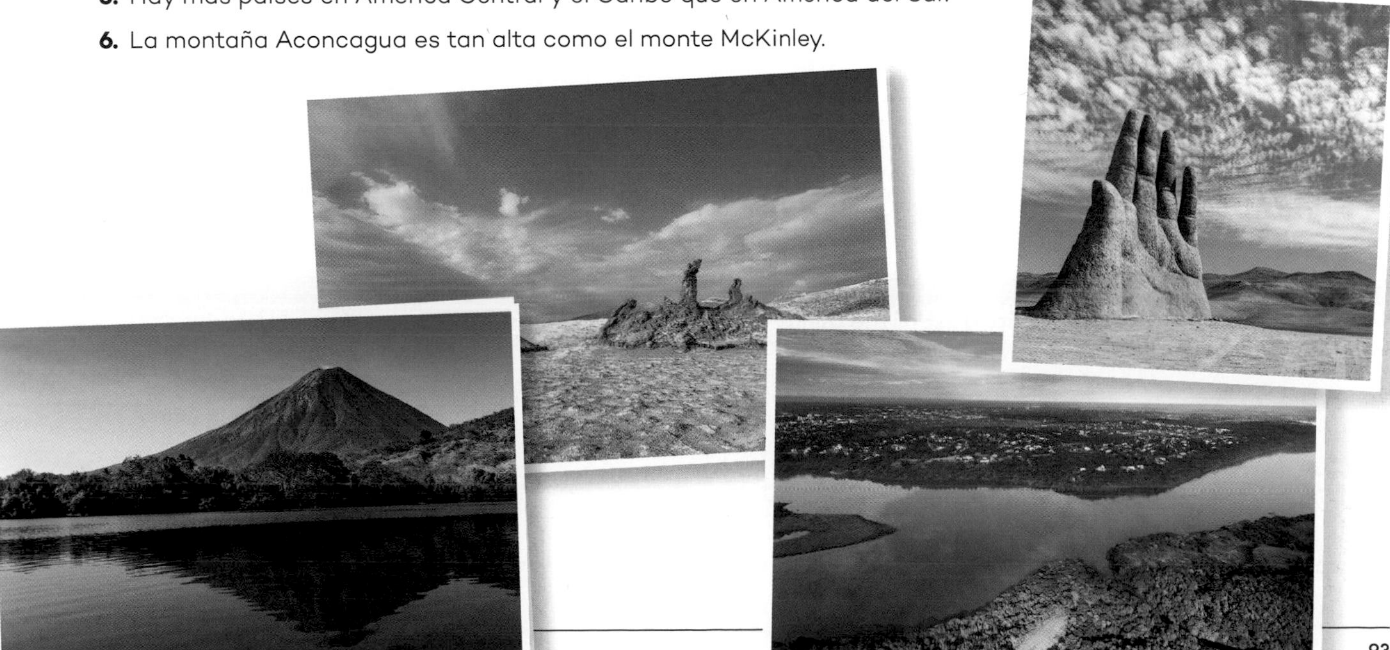

HAY, NO HAY

GRAMÁTICA Y VOCABULARIO

42. **In pairs, look at this map of the Universidad Nacional Mayor de San Marcos (UNMSM) and compare it with your campus. Find five differences and five similarities.**

En nuestro campus / en nuestra universidad (no) hay/tenemos...

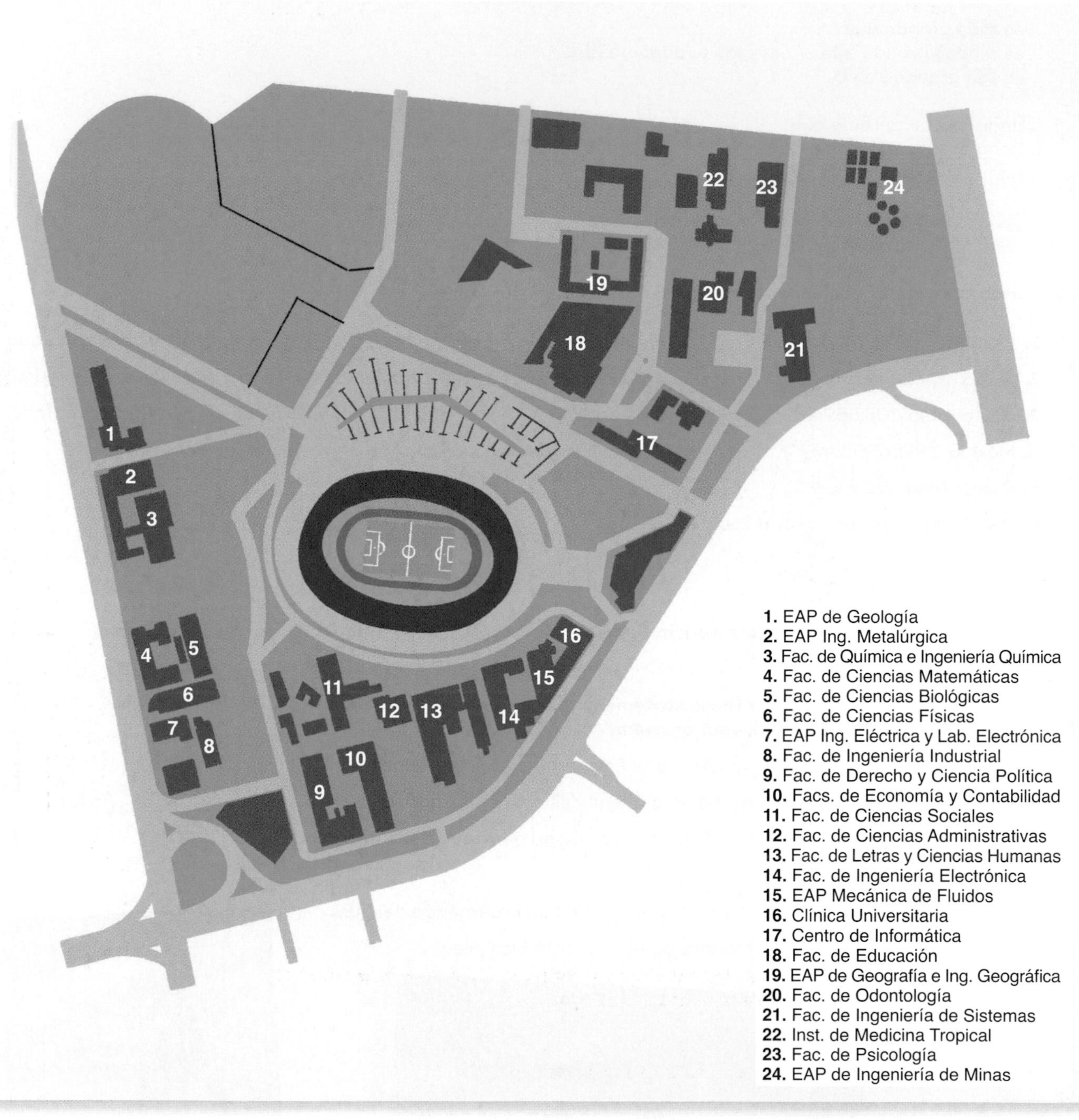

Fuente: www.unmsm.edu.pe

43. **Do you like your campus? Write a list of the things that are missing and that you would like to have. Why would you like them?**

....

....

....

....

PREPOSICIONES DE LUGAR

GRAMÁTICA

PREPÁRATE

44. Imagine your college or university asks students for their opinions on a new residence hall that they want to build. First, match the things that will be included in each room with the numbers.

.... una papelera	.... una puerta	.... un escritorio
.... el techo	.... una cama	.... un sofá
.... un armario	.... una computadora	.... una ventana
.... una silla	.... una lámpara	.... el piso

45. Design a room for students. Use the items in activity 44. Decide how many of each there should be and where they should go.

46. In pairs, compare your designs and find five differences.

Tu escritorio está delante de la ventana, y en mi habitación está al lado.

ATENCIÓN

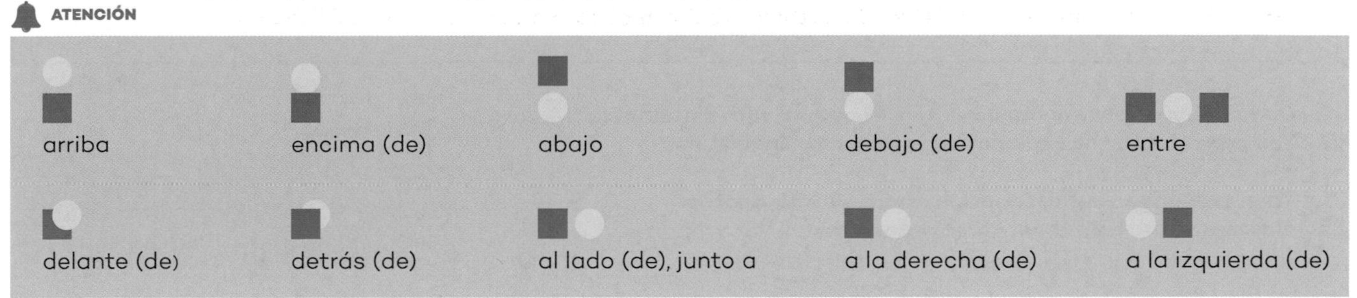

RECURSOS PARA COHESIONAR UN TEXTO

CARACTERÍSTICAS DEL TEXTO

47. **Read the sentences in part 1. Then look at how repetition has been eliminated (part 2) and the sentences have been connected to form a text (part 3). Underline the connecting words used in part 3.**

CIUDAD DE MÉXICO

1. Ciudad de México es una ciudad. Ciudad de México tiene mucha historia. Ciudad de México está en el centro de México. En Ciudad de México hay muchos monumentos. Muchos monumentos son prehispánicos. Muchos monumentos son modernos.

2. Ciudad de México es una ciudad. ~~Ciudad de México tiene~~ mucha historia. ~~Ciudad de México~~ está en el centro de México. ~~En Ciudad de México~~ hay muchos monumentos. ~~Muchos monumentos son~~ prehispánicos. ~~Muchos monumentos son~~ modernos.

3. Ciudad de México es una ciudad con mucha historia que está en el centro de México y en la que / donde hay muchos monumentos prehispánicos y modernos.

48. **Follow the example above and do the same with this text.**

La cueva de las Manos es una cueva. La cueva de las Manos es paleolítica. La cueva de las Manos está en Santa Cruz, al sur de Argentina. En la cueva de las Manos se conservan pinturas fechadas en el año 7350 a. C.

....
....
....
....
....
....
....
....
....
....
....
....
....
....

49. **Describe a place and a person as in the examples.**

ATENCIÓN

Esa es la chica ***que*** *vive en mi barrio. (= who)*
La ciudad ***que*** *más me gusta es Antigua. (= that/which)*
La ciudad de Antigua, ***que*** *es muy bonita, está en Guatemala. (= which)*

50. **Compare your answers to activities 47 and 48 with classmates. You can refer to the explanation in Recursos lingüísticos.**

51. **Then exchange your descriptions from 49 with another classmate and help them improve their text.**

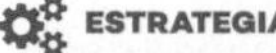

ESTRATEGIAS

Peer review is a good way to take a more active role in your own learning and strengthen your critical thinking.

REGLAS DE ACENTUACIÓN (II)

SONIDOS

PREPÁRATE

52. **Do you remember the accentuation rules that you learned in Chapter 3? Review them.**

53. **Now read these new rules and then say whether the statements below are true or false. Correct the false statements.**

In general, words with only one syllable do not have accents (**pan**, **con**, **en**, **sol**...).

However, some monosyllabic words have accents to distinguish them from other words with the same spelling.

mi (my)	**mí** (me)
(possessive pronoun) mi familia	(personal pronoun) A mí no me gusta el café.
se	**sé** (I know)
(reflexive pronoun) Marcela se levanta a las 6.	(the verb **saber**, 1st person singular, present tense) No sé cocinar.
tu (your)	**tú** (you)
(possessive pronoun) tu ciudad	(personal pronoun) ¿Tú eres venezolana?
que (that)	**qué** (what)
(conjunction) Las gafas que llevas son muy bonitas.	(interrogative/exclamatory) ¿Qué tal?
el (the)	**él** (he)
(masculine definite article) el verano	(masculine personal pronoun) Él es Marcelo.
si (if)	**sí** (yes)
(conjunction) Si quieres, podemos ir al cine.	(adverb) ¿Te gusta? Sí, mucho.

The interrogative and exclamatory words (**quién**, **qué**, **cómo**, **cuándo**, **cuál**, **cuánto**, **dónde**) always have an accent: ¿**Cuándo** tenemos vacaciones? ¡**Cuánto** tiempo! No sé **quién** es Carmen María Machado.

Upper-case letters are also accented.

Á

	V	F
1. En español existen tres tipos de tilde.		
2. Todas las palabras en español llevan tilde.		
3. La tilde sirve para diferenciar el significado de algunas palabras.		
4. Los pronombres interrogativos en español siempre llevan tilde.		

54. **In pairs, compare your answers to activities 52 and 53.**

55. **Read and listen to this short text. Correct it by adding the necessary accent marks. Compare your answers with a classmate.**

Para mi, la isla de Pascua es un lugar muy interesante. Esta en el oceano Pacifico, a 3500 km de la costa chilena. Alli hay unas enormes esculturas de piedra que tienen forma de cabeza y que se llaman '*moáis*'. Son una muestra de la cultura de los rapanui. No se muchas cosas de Pascua, pero me interesa mucho. Si puedo, quiero ir algun dia. Y tu, ¿que sabes sobre otros lugares?

The Spanish Hub TEXTO MAPEADO TEXTO LOCUTADO

PATRIMONIO

Seis lugares de interés en Nicaragua

NICARAGUA

Nicaragua se encuentra en el corazón de América Central, un destino ideal para quienes buscan algo diferente. Debido a sus dos océanos, docenas de volcanes, lagos y ríos se llama "Tierra de lagos y volcanes".

1. Es el lugar perfecto para disfrutar del Pacífico, hacer surf y descansar. Hay muchos hoteles y restaurantes.

2. Es un precioso edificio de estilo barroco de los siglos XVIII y XIX. En su interior está la tumba de Rubén Darío.

3. Está situado en el centro histórico de Managua. Es de 1898, de estilo neoclásico.

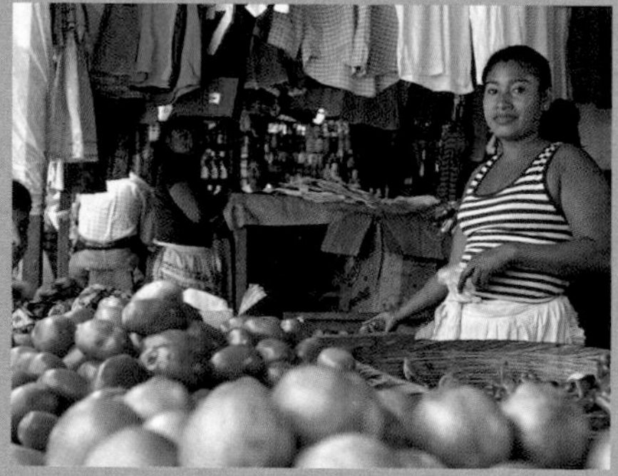

4. Es el centro de la vida diaria de Managua. Un paraíso de colores, olores y sabores.

5. Está a 1745 metros sobre el nivel del mar. Si te interesa la aventura y explorar la naturaleza, este es tu destino.

6. Es uno de los "pueblos blancos" del país, famoso por su cerámica, que se fabrica siguiendo la tradición maya.

ANTES DE LEER

56. **What do you know about Nicaragua? Discuss with a partner.**

DESPUÉS DE LEER

57. **Look at the photos and read the descriptions of these six places of interest in Nicaragua. Then identify them.**

- ☐ Playa Hermosa. San Juan del Sur.
- ☐ San Juan de Oriente.
- ☐ Reserva Natural Volcán San Cristóbal.
- ☐ Parque Central de Managua.
- ☐ Catedral de León.
- ☐ Mercado de Managua.

58. **Write the activities that can be done at the above locations. You may use the internet, if necessary.**

59. **Design a short travel guide for Nicaragua with recommended places to visit and activities to do while there.**

tumba: *tomb*
vida diaria: *daily life*
aventura: *adventure*

ARQUITECTURA

La riqueza arquitectónica de Guatemala

Los estilos arquitectónicos del mundo hispano reflejan los cambios históricos, sociales y políticos de cada país. Guatemala tiene un interesante patrimonio arquitectónico y muchos edificios excepcionales. Estos son cuatro ejemplos de cuatro estilos diferentes.

1. Arquitectura maya
Tikal es uno de los centros urbanos más importantes de la civilización maya. En él se puede admirar el Templo del Gran Jaguar, construido en el año 734 d. C.

2. Art déco
También en la capital se puede visitar el Teatro Lux, de 1936, la construcción más significativa del *art déco* en la ciudad. Actualmente hay en él un centro cultural.

3. Brutalismo
En Ciudad de Guatemala está el Banco de Guatemala, construido en 1966. Es uno de los iconos de la arquitectura brutalista en el mundo hispano.

4. Barroco colonial
La fachada de la iglesia de Nuestra Señora de La Merced (1751-1767), en Antigua, es un bonito ejemplo del barroco colonial, presente en todo el mundo hispano.

ANTES DE LEER

60. Look at the pictures. When do you think these buildings were built? Discuss with a partner.

DESPUÉS DE LEER

61. Match each building with the correct architectural style.

62. In pairs, compare your answers to activity 60.

63. In groups, choose an architectural style and find three characteristics associated with it. Present them to the rest of the class.

64. Discuss the following questions.

1. ¿Qué lugares de los anteriores te gustaría visitar? ¿Por qué?
2. ¿Conoces otras muestras de estos estilos? ¿Hay algunas en tu ciudad?
3. ¿De qué estilo son algunos de los edificios más importantes de tu ciudad?

actualmente: *currently*

LA DESCRIPCIÓN OBJETIVA Y SUBJETIVA

65. Read the text. Then think about texts that you write that include descriptions. Are they objective or subjective?

—En las páginas de venta online describo los objetos que vendo. Son descripciones objetivas.
—¿Seguro que no son un poco subjetivas?

What does it mean to describe?

According to the Diccionario de español de México, to describe is "explicar la forma en que se percibe una cosa o a una persona, o las características que tiene, para ofrecer una imagen o una idea completa de ella". This kind of representation of people or things can have varying degrees of objectivity. In fact, there are very few descriptions that are completely objective: most include some subjective elements.

OBJECTIVE DESCRIPTION

Descriptions appearing in dictionary definitions, product instructions, or purely informative texts are the clearest examples of objective description. In these cases, there are usually no value judgments or personal commentaries.

comunidad
1. Conjunto *(group)* de personas que viven juntas, que tienen bienes *(assets)* o intereses comunes, o que desarrollan *(engage in)* una misma actividad: comunidad agraria, comunidad religiosa, comunidad nacional, comunidad científica, comunidades indígenas.
2. Conjunto de seres vivientes *(living)* o cosas que se encuentran juntas y tienen características comunes: comunidades vegetales.
3. Hecho de tener o compartir varias *(several)* personas o cosas algo en común: comunidad de intereses, comunidad de bienes.

DESCRIPCIÓN SUBJETIVA

Subjective descriptions appear in literary texts, opinion articles, and advertising copy. These descriptions contain value judgments, personal viewpoints, and opinions, because their goal is not only to inform, but also to evaluate, criticize, praise, convince, defend an idea, etc.

Libertad
Pueblo mío buscamos tu libertad
Respirar el aire sagrado
Sin que las armas acallen el latido de tu corazón
Mari chi wew vive siempre.

Pueblo mío buscamos tu libertad
Que crezcan libres nuestras flores
Que vuelen libres nuestras aves
Somos un solo pensamiento.

María Isabel Lara Millapan, Kinturayen. Poeta mapuche y docente universitaria.

66. Follow the models below and find photos of your community or city and describe them. Then read the descriptions below and discuss whether they are subjective or objective.

Fotos de mujeres descendientes de mujeres portuguesas en un edificio del puerto de Provincetown, en Massachusetts, para conmemorar a la comunidad portuguesa de pescadores, importante en la historia de esta ciudad.

La comunidad colombiana celebra el Flower Festival de Nueva York, en el barrio de Queens: ¡el festival más divertido del año!

Esto es el barrio neoyorquino de Bushwick, en el que hay una gran población de hispanos. En sus calles hay carteles en español y se puede oír a mucha gente que habla en esta lengua.

PROYECTO EN GRUPO

Problemas y necesidades en el campus

We are going to investigate the problems with student housing and come up with possible solutions.

A. Complete this questionnaire about where you live.

1. ¿Con quién vives?
- Solo/a.
- Con otros/as compañeros/as.
- Con la familia.
- Otros: ....

2. ¿En qué tipo de vivienda?
- En una residencia estudiantil.
- En un apartamento/departamento.
- En una casa.
- Otros: ....

3. ¿Tienes habitación propia?
- Sí.
- No, tengo un(a) compañero/a de cuarto.
- No, tengo varios/as compañeros/as de cuarto.
- Otros: ....

4. Antigüedad de tu vivienda
- Es muy moderna. Creo que tiene menos de 5 años.
- Es moderna. Creo que tiene menos de 10-15 años.
- No es muy moderna. Creo que tiene más de 15-25 años.
- No es nada moderna. Creo que tiene más de 25 años.

5. Valoración del precio de tu vivienda
- Es barata.
- No es muy cara.
- Es muy cara.
- Es demasiado cara.

6. ¿Dónde está la vivienda?
- En el campus.
- Cerca del campus.
- Lejos del campus.
- Muy lejos del campus.
- Otros: ....

7. Transporte. ¿Cómo vas a clase?
- A pie.
- En bicicleta.
- En autobús.
- En metro o en tren.
- En automóvil.
- Otros: ....

8. Nivel de satisfacción general
- Me encanta donde vivo.
- Me gusta donde vivo.
- No me gusta mucho donde vivo.
- No me gusta nada donde vivo.

B. Use this questionnaire to interview others in your class or on your campus. Then make a list of your interviewees' most pressing concerns regarding student housing.

Muchas personas del campus viven muy lejos y en zonas mal comunicadas.

C. In small groups, discuss your conclusions from activity B. What are the biggest problems with student housing? Are there any solutions?

—Muchos estudiantes viven en apartamentos, pero están muy lejos del campus.
—Sí, necesitamos autobuses directos al campus.

D. One person from each group will present the group's conclusions to the rest of the class. Discuss and try to find solutions. Take notes that you can use for the individual project.

Nuestros apartamentos están muy lejos de la universidad.
Necesitamos nuevos apartamentos más cerca de la universidad.

PROYECTO INDIVIDUAL

Informe sobre la vivienda en el campus

Write a report for a college blog, focusing on the quality of housing on your campus. Use the notes that you took during the group project.

A. **Decide what structure your report will have. Use your notes from the group project to organize the information and write your first draft.**

Recuerda que debes hablar de:
- los problemas de los estudiantes (y a cuántos estudiantes afectan)
- posibles soluciones

Todos / la mayoría de / la mitad de los estudiantes...
Muchos/pocos estudiantes...
El ochenta/cincuenta/veinte por ciento de los estudiantes...

B. **Write your report and publish it on a blog.**
Don't forget to revise your report before publishing it.

RECURSOS LINGÜÍSTICOS

GRAMMAR

SER **AND** ESTAR

The English verb **to be** can be translated as two different verbs in Spanish: **ser** and **estar**.

	SER	ESTAR
yo	**soy**	**estoy**
tú, vos	**eres/sos**	**estás**
él, ella, usted	**es**	**está**
nosotros, nosotras	**somos**	**estamos**
vosotros, vosotras	**sois**	**estáis**
ellos, ellas, ustedes	**son**	**están**

▶**Uses of** ser

To define

*El Acatenango **es** un volcán.*

To describe

*El Acatenango **es** muy bonito.*

To identify

—*¿Quién **es** esta chica de la foto?*
—***Es** Adela, creo...*

To specify origin

—*¿De dónde **es** Roberto?*
—***Es** de Bogotá.*

To talk about a profession

*Carla **es** profesora de español.*

To describe someone's personality

*Luis **es** muy amable.*

To talk about age we use the verb **tener**.
*Adela **tiene** cuarenta años.*

▶**Uses of** estar

To talk about location

—*¿Dónde **está** ese volcán?*
—***Está** en Guatemala, al sur, cerca de Antigua.*

To refer to a state or situation

*El Acatenango **está** activo.*

QUESTION WORDS: QUÉ, CUÁL(ES), QUIÉN(ES)

▶**Uses of** qué

To define: **qué es/son** + noun

—*¿**Qué es** el Tajumulco?*
—*Es el volcán más alto de Guatemala.*

—*¿**Qué es** Arequipa?*
—*Una ciudad peruana.*

To ask about one person or thing within a pair or group: **qué** + noun + **es/son**

*¿**Qué** volcán es más alto?*
*¿**Qué** escritora es más interesante?*

To ask informally about someone's profession, we can use **qué** + **ser**.
—*¿**Qué es** Adela?*
—*Es profesora de español.*

▶**Uses of** cuál

To ask about one person or thing within a pair or group: **cuál es** / **cuáles son** + noun

*¿**Cuál es** el volcán más alto de Guatemala?*
*¿**Cuál es** tu cantante favorito?*
*¿**Cuáles son** las ciudades más grandes del país?*

*¿**Cuál** es la montaña más alta de Perú?*
*¿**Qué** montaña es la más alta de Perú?*

▶**Uses of** quién

To ask about people: **quién/quiénes** + verb

—*¿**Quién** es Mariano Gálvez?*
—*Es uno de los líderes de la independencia de Guatemala.*

—*¿**Quiénes** son estos señores de la fotografía?*
—*Son los dos primeros presidentes de Guatemala.*

—*¿**Quién** vive en esa casa?*
—*Los señores Ruiz.*

HAY, ESTÁ(N)

▶ To give information about things or people not yet identified
To talk about the existence of something not yet identified, we use **hay**, which is an impersonal form of the verb **haber**. We use hay for both singular and plural nouns.

Hay *un volcán muy famoso cerca de Antigua.*
En Guatemala ***hay*** *muchos volcanes.*

▶ To give information about things or people that have been previously identified
To talk about the location of something already identified, we use **estar**.

El volcán Acatenango ***está*** *cerca de Antigua.*
Los volcanes más famosos ***están*** *en esta región.*
Estos volcanes ***están*** *cerca del Pacífico.*

To talk about things or people not yet identified, we combine **hay** with:

- indefinite articles (**un/una/unos/unas**)
  En mi ciudad ***hay una*** *mezquita preciosa.*
- numbers
  En mi ciudad ***hay dos*** *mezquitas preciosas.*
- indefinite quantifiers (**mucho/a/os/as, bastante/s**, etc.)
  En mi ciudad ***hay muchos*** *monumentos romanos.*

To talk about things or people that are already identified, we combine **estar** with:

- definite articles (**el/la/los/las**)
  *¿**La** mezquita **está** en el centro?*
  *¿Dónde **están los** volcanes más famosos?*
- demonstratives (**este/esta/estos/estas**, etc.) and possessive adjectives (**mi, tu, su**, etc.)
  *¿**Esos** volcanes **están** cerca de aquí?*
  *¿Dónde **está tu** universidad?*

COMPARISON

▶ With adjectives
Comparative sentences can reference adjectives, nouns, verbs, and adverbs.

⊕ más / ⊖ menos + adjective + **que**

La catedral es ***más*** *antigua* ***que*** *el teatro.*
La catedral es ***menos*** *antigua* ***que*** *el teatro.*
Los puentes son ***más*** *antiguos* ***que*** *la muralla.*

⊖ tan + adjective + **como**

*¿Buenos Aires es **tan** grande **como** la Ciudad de México?*

▶ With nouns

⊕ más / ⊖ menos + noun + **que**

En León hay ***más*** *turismo* ***que*** *en Managua.*
En León hay ***más*** *monumentos* ***que*** *en Managua.*
En Managua hay ***menos*** *monumentos* ***que*** *en León.*

⊖ tanto(s)/a(s) + noun + **como**

*¿En España hay **tantos** lugares Patrimonio de la Humanidad **como** en México?*
Mi habitación tiene ***tanta*** *luz* ***como*** *la de Pedro.*

▶ With adverbs

⊕ más / ⊖ menos + adverbio + **que**

Mi universidad está ***más*** *lejos del centro* ***que*** *tu casa.*
Mi casa está ***más*** *cerca* ***que*** *tu universidad.*

⊖ tan + adverb + **como**

Luisa vive ***tan*** *cerca del centro* ***como*** *yo.*

▶ With verbs

verb + **⊕ más / ⊖ menos que**

Yo viajo ***más que*** *tú.*
Quito me gusta ***menos que*** *La Habana.*

verb + **⊖ tanto como**

Budapest me gusta ***tanto como*** *Viena.*

THE SUPERLATIVE

The superlative says which person or thing in a group of three or more has the most or highest degree of a certain quality.

el, la, los, las (+ noun) + **más/menos** + adjective (+ **de** + noun)

Sevilla tiene ***la*** *catedral gótica* ***más*** *grande* ***de*** *España.*
Brasil es ***el*** *país* ***más*** *grande* ***de*** *Latinoamérica.*
Las cataratas del Iguazú son ***las más*** *conocidas* ***de*** *Sudamérica.*

RECURSOS LINGÜÍSTICOS

GRAMMAR

TALKING ABOUT LOCATION

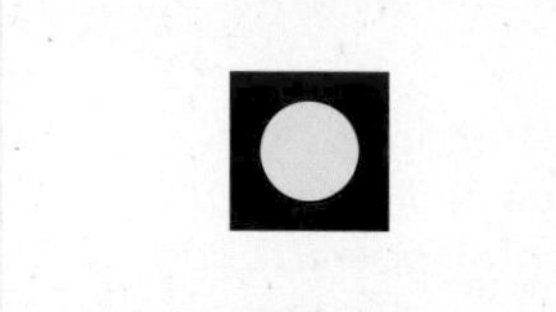

en *(in)*

arriba *(above)*

encima (de) *(on/on top of)*

abajo *(below)*

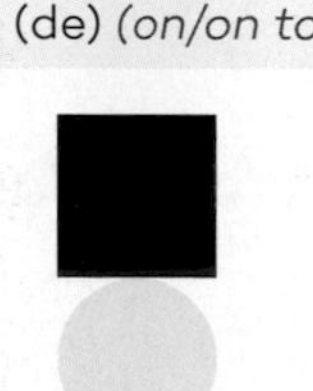

debajo (de) *(under)*

entre *(between)*

delante (de) *(in front of)*

detrás (de) *(behind)*

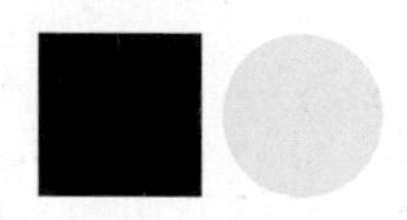

al lado (de) / junto a *(next to/beside)*

a la derecha (de) *(to the right (of))*

a la izquierda (de) *(to the left (of))*

cerca (de) *(close (to))*

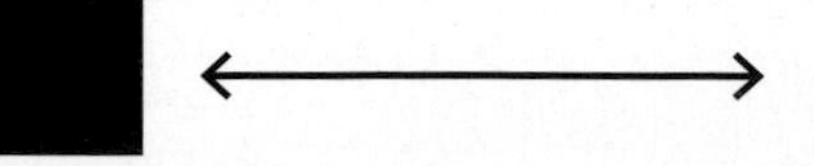

lejos (de) *far (from)*

The preposition **en** can indicate differente positions.
***En** la mochila* (= in the bakpack)
***En** la mesa* (= on the table)
***En** la pared* (= attached to the wall)

▶ **Talking about geographic location**

al / **en** el norte (**de**)
al / **en** el sur (**de**)
al / **en** el este/oriente (**de**)
al / **en** el oeste/occidente (**de**)
en el centro (**de**)

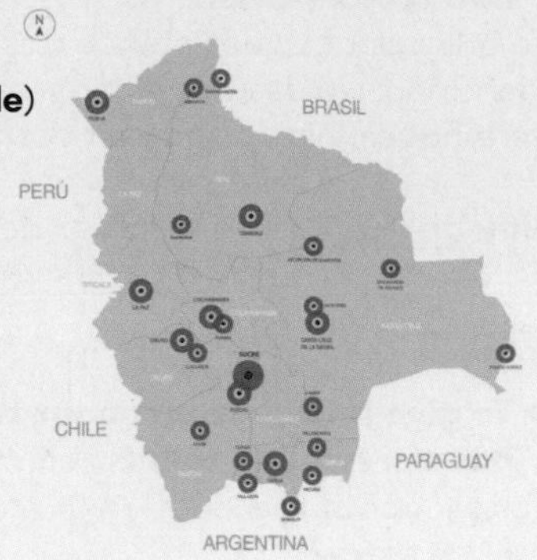

***En** el norte de*
(= in the north of)
***Al** norte de*
(= north of)

In America, oriente and occidente are often used for east and west, respectively.

*Cobija está **en el norte de** Bolivia.*
*Tarija está **en el sur de** Bolivia.*
*Puerto Suárez está **en el este de** Bolivia.*
*La Paz está **en el oeste de** Bolivia.*
*Cochabamba está **en el centro de** Bolivia.*
***Al norte de** Bolivia está Brasil.*
***Al sur de** Bolivia están Argentina y Paraguay.*
***Al este de** Bolivia está Brasil.*
***Al oeste de** Bolivia están Perú y Chile.*

COHESION

CONNECTING INFORMATION

▶ Con + **noun**

Medellín es una ciudad colombiana. Medellín tiene monumentos de diferentes épocas.
➜ *Medellín es una ciudad colombiana **con** monumentos de diferentes épocas.*

▶ **Relative clauses with** que **and** donde

Lima es una ciudad histórica. Lima tiene muchos monumentos.
➜ *Lima es una ciudad histórica **que** tiene muchos monumentos.*

Cartagena es una ciudad colonial.
En Cartagena hay muchos palacios.
➜ *Cartagena es una ciudad colonial **en la que** / **donde** hay muchos palacios.*

In the construction **en el/la/los/las que**, the definite article always agrees with the preceding noun in gender and number.
*Un lugar **en el que***
*Unos museos **en los que***
*Una ciudad **en la que***
*Unas montañas **en las que***

VOCABULARY

NÚMEROS CARDINALES *(CARDINAL NUMBERS)*

500 **quin**ientos/as
600 seiscientos/as
700 **sete**cientos/as
800 ochocientos/as
900 **nove**cientos/as
999 **nove**cientos/as noventa y nueve

ciento **un** años ciento **una** mesas
trescient**os** años trescient**as** mesas

Cien no tiene variación de género:
cien hombres
cien mujeres

1000 mil
1001 mil uno/un/una
1025 mil veinticinco
1134 mil ciento treinta y cuatro
2000 dos mil
10 000 diez mil
20 300 veinte mil trescientos
100 000 cien mil
1 000 000 un millón
2 000 000 dos millones
3 536 787 tres millones quinientos treinta y seis mil setecientos ochenta y siete

MEDIOS DE TRANSPORTE
(MEANS OF TRANSPORTATION)

En autobús
(By bus)

En automóvil
(By car)

En bicicleta
(By bicycle)

En metro
(By subway)

En tren
(By train)

VIDA UNIVERSITARIA *(COLLEGE LIFE)*

un auditorio
una sala de conferencias
(an auditorium/a lecture hall)

un aparcamiento/ estacionamiento/ parqueadero/ parking
(a parking lot/ garage)

una biblioteca
(a library)

una cafetería
(a cafe/coffee shop)

un campo / una cancha de baloncesto
(a basketball court)

un campo / una cancha de fútbol *(a soccer field)*

un comedor
(a dining hall)

un dormitorio
(a (dorm) room)

un gimnasio
(a gym)

un parque
(a park)

una piscina / una alberca
(a (swimming) pool)

una pista de tenis
(a tennis court)

un salón de clase
(a classroom)

LOS COLORES *(THE COLORS)*

rojo/a/os/as
blanco/a/os/as
morado/a/os/as
amarillo/a/os/as
negro/a/os/as
azul(es)
café(s)
verde(s)

naranja(s)
rosa(s)

VOCABULARY

LA VIVIENDA: MI APARTAMENTO, MI CUARTO *(HOME: MY APPARTMENT, MY ROOM)*

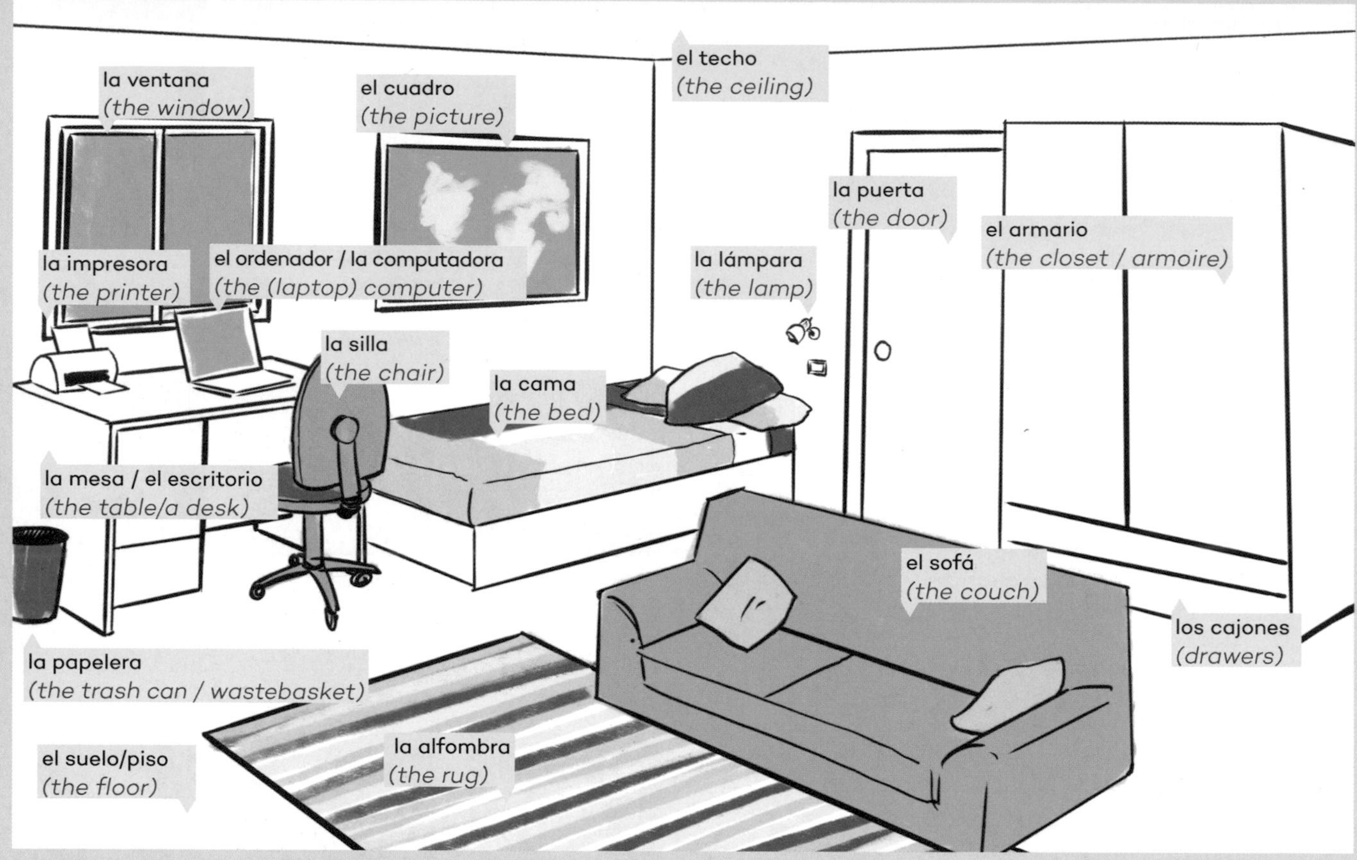

LUGARES Y GEOGRAFÍA *(PLACES AND GEOGRAPHY)*

Continentes: África, América, Antártida, Asia, Europa, Oceanía

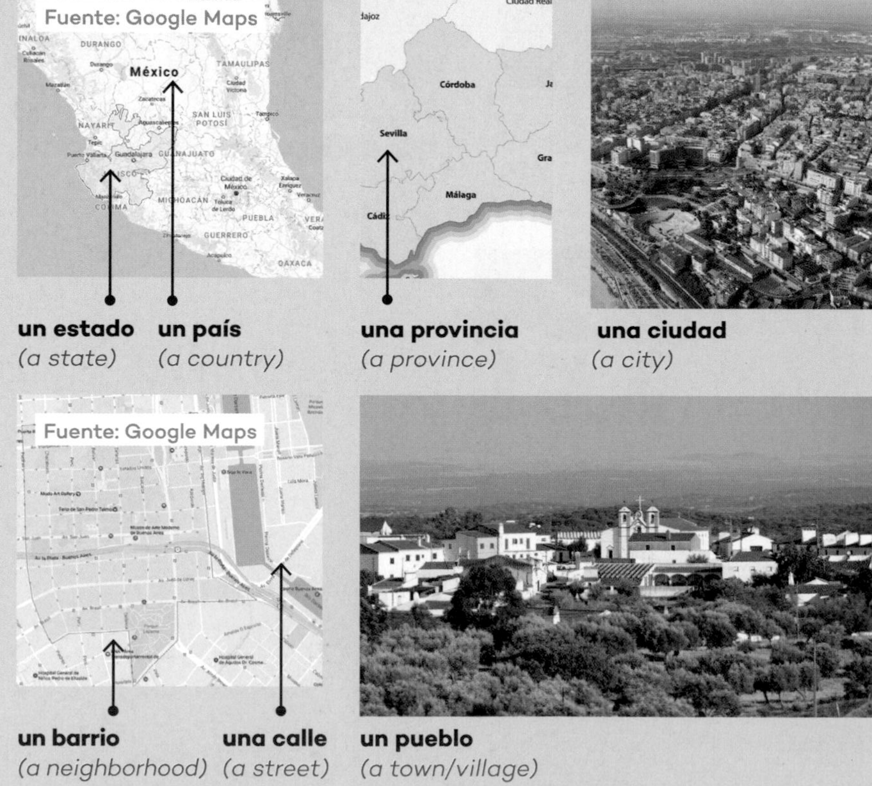

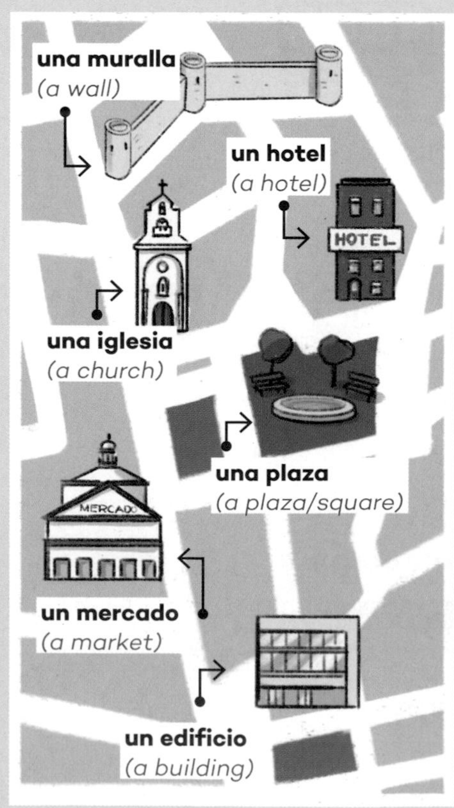

NATURALEZA *(NATURE)*

el archipiélago
(an archipelago)

el bosque
(a forest)

la costa
(a coast)

el glaciar
(a glacier)

la isla
(an island)

el lago
(a lake)

el mar
(a sea)

la montaña
(a mountain)

el parque natural
(a nature reserve)

la península
(a peninsula)

la playa
(a beach)

el océano
(an ocean)

el río
(a river)

el volcán
(a volcano)

FREQUENT WORD COMBINATIONS

PERIODOS *(PERIODS)*

una construcción › prehistórica › griega › romana › precolombina › maya › azteca › inca › barroca › renacentista › modernista

a prehistoric/Greek Roman/Pre-Colombian Mayan/Aztec/Inca/baroque Renaissance/modern construction

un puente del siglo › II a. C. (antes de Cristo) › I d. C. (después de Cristo)

a bridge from the 2nd century B.C. (before Christ)/A.D. (after Christ)

un edificio de › principios del siglo XX › mediados del siglo XX › finales del siglo XX

a building from the beginning of the 20th century
from the middle of the 20th century
from the end of the 20th century

LUGARES Y CULTURA *(PLACES AND CULTURE)*

un monumento › cultural › histórico › Patrimonio de la Humanidad

a cultural/historical monument
a monument that is a World Heritage site

ir a / visitar › una catedral › una iglesia › una mezquita › una sinagoga › un museo › un teatro

go to / visit a cathedral/a church, a mosque/a synagogue, a museum/a theater

ver › un puente › una obra de teatro

see a bridge/a play

una ciudad › moderna › histórica › romana › medieval › renacentista › musulmana › judía › cristiana › cara › barata

a modern/historical
a Roman/medieval/Renaissance city
a Muslim/Jewish/Christian
an expensive/cheap

ir en › metro › autobús › tren

to go by subway/bus/train

vivir en › un sitio caro › un sitio barato › un cuarto

to live in an expensive/a cheap place
in a room

IMÁGENES DEL MUNDO HISPANO

En este capítulo vas a presentar una imagen diversa e inclusiva de una región hispanohablante.

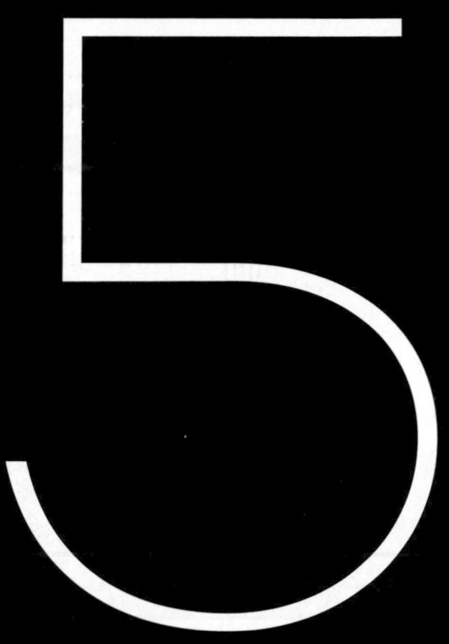

LEARNING OUTCOMES
- Talk about daily routines
- Express likes, interests, and preferences

VOCABULARY
- Stereotypes and clichés
- Habits
- The academic calendar
- Ordinal numbers 1-10
- Weather and climate
- Months and seasons

LANGUAGE STRUCTURES
- Stem-changing verbs **ie** and **ue**
- The verbs **gustar**, **encantar**, and **interesar**
- Reflexive verbs
- **Tener que** + infinitive

ORAL AND WRITTEN TEXTS
- Organizing information
- Contrasting arguments
- Making a poster

SOUNDS
- Diphthongs

CULTURE
- Surprising data in Panama
- Images of Spain in art

PROJECTS
- Group: prepare a presentation about a place in a Spanish-speaking country
- Individual: write a text about an important day in your community

IMÁGENES

PREPÁRATE

1. Lee estas cuatro afirmaciones sobre los estereotipos del mundo hispano. Relaciona cada una con la imagen que la desmiente.

1. Mucha gente cree que la familia en Latinoamérica es muy tradicional.
2. Muchas personas piensan que en Costa Rica la única actividad económica es el turismo.
3. Mucha gente cree que en Latinoamérica solo se baila salsa.
4. Muchas personas creen que en Latinoamérica siempre hace calor.

A

COSTA RICA

B

ARGENTINA

C

PERÚ

D

CUBA

2. Lee las siguientes afirmaciones. ¿A qué país se refiere cada una?

1. Fue el primer país del continente americano en legalizar el matrimonio entre personas del mismo sexo.
2. El 40 % de sus exportaciones es de alta tecnología.
3. Tiene varias ciudades a más de 4000 metros de altitud. Allí, durante todo el año, hace mucho frío: incluso menos de 0 °C (32° Fahrenheit).
4. Tiene uno de los ballets más famosos del mundo.

3. En parejas, comparen sus respuestas a las actividades 1 y 2.

VIDEO: LECHE

PREPÁRATE

4. Vas a ver un video del día a día de una pareja. Mira primero lo que hace él (hasta el minuto 04.59) y ordena sus acciones.

a. ▢ Habla con su jefe.
b. ▢ Trabaja en una fábrica de leche.
c. ▢ Se acuesta.
d. ▢ Lava los platos.
e. ▢ Llega a casa.
f. ▢ Despierta a su esposa.
g. ▢ Desayuna con su esposa.
h. ▢ Prepara el café.

5. Ahora ve la parte de Vero, la esposa, y escribe en orden al menos seis acciones que realiza cada día.

6. Señala qué afirmaciones son verdaderas sobre él, cuáles sobre ella y cuáles sobre los dos. Si lo necesitas, puedes volver a ver el video.

	Edgar	Vero	Los dos
a. Trabaja en una fábrica de leche.	▢	▢	▢
b. Come solo/a.	▢	▢	▢
c. Está triste.	▢	▢	▢
d. Trabaja de día.	▢	▢	▢
e. Quiere cambiar de horario.	▢	▢	▢
f. Quiere trabajar con su esposo/a.	▢	▢	▢
g. Duerme por el día.	▢	▢	▢
h. Duerme por la noche.	▢	▢	▢
i. Se levanta muy temprano.	▢	▢	▢
j. Quiere ir a bailar.	▢	▢	▢
k. No trabaja los domingos.	▢	▢	▢

Edgar

Vero

7. En parejas, comparen sus respuestas a las actividades 4, 5 y 6.

8. ¿De qué hablan Edgar y Vero con sus jefes? ¿Qué respuesta les dan?

9. En parejas, busquen dos adjetivos para describir la rutina de Edgar y Vero.

EN LA RED

PREPÁRATE

10. **Busca en internet dónde se encuentran estas tres poblaciones del mundo hispano y sitúalas en un mapa: Mexicali, Ushuaia y Tutunendo.**

11. **Observa estas tablas con las temperaturas medias y otros datos del clima de esos lugares. Di a qué lugar corresponden las siguientes afirmaciones.**

	Enero	Febrero	Marzo	Abril	Mayo	Junio	Julio	Agosto	Septiembre	Octubre	Noviembre	Diciembre	Año entero
MEXICALI													
Temperatura media (°C)	13.1	15.3	18.0	21.3	25.8	30.5	33.9	33.5	30.4	24.3	17.5	13.1	23.1
Lluvia (mm)	10.6	7.2	5.8	1.6	0.5	0.2	3.8	10.1	7.5	8.4	4.9	10.3	70.9
Días de lluvia por mes	2.7	2.2	2.1	0.7	0.3	0.1	1.0	1.3	1.1	1.1	1.2	2.2	16.0
USHUAIA													
Temperatura media (°C)	9.6	9.3	7.7	5.7	3.2	1.7	1.3	2.2	4.1	6.2	7.8	9.1	5.7
Lluvia y nieve (mm)	39.0	45.2	52.3	56.1	53.4	48.3	36.4	45.2	41.7	35.0	34.6	42.5	529.7
TUTUNENDO													
Temperatura media (°C)	26.4	26.7	26.9	26.9	27	26.8	26.8	26.8	26.5	26.3	26.2	26.2	26.6
Lluvia (mm)	874	744	765	963	1.063	1.003	1.071	1.092	1.074	1.019	1.021	907	11.596

Fuente de la información: Wikipedia

ATENCIÓN

°C = grados centígrados
mm = milímetros

ATENCIÓN

0 °C = 32 °F
10 °C = 50 °F
20 °C = 68 °F
30 grados centígrados = 86 grados Fahrenheit

a. Hace mucho calor todo el año: ....

b. Hace mucho calor en junio, julio, agosto y septiembre: ....

c. Llueve muy poco, el clima es muy seco: ....

d. Llueve y nieva mucho: ....

e. Llueve mucho, pero no nieva; el clima es muy húmedo: ....

f. Hace mucho frío en junio, julio y agosto: ....

12. **¿De qué lugares de Estados Unidos se pueden hacer estas afirmaciones?**

a. Hace mucho calor todo el año: ....

b. Llueve y nieva mucho: ....

c. Llueve mucho, pero no nieva; el clima es muy húmedo: ....

d. Hace mucho frío en febrero: ....

13. **En parejas, comparen sus respuestas a las actividades 10 y 11.**

14. **En grupos de tres, comparen sus respuestas a la actividad 12. ¿Coinciden?**

EL DÍA A DÍA

¿Cómo es el día a día de los hispanohablantes?

Tres personas de tres generaciones diferentes y que viven en países distintos responden.

Y es que conocer las vidas de las personas es también una buena manera de cuestionar los estereotipos.

SE LLAMA: Míriam Guzmán
ES DE: México
VIVE EN: EE. UU.
TIENE: 22 años
ES: Estudiante

Soy estudiante universitaria y tengo 22 años. Tengo clase todos los días de lunes a viernes y también trabajo en la biblioteca por las tardes. Entre semana me levanto a las 8.00 a. m., tomo café y estudio un poco antes de mis clases. A veces, tengo tiempo de charlar y desayunar con mi madre; mi parte favorita de las mañanas es cuando tengo tiempo de maquillarme y escuchar música para relajarme y prepararme para el día. Mi primera clase comienza a las 12.00 p. m. y mi última clase termina a las 4.00 p. m. Tengo poco tiempo para comer antes de comenzar a trabajar a las 4.30 p. m. Mi trabajo en la biblioteca consiste en asistir a las personas cuando tienen dudas o problemas con las computadoras de uso público. Algunos días mi trabajo es estresante porque las computadoras no funcionan y hay mucha gente, pero otros días es tranquilo y puedo leer o hacer tarea. Llego a casa del trabajo a las 10.30 p. m. y ceno con mi familia. Después hago más tarea y leo o veo Netflix antes de acostarme, a eso de las 12.30 p. m.

Los jueves son más divertidos porque trabajo como editora de la revista literaria de la universidad. Es una actividad extraescolar que disfruto mucho porque muchos de mis amigos también participan, y nos encanta publicar los trabajos de otros estudiantes.

Los fines de semana son más relajados y salgo a comer y bailar con mis amigos.

Me levanto entre las 7.30 y las 8.00.

SE LLAMA: Sonia Santana
ES DE: Cuba
VIVE EN: La Habana
TIENE: 65 años
ES: Jubilada

Soy ingeniera geofísica, tengo 65 años y estoy jubilada. Tengo dos hijos, de 33 y 37 años, y dos nietos de 3 años. Vivo con mi esposo y mi madre, que están también jubilados. Normalmente me levanto a las 7.30 a. m., me arreglo, desayuno y, todos los días, excepto sábado y domingo, voy a clases de taichí. Es algo que me gusta mucho: es una hora que dedico a estar en paz y a mantener mi cuerpo activo. Soy monitora, y los martes y jueves doy yo la clase. Cuando salgo de la clase, siempre tengo algo que hacer: buscar comida o simplemente dar una vuelta. Almorzamos juntos mi esposo y yo con la señora que me ayuda con mi madre, y que es la que prepara el almuerzo. Al mediodía descanso un poco, pero no me gusta dormir la siesta. Aprovecho *(take the opportunity to)* para ver en el televisor seriales, novelas o películas. Ya sobre las 4 de la tarde preparo la merienda de mi madre, y después nos sentamos en el portal ella y yo a coger fresco y ver la gente pasar. A las 6.30 p. m. preparo la comida de mi madre y ella come; más tarde me doy un buen baño. Después, caliento nuestra comida y comemos. Nuestras noches son tranquilas, casi siempre vemos la televisión en nuestro cuarto y sobre las 12.00 p. m. nos acostamos. Me gusta mucho leer, en papel o en el móvil, y también ir al teatro a ver espectáculos de danza y ballet, y al cine; esto lo hago con mis amigas de vez en cuando.

Voy al cine con mis amigas de vez en cuando.

SE LLAMA:
Toni Bolio
ES DE:
México
VIVE EN:
Ciudad de México
TIENE:
30 años
ES:
Diseñador gráfico

No me gusta nada levantarme temprano. Me levanto generalmente a las 8 a. m., voy al baño, veo algunos videos en YouTube, preparo el desayuno de mi perro, desayuno, me arreglo y salgo corriendo para llegar pasadas las 9.00 a. m. al trabajo. Soy diseñador gráfico; por eso me la paso sentado toda la mañana frente a una pantalla de 27 pulgadas. Salgo a almorzar de 1.00 a 3.00 p. m. Los miércoles son los mejores días porque almuerzo con toda mi familia en casa de mi papá. Vuelvo a la oficina y termino generalmente entre 7.30 y 8 p. m., aunque a veces me quedo hasta más tarde porque me da flojera manejar y estoy una media hora en YouTube e Instagram antes de volver a casa entre 8 y 9 p. m. Abro y me recibe Nicanor (mi perro). Juego con él un rato y hablo con mi novio para decidir si cocinamos, si pedimos algo a domicilio o si salimos.

No me gusta nada levantarme temprano.

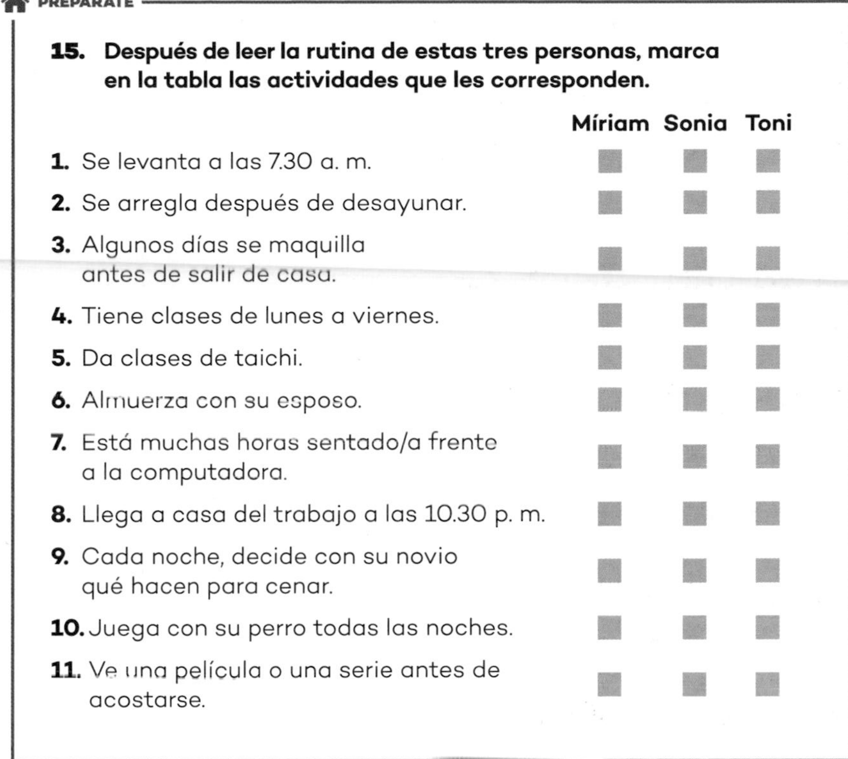

PREPÁRATE

15. Después de leer la rutina de estas tres personas, marca en la tabla las actividades que les corresponden.

	Míriam	Sonia	Toni
1. Se levanta a las 7.30 a. m.	■	■	■
2. Se arregla después de desayunar.	■	■	■
3. Algunos días se maquilla antes de salir de casa.	■	■	■
4. Tiene clases de lunes a viernes.	■	■	■
5. Da clases de taichi.	■	■	■
6. Almuerza con su esposo.	■	■	■
7. Está muchas horas sentado/a frente a la computadora.	■	■	■
8. Llega a casa del trabajo a las 10.30 p. m.	■	■	■
9. Cada noche, decide con su novio qué hacen para cenar.	■	■	■
10. Juega con su perro todas las noches.	■	■	■
11. Ve una película o una serie antes de acostarse.	■	■	■

16. En parejas, comparen sus respuestas a la actividad 15.

17. ¿En qué cosas coincides con ellos? Coméntalo con un(a) compañero/a.

Yo también veo series por la noche.

18. Una estudiante colombiana le cuenta a un amigo cómo es su día a día. Escucha y completa.

Se levanta a las ....

Tiene clases .... días por semana.

Almuerza con .... en ....

Trabaja de .... a .... en ....

Llega a casa a las ....

Antes de cenar, ...

Se acuesta a las ....

19. ¿Cómo crees que es la vida de estas personas? Hablen en pequeños grupos utilizando estos adjetivos u otros.

interesante **estresante** **relajada** **monótona** **divertida** **dura** **agradable**

—Míriam tiene una vida un poco monótona.
—No, yo creo que es interesante.

después de: *after*
antes de: *before*

EL VERBO GUSTAR

GRAMÁTICA

PREPÁRATE

20. Observa el funcionamiento de estas frases y explica las diferencias entre los ejemplos a y b. ¿Cuál es el sujeto gramatical de cada verbo? ¿Existe en inglés esta diferencia en algunos verbos?

1. a. Yo toc**o** la guitarra.

1. b. (A mí) me gust**a** la guitarra.

2. a. Tú practic**as** muchos deportes.

2. b. (A ti) te gust**an** muchos deportes.

3. a. Lola bail**a** flamenco.

3. b. (A Lola) le encant**a** bailar flamenco.

4. a. Nosotros jugam**os** al fútbol.

4. b. (A nosotros) nos encant**a** el fútbol.

5. a. ¿Vosotros desayun**áis** en casa?

5. b. ¿(A vosotros) os gust**a** desayunar en casa?

6. a. Mis compañeros estudi**an** latín.

6. b. A mis compañeros les interes**a** el latín.

21. En pequeños grupos, comenten sus reflexiones sobre la actividad 20.

22. Marca el sujeto gramatical como en los ejemplos de la actividad 20.

Yo tengo muchos libros sobre el surrealismo.
¿Tú vas mucho a exposiciones de arte?
Él prefiere el arte clásico; ella, el arte contemporáneo.
Marta y yo tenemos en casa un póster del *Guernica*.
¿Ustedes estudian Arte?
Ellos van mucho al cine; nosotros preferimos el teatro.

A mí me encanta el surrealismo.
¿A ti te gusta ir a exposiciones de arte?
A mi compañero le interesa el arte clásico.
A nosotras nos encanta Picasso.
¿A ustedes les interesa el arte?
A mis padres les encanta el teatro.

23. Completa la tabla con pronombres de sujeto y pronombres de objeto indirecto.

Pronombres de sujeto	**Pronombres de objeto indirecto**
....	(a mí) ....me..................
tú, vos	(a ti) ....
....	(a él, ella, usted) ....
nosotros/as	(a nosotros/as) ....
....	(a vosotros/as) ....os..............
ellos, ellas, ustedes	(a ellos, ellas, ustedes) ....

ATENCIÓN

Pay attention to the grammatical subject of verbs that work like **gustar**, **interesar** and **encantar**. Like with any other verb, if the subject is a singular noun or an infinitive, the verb takes the singular form:
–*¿Te interes**a** el arte moderno?*
–*¿A ti te gust**a** visitar museos?*

If the subject is plural, the verb takes the plural form:
*A mi compañero no le interesa**n** los museos.*

The subject must always have a determiner (article, demonstrative adjective, possessive adjective, quantifier):
–*A mí me encanta **el** surrealismo.*
–*Me gustan **muchos** artistas mexicanos.*
–*Me interesan mucho **mis** estudios.*

YO, A MÍ, TAMBIÉN, TAMPOCO

GRAMÁTICA

PREPÁRATE

24. En estos ejemplos alguien afirma o niega algo y otras personas expresan coincidencia o no coincidencia. ¿Entiendes los mecanismos utilizados? ¿Son similares a los del inglés o a los de otras lenguas que conozcas?

1. a.
\+ Yo estudio Biología.
\+ Yo también.

1. b.
\+ (A mí) me interesa mucho la ciencia.
\+ A mí también.

2. a.
\+ Yo estudio Biología.
\- Yo no.

2. b.
\+ (A mí) me interesa mucho la ciencia.
\- A mí no.

3. a.
\- Yo no estudio Arte.
\+ Yo sí.

3. b.
\- (A mí) no me interesa mucho el arte.
\+ A mí sí.

4. a.
\- Yo no estudio Arte.
\- Yo tampoco.

4. b.
\- (A mí) no me interesa mucho el arte.
\- A mí tampoco.

25. En parejas, compartan sus respuestas a la actividad 24.

26. En parejas, completen las oraciones con la ayuda de los iconos.

1. \+ Yo hago yoga.
\+ Yo también.

2. \+ Yo ....
\- Yo no.

3. \- Yo ....
\+ Yo sí.

4. \- Yo ....
\- Yo tampoco.

5. \+ ....
\+ A mí también.

6. \+ ....
\- A mí no.

7. \- ....
\+ A mí sí.

8. \- ....
\- A mí tampoco.

27. En grupos de tres, comenten cuestiones relacionadas con estos dos puntos y tomen nota de las reacciones.

	Yo	Estudiante 1	Estudiante 2
1. Familia Tener hermanos/as, abuelos/as....	Tengo un hermano		
2. Deportes Hacer deporte, yoga... Jugar al tenis, al fútbol...			

28. Después de la conversación, escriban qué tienen los tres en común.

A Peter le encanta el yoga. A Olga y a mí, también.
A los tres nos gusta mucho hacer yoga y los tres vamos al gimnasio.

GUSTAR, ENCANTAR

VOCABULARIO

PREPÁRATE

29. **¿Qué actividades y temas te interesan? Clasifícalos en el lugar correspondiente.**

jugar al fútbol | hacer yoga | leer | salir con amigos | ver series | tocar la guitarra | bailar | la política | ir en bicicleta | la moda | el cine | los deportes

Me encanta/n
Me gusta/n mucho
Me interesa/n mucho
....

No me gusta/n mucho
No me interesa/n mucho
....

Me gusta/n
Me interesa/n
....

No me gusta/n nada
No me interesa/n nada
....

30. **En grupos, comenten sus respuestas.**

—A mí me gusta bailar.
—A mí también.
—A mí no. Yo prefiero tocar la guitarra.

ATENCIÓN

To intensify **gustar** and **interesar**, we use **mucho**:
Me gustan/interesan ***mucho*** *las clases de latín.*

To intensify negation, we use **nada**:
No me interesan ***nada*** *los cursos de Economía.*

31. **¿Qué gustos, intereses y preferencias comunes tienen en su grupo? Escríbanlo.**

A Mark, a Lisa y a mí nos encanta la literatura.
A los tres nos interesa mucho la literatura mexicana de los siglos XX y XXI.

....

ELENA PONIATOWSKA, ESCRITORA MEXICANA.

VERBOS DE CAMBIO VOCÁLICO Y VERBOS REFLEXIVOS

GRAMÁTICA

PREPÁRATE

32. Lee la descripción de una fiesta tradicional de México, La Rama de Veracruz. ¿Se parece a alguna que tú conozcas o en la que hayas participado? Escríbelo.

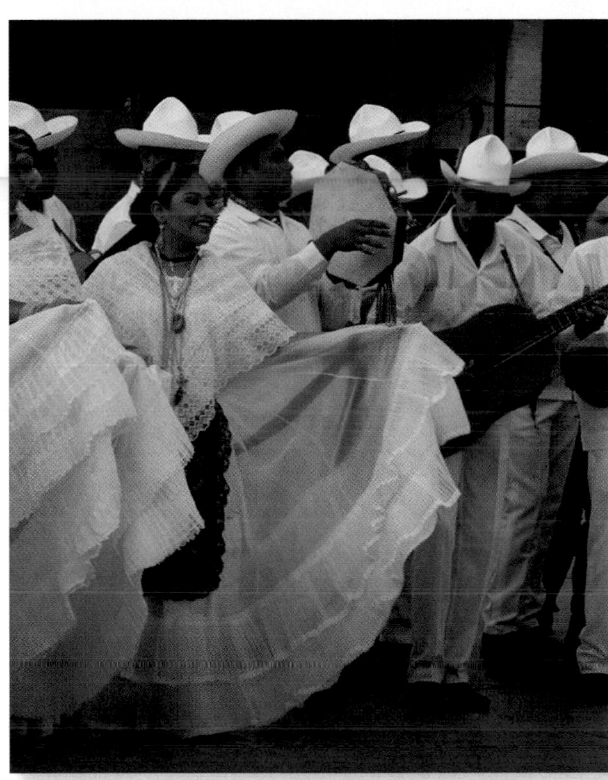

El 16 de diciembre es un día muy especial porque empieza una de mis tradiciones favoritas: La Rama. Me siento muy orgullosa porque es una tradición originaria de mi ciudad, Veracruz.

Por la mañana hago lo mismo que todos los días: me levanto, desayuno, me visto y voy a la escuela. Por la tarde, cuando vuelvo a casa, mi hermano Enrique y yo empezamos a adornar una rama con papel de colores y globos. Cuando terminamos, nos reunimos con nuestros amigos para decidir cuál es la mejor rama de todas.

Por la noche, salimos a la calle y vamos de casa en casa con nuestra rama. A veces nos vestimos con trajes tradicionales. Cantamos una canción que dice: "Hola, buenas noches, ya estamos aquí. Aquí está la rama que les prometí", y pedimos el aguinaldo: frutas, dulces o dinero. Esto lo hacemos cada noche hasta el 23 de diciembre.

En la última casa que visitamos, hay una fiesta con dulces típicos y una piñata muy grande. Es muy divertido y a veces termina un poco tarde, así que volvemos a nuestras casas y nos acostamos después de medianoche (normalmente me acuesto a las diez). Son unos días muy especiales y todos nos sentimos muy felices.

33. Completa la tabla con los verbos que aparecen en el texto. ¿Qué formas tienen un cambio en la raíz?

e > ie (empezar)	e > i (pedir)	o > ue (volver)
empiezo		
empiezas	pides	vuelves
	pide	vuelve
empezáis	pedís	volvéis
empiezan	piden	vuelven

e > ie (sentirse)	e > i (vestirse)	o > ue (acostarse)
te sientes	te vistes	te acuestas
se siente	se viste	se acuesta
os sentís	os vestís	os acostáis
se sienten	se visten	se acuestan

34. En parejas, comparen sus respuestas a las actividades 32 y 33.

35. Piensa en un día especial que celebres con tu familia o tus amigos. En pequeños grupos, cuéntense cómo lo viven. Pueden hacerse preguntas.

LAS HORAS, TENER QUE + INFINITIVO

VOCABULARIO Y GRAMÁTICA

PREPÁRATE

36. Lee los testimonios de estas personas. Escribe cuántas horas duermen y di si, en tu opinión, duermen mucho, poco o suficiente.

Carla. 19 años (Perú)
De lunes a viernes me acuesto a las diez y me levanto a las siete. Los fines de semana duermo desde la una hasta las once aproximadamente.

....

Javier. 25 años (Chile)
Me acuesto a las once y me levanto a las seis. Los fines de semana duermo desde las dos hasta las once y media.

....

Marta. 15 años (México)
Me acuesto todos los días a la once y media, y me levanto a las siete.

....

Ernesto. 40 años (Uruguay)
De lunes a viernes me acuesto a las doce y me levanto a las ocho y media. Los fines de semana duermo las mismas horas. Trabajo mucho.

....

37. ¿Quiénes tienen que dormir más? ¿Quién tiene que cambiar sus costumbres? Coméntenlo en parejas.

38. Ahora escribe si, según la información que da este gráfico, las personas de la actividad 36 duermen mucho, poco, suficiente o demasiado.

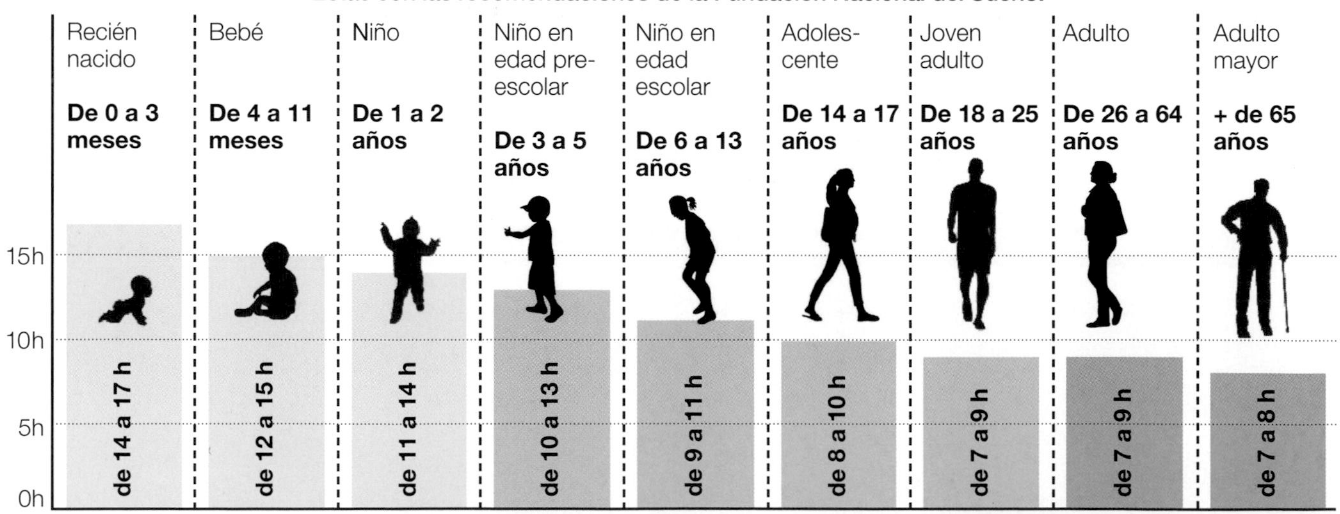

Fuente: www.theramart.com, www.sleepfoundation.org

1. Carla: Duerme suficiente de lunes a viernes.

2. Javier: ....

3. Marta: ....

4. Ernesto: ....

ATENCIÓN

To express obligation, we use the expression **tener que** + infinitive.

Tengo que *ir a la peluquería.*

*¿**Tienes que** estudiar para el examen de mañana?*

LOS MESES Y LAS ESTACIONES

VOCABULARIO

PREPÁRATE

39. Teresa, una estudiante hispana en una universidad de Estados Unidos, explica su calendario académico. Compáralo con el tuyo.

Crear entrada

Mi primera semana

[B][I][U][S] [≡][≡][“] [≡][≡][≡]

Estoy en mi tercer año de universidad. El curso empieza a principios de septiembre, la primera semana. El cuatrimestre de otoño termina a finales de diciembre. Después tenemos tres semanas de vacaciones. En otoño tengo cuatro cursos.
La tercera semana de enero empieza el cuatrimestre de invierno y primavera. Normalmente, a finales de marzo también tengo otra semana de vacaciones. Terminamos en mayo.
Los exámenes son a finales de diciembre (las dos últimas semanas) y a principios de mayo (las dos primeras semanas). En verano, desde junio hasta principios de septiembre, no tengo clases.

PUBLICAR

En mi universidad terminamos las clases a finales de junio y los exámenes son en julio.
En invierno tenemos una semana de vacaciones, en febrero.

40. Busca en internet otros calendarios académicos para compararlos con el tuyo. Usa palabras clave como calendario académico, curso académico, universidad, Latinoamérica, Chile, México...

41. En pequeños grupos, comparen sus respuestas a la actividad 39.

42. Compara la información que encontraste en la actividad 40 con la del resto de la clase.

ATENCIÓN

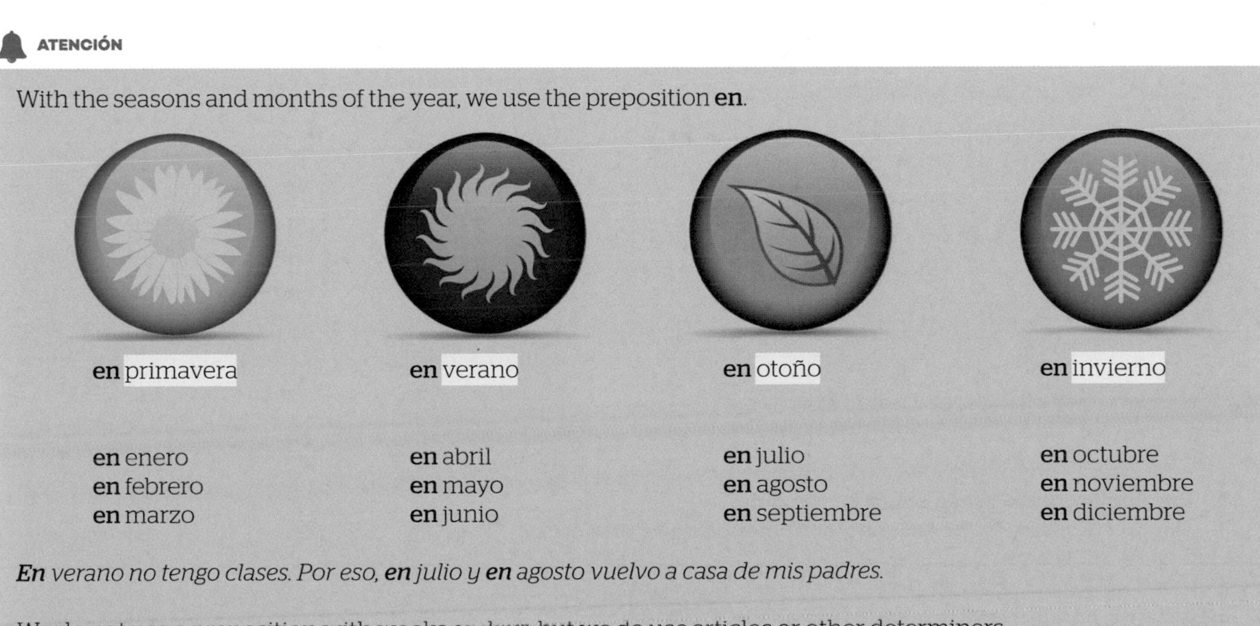

With the seasons and months of the year, we use the preposition **en**.

en primavera	**en** verano	**en** otoño	**en** invierno
en enero **en** febrero **en** marzo	**en** abril **en** mayo **en** junio	**en** julio **en** agosto **en** septiembre	**en** octubre **en** noviembre **en** diciembre

***En** verano no tengo clases. Por eso, **en** julio y **en** agosto vuelvo a casa de mis padres.*

We do not use a preposition with weeks or days, but we do use articles or other determiners.
***Los** lunes no tengo clase.*
***Esta** semana tenemos vacaciones.*

ENTENDER CÓMO FUNCIONA LA LENGUA

EL TIEMPO ATMOSFÉRICO

VOCABULARIO

PREPÁRATE

43. Describe qué tiempo hace en estos lugares.

Bariloche, Argentina

Cartagena de Indias, Colombia

Maracay, Venezuela

44. Ahora describe cómo es el tiempo en agosto y en enero en tu ciudad natal.

....

....

....

....

ATENCIÓN

Hace (mucho) calor todo el año.
Hace (mucho) frío.
Hace buen/mal tiempo.
Hace sol.
Llueve.
Nieva.
Hace viento.
Está nublado.

45. En parejas, comparen sus respuestas a las actividades 43 y 44.

CONECTORES

CARACTERÍSTICAS DEL TEXTO

PREPÁRATE

46. Compara estas dos versiones del mismo texto sobre la rutina diaria de Pablo. ¿Cuál te parece mejor? Marca los recursos de la versión 2 que no existen en la versión 1.

VERSIÓN 1

De lunes a viernes me levanto a las 8 a.m. Me ducho. Desayuno. A las 9 a.m. voy a la universidad. Llego a las 9:30. Tengo clases de 10 a.m. a 1.30 p.m. A las 2:30 p.m. como. A las 4 tengo clase. Termino a las 5:30 p. m. A las 6 p.m. juego al tenis. A las 8.00 p.m. llego a mi residencia. Ceno a las 9.00 p.m. Estudio dos horas. Miro internet una o dos horas. A las 12:00 a.m. o a la 1:00 a.m., aproximadamente, me acuesto.

VERSIÓN 2

De lunes a viernes me levanto a las 8 a.m. Primero me ducho y después desayuno. Después de desayunar, a las 9.00 a.m. voy a la universidad. Llego a las 9:30. Tengo clases de 10 a.m. a 1:30 p.m. Después, a las 2:30 p.m., como. A las 4.00 p.m. tengo clase. Termino a las 5:30 p.m. Después, juego al tenis, a las 6.00 p.m. A las 8.00 p.m. llego a mi residencia y a las 9:00 p.m. ceno. Después de la cena estudio dos horas. Antes de dormir, miro internet una o dos horas. A las 12:00 a.m. o a la 1:00 a.m., aproximadamente, me acuesto.

47. Escribe un texto breve sobre tu día a día. Usa los recursos para secuenciar acciones de la versión 2.

48. En parejas, comparen sus respuestas a la actividad 46.

49. Compartan el texto de la actividad 47 con un(a) compañero/a y hablen de sus rutinas.

PARTE 2: PRONUNCIACIÓN DE VOCALES EN POSICIÓN FINAL

50. Marca en cada palabra si la persona habla en español o en inglés.

	Español	Inglés
1. Nacho		
2. Taco		
3. El Paso		
4. Palo Alto		
5. Las Vegas		
6. Santa Fe		

ATENCIÓN

When an English speaker from North America says, *I ate a burrito in El Paso*, a Spanish speaker hears **burritou** and **El Pasou**, because in English the final **o** of these words is pronounced by closing the mouth at the end. Something similar happens with **Santa Fe**. With that word, a Spanish speaker hears **Santa Fei**.

51. Pronunciar e **como el diptongo** ei **puede modificar el significado de una palabra. Escucha y marca qué palabra oyes.**

1. re — rey
2. pena — peina
3. reno — reino
4. ve con — beicon

ATENCIÓN

If Spanish speakers hear **Santa Fei** when you say **Santa Fe**, you can use this trick to practice your **e**'s in Spanish:

Start pronouncing final **e**'s with **d**'s after them—for example, **Santa Fed**—and the **e**'s will be perfect. But remember that the **d** doesn't belong! So you will then need to progress to pronouncing the **e** in the same way, but without the **d**. Your progression will be the following: **Santa Fei** > **Santa Fed** > **Santa Fe**.

52. Escoge una palabra de la actividad anterior y pronúnciala en alto. Tu compañero/a debe adivinar qué palabra es.

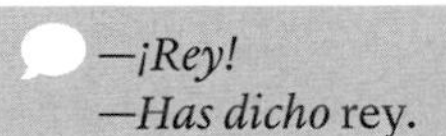

—*¡Rey!*
—*Has dicho* rey.

53. Repite estas palabras terminadas en o. **Atención: ¡no digas** ou**! Si lo necesitas, coloca una consonante al final para mantener estable la vocal.**

- México
- sábado
- blanco
- foto
- hijo
- novio
- niño

54. Lee en voz alta para tu compañero/a las siguientes citas de hispanohablantes famosos. Decidan cuál les gusta más.

- Hoy es siempre todavía, toda la vida es ahora.
- Ser periodista es poder cambiar algo todos los días.
- Toda la vida es sueño y los sueños, sueños son.
- El futuro de los niños es siempre hoy, mañana será tarde.
- Me gustaría ser valiente, mi dentista asegura que no lo soy.
- Pies, ¿para qué los quiero si tengo alas para volar?

55. Busquen en internet quién es el autor de su cita favorita. Lean la cita en alto y presenten a sus compañeros/as al autor: nombre, origen y profesión.

The Spanish Hub TEXTO MAPEADO TEXTO LOCUTADO

GENTE

Panamá y los panameños

La imagen de un país es también el producto de las opiniones e ideas que las personas de ese país tienen sobre ellos mismos. Actualmente, todos podemos conocer esas opiniones gracias a los blogs y los foros. Natalie Jurado es una panameña que escribe en blogs sobre su país. Aquí presentamos algunos fragmentos de un *post* titulado "Defectos de los panameños que el resto del mundo desearía tener".

Defectos de los panameños que el resto del mundo desearía tener

1. "A los panameños nos encanta tener motivos para celebrar, para reírnos, para festejar... y si no los tenemos, los fabricamos".

2. "Los panameños demostramos afecto con contacto físico, somos latinos, no lo podemos (ni queremos) evitar".

3. "Los panameños nos hacemos notar, nos gustan las fiestas con música (que si no, no es fiesta), hablamos alto (que no es lo mismo que gritar)".

4. "Mientras algunos viven para trabajar, los panameños (en general) preferimos trabajar para vivir (...)".

5. "Nos tomamos las cosas con tranquilidad, nada nos mata".

6. "Nuestra comida no es necesariamente la más saludable, pero es sabrosa, así es que nos encanta comer".

7. "Un panameño puede desarrollar la capacidad de pasar solo un rato con un completo desconocido y terminar sabiendo cuánto gana, dónde vive, dónde trabajan o estudian sus hijos y mucho más. Esto es todo un arte".

ANTES DE LEER

56. **Cuando vas de viaje, ¿lees blogs sobre el país antes de viajar? ¿Te parecería interesante un artículo con el título "Panamá y los panameños"? Habla con un(a) compañero/a.**

DESPUÉS DE LEER

57. **Lee el texto. ¿Qué opinas de las siete características que menciona Natalie? ¿Crees que son defectos? ¿Te gustaría tener esos "defectos"? Habla con un(a) compañero/a.**

58. **¿Qué imagen da Natalie de los panameños? ¿Qué adjetivo (en inglés, si quieres) puedes relacionar con cada una de las características? Habla con un(a) compañero/a.**

59. **En general, ¿piensas que Natalie está orgullosa de ser panameña? ¿La imagen que da de los panameños es positiva o negativa? Hablen en pequeños grupos.**

60. **¿Crees que esa imagen se corresponde con los estereotipos de los países caribeños?**

61. **¿Algunas de esas características se pueden aplicar a las personas de tu país o de tu Estado? ¿Y a tu familia? Habla con un(a) compañero/a.**

actualmente: *nowadays*
desearía: *would like to*
reír: *to laugh*
festejar: *to celebrate*
evitar: *to avoid*
hacerse notar: *to attract the attention of others to yourself*
gritar: *to scream*
matar: *to kill*
saludable: *healthy*
sabroso: *tasty*
un rato: *a while*
ganar: *to earn*

PINTURA

La imagen de España en el arte

En el siglo XIX (diecinueve) España ya no es el imperio que domina el mundo. Su imagen no tiene la autoridad ni el poder del pasado. La Europa de las revoluciones burguesas ve ahora una España tradicional y menos moderna. Muchos artistas europeos y norteamericanos visitan España y transmiten —especialmente a través de la literatura y la pintura, y después en la fotografía y la música— una imagen pintoresca. La moda orientalista del arte europeo encuentra en España, especialmente en Andalucía, un paraíso de imágenes diferentes. Los artistas representan escenas exóticas y artificiales. El escocés David Roberts (1786-1864), por ejemplo, visita España en 1832 y publica su famosa obra *Picturesque Sketches in Spain*. Roberts exagera en sus descripciones para enfatizar esta imagen artificial. La difusión de este tipo de clichés continúa durante los siglos XIX (diecinueve) y XX (veinte) también con el cine, y crea muchos de los estereotipos que hoy existen sobre España.

Ballet español, 1862. Edouard Manet

El jaleo, 1882. John Singer Sargent

ANTES DE LEER

62. Mira los cuadros *Ballet español* y *El jaleo*. Compara objetivamente sus semejanzas y sus diferencias.

63. ¿Qué imagen de España representan?
Busca adjetivos para referirte a esta imagen.

64. Piensa en dos nuevos títulos para los cuadros y justifica tu elección.

DESPUÉS DE LEER

65. Según el texto, ¿qué imagen de España creó el arte? ¿Cuándo, cómo y por qué se extendió esta imagen?

66. Busca otros ejemplos de pintura que representen un aspecto de un país hispanohablante.
¿Qué imagen dan de ese país?

REALIZAR UN PÓSTER PARA APOYAR UNA PRESENTACIÓN ORAL

PREPÁRATE

67. Vivimos en la sociedad de la imagen. A menudo, acompañamos nuestros textos de un componente visual. ¿Qué herramientas visuales utilizas para acompañar tus textos escritos? ¿Y los orales?

Yo hago presentaciones digitales con fotografías, gráficos y palabras clave.

68. Una herramienta útil para visualizar el contenido de un texto es un cartel. ¿Cuáles de los siguientes usos de un cartel te parecen más interesantes?

- Summarize the most important information from a class session.
- Summarize the main ideas of a text.
- Organize information for an oral presentation.
- Support an oral presentation with a visual aid.
- Others: ....

69. En este texto se mencionan algunos aspectos relevantes para hacer un cartel como apoyo de una presentación oral. Marca las ideas que te parezcan más importantes.

TO SEE IS TO UNDERSTAND: Advice for creating a poster

Using a poster as a visual aid during an oral presentation can help your audience better understand your message. At the same time, the process of making the poster can help you not only organize your ideas, but also better commit the information to memory. And if you have a poster, you won't need any other papers or notes.

What should you be thinking about when making a poster? These are the most important components.

THE TEXT

First, think about what you want to include: What will the title be? How many main ideas do you have? Do you want to provide any numbers? If you want to ensure that your audience will easily understand your presentation, it is best not to include too much information on the poster. A few key words and expressions should suffice.

THE STRUCTURE

Next, decide how to organize the information: In what order will you present it? Are some aspects more important than others? Can any of your information be grouped logically? How will you lay out everything?

CONNECTING ELEMENTS

What symbols are you going to use to demonstrate the relationships between different types of information?

IMAGES

Are you going to include graphics, photos, icons, etc.? Will you do any drawings? Images can grab your audience's attention and help them better remember your ideas.

COLOR

Color can make your poster more attractive and help you emphasize the most important information. You can also use it to highlight the structure of your presentation.

70. En pequeños grupos, comparen sus respuestas a las actividades 67, 68 y 69.

71. Observa este cartel. ¿Te parece una buena representación visual? ¿Aparecen todos los elementos que se indican en el texto? ¿Cómo se podría mejorar?

→ Resumir la información: limitarse a lo más importante.

→ No usar frases complicadas.

→ No usar abreviaturas.

→ Escribir con letra clara.

→ Hacer bloques con informaciones relacionadas.

→ Utilizar solo palabras que todos entendemos bien.

→ No escribir demasiado.

PROYECTO EN GRUPO

Un lugar de habla hispana

Vamos a crear un cartel para presentar una visión diversa y plural de un país de habla hispana.

A. **En grupos, escojan un país, una ciudad o una región hispanohablante que quieran presentar.**

B. **Piensen en diferentes aspectos interesantes de ese lugar e investiguen en internet para encontrar datos e imágenes. Pueden incluir:**

- una imagen que muestre un aspecto poco conocido de ese país o Estado y una frase para explicarla.
- una breve descripción del clima: lluvias, temperaturas, estaciones del año, etc. (puede tener imágenes y diagramas).
- una imagen de una celebración o evento de ese país o Estado con sus datos más importantes: nombre, lugar y día(s) en el que se celebra, breve descripción.
- una obra de arte (pintura, fotografía, película, canción, etc.) que muestre o hable de ese lugar con los datos más importantes: título, autor, año de realización. Expliquen por qué les gusta.

C. **Presenten su póster o cartel a la clase. ¿Qué país o Estado les gustaría visitar? ¿Por qué?**

Puerto Rico

Muchas de las calles del Viejo San Juan tienen adoquines azules que están hechos con los desechos de la fundición de hierro.

Clima

Tiene un clima tropical y la temperatura media es de 19,4 °C (66,9 °F).

¡En julio y agosto hace mucho calor!

Olga Albizu

Pionera del expresionismo abstracto en Puerto Rico

Grito de Lares

23 de septiembre

Marca el nacimiento de la nación puertorriqueña.

PROYECTO INDIVIDUAL

Un día importante en mi comunidad

Vas a escribir un texto sobre un día importante para tu comunidad.

A. **Piensa en un día importante o significativo en tu entorno (en tu país, tu estado, tu ciudad, tu comunidad, etc.) y escribe esta información.**

- Día del año
- Nombre del día o del evento
- Lugar de celebración
- Por qué es importante

B. **Escribe cómo se celebra ese día. Piensa en los siguientes aspectos.**

- Qué actividades tienen lugar y a qué hora.
- Qué haces tú durante ese día.
- Cómo participan otras personas.
- ¿Te gusta ese día? ¿Cómo te sientes durante ese día?

C. **Busca imágenes o un video corto para acompañar tu documento.**

D. **Comparte tu documento con tus compañeros/as. ¿Qué día les parece más interesante? ¿Quieren participar en ese evento el año próximo?**

DÍA DEL AÑO: un sábado de agosto

NOMBRE DEL DÍA O DEL EVENTO: Austin Bat Fest—Festival de los murciélagos de Austin

LUGAR DE CELEBRACIÓN: en el puente de Congress Avenue de Austin

POR QUÉ ES IMPORTANTE: 1.5 millones de murciélagos salen del puente y vuelan por el cielo de Austin.

Todos los años, en verano, un sábado de agosto, se celebra el Austin Bat Fest - Festival de los murciélagos de Austin. Es un evento muy impresionante porque, al final de la tarde, más de un millón de murciélagos salen del puente de Congress Avenue. Hay varias actividades: un concurso de disfraces de murciélago, una zona especial para niños y música, sobre todo rock.

Yo voy todos los años porque los grupos de rock son bastante buenos y porque me gusta ver los murciélagos. Normalmente voy a las 8 p. m., pero las personas que tienen hijos van antes y muchos participan en el concurso de disfraces. ¡Es muy divertido!

GRAMMAR

DIFFERENT TYPES OF VERBS

▶ **Verbs like** estudiar, comer, **or** vivir.
The subject is the agent (the one who performs the action).

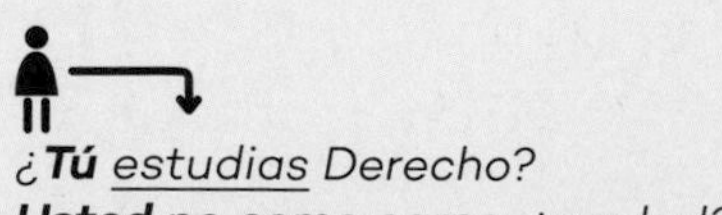

*¿**Tú** estudias Derecho?*
***Usted** no come carne, ¿verdad?*

These verbs combine with the pronouns **yo**, **tú/vos**, **él/ella/usted**, **nosotros/as**, **vosotros/as**, **ellos/ellas/ustedes** with the usual subject + verb + object sentence structure.

▶ **Verbs like** gustar, interesar, **or** encantar
With these verbs, the subject (one or more people or things, or an action) causes a reaction or an effect in someone (the indirect object, who "receives" the action).

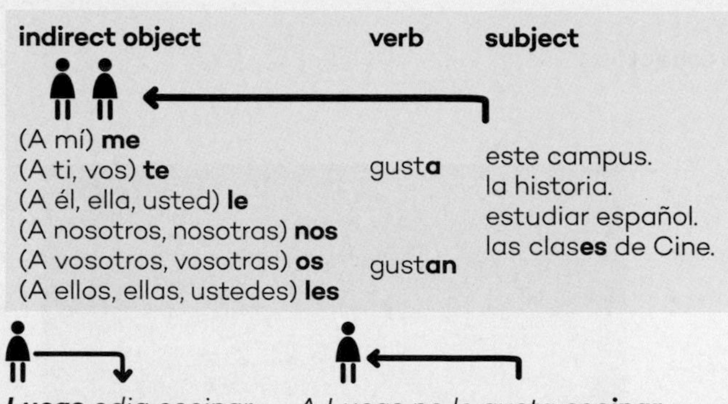

***Lucas** odia cocinar.* *A Lucas no le gusta **cocinar**.*

▶ **The subject of verbs like** gustar
If the subject is a singular noun or an infinitive, the verb is in the singular form.

*¿Te interes**a** el arte moderno?*
*¿A ti te gust**a** visitar museos?*

If the subject is plural, the verb is in the plural form.

*A mi compañero no le interes**an** los museos.*

The subject always needs a determiner.

*A mí me encanta **el** surrealismo.*
*No me gusta **este** curso.*
*Me gustan **muchos** deportes.*

Determiners are not used with proper nouns (names of people and places) and infinitives.

*Nos encanta **ø** Picasso.*
*Me interesa mucho **ø** México.*
*Me gusta **ø** bailar salsa.*

Don't mix up the third-person pronouns **se** and **ø le**.
A Carmen le gusta levantarse tarde. 👍
~~A Carmen se gusta levantarse tarde.~~ 👎
Carmen se levanta tarde. 👍

IRREGULAR FORMS OF THE PRESENT

▶ **Stem-changing verbs: o > ue**
With some Spanish verbs, the **o** in the stem changes to **ue** in four forms in the present tense: **yo**, **tú**, **él/ella**, **ellos/ellas**.

	RECORDAR	PODER
yo	recuerd**o**	pued**o**
tú, vos	recuerd**as**/ record**ás**	pued**es**/ pod**és**
él, ella, usted	recuerd**a**	pued**e**
nosotros, nosotras	record**amos**	pod**emos**
vosotros, vosotras	record**áis**	pod**éis**
ellos, ellas, ustedes	recuerd**an**	pued**en**

	DORMIR
yo	duerm**o**
tú, vos	duerm**es**/dorm**ís**
él, ella, usted	duerm**e**
nosotros, nosotras	dorm**imos**
vosotros, vosotras	dorm**ís**
ellos, ellas, ustedes	duerm**en**

▶ **Stem-changing verbs: u > ue**
The same happens with the verb **jugar**.

	JUGAR
yo	jueg**o**
tú, vos	jueg**as**/jug**ás**
él, ella, usted	jueg**a**
nosotros, nosotras	jug**amos**
vosotros, vosotras	jug**áis**
ellos, ellas, ustedes	jueg**an**

▶ **Stem-changing verbs: e > i**

	PEDIR
yo	pid**o**
tú, vos	pid**es**/ped**ís**
él, ella, usted	pid**e**
nosotros, nosotras	ped**imos**
vosotros, vosotras	ped**ís**
ellos, ellas, ustedes	pid**en**

▶ Reflexive verbs
These verbs must always be used with a pronoun.

	LEVANTARSE	ACOSTARSE
yo	**me** levant**o**	**me** acuest**o**
tú, vos	**te** levant**as**/ levant**ás**	**te** acuest**as**/ acost**ás**
él, ella, usted	**se** levant**a**	**se** acuest**a**
nosotros, nosotras	**nos** levant**amos**	**nos** acost**amos**
vosotros, vosotras	**os** levant**áis**	**os** acost**áis**
ellos, ellas, ustedes	**se** levant**an**	**se** acuest**an**

	VESTIRSE
yo	**me** vist**o**
tú, vos	**te** vist**es**/vest**ís**
él, ella, usted	**se** vist**e**
nosotros, nosotras	**nos** vest**imos**
vosotros, vosotras	**os** vest**ís**
ellos, ellas, ustedes	**se** vist**en**

THE PREPOSITIONS DE... A AND DESDE... HASTA

de/desde
origin

a/hasta
destination

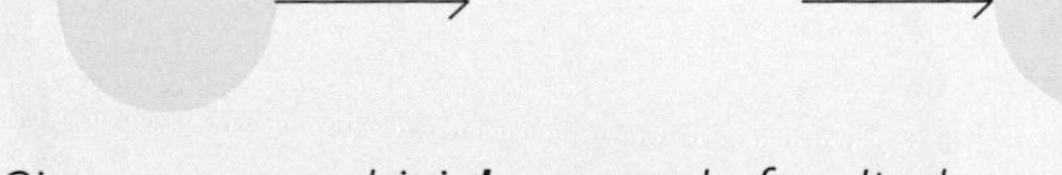

*Siempre voy en bici **de** casa **a** la facultad.*
*Voy en bici **desde** mi casa **hasta** la facultad.*

*Tengo clases **de** lunes **a** viernes.*
*   **de** septiembre **a** mayo.*
*   **de** nueve **a** dos.*
*   **desde** las nueve **hasta** las dos.*

EXPRESSING COINCIDENCE

To react to something that someone says by expressing that something is or is not the same for us, we use subject pronouns or indirect object pronouns.

+ Olga estudia Arte.
*+ **Yo** también.*

+ Me interesa mucho el arte.
*+ **A mí** también.*

+ Olga estudia Arte.
*- **Yo** no.*

+ Me interesa mucho el arte.
*- **A mí** no.*

- No vivo aquí.
*+ **Yo** sí.*

- A Luis no le gusta vivir aquí.
*+ **A mí** sí.*

- No vivo aquí.
*- **Yo** tampoco.*

- A Luis no le gusta vivir aquí.
*- **A mí** tampoco.*

NEGATION

Negative statements in Spanish always place **no** or a negative word before the verb.

*Los fines de semana **no** tengo clase.*
*A mí **no** me interesan los cursos de cine.*

When we introduce another negative form such as **nada** or **nadie** in a negative sentence, we use the two forms **no** + **nada** or **no** + **nadie**.

***No** hago **nada** los fines de semana.*
*A mí **no** me interesan **nada** los cursos de cine.*

> ~~*Hago nada los fines de semana.*~~
> ~~*A mí me interesan nada los cursos de Cine.*~~

TALKING ABOUT STARTING AND FINISHING

empezar (**a** + infinitive)
noun + **empezar**

*¿A qué hora **empiezas a** trabajar?*
*El curso **empieza** en octubre, ¿verdad?*

terminar (**de** + infinitive)
noun + **terminar**

*¿A qué hora **terminas** de trabajar?*
*El curso **termina** en junio, ¿verdad?*

> The verbs **empezar** and **terminar** can also be used this way:
> *¿Cuándo **empiezas** el curso de Economía?*
> *¿Cuándo **terminas** el curso de Economía?*

ASKING FOR AND TELLING THE TIME

—***¿Qué hora es?***
—***Son las*** *cinco (en punto) (5.00).*
*   **las** cinco **menos cuarto** (4.45).*
*   **las** cuatro cuarenta y cinco (4.45).*
*   **las** cinco **y cuarto** / **las** cinco **y quince** (5.15).*
*   **las** cinco **y media** / **las** cinco **y treinta** (5.30).*
*   **las** seis **menos** diez / **las** cinco cincuenta (5.50).*

To inform about the time of an event, we use the preposition **a**.

—*¿**A qué hora** empieza tu clase?*
—***A las*** *nueve.*

RECURSOS LINGÜÍSTICOS

GRAMMAR

TALKING ABOUT QUANTITY

▶ **With verbs**

verb + **poco/suficiente/mucho/demasiado**

*Luis habla **poco**.*
*Estoy muy cansado. Creo que no duermo **suficiente**.*
*En época de exámenes estudio **mucho**.*
*Marta, creo que trabajas **demasiado**.*

▶ **With nouns**

poco/a/os/as + noun

*Estos días tengo **poco** trabajo.*
*En verano hay **poca** gente en el campus.*
*Tengo **pocos** amigos.*
*De lunes a viernes duermo **pocas** horas.*

suficiente/s + noun

*Tengo **suficiente** papel para imprimir el trabajo.*
*No tengo **suficiente** tinta para imprimir el trabajo.*
*¿Tenemos **suficientes** recursos para hacer el trabajo?*
*Mario, no duermes **suficientes** horas.*

mucho/a/os/as + noun

*Estos días tengo **mucho** trabajo.*
*Hoy hay **mucha** gente en el campus. ¿Qué pasa?*
*Tengo **muchos** amigos argentinos.*
*Los fines de semana duermo **muchas** horas.*

demasiado/a/os/as + noun

*Estos días tengo **demasiado** trabajo.*
*En esta ciudad hay **demasiada** contaminación.*
*Tengo **demasiados** trabajos para esta semana.*
*Tengo que hacer **demasiadas** cosas hoy.*

masculino singular	femenino singular
poco papel	**poca** lluvia
suficiente papel/lluvia	
mucho papel	**mucha** lluvia
demasiado papel	**demasiada** lluvia

masculino plural	femenino plural
pocos días	**pocas** horas
suficientes días/horas	
muchos días	**muchas** horas
demasiados días	**demasiadas** horas

COHESION

SEQUENCING INFORMATION

Primero *(First)*
Después *(Then)*

*Yo **primero** desayuno y **después** miro internet un rato.*

Antes *(Before)*

*Los sábados como a las dos, pero **antes** juego al tenis con un amigo.*

después de + infinitive/noun

***Después de** desayunar, leo un rato.*
***Después de** las clases, voy a la biblioteca*

antes de + infinitive/noun

***Antes de** desayunar, miro internet un rato.*
***Antes de** la cena, me ducho.*

VOCABULARY

RUTINAS *(ROUTINE ACTIONS)*

despertarse
(to wake up)

levantarse
(to get up)

arreglarse
(to get ready)

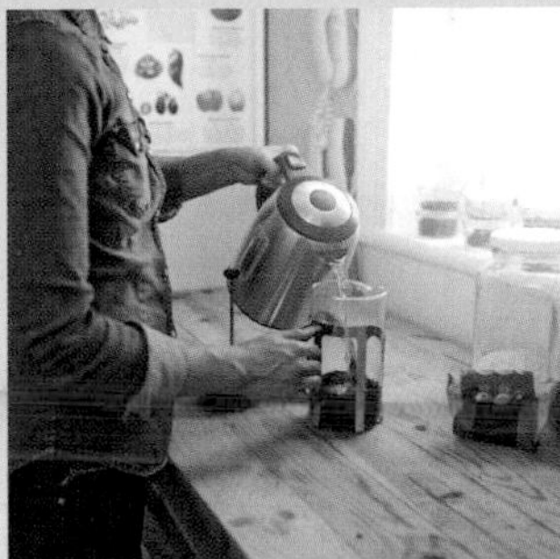
preparar el desayuno
(to make breakfast)

desayunar
(to eat breakfast)

maquillarse
(to put on makeup)

prepararse
(to get ready)

llegar
(to arrive)

comer
(to eat)

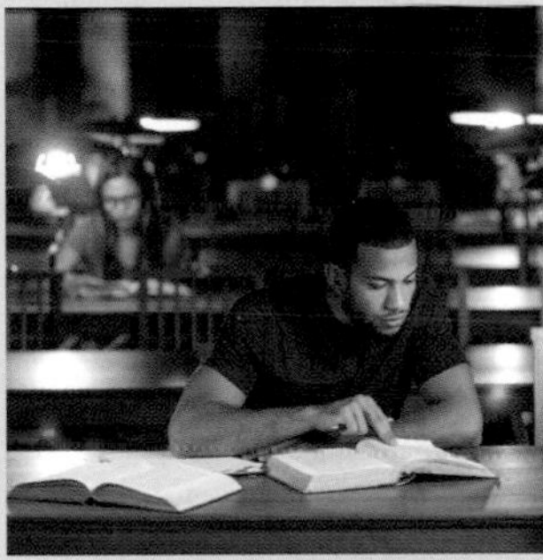
quedarse (en la biblioteca)
(to stay at the library)

cenar
(to eat dinner)

ducharse
(to take a shower)

relajarse
(to relax)

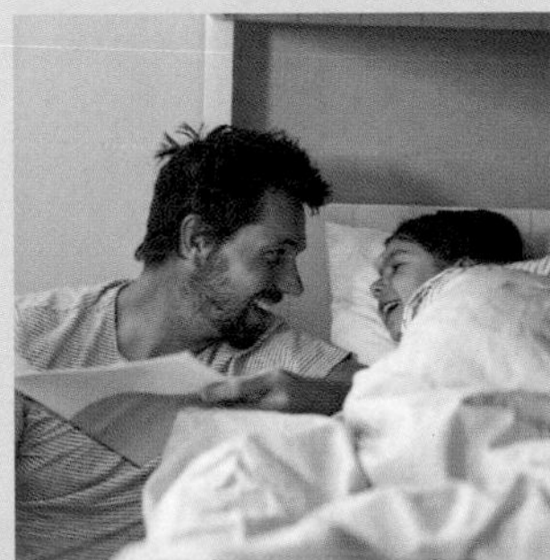
acostarse
(to go to bed)

"Cuando me ducho, me siento bien."

(I feel good after I've taken a shower.)

NÚMEROS ORDINALES *(ORDINAL NUMBERS)*

1.º/1.ª	**primero/a***	6.º/6.ª	**sexto/a**
2.º/2.ª	**segundo/a**	7.º/7.ª	**séptimo/a**
3.º/3.ª	**tercero/a***	8.º/8.ª	**octavo/a**
4.º/4.ª	**cuarto/a**	9.º/9.ª	**noveno/a**
5.º/5.ª	**quinto/a**	10.º/10.ª	**décimo/a**

Before masculine nouns, the forms **primer** and **tercer** are used:
*el **primer** día/mes/trimestre...*
*el **tercer** día/mes/trimestre...*

VOCABULARY

SITUAR UNA ACCIÓN EN EL TIEMPO
(PLACING AN ACTION IN TIME)

a principios de / a finales de + time period

A principios de *semestre hay más gente en las clases.*
Tenemos el examen de Arte ***a finales de*** *esta semana.*

▶ The months

enero
febrero
marzo
abril
mayo
junio
julio
agosto
septiembre
octubre
noviembre
diciembre

▶ Time of day

por la mañana *(in the morning)*

por la tarde *(in the afternoon/evening)*

por la noche *(at night)*

Me levanto **temprano**. *(I get up early.)*

Me acuesto **tarde**. *(I go to bed late.)*

LAS ESTACIONES *(THE SEASONS)*

la primavera *(the spring)*

el otoño *(the fall)*

el verano *(the summer)*

el invierno *(the winter)*

The months and the seasons are not written with a capital letter.

To situate facts in a month or a season, we use the preposition **en**.

En *verano,* ***en*** *julio y* ***en*** *agosto, no tengo clases.*

EL MUNDO UNIVERSITARIO
(THE UNIVERSITY WORLD)

▶ Academic calendar

la semana *(week)*
el mes *(month)*
el trimestre *(trimester)*
el cuatrimestre *(quarter)*
el semestre *(semester)*
el curso *(school year/course)*
el año *(year)*

La segunda ***semana*** *del* ***curso*** *tenemos el primer examen.*
Quiero hacer un ***curso*** *de verano en Bogotá.*

—¿Este ***año*** *no tenemos clases de Economía?*
—Sí, en el segundo ***semestre****.*

EL TIEMPO *(THE WEATHER)*

Está nublado.
(It's cloudy.)

Hace buen/mal tiempo.
(It's nice out. / The weather is bad.)

Hace (mucho) calor.
(It's (very) hot.)

Hace (mucho) frío.
(It's (very) cold.)

Hace sol.
(It's sunny.)

Hace viento.
(It's windy.)

Llueve.
(It rains.)

Nieva.
(It snows.)

FREQUENT WORD COMBINATIONS

EL MUNDO UNIVERSITARIO
(THE UNIVERSITY/COLLEGE LIFE)

vacaciones de › verano › primavera
summer vacation/spring break

▶ **Rutinas universitarias** *(university/college routines)*

desayunar › en casa › en la cafetería
comer › en la facultad › en el comedor
to eat breakfast at home/in the cafetería
to eat at school/in the dining hall

ir › a la universidad › a la facultad › a clase
› en bicicleta › en bus › en tren › a pie
to go to college/to school/to class
to go by bike/by bus/by train/by foot

ACTIVIDADES DE TIEMPO LIBRE *(LEISURE ACTIVITIES)*

jugar › al fútbol › al tenis › al béisbol
› en un equipo
› con amigos/as › con compañeros/as
to play soccer/tennis/baseball
to play on a team
to play with friends/classmates/teammates

practicar › deporte › yoga
hacer
to practice sports/yoga
to do sports/yoga

tocar › la guitarra › el piano › el saxo
› bien › regular › mal
to play the guitar/the piano/the saxophone
to play well/okay/badly

bailar › salsa › flamenco › tango
› bien › regular › mal
to dance salsa/flamenco/the tango
to dance well/okay/badly

entrar en › internet
mirar
to go on the internet
to look on the internet

VIAJES

En este capítulo vas a hablar de viajes, viajeros famosos y patrimonio cultural.

LEARNING OUTCOMES
- Talk about travel
- Talk about past actions and events
- Describe places

VOCABULARY
- Travel
- Types of accommodation

LANGUAGE STRUCTURES
- The preterite of regular verbs
- The preterite of **hacer**, **ir**, and **ser**
- Relative pronouns
- The present progressive tense
- **Ir a** + infinitive

ORAL AND WRITTEN TEXTS
- Connectors of cause: **porque**, **como**, **por eso**
- Connectors of consequence: **así que**, **de manera que**
- Learning journals

SOUNDS
- Change of meaning due to stress and avoiding vowel reduction in unstressed vowels

CULTURE
- Countries and cities in the Spanish-speaking world
- The Caribbean and its pirates
- Travel literature

PROJECTS
- Group: make a presentation about historical journeys and travelers
- Individual: write a report about the background of your family, community, city, etc.

INFOGRAFÍA

PREPÁRATE

1. **Aquí tienes sugerencias para pasar un día en Lima. Observa la imagen y marca las actividades que te gustaría hacer allí.**

2. **En grupos, compartan sus respuestas a la actividad 1.**

3. **¿Se pueden hacer cosas similares en tu ciudad? ¿Dónde? Habla con un(a) compañero/a.**

En Minneapolis paseo por Minnehaha Falls.

En Hamilton no podemos hacer cosas similar, porque Hamilton es un pueblo pequeño

4. **En parejas, van a hacer un infografía para pasar un día perfecto en su ciudad. Decidan cuánto dinero tienen y qué actividades se pueden hacer.**

5. **Presenten las infografías a la clase. Los demás les van a hacer preguntas.**

PARA EMPEZAR

IMÁGENES

PREPÁRATE

6. ¿Cuántos nombres de ciudades de habla hispana recuerdas? ¿Cuántas son capital de su país?

7. Lee sobre cuatro ciudades y completa su nombre.

1 Ciudad de Panamá (Panamá) 2. Madrid (España) 3. Ciudad de México (México) 4. Valparaíso (Chile)

8. En parejas. compartan sus respuestas a la actividad 6 y comparen las de la actividad 7.

9. En grupos, escojan una ciudad del mundo hispano, busquen información y preparen un texto como los de la actividad 7. Léanlos en voz alta. Los demás adivinan *(guess)* qué ciudad es.

CITAS

PREPÁRATE

10. Lee estas citas sobre viajes. ¿Cómo las interpretas? Escríbelo.

1

Viajar es descubrir que todos están equivocados acerca de otros países.
ALDOUS HUXLEY (1894-1963)
escritor británico

2

Qué raro que uno tenga que viajar para afuera para mirar para adentro el tema identitario.
ANA TIJOUX (1977), cantante chilena

11. En grupos, compartan sus propuestas. ¿Son similares?

12. En los mismos grupos, busquen una cita interesante sobre viajes y compártanla con la clase.

13. ¿Qué es para ustedes viajar? Hablen en grupos.

Para mí, viajar es aprender a mirar de otra manera.

VIDEO: UN VENEZOLANO EN LIMA

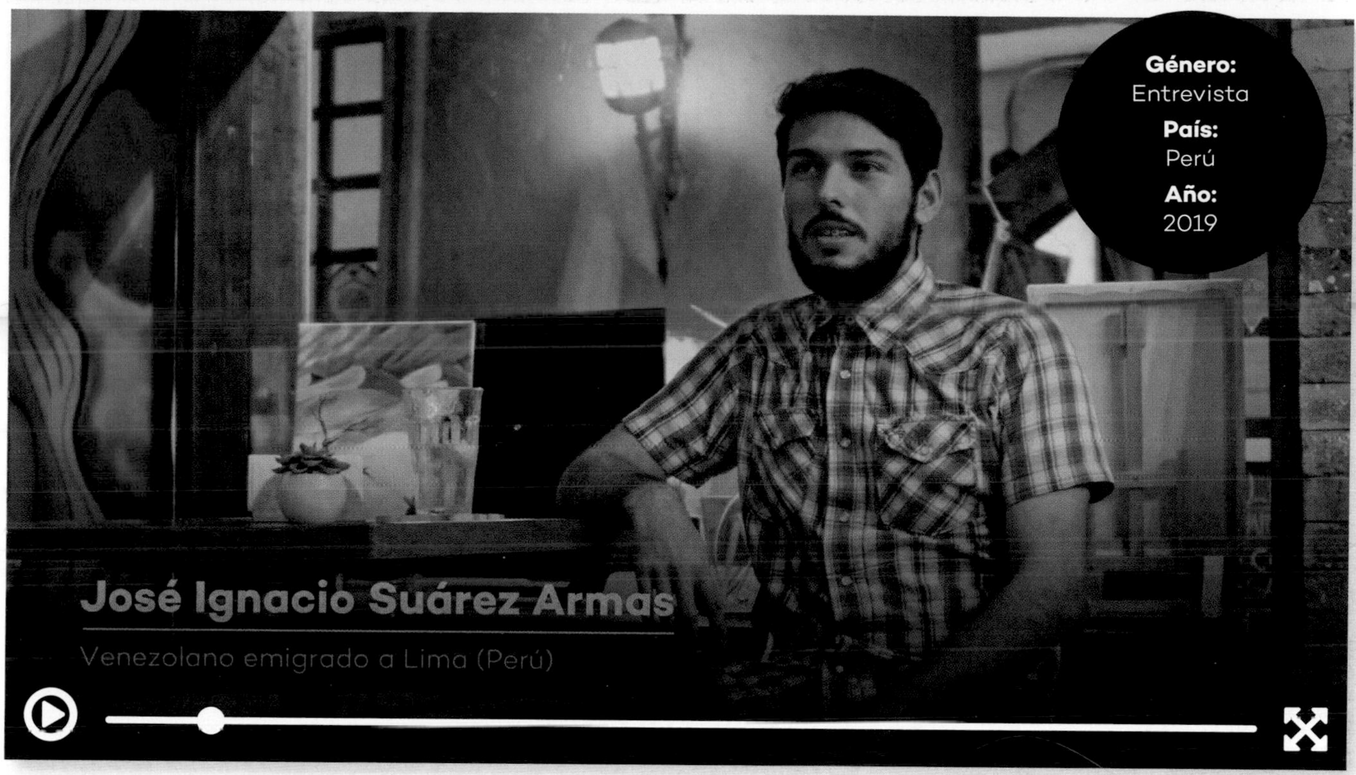

PREPÁRATE

14. Mira este video sobre José Ignacio, un venezolano que emigró a Lima (Perú), y contesta las preguntas.

1. ¿Por qué emigró?
   - **a.** Porque quiso probar cosas nuevas.
   - **b.** Por motivos personales.
   - **c.** Por una crisis económica en su país.
2. ¿Qué sentimientos tiene con respecto a su país?
   - **a.** Se siente muy unido a él.
   - **b.** Lo echa mucho de menos.
   - **c.** No se siente muy unido.
3. ¿Qué dice sobre su estado emocional?

   ....

4. ¿Qué cosas dejó (*leave*) en Venezuela? ¿Las echa de menos?

   ....

5. ¿Qué persona importante echa de menos? ¿Qué dice sobre ella?

   ....

15. En parejas, comparen sus respuestas a la actividad 14.

16. Para José Ignacio, ¿su experiencia es positiva o negativa? ¿Cómo se siente? ¿Por qué? Márcalo y compara tus respuestas con tu compañero/a.

- [ ] triste
- [ ] afortunado
- [ ] desorientado
- [ ] ilusionado
- [ ] contento

17. En pequeños grupos, comenten el testimonio de José Ignacio. ¿Qué les parece su actitud? ¿Cómo describirías su carácter?

Yo creo que es muy valiente porque...

18. ¿Cómo crees que se siente una persona que tiene que dejar su país? ¿Cuáles son las diferencias entre viajar por placer y viajar por motivos económicos?

cuando una persona viaja por placer es más facile que una persona que viaja por motivos económicos

DIVERSIDAD CULTURAL

PREPÁRATE

19. **¿Crees que el contacto entre culturas es un fenómeno de nuestra época? Explica tu respuesta.**

20. **Lee el texto, ¿cómo responde a la pregunta de la actividad 19?**

21. **¿Qué influencias recibieron los tres lugares de los que habla el texto? ¿En qué aspectos se nota? Haz tres cuadros como este.**

Puerto Rico	
Influencias	Aspectos
Conquistadores españoles	Lengua y arquitectura

el comercio de esclavos - la música y cocina

22. **Compara tus respuestas a las actividades 19, 20 y 21 con las de otros/as compañeros/as.**

23. **¿Qué ejemplos de fusión entre culturas hay en el pueblo o ciudad donde estudian? Hablen en grupos.**

Aquí, en Miami, hay un carnaval muy famoso en la Calle Ocho, en el barrio de la Pequeña Habana. Hay música, bailes y comida de muchos países hispanos, sobre todo de Cuba.

24. **En la lectura *(reading)* se habla de diferentes causas de las migraciones. En grupos pequeños, busquen ejemplos de migraciones que conozcan por algunas de estas causas. Compartan su información con la clase.**

CONTACTO ENTRE CULTURAS

¿Un fenómeno de nuestra época?

Viajes de trabajo, de estudios o vacaciones, desplazamientos *(displacements)* debidos a guerras, crisis económicas o catástrofes naturales... Existen muchas razones para tener que viajar o cambiar de país y la sociedad actual se caracteriza por la movilidad y el contacto entre culturas.

Pero ¿es este un fenómeno nuevo? Viajando un poco y observando a nuestro alrededor *(around us)*, podemos comprobar fácilmente que no: las culturas se influyen *(influence)* unas a otras desde siempre.

Aquí tienes tres ejemplos del mundo hispano.

RAÍCES CULTURALES DE PUERTO RICO

La identidad de Puerto Rico es producto de la influencia de diferentes culturas a lo largo de los siglos. A la cultura originaria taína se unió la de los conquistadores españoles que impusieron *(imposed)* su lengua y dejaron *(left)* numerosas obras arquitectónicas en la isla.
Más tarde, en el siglo XVI, empezó el comercio de esclavos *(slaves)* africanos. Después de la abolición de la esclavitud *(slavery)* en 1873, aumentaron las relaciones de los descendientes de africanos con el resto de la población y también su influencia en la lengua, la música o la cocina. Tras la independencia de España, Puerto Rico comenzó una nueva etapa bajo el dominio de Estados Unidos y la identidad cultural de la isla y su lengua recibieron nuevas influencias.

LA CIUDAD DE LAS TRES CULTURAS

La historia europea está llena de conflictos, guerras y expulsiones, pero también encontramos ejemplos de convivencia entre culturas, como en la ciudad española de Toledo. La historia y la arquitectura de esta ciudad muestran que hubo largos periodos de coexistencia de musulmanes, judíos y cristianos. Un hecho *(fact)* importante es que durante dos siglos (XII y XIII), en esta ciudad, un grupo de estudiosos tradujo al latín obras clásicas griegas y árabes de filósofos y científicos.
Por estas razones, se suele llamar a Toledo “ciudad de las tres culturas”.

REPOSTERÍA Y BOMBEROS ALEMANES EN CHILE

En el siglo XIX y a principios del XX llegaron a América Latina varias oleadas de europeos buscando un futuro mejor. Se calcula que entre 1870 y 1930 se trasladaron a América Latina unos 13 millones de europeos.
En el caso de Chile, el gobierno apoyó la llegada de colonos europeos, especialmente alemanes, británicos, croatas, franceses, holandeses, italianos y suizos. La lengua, algunas costumbres y también la arquitectura muestran la presencia de estos emigrantes. Por ejemplo, en Chile hay muchas asociaciones de bomberos voluntarios *(volunteer firefighters)* de origen alemán y la repostería *(baking)* alemana (con la palabra '*Kuchen*' para designar los bizcochos y las tartas) está muy presente.

VIAJES DE PLACER

PREPÁRATE

25. **Lee estos textos publicados en un foro de viajes y elige el viaje que más te interesa.**

26. **Selecciona en los textos todo el vocabulario relacionado con los viajes y organízalo en forma de mapa mental.**

bioviajes

Publicado: Lunes, 12 de abril **Asunto: Amantes de la biología**

¡Hola! Somos dos amigos profesores de biología y nos gustaría crear un grupo de personas interesadas en hacer un viaje a la selva tropical de Costa Rica durante las vacaciones de invierno. Estamos pensando ir al Parque Nacional Manuel Antonio, en la provincia de Puntarenas, uno de los parques más espectaculares que hay. Queremos llegar a San José en avión y luego viajar en transporte público, en tren y en autobús. Si te gustan los animales, los paisajes, las plantas y no te molestan la lluvia, el calor o dormir en una tienda de campaña… ¡este es tu grupo!

MarioR

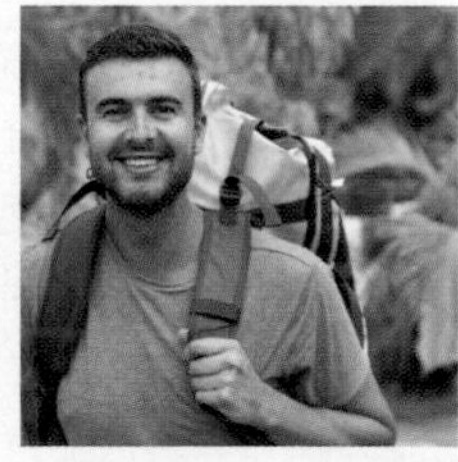

Publicado: Jueves, 18 de junio **Asunto: Compañeros de viaje a Colombia**

¡¡Hola!! ¡Estoy buscando gente con ganas de hacer viajes de aventura! Quiero hacer una ruta por el norte de Colombia en verano. Voy a viajar por el país e ir a hostales o a pensiones *low cost*, y primero hacer *windsurf* en la costa del Caribe, cerca de Cartagena, luego quiero visitar Barranquilla, y al final ir al Parque Nacional Sierra Nevada de Santa Marta y pasar allí un par de noches en la Ciudad Perdida-Teyuna, el antiguo poblado indígena y su sitio arqueológico. La idea es rentar una camioneta, pero acepto otras propuestas. ¡Espero sus noticias!

Mercedes

Publicado: Sábado, 25 de noviembre **Asunto: Navidades en Sudamérica**

¡Hola! Soy de Montevideo, tengo 35 años y me gustaría viajar la próxima Navidad a alguna ciudad sudamericana con otra mujer. Yo ya conozco Buenos Aires y Río de Janeiro, y estaría bueno conocer otro destino. Busco gente de mi edad con ganas de pasarla bien y de disfrutar del día y de la noche: visitar museos, salir a comer, ir a algún concierto, a bailar… Me encanta viajar en tren, conocer las ciudades en bicicleta, y mi idea es buscar algún hotel barato o un apartamento en Airbnb. Si te parece una buena idea, puedes dejarme un mensaje de voz en el 00598-2-6773421. ¡Un saludo! Mercedes

27. En parejas, compartan sus respuestas a la actividad 25.

28. Comparen con un(a) compañero/a los mapas mentales de la actividad 26.

29. Cuatro chicas dejan un mensaje de voz a Mercedes. Escucha y contesta. ¿Quién es la compañera de viaje ideal para ella? ¿Por qué? Toma notas.

Malena

¿De dónde es? ....

¿Adónde quiere viajar? ....

¿Qué quiere hacer? ....

....

¿Es la compañera adecuada? ....

Laura

¿De dónde es? ....

¿Adónde quiere viajar? ....

¿Qué quiere hacer? ....

....

¿Es la compañera adecuada? ....

Eva

¿De dónde es? ....

¿Adónde quiere viajar? ....

¿Qué quiere hacer? ....

....

¿Es la compañera adecuada? ....

Silvia

¿De dónde es? ....

¿Adónde quiere viajar? ....

¿Qué quiere hacer? ....

....

¿Es la compañera adecuada? ....

30. Vas a escribir un mensaje en el foro. Primero, completa esta información.

Nombre ....

Profesión ....

Destinos que te atraen ....

Tipo de viajes que te gustan ....

Cuándo quieres o puedes viajar ....

Aficiones que tienes, actividades que te gusta hacer ....

Otros intereses ....

31. Ahora escribe tu mensaje. Debes presentarte, explicar qué tipo de viaje quieres hacer, con quién, cuándo, dónde quieres alojarte, qué cosas te gusta hacer, etc.

Publicado: Sábado, 25 de noviembre **Asunto: Vacaciones en Sudamérica**

32. Compartan sus mensajes y escojan la propuesta que les interese. Expliquen por qué.

EL PRETÉRITO

PREPÁRATE

33. Cuando viajas, ¿te gusta comer en restaurantes? ¿Qué valoras de ellos? Ordena estos aspectos de más importante (10) a menos importante (1).

- el precio
- la decoración
- la calidad de la comida
- la cantidad
- la música
- la oferta para vegetarianos
- el servicio
- la localización
- el ambiente
- la bebida

34. Lee los testimonios de estas personas. ¿A qué aspectos de la actividad 33 hacen referencia? Márcalo en el texto.

Rosa

Unos amigos nos recomendaron El Gourmet. Hice una reservación y fuimos el fin de semana. Comí una carne buenísima, acompañada *(accompanied)* con pimientos y arroz. Pero la ración me pareció algo pequeña. Eso sí, los postres, exquisitos.

Manuel

El otro día fui a cenar a Da Carlo con los compañeros de trabajo y salimos realmente satisfechos. Compartimos unas ensaladas y unas pizzas, todo riquísimo (creo que comimos demasiado). El único problema es que el local es un poco ruidoso.

Elisa

La semana pasada mi familia y yo celebramos el cumpleaños de mi hijo en El comedor. Fue una experiencia terrible. El local es muy elegante y muy bonito, pero nos trataron mal *(treated us badly)* y tardaron mucho *(took a long time)* en servirnos la comida, que además nos pareció muy escasa. No nos gustó nada, mi hijo casi no comió. No lo recomiendo en absoluto.

Samuel

La Trastienda es un lugar bastante agradable, aunque algo caro. El servicio fue muy bueno. Yo probé el ceviche de la casa: ¡excelente!, y mis amigos probaron el asado, también muy bueno.

Raúl

Me encanta la comida mexicana y el sábado fui, por primera vez, a El Embarcadero. Me trataron muy bien y me gustó todo: la música, la cocina, el ambiente... Salí muy contento. ¡Ah! Y sirven unos batidos de frutas espectaculares.

GRAMÁTICA

PREPÁRATE

35. En los textos aparecen varias formas regulares del pretérito *(preterite)*. Observa las terminaciones y completa la tabla.

PROBAR	COMER	SALIR
....	....	....
prob**aste**	com**iste**	sal**iste**
prob**ó**	....	sal**ió**
prob**amos**	....	....
prob**asteis**	com**isteis**	sal**isteis**
....	com**ieron**	sal**ieron**

36. En los textos hay también algunos verbos irregulares: ser, ir, hacer. **Observa las formas y completa la tabla.**

SER/IR	HACER
....	....
fuiste	**hic**iste
....	**hizo**
....	**hic**imos
fuisteis	**hic**isteis
fueron	**hic**ieron

37. Compartan sus respuestas a la actividad 33. ¿Tienen criterios parecidos (*similar*)?

38. En parejas, comparen sus respuestas a las actividades 34, 35 y 36. Pueden consultar los Recursos lingüísticos.

39. En pequeños grupos, compartan, por turnos, una experiencia en un restaurante.

Fui a un restaurante de comida peruana.
Comí en un lugar muy bonito/agradable...
(El restaurante) me pareció excelente/muy caro.
Tomé de primero... Me encantó el servicio.
No me gustó mucho el ambiente.
La comida me pareció buena/mala...
Los postres me parecieron deliciosos/buenísimos...

VACACIONES, LUGARES, ACTIVIDADES

VOCABULARIO

PREPÁRATE

40. ¿Qué actividades asocias con las vacaciones?

Tomar helados, pasear por la playa... Comer comida interesante

41. En grupos, comparen sus respuestas a la actividad 40.

42. Entre todos, completen una tabla con actividades que se pueden hacer durante las vacaciones en estos lugares. Seguramente, algunas se pueden hacer en varios sitios.

playa	montaña	ciudad	pueblo
Tomar el sol	Tomar el sol	....	....

HACER RECOMENDACIONES

GRAMÁTICA Y VOCABULARIO

PREPÁRATE

43. Lee las recomendaciones del cartel. ¿Crees que son adecuadas? ¿Puedes añadir alguna?

LO QUE TODO SENDERISTA DEBE TENER EN CUENTA

1. Época del año y clima

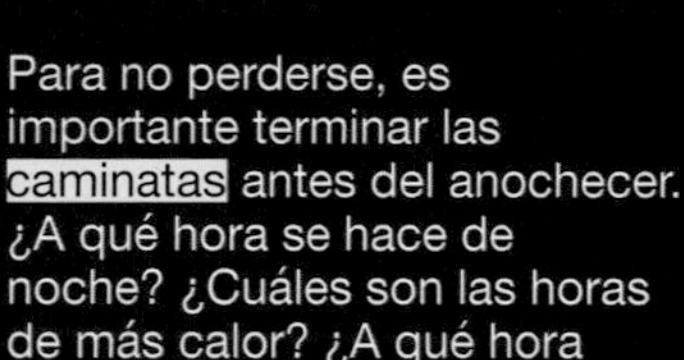

Para no perderse, es importante terminar las caminatas antes del anochecer. ¿A qué hora se hace de noche? ¿Cuáles son las horas de más calor? ¿A qué hora tienes que empezar la ruta?

2. Bebida y comida

Es conveniente informarse de si hay bares o refugios en el camino para beber o comer algo. En todo caso, siempre debes llevar como mínimo un litro de agua por persona y algo de comida, por ejemplo, frutos secos o barritas energéticas. Te aconsejamos llevar una navaja y también alguna bolsa o recipiente para los desperdicios.

3. Alojamiento

Si vas a pasar la noche fuera, debes buscar información sobre alojamientos y es muy conveniente reservar. También es buena idea leer las experiencias de otros senderistas o preguntar en algún foro. Si prefieres llevar tu tienda de campaña, tienes que informarte sobre los lugares donde está permitido acampar.

4. Ropa

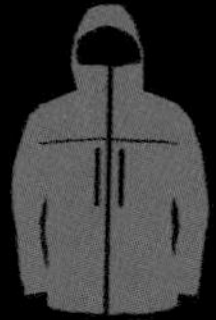

Además de un calzado adecuado para andar por el bosque y los caminos de montaña, debes llevar siempre alguna prenda impermeable: nunca se sabe si puede empezar a llover.

5. Y algunos consejos para evitar problemas

Según la zona y la ruta, puedes necesitar alguna de estas cosas: gorra, lentes oscuros, repelente contra insectos...

Además, te aconsejamos llevar siempre un mapa de la zona y una brújula.

44. Busca en el cartel las expresiones que se utilizan para hacer recomendaciones y haz una lista.

45. En grupos, compartan sus respuestas a las actividades 43 y 44.

46. En parejas o pequeños grupos, van a crear su propio cartel *(poster)* con consejos *(advice)* para una actividad que les gusta hacer.

MARCADORES TEMPORALES

GRAMÁTICA

PREPÁRATE

47. **Lee este texto sobre la vida de Gustavo Dudamel. ¿Cuáles son, en tu opinión, los tres eventos más importantes de su vida? ¿Cuándo sucedieron?**

El actual director de la orquesta filarmónica de Los Ángeles, Gustavo Dudamel, nació en Barquisimeto, Venezuela, en 1981. Inició sus estudios de música con su padre y a los cuatro años comenzó a estudiar violín en las Orquestas Juveniles e Infantiles de Venezuela. En 1999, lo designaron director de la Orquesta Sinfónica Simón Bolívar. En 2005, se casó con la bailarina de ballet y periodista Eloísa Maturén en Caracas. En 2009 asumió la dirección de la Orquesta Filarmónica de Los Ángeles y se mudó a California. Durante la celebración del bicentenario de la independencia venezolana en 2011, Dudamel dirigió una orquesta de 400 músicos y un coro de 1200 personas en la Plaza Ibarra de Caracas. En febrero de 2012, ganó un Grammy a la mejor interpretación orquestal. En 2015 se divorció de Eloísa Maturén y un año después se volvió a casar con la actriz española María Valverde. Un dato curioso es que, el 7 de febrero de 2016, participó en el espectáculo de medio tiempo del Super Bowl # 50 y dirigió a la banda de la Universidad de California en Berkeley, junto a Coldplay, Bruno Mars, Beyoncé y Mark Ronson.

1. Empezó a estudiar violín. En 1985.

48. **Fíjate en los marcadores temporales subrayados *(underlined)*. ¿Cómo los expresarías en inglés?**

49. **En grupos, comparen sus respuestas a las actividades 47 y 48.**

50. **¿Conoces a personas que dejaron su país de origen y ahora viven en otro? Escoge a una (famosa o no) y cuéntale a la clase cuándo y por qué cambió su lugar de residencia.**

Venir/ir a vivir por trabajo, por amor, por los estudios...
para estudiar, trabajar, estar con su familia...

Mi compañero de apartamento es peruano. Vino a Estados Unidos en 2019 para estudiar en nuestra universidad.

Mi madre tiene un amigo quien vive en England porque su esposo vive en England

ENTENDER CÓMO FUNCIONA LA LENGUA

ESTAR + **GERUNDIO,** IR A + **INFINITIVO,** TENER QUE + **INFINITIVO**

PREPÁRATE

51. ¿Qué profesión tiene cada una de estas personas? Puedes usar el diccionario.

Raúl *Estoy preparando un plato fusión con ingredientes japoneses y peruanos. Vamos a hacer un menú nuevo para la semana que viene.*

Javier *El barco sale en media hora. Voy a llamar a los pasajeros.*

Sara *Estoy preparando una visita guiada a Tikal. Tengo que llevar a un grupo de turistas de Japón.*

52. Lee otra vez la actividad 51 y marca para qué crees que se usan las expresiones subrayadas *(underlined)*.

	estar + gerundio	**ir a** + infinitivo	**tener que** + infinitivo
1. Se usa para hablar del futuro.			
2. Se usa para hablar de una acción en desarrollo.			
3. Se usa para expresar obligación.			

53. Usa las estructuras subrayadas. Escribe sobre tu actividad de estos días.

54. En parejas, comparen sus respuestas a las actividades 51 y 52 y compartan sus oraciones de la actividad 53.

55. En parejas, comenten estas cuestiones y tomen nota de la información de la otra persona.

- Qué estás haciendo ahora para conseguir *(get)* un empleo en el futuro.
- Qué viaje vas a hacer en los próximos meses, por estudios, por trabajo, por motivos personales, etc.
- Qué obligaciones tienes ahora.

56. Compartan la información con el resto de la clase.

ORACIONES DE RELATIVO

VOCABULARIO

PREPÁRATE

57. Lee este cartel publicitario *(poster)* de Chile. ¿Qué significan los siguientes conceptos?

La aventura de tu vida | Esperar con las puertas abiertas | Experiencias al fin del mundo

Texto adaptado de travel.chile

58. Vas a escuchar a una joven chilena hablando de las actividades que se pueden hacer en Chile. Marca las actividades de las que habla. ¿Qué dice de ellas?

Ecoturismo	Observación de flora y fauna	Deportes de aventura	Enoturismo	Astroturismo	Cruceros patagónicos
....	....	....	....	....	....
....	....	....	....	....	....
....	....	....	....	....	....

59. ¿Cómo es Chile y qué actividades se pueden hacer allí? ¿Y en Estados Unidos? Contesta utilizando estas construcciones relativas.

Chile es un país donde puedes/se puede/hay...
Estados Unidos es un país en el que puedes/se puede/hay...

....
....
....
....

60. Comparen sus respuestas a las actividades 57, 58 y 59.

61. Piensa en un lugar que conozcas bien y en cuatro actividades que se pueden hacer en él. Busca o dibuja cuatro iconos para representar esas actividades, o simplemente descríbelas sin dar información importante. Tus compañeros/as tienen que adivinar de qué actividades se trata y cuál es el lugar.

— *Esto es una noria* (Ferris wheel), *¿no? Entonces, ¿es una ciudad con costa?*
— *Sí.*

RECURSOS PARA CONECTAR IDEAS: CAUSA Y CONSECUENCIA

CARACTERÍSTICAS DEL TEXTO

PREPÁRATE

62. Lee la experiencia de Nick en Cartagena de Indias. ¿Fue una experiencia positiva o negativa? ¿Qué partes del texto te dan esta información?

Mi semestre en Cartagena de Indias (Nick, Canadá)

Estuve 17 semanas en Colombia **porque** en nuestra universidad nos recomiendan pasar un semestre en el extranjero. Cartagena de Indias está situada en el mar Caribe, **por eso** me pareció un lugar fantástico para estudiar y vivir.
Cuando llegué, la ciudad me impresionó muchísimo **por** su arquitectura y **por** su situación. Bocagrande, el barrio en el que viví, está junto al mar, **así que** uno de mis mejores recuerdos son las tardes que pasé con mis amigos en la playa después de las clases.
Como me interesan mucho las lenguas, decidí asistir a clases de Lingüística y Literatura. Además, tuve la oportunidad de dar clases de inglés a alumnos colombianos y aprendí muchas cosas sobre mi propia lengua. Colombia tiene muchos lugares maravillosos, **de manera que** aproveché para viajar por todo el país.
Fue una experiencia increíble que espero repetir pronto.

63. En el texto hay algunos conectores en negrita *(boldface)* para expresar causa y consecuencia. Clasifícalos en este cuadro.

Expresar causa	Expresar consecuencia
....	....
....	....
....	....
....	....
....	....
....	....
....	....

64. Comparen sus respuestas a las actividades 62 y 63.

65. Lee la historia de Matt y simplifica el texto usando conectores. Después, compáralo con el de otro/a compañero/a.

Kate, mi mejor amiga, me llamó para hablarme del proyecto BreakOut.
El proyecto BreakOut organiza una carrera solidaria.
El objetivo de la carrera solidaria es conseguir llegar lo más lejos posible haciendo autostop. Los participantes forman equipos de dos personas.
Kate me invitó a participar con ella. Antes de viajar, los participantes tienen que conseguir patrocinadores dispuestos a donar dinero por cada kilómetro recorrido. El dinero conseguido se destina a dar becas a estudiantes de Sudáfrica. Me gusta ayudar y me gusta viajar. La idea me entusiasmó. Le dije a Kate que sí inmediatamente. Salimos de Austin y decidimos preguntar en las gasolineras y en los restaurantes de carretera *(highway)*. Conocimos a gente muy interesante y llegamos hasta Tijuana.
Fue una experiencia fantástica. Los equipos participantes en el proyecto reunieron más de 100 000 dólares.

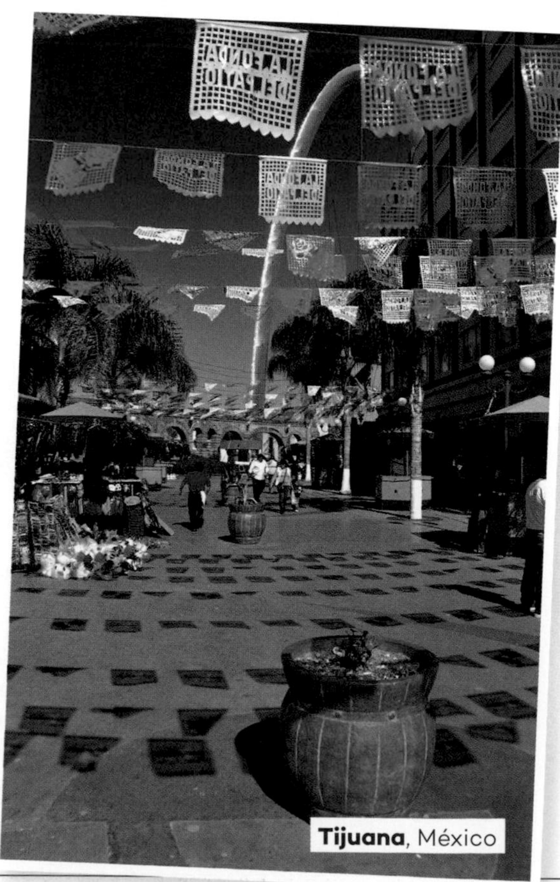

Tijuana, México

CAMBIO DE SIGNIFICADO SEGÚN LA ACENTUACIÓN

SONIDOS

66. Escucha y marca la forma verbal que oyes en cada caso.

1. ☐ canto ☐ cantó
2. ☐ trabajo ☐ trabajó
3. ☐ viajo ☐ viajó
4. ☐ estudio ☐ estudió
5. ☐ hablo ☐ habló

ATENCIÓN

In Spanish, changing the syllable that you stress in a word can change that word's meaning. This happens with some forms of **-ar** verbs:

– first person singular in the simple present:

canto→ *Yo **canto** todos los miércoles en el coro de la universidad.*

– third person singular in the preterite:

cantó→ *Ayer fuimos a un concierto de Shavarelia, pero no **cantó** muy bien.*

AA, EE, II, OO, UU

SONIDOS

67. En español, cuando aparecen juntas dos vocales iguales átonas *(unstressed)*, generalmente se pronuncian como una única sílaba o incluso como una sola vocal. Escucha y repite las siguientes palabras.

- coordinado
- leer
- alcohol
- reenvío
- creer
- Aarón

VOCALES ÁTONAS

SONIDOS

68. Escucha las siguientes palabras y detecta cuál de ellas se ha dicho en español. Presta atención especialmente a las diferencias en las vocales.

☐ coma

☐ moca

☐ ninja

☐ Lisa

☐ yoga

☐ saga

69. Ahora pronuncia las palabras de arriba en español imaginando que cada sílaba es una palabra diferente.

Ejemplo: co-ma

70. Ahora pronuncia las palabras alargando la vocal final hasta que consigas que suenen igual.

Ejemplo: comaaa

ATENCIÓN

In English, the pronunciation of unstressed vowels changes or even disappears.

For example, when you heard **lava** in English, the two **a** sounds were not the same. The second, unstressed **a** was pronounced as in **alone**.

For a more straightforward example, think about how you pronounce the expression **I suppose**. The **u** is often not pronounced at all.

This does not happen in Spanish. In a word like **lava**, the first **a** sounds exactly like the second. So, in Spanish, you should imagine that all vowels are stressed. It may help to think of each syllable individually.

The Spanish Hub TEXTO MAPEADO TEXTO LOCUTADO

HISTORIA

El Caribe... y los piratas

ISLAS DEL CARIBE*

Durante varios siglos, las islas del Caribe (Puerto Rico, Cuba y República Dominicana) sufrieron los ataques de piratas y corsarios. Para proteger las costas del mar Caribe, los españoles tomaron diferentes medidas, como construir castillos, fortalezas y murallas. Hoy, estos ejemplos de la arquitectura militar colonial tienen distintos usos. Algunos de ellos son museos, otros son lugares de paseo y otros sirven también de escenarios para películas. De este modo, son hoy fuente de ingresos para sus ciudades. Aquí vemos tres de esas construcciones.

El castillo de San Felipe del Morro, en San Juan (Puerto Rico), fue construido para vigilar la bahía y protegerla de los piratas y corsarios, por ejemplo, del famoso Francis Drake, que atacó la ciudad en 1595. Hoy es un conjunto turístico declarado Patrimonio de la Humanidad. Recibe cada año más de un millón de visitantes.

Castillo de San Felipe del Morro

Castillo de los Tres Reyes del Morro

El Castillo de los Tres Reyes del Morro, en La Habana (Cuba), se encuentra junto al faro de la ciudad, que es también su símbolo. Actualmente es un centro cultural y en él se realizan exposiciones de arte y otras actividades. Es, por tanto, un popular atractivo cultural y turístico de la ciudad.

La Fortaleza Ozama, en Santo Domingo (República Dominicana), junto al río del mismo nombre, fue construida para defender la ciudad de los ataques de piratas y de tropas francesas, inglesas y portuguesas. Tiene unas bonitas vistas al río y hoy en día es un museo histórico.

Fortaleza Ozama

ANTES DE LEER

71. ¿Hay en tu ciudad edificios históricos que hoy tengan una función diferente de la original? ¿Cuáles? ¿Cómo son? ¿Para qué se usan ahora? Hablen en pequeños grupos.

DESPUÉS DE LEER

72. Según el texto, ¿para qué se construyeron los edificios de los que habla? ¿Para qué se utilizan hoy?

73. Busca información sobre otro edificio histórico del mundo hispano y escribe un breve texto sobre él. ¿Cuándo se construyó y para qué? ¿Dónde está? ¿Cuál es su uso actual? Preséntalo a la clase.

74. Las edificaciones militares del mar Caribe son reflejo de la vida y de un momento histórico de esa región. ¿Qué construcciones son típicas de nuestro tiempo y pueden tener interés en el futuro?

*Puerto Rico, Cuba y República Dominicana

LITERATURA

Andrés Neuman, *Cómo viajar sin ver* (2010)

ARGENTINA

Cómo viajar sin ver es un diario de viaje especial. En él, Andrés Neuman escribe una crónica de su viaje por Latinoamérica con entradas breves, espontáneas e impresiones fragmentadas. Para él, así es la experiencia del viajero posmoderno, incapaz de percibir y recrear totalidades, sin poder verlo todo, viendo solo fragmentos: En las primeras páginas del libro, Neuman dice: "Lo que sigue es una crónica de lo que casi no vi a lo largo de todo el continente".

CÓMO VIAJAR SIN VER

Hoy nos movemos sin necesidad de movernos. Nómadas sedentarios, podemos informarnos sobre cualquier lugar y llegar a él rápidamente. Sin embargo (o por eso) nos quedamos en casa, sentados frente a una pantalla. Viajar en nuestra era global resulta tan contradictorio como el propio fenómeno de la globalización. (...) Pero si así son las cosas, ¿entonces por qué los viajes siguen transformándonos y revelándonos tanto?

ANTES DE LEER

75. **¿Qué te sugiere el título del libro? ¿De qué crees que trata? Hablen en pequeños grupos.**

DESPUÉS DE LEER

76. **Comprueba tus hipótesis de la actividad 75 con la información del texto.**

77. **En grupos, vuelvan a leer el fragmento y coméntenlo. ¿Están de acuerdo con el autor? Respondan a la pregunta que hace al final.**

78. **Hablen en pequeños grupos sobre las siguientes preguntas.**

- ¿Tomas notas, escribes un diario de viaje o un blog cuando viajas?
- ¿Conoces literatura de viajes?
- ¿Sigues a algún viajero en las redes sociales?

pantalla: *screen*

DIARIOS DE APRENDIZAJE

79. **¿Hiciste alguna vez un diario de aprendizaje *(learning journal)* durante tus estudios? Si lo hiciste, habla con tus compañeros/as: cómo son, para qué se usan, etc.**

80. **Completa este modelo de diario de aprendizaje sobre tu última semana o tu último mes.**

Mi diario de aprendizaje

CONTENIDOS

¿Qué estudiaste nuevo e interesante?

Sobre el mundo hispano: ....

Sobre otros temas: ....

Me gustaría saber más sobre: ....

MATERIALES Y ACTIVIDADES

¿Cómo lo aprendiste?
....

¿Qué hiciste en clase?
....

¿Qué textos leíste?
Leí ....

¿Qué tipo de textos escribiste?
Escribí ....

¿Qué audios escuchaste?
Escuché ....

¿Qué videos viste.....?
Vi ....

¿Sobre qué hablaste? ¿Con quién?
Hablé sobre/con ....

¿Qué actividades hiciste?
Hice actividades sobre ....

- Lo más interesante fue ....
- Lo más difícil fue ....

LENGUA

¿Qué vocabulario útil aprendiste?

Palabras: ....
....

Expresiones: ....
....

Combinaciones frecuentes: ....
....

¿Qué aspectos de la gramática estudiaste? Pon ejemplos.

....
....

- Lo más interesante fue ....
....

- Lo más difícil fue ....
....

¿Qué aspectos de la construcción del texto estudiaste? Pon ejemplos.

Conectores: ....
....

Cohesionar un texto: ....
....

Otros: ....
....

- Lo más interesante fue ....
....

- Lo más difícil fue ....
....

ERRORES, DIFICULTADES Y DESTREZAS

¿Cuáles son tus errores *(mistakes)* más comunes en estas áreas?

Vocabulario: ....
....

Gramática: ....
....

Textos: ....
....

Pronunciación: ....
....

Otros: ....
....

¿Qué haces especialmente bien y qué haces mal?

Cuando leo: ....
....

Cuando escribo: ....
....

Cuando escucho: ....
....

Cuando hablo: ....
....

Otros: ....
....

¿Qué puedes hacer para mejorar tu aprendizaje?

Creo que tengo que ....
....

Me gustaría: ....
....

81. **En pequeños grupos, compartan las experiencias de su diario.**

—Para mí una palabra nueva fue ***anteayer****. Por ejemplo, 'Anteayer fue lunes, porque hoy es miércoles'.*
—Para mí lo más interesante fue investigar un viaje histórico.
—Tengo problemas con el verbo ***estar*** *en pretérito. Siempre digo 'Yo estuv****o*** *en México', pero es incorrecto; se dice 'Yo estuv****e****'.*
—A mí me gustaría ver más series en español. Creo que es una buena manera de mejorar mi comprensión.

82. **Puedes adaptar y personalizar este modelo de diario de aprendizaje y utilizarlo en tu curso de español.**

PROYECTO EN GRUPO

Viajes y viajeros importantes

Vamos a hacer una presentación sobre viajes y viajeros relevantes de la Historia.

A. **Conversen en pequeños grupos sobre viajes y expediciones importantes de la historia que conozcan ¿Quiénes fueron los viajeros? ¿Cuándo y adónde viajaron? ¿Por qué? ¿Qué conocieron?**

— Yo conozco a Marco Polo.
— Sí, Marco Polo fue un viajero italiano, ¿no?
— Sí, creo que viajó a Mongolia y a China.

B. **En grupos, escojan un viaje, puede ser de la lista o pueden elegir uno de su interés, y busquen información sobre los temas indicados.**

C. **Cada grupo presenta su viaje a la clase. Pueden usar mapas e imágenes para ilustrar su presentación.**

1. Contexto histórico
¿Quién fue?
¿Dónde y cuándo vivió?

2. Itinerario
Marcamos en un mapamundi el itinerario de su viaje.
¿Dónde y cuándo empezó su viaje? ¿Adónde viajó?
¿Qué ruta hizo?
¿Qué cosas conoció (pueblos, culturas, ciudades, naturaleza...)?

3. Razones del viaje
¿Qué tipo de viaje fue?
¿Para qué viajó?

El viaje de Egeria
(s. IV d. C.)

La vuelta al mundo de Magallanes
(1519–1522)

Expedición de Lewis y Clark
(1804–1806)

El viaje de Charles Darwin
(1831–1836)

La expedición de Roald Amundsen
(1911)

PROYECTO INDIVIDUAL

Origen de un colectivo

Vas a redactar un reportaje para un blog de Historia.

A. **Vas a trabajar sobre el origen de un colectivo *(group)* que tuvo que migrar en el pasado. Puede ser tu familia, tu comunidad, tu barrio, tu grupo cultural, tu pueblo o ciudad, tu estado o país. Busca documentación y toma notas sobre estos temas. Luego prepara un primer borrador *(draft)* con ellas.**

- ¿De dónde viene ese colectivo?
- ¿Cuándo, desde dónde y adónde viajaron?
- ¿Cómo lo hicieron?
- ¿Cuáles fueron las razones de su viaje?
- ¿Dónde se establecieron? ¿Cuándo?
- ¿Con qué culturas entraron en contacto y cómo fue ese encuentro?
- ¿Cómo cambió su vida?

B. **Organiza la información en secciones y escribe la versión final de tu texto. Añade imágenes relacionadas y busca un título para tu reportaje.**

Portsmouth Square,
San Francisco, California

GRAMMAR

PRETERITE

▶ Regular verbs

	-ar HABLAR	-er APRENDER
yo	habl**é**	aprend**í**
tú, vos	habl**aste**	aprend**iste**
él, ella, usted	habl**ó**	aprend**ió**
nosotros, nosotras	habl**amos**	aprend**imos**
vosotros, vosotras	habl**asteis**	aprend**isteis**
ellos, ellas, ustedes	habl**aron**	aprend**ieron**

	-ir VIVIR
yo	viv**í**
tú, vos	viv**iste**
él, ella, usted	viv**ió**
nosotros, nosotras	viv**imos**
vosotros, vosotras	viv**isteis**
ellos, ellas, ustedes	viv**ieron**

Verb endings in the second and third conjugations (**-er** and **-ir**) are the same.

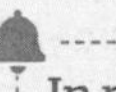

In regular verbs, the stress is always on the ending.

In regular verbs ending with **-ar** and **-ir**, the **nosotros/as** form is the same in the preterite as in the present.

*Ayer **empezamos** la clase a las dos, pero normalmente **empezamos** antes.*

▶ Some irregular verbs

	IR/SER	HACER
yo	**fui**	**hice**
tú, vos	**fuiste**	**hiciste**
él, ella, usted	**fue**	**hizo**
nosotros, nosotras	**fuimos**	**hicimos**
vosotros, vosotras	**fuisteis**	**hicisteis**
ellos, ellas, ustedes	**fueron**	**hicieron**

The verbs **ir** and **ser** have the same form in the preterite, so the meaning must be infered from the context.
*Luis y yo **fuimos** compañeros de clase.* (verb **ser**)
***Fui** a Cuba el año pasado.* (verb **ir**)

We use the preterite to talk about actions finished in the past, placing ourselves at a specific point in the past, either explicitly or implicitly.

***Fui** a Puerto Rico el pasado verano.*

IR A + INFINITIVE

▶ Future actions: ir a **+ infinitive**
We use **ir a** + infinitive to talk about a future action as the direct consequence of another action, or as a decision.

	IR	a	+ infinitive
yo	**voy**		
tú, vos	**vas**		
él, ella, usted	**va**		
nosotros, nosotras	**vamos**	**a**	estudiar poner salir
vosotros, vosotras	**vais**		
ellos, ellas, ustedes	**van**		

*Este año **voy a estudiar** mucho.*
*Carla es doctora, no **va a tener** problemas para encontrar un buen trabajo.*
*¿De verdad no **vais a venir** a la fiesta?*

PRESENT PROGRESSIVE

▶ Actions in progress: estar **+ present participle**

	ESTAR	+ present participle
yo	**estoy**	
tú, vos	**estás**	
él, ella, usted	**está**	estudi**ando** pon**iendo** sal**iendo**
nosotros, nosotras	**estamos**	
vosotros, vosotras	**estáis**	
ellos, ellas, ustedes	**están**	

*En clase de español **estamos preparando** un proyecto.*
*Mi hermano **está estudiando** en California.*

RELATIVE PRONOUNS OF LOCATION

donde

*Canadá es el país **donde** quiero vivir.*

en el que, en la que, en los que, en las que

*Canadá es **el país en el que** quiero vivir.*
*Miami es **la ciudad en la que** nací.*
*Olvera y Grazalema son **los pueblos en los que** viven mis hermanos.*
*Harvard y Yale son **las universidades en las que** trabaja ese profesor.*

The article in the relative construction **en** + *article* + **que** agrees in gender and number with the noun that it refers to.

COHESION

TIME MARKERS

en + month

*Mi cumpleaños es **en febrero**.*

en + year

***En 2018** viajamos a Chile.*

en + month **de** + year

*Nací **en mayo de 2001**.*

a los... años/meses

***A los tres años** empezó a tocar el piano.*
*Empezó a tocar, pero **a los tres meses** lo dejó.*

... después

*Viajó un verano a Costa Rica. **Un año después** decidió irse a vivir allá.*

durante + noun

*¿Qué hiciste **durante las vacaciones**?*

CONNECTORS OF CAUSE

porque

Introduces a cause and comes in the second clause of the sentence.

*Conviene llevar un paraguas **porque** llueve.*

como

Comes at the beginning of the sentence and presents a cause as something known or present in the context.

***Como** llueve mucho, conviene llevar un paraguas.*

por eso

Makes reference to a previously-mentioned cause.

*Es mi restaurante favorito, **por eso** quiero invitarte a cenar esta noche.*

CONNECTORS OF CONSEQUENCE

así que, de manera que

Used to introduce a consequence or the effect of a given piece of information or an action. **Así que** is used more in informal contexts than **de manera que**.

*Viajé a Cuenca por trabajo y me encantó, **así que** decidí quedarme dos años más.*
*Siempre le encantó la Historia, **de manera que** decidió estudiar Historia en la universidad.*

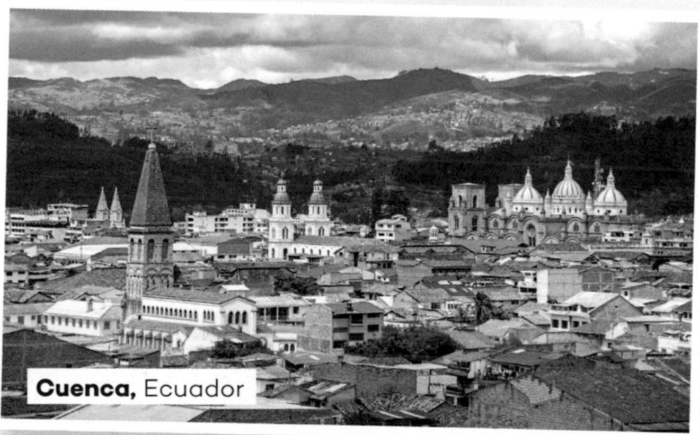
Cuenca, Ecuador

COMMUNICATION

GIVING ADVICE

es importante/fundamental... + infinitive

*Para (ir a) la montaña, **es importante llevar** siempre agua y un mapa.*

Other similar constructions are: **es necesario**, **es conveniente**, **es aconsejable**, **es útil**...

deber / tener que + infinitive

*Si estás pensando en hacer noche, **debes** / **tienes que informarte** sobre los horarios y los alojamientos.*

aconsejar + infinitive

*Si estás pensando viajar al extranjero, **te aconsejo comprarte** una guía.*

Other expressions: **puede ser útil**, **te puede convenir**, **conviene**...

RATE A SERVICE

*El restaurante **me pareció** excelente.*
***No me gustó** mucho.*
***Me encantó**...*
*Comí en un lugar **muy bonito**.*

VOCABULARY

EN EL HOTEL Y EN EL RESTAURANTE *(AT THE HOTEL/RESTAURANT)*

el ambiente
(the atmosphere)

la bebida
(the drink/the beverage)

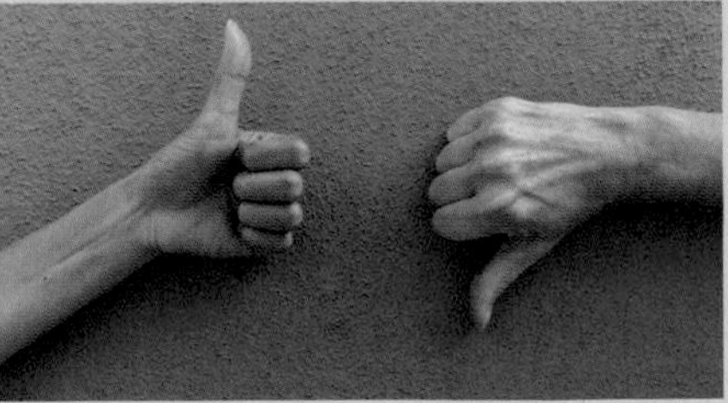
la calidad
(the quality)

la comida
(the food)

la decoración
(the decor)

la habitación
(the room)

el precio
(the price)

la localización
(the location)

el servicio
(the service)

la cantidad
(the quantity)

la oferta
(the deal)

la reservación
(the reservation)

VALORAR LA EXPERIENCIA *(RATE THE EXPERIENCE)*

THE VERBS IR **AND** VENIR *(THE VERBS* IR *AND* VENIR*)*

Venir expresses movement towards us.

*Salgo en media hora, ¿**vienes** a buscarme?*

Ir expresses all other direction of movement.

*Lourdes **fue** al supermercado a comprar fruta.*

EN EL CAMINO *(ON THE ROAD)*

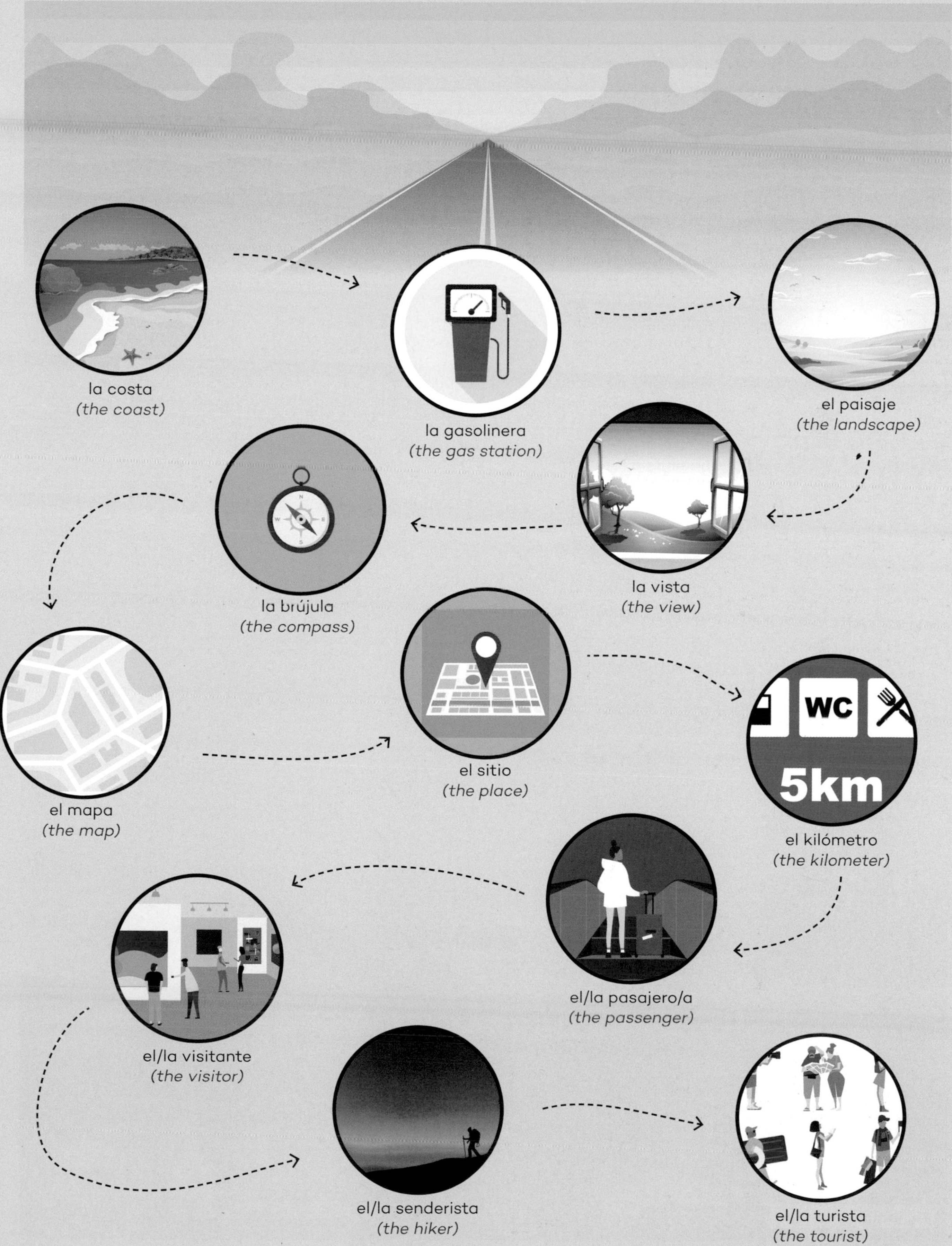

VOCABULARY

DE VIAJE *(TRAVEL)*

Formas de viajar
(Ways of travelling)

a pie
(on foot)

en avión
(by plane)

en barco
(by boat/ship)

en camioneta
(by van)

en carro/auto/coche
(by car)

en tren
(by train)

en autobús
(by bus)

Actividades
(Activities)

hacer una caminata
(to go hiking)

hacer un crucero
(to go on a cruise)

hacer ecoturismo
(to do ecoturism)

hacer una expedición
(to go on an expedition/ on a trip)

hacer una ruta
(to take a route)

hacer una visita guiada
(to take a guided tour)

ver una exposición
(to see an exhibition)

recorrer un itinerario
(to follow an itinerary)

tomar el sol
(to sunbathe)

Tipos de alojamiento
(Types of lodging)

el alojamiento
(lodging)

el hostal
(the hostel)

el hotel
(the hotel)

la pensión
(the guesthouse)

el refugio
(the shelter)

la tienda de campaña
(the tent)

Durante un viaje
(During a trip)

hacer una reservación
(to make a reservation)

compartir la habitación
(to share a room)

pasarla bien/mal
(to have a good/bad time)

alquilar/rentar un apartamento
(to rent an apartment)

vivir aventuras
(to live adventures)

Ushuaia. Argentina

FREQUENT WORD COMBINATIONS

ACTIVIDADES EN VIAJES *(TRAVEL ACTIVITIES)*

ir de › pícnic › excursión › vacaciones
to have/go on a picnic
to go on a trip
vacation

hacer › turismo › una excursión › senderismo › montañismo › *rafting*
to go sightseeing
on a trip/an excursion
hiking
mountain climbing
rafting

hacer › *camping*
to go camping

acampar en un *camping* › en la montaña
to camp in a campground/to camp in the mountains

ir a › un *camping* › un hotel › una casa
to go camping/to a hotel/to a house

TIPOS DE VIAJES Y MOTIVACIONES
(TYPES OF TRAVEL AND PURPOSE)

viaje de › trabajo › negocios
a work/business trip

viajar por › trabajo › motivos profesionales
to travel for work/business

viajar para › hacer negocios › hacer turismo
to travel for business/tourism

TIPOS DE ALOJAMIENTO
(TYPES OF ACCOMODATION)

rentar/alquilar › un apartamento › una casa
to rent an apartment/a house

quedarse en › casa de amigos
to stay with friends

ESTADOS DE ÁNIMO *(MOODS)*

sentirse › triste › contento › afortunado
to feel sad/happy/lucky

echar de menos › un lugar › a una persona
to miss a place/someone

COMIDA, BEBIDA Y RESTAURANTES
(FOOD, DRINK, AND RESTAURANTS)

un lugar › moderno › caro
a modern/an expensive place

un restaurante › italiano › de comida rápida › vegetariano
an Italian/a fast-food restaurant
a vegetarian restaurant

buen(a), mal(a) › servicio › atención al cliente › música › comida
good, bad service/customer service
music/food

Estrategia
Studying vocabulary in series of frequent word combinations, known as **chunks**, will help you learn new words in a more meaningful way and better organize the information.

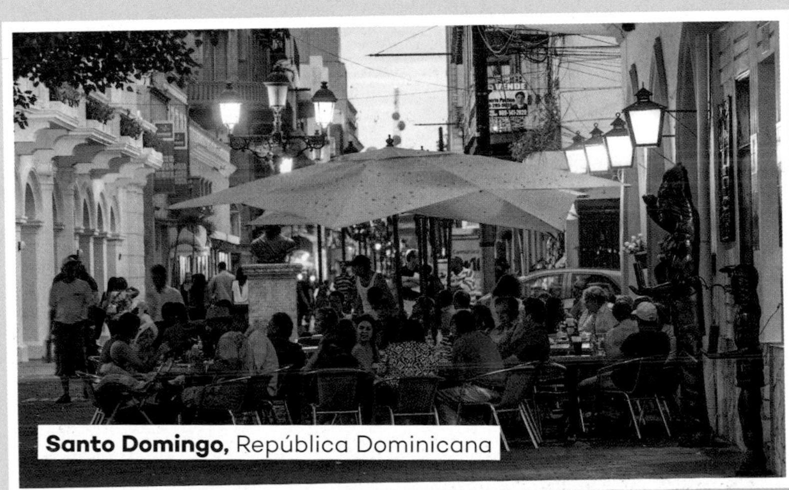

Santo Domingo, República Dominicana

GENERACIONES

En este capítulo vas a aprender a hablar de épocas de la historia.

LEARNING OUTCOMES
- Describe people, objects, places and situations in the past
- Talk about habitual actions in the past
- Talk about changes and similarities

VOCABULARY
- The stages of life
- Generations

LANGUAGE STRUCTURES
- The imperfect of regular and irregular verbs
- Use of the imperfect
- **Ya no**, **todavía** + present
- Possessive adjectives and pronouns

ORAL AND WRITTEN TEXTS
- Connectors for contrast: **aunque**, **a pesar de que**, **y eso que** y **sin embargo**
- Revising a text

SOUNDS
- Review of intonation and sounds
- The consonants

CULTURE
- Women and the Mexican Revolution
- Juan Gelman

PROJECTS
- Group: make a presentation on life prior to a major historical event
- Individual: life in a city over time

PALABRAS CLAVE

PREPÁRATE

1. Ordena cronológicamente las siguientes palabras y expresiones.

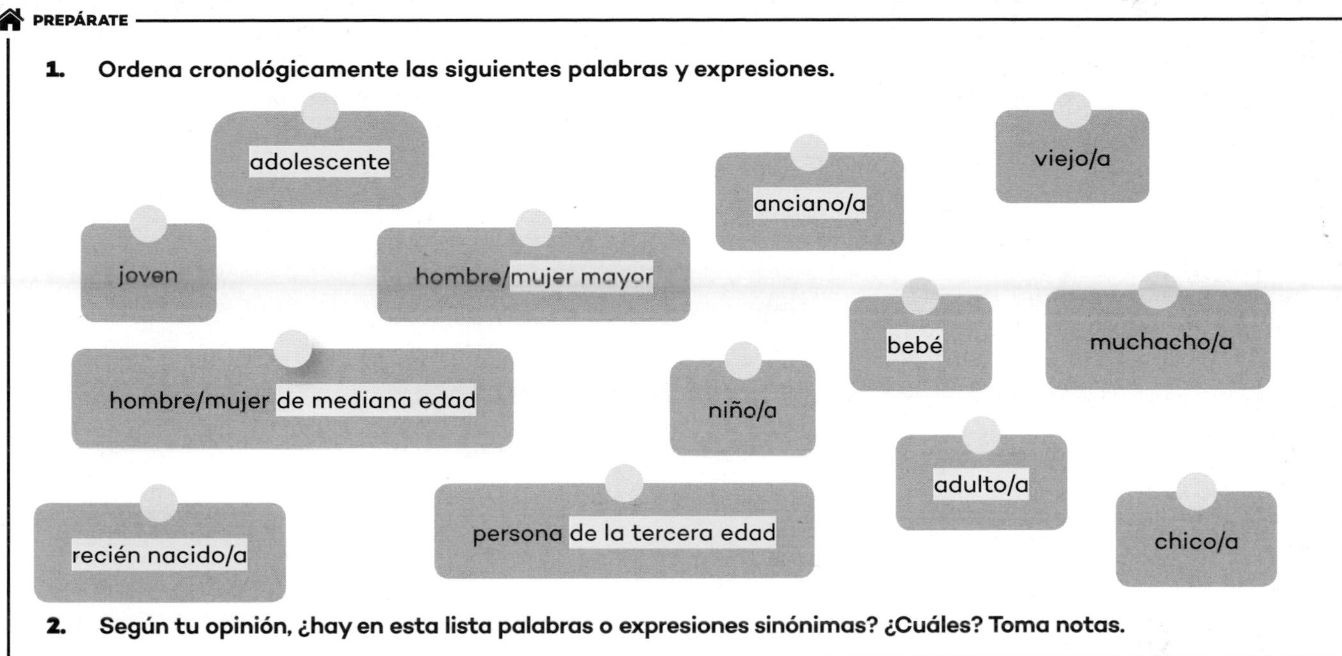

2. Según tu opinión, ¿hay en esta lista palabras o expresiones sinónimas? ¿Cuáles? Toma notas.

3. Comparen sus respuestas a las actividades 1 y 2.

*¿**Adolescente** es lo mismo que **muchacho**?*

4. Discutan en parejas cuáles de estas palabras y expresiones se aplican a un hombre o a una mujer de 21 años.

ATENCIÓN

VARIEDAD LÉXICA

muchacho/a (España) - **pelao/pelada** - **sardino/a** (Colombia) - **wambra** (Ecuador) - **pibe/a**, **chavón/chavona** (Argentina) - **chamo/a** (Venezuela, México)

5. Comparen sus respuestas con las de otras personas. ¿En qué palabras o expresiones no coinciden?

— Yo creo que un hombre de 21 años es adulto porque...
— Para mí no porque...

6. ¿Has oído alguna vez la frase: "La vida empieza a los cuarenta"? ¿La entiendes? Coméntala con la clase.

7. ¿Existe en inglés alguna expresión relacionada con la edad? ¿Cómo es? Compártela y coméntala.

8. Por parejas, escriban cuáles son, desde su punto de vista, las etapas de la vida. ¿Qué edades están comprendidas en cada una? Coméntenlo.

— Yo creo que la infancia va desde que naces hasta los ocho años.
— No, yo creo que la infancia es hasta los once o doce años porque...

9. Comparen sus resultados con el resto de la clase. ¿Están de acuerdo?

ESTRATEGIAS

For activities involving oral expression and interaction, we can prepare an outline before class with the ideas we want to express.

IMÁGENES

PREPÁRATE

10. **Mira estas fotografías de Ricky Martin y de Shakira y lee las frases sobre cómo era su vida en 1996. Relaciona cada frase con uno de los dos. ¿Puedes añadir algo más? Busca en internet si lo necesitas.**

EN 1996...

1

2

a. empezaba su primera gira mundial *(world tour)*.

b. trabajaba en Broadway y a veces como modelo.

c. vivía en Bogotá.

d. tenía diecinueve años.

e. tenía veinticinco años.

f. ya tenía tres álbumes en el mercado.

g. solo tenía un álbum.

h. vivía en Nueva York.

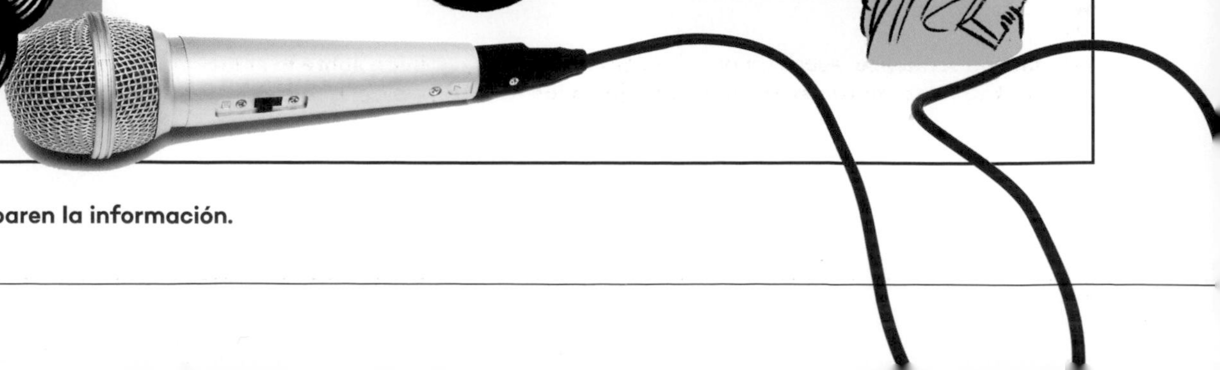

11. **En parejas, comparen la información.**

VIDEO: EL MUEBLE DE LAS FOTOS

12. **¿Dónde guardas tus fotos importantes? ¿Qué haces cuando quieres verlas, solo o con amigos?**

13. **Selecciona alguna foto personal de tu teléfono celular y explica: ¿dónde, cuándo y con quién estabas? ¿Qué estabas haciendo?**

14. **Observa este mueble. ¿De quién crees que puede ser? ¿Dónde crees que está? ¿Por qué?**

15. **Ve el video y anota qué personas aparecen en las fotografías de los estantes indicados. ¿Cuántos años tenían? ¿Dónde estaban en el momento de la fotografía? ¿Qué estaban haciendo?**

- estante inferior derecho: ....
- el de la izquierda: ....
- en medio: ....
- arriba: ....

16. **¿Dónde pusieron sus padres las fotos del protagonista con su pareja? ¿Por qué?**

17. **En pequeños grupos, compartan sus respuestas a las actividades 12, 13 y 14.**

18. **Comparen sus respuestas a las actividades 15 y 16.**

19. **En pequeños grupos, comenten: ¿qué les parece la solución que encontró el protagonista?**

20. **Individualmente, escriban un breve texto dando su opinión sobre la solución que encuentra el protagonista para estar con su pareja en las fotografías del mueble.**

DIFERENCIAS GENERACIONALES

PREPÁRATE

21. **Lee el texto y la infografía y resume en tres o cuatro oraciones las características que más te interesan de la Generación del Milenio.**

22. **¿Conoces a alguien de esta generación? ¿Estás de acuerdo con lo que dice el texto? Escribe tu opinión en tu cuaderno.**

23. **En pequeños grupos, comparen sus respuestas a las actividades 21 y 22.**

24. **¿Qué dice el texto sobre los hábitos de consumo de los *millennials*? Señálalo en el texto. ¿Tus hábitos son semejantes? Coméntalo con un(a) compañero/a.**

25. **Explica con tus propias palabras qué significan o cómo interpretas estas frases del texto.**

1. Tienen trabajos más precarios.

....

2. Creen en la igualdad de género.

....

3. Viven de alquiler.

....

4. Su colectivo es uno de los más afectados por la crisis.

....

5. Compran de segunda mano.

....

6. Existen diferencias en cuanto a las expectativas de trabajo.

....

7. Son grandes consumidores de tecnología o de ocio.

....

26. **En parejas, creen la infografía de su propia generación. ¿Tiene nombre? Preséntenla en clase y compárenla con la de sus compañeros.**

LA GENERACIÓN DEL MILENIO

¿Quiénes son los *millennials*?

Llamamos *millennials* (o Generación Y) a los jóvenes que llegaron a la mayoría de edad cerca del año 2000. De manera general, se agrupan bajo este nombre a todos los nacidos entre 1981 y 1995. Crecieron en una época en la que las nuevas tecnologías se desarrollaban a gran velocidad y muchos no recuerdan cómo era la vida antes de internet.

Se los critica por ser individualistas e inmaduros, aunque la realidad es que muchos de ellos son idealistas, solidarios e inconformistas. Los vimos en movimientos revolucionarios como la Primavera Árabe, el 15M en España, el movimiento de los pingüinos en Chile, los movimientos estudiantiles de Nicaragua o la Rebelión de los Paraguas en Hong Kong. En cualquier caso, tienen dos características muy claras: usan de manera totalmente natural la tecnología y viven en las redes sociales.

Diferencias con otras generaciones

Son hijos de la Generación X y se diferencian de sus padres en muchos aspectos: no viven para trabajar, sino que trabajan para poder vivir bien: valoran las experiencias de vida, los viajes, la buena comida, la moda..., pero no les interesa poseer cosas, prefieren usar y disfrutar.

También existen diferencias en cuanto a las expectativas de trabajo: a diferencia de los jóvenes de antes, que querían ser médicos, abogados o arquitectos, muchos jóvenes de ahora sueñan con ser probadores de videojuegos *(videogame testers)*, diseñadores gráficos o *youtubers*. Entre sus empresas ideales para trabajar están Google, Amazon o Netflix.

Grandes consumidores

A pesar de que ganan menos dinero que sus padres cuando tenían su edad, son grandes consumidores de cultura, tecnología y ocio. Las empresas lo saben y por eso dedican gran cantidad de recursos a estudiar sus hábitos de consumo. Algunas conclusiones de estos estudios son:

- Sus padres compraban su vivienda; ellos la alquilan.
- Sus padres compraban CD y DVD; ellos escuchan música en Spotify, ven películas en Netflix, Hulu, HBO...
- Les interesa la experiencia de viajar, pero no tanto los hoteles, por lo que utilizan servicios y redes como Airbnb o Couchsurfing.
- Venden lo que no necesitan y compran de segunda mano lo que otros ya no quieren gracias a *apps* y páginas web.

Generación Y, los *millennials*

1981–1995

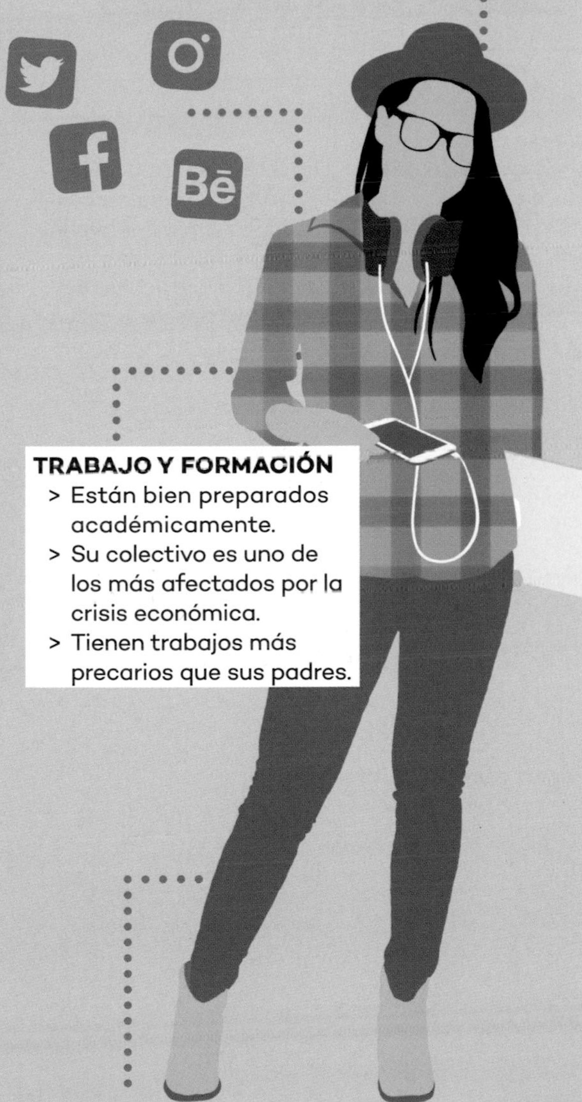

27. **Completa el siguiente mapa mental con palabras y expresiones relacionadas con cada una de las generaciones. Puedes hacerlo en papel y documentarte en internet si lo necesitas.**

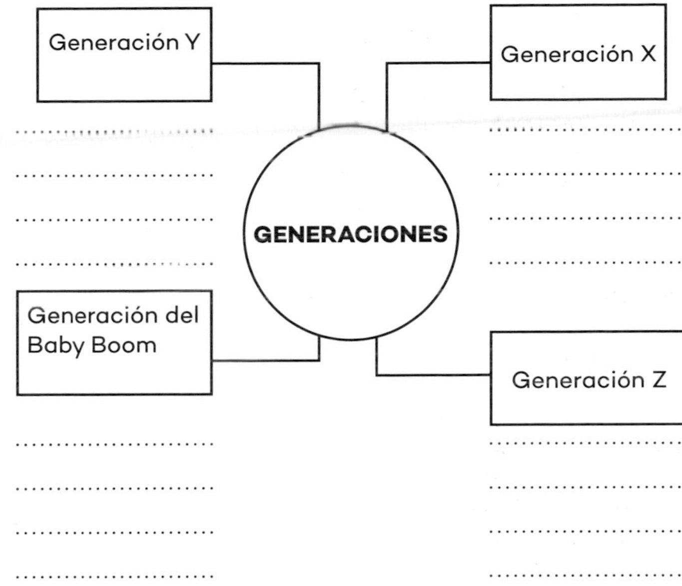

28. **Escucha una conversación entre Sara (55 años) y Carlos (24 años). Marca a quién corresponde cada afirmación: a Sara (S) o a Carlos (C). Puede corresponder a los dos.**

Cuando estaba en la universidad...	**S**	**C**
1. Estudiaba Química.		
2. Estudiaba Biotecnología.		
3. En su facultad, había mucho debate político.		
4. En su facultad, había mucha preocupación por la ecología.		
5. Compraba libros en papel o los pedía en la biblioteca.		
6. A los 24 años trabajaba en la misma empresa donde trabaja ahora.		
7. A los 24 años estaba haciendo su segunda maestría.		
8. Tenía una colección de discos de música brasileña.		
9. Ya tenía una cuenta de Spotify.		
10. Quería comprarse una casa y casarse pronto.		
11. Vivía con su pareja y dos personas más, querían irse a vivir solos.		

29. **¿Cómo era la vida en su universidad en los años 90? En grupos, piensen en, al menos, diez cosas.**

— En los noventa ya había computadoras, ¿no?
— Sí, pero no todos los estudiantes tenían una computadora.

EL IMPERFECTO

30. En estos textos se habla de cuatro periodos históricos en cuatro países diferentes. Relaciona cada texto con la imagen, el país y el periodo histórico a los que se refiere.

Italia | Egipto | México | Argentina

siglo XV | Antigüedad | Renacimiento | años 20 (siglo XX)

Yo creo que el último texto corresponde a Italia en...

A

B

C

El río era una parte muy importante de la vida del país, ya que era el centro de toda la actividad económica: gracias a él tenían una agricultura muy rica, pescaban y cazaban. Adoraban a muchos dioses y tenían un tipo de escritura llamada "jeroglífica".

La ciudad de Tenochtitlan estaba situada en una isla en el centro de un lago, y allí vivían alrededor de 150 000 personas. Era la ciudad más poderosa de Mesoamérica y del Caribe. Había más de cincuenta grandes edificios y tres grandes avenidas. Miles de canoas iban y venían por los canales y transportaban personas y alimentos.

Durante esa época, el país pasaba por un buen momento económico. La capital estaba llena de música y las bibliotecas, los cines o los teatros eran cada vez más populares. Los barrios crecían rápidamente y, en consecuencia, la población aumentaba de manera muy significativa, también gracias a la llegada de inmigrantes italianos, alemanes, españoles, etc.

Durante ese periodo la población crecía, la ciencia estaba en pleno desarrollo y la economía era fuerte. Grandes pintores, escultores, arquitectos y poetas creaban obras de gran belleza basadas en modelos clásicos.

D

31. Los verbos subrayados están en imperfecto *(imperfect)*. Busca el infinitivo de cada uno y escríbelo.

era–ser, tenían–tener

32. Selecciona un verbo regular de cada una de las conjugaciones, escribe su infinitivo y conjúgalo en imperfecto.

verbos regulares			
	..................ar	..................er	..................ir
yo	.......-aba	....	....
tú, vos	....	.......-ías	....
él, ella, usted	....	....	....
nosotros/as	....-ábamos	....	....
vosotros/as	....	....	.......-íais
ellos, ellas, ustedes	....	.......-ían	....

Only three verbs are irregular in the imperfect: **ser**, **ir**, and **ver**.

agricultura: *agriculture*
pescar: *to fish*
cazar: *to hunt*
adorar: *to worship*
jeroglífica: *hieroglyphics*
poderosa: *powerful*
alimentos: *food*
en consecuencia: *consequently*
belleza: *beauty*

GRAMÁTICA

PREPÁRATE

33. Completa la tabla con las formas que faltan de estos dos verbos irregulares.

verbos irregulares		
	....	....
yo	....	iba
tú, vos	eras	....
él, ella, usted	....	....
nosotros/as	....	íbamos
vosotros/as	erais	....
ellos, ellas, ustedes	....	iban

34. Puedes comprobar las respuestas a las actividades 32 y 33 en Recursos lingüísticos.

35. Imagina que estás en uno de los países y épocas de la actividad 30. Reescribe los textos utilizando el presente.

El río es una parte muy importante de la vida del país, porque es el centro de toda la actividad económica: gracias a él tenemos...

36. Comparen en parejas los textos de la actividad 35.

MARCADORES TEMPORALES

GRAMÁTICA Y VOCABULARIO

PREPÁRATE

37. Susana cuenta algunas cosas de su vida. ¿Qué cosas tienes en común con ella?

Cuando era pequeña, con uno y dos años, no iba a la escuela infantil. Me quedaba en casa de mis abuelos mientras mis padres trabajaban.

De niña me gustaba mucho patinar y jugar con mis vecinos. Pasábamos mucho tiempo en la calle.

En la adolescencia iba al bachillerato, jugaba al sóftbol y pensaba que mis padres no me entendían. Era muy rebelde.

Cuando tenía 20 años, estudiaba en la universidad y ya no vivía con mis padres, aunque no era independiente económicamente porque todavía no trabajaba.

Cuando estaba en el último semestre en la universidad, tuve una crisis: quería dejarlo todo y no acabar los estudios. Por suerte, sí que los acabé.

Cuando vivía en Guatemala (después de la universidad), trabajaba en una escuela de español y compartía departamento con otros profesores de la escuela. Era muy divertido y, además, ya ganaba mi propio dinero.

38. Subraya los marcadores temporales. ¿Entiendes qué significan? Busca equivalentes en inglés y trata de añadir alguno más en español.

39. En parejas, comparen sus respuestas a las actividades 37 y 38.

40. En pequeños grupos, imaginen el pasado de un personaje famoso o de ficción (sus gustos, hábitos, aficiones...) a lo largo de varias etapas de su vida. Para ello, usen los marcadores temporales de las actividades 37 y 38.

Vivía... Tocaba... (No) tenía... Iba a...
Le gustaba... Estudiaba... Era...

41. Lean sus textos a los demás grupos, que deben adivinar de quién están hablando ustedes.

ANTES Y AHORA: MARCADORES TEMPORALES

PREPÁRATE

42. **Lee la viñeta y escribe en una frase qué crees que quiere transmitir el autor.**

Yo creo que está haciendo una crítica de...

43. **Lee estas frases y marca aquellas con las que estás de acuerdo.**

Hoy en día la gente pasa demasiado tiempo actualizando su perfil en redes sociales (Facebook, Instagram, Twitter...).

En la actualidad todo el mundo puede leer y ver las noticias en tiempo real y opinar sobre ellas, eso es genial.

En los años 80 todo era más lento, pero más fiable *(reliable)*. **Entonces**, cuando teníamos que buscar información, íbamos a las bibliotecas y consultábamos las enciclopedias.

Yo crecí en los años 70. **En aquella época** no podíamos comunicarnos fácilmente con nuestros familiares y amigos que vivían lejos.

Ahora es muy fácil y barato comprar un boleto de avión o hacer una reservación de hotel. Todo el mundo puede viajar.

En los años 60, yo era muy activo políticamente. **En aquellos tiempos** el acceso a la información era muy limitado; por eso, los gobiernos podían manipular más fácilmente la información.

44. **Observa las palabras y expresiones marcadas en negrita. ¿Entiendes qué significan? Escríbelo.**

Today, Nowadays, Now, At that time, Now, In those times!

45. **En grupos, compartan sus respuestas a las actividades 42 y 43.**

46. **Ahora, comparen las respuestas a la actividad 44 y amplíen la lista con otras palabras o expresiones similares.**

47. **Discutan sobre las siguientes cuestiones.**

- ¿Qué cosas eran diferentes antes de internet?
- ¿Qué cosas podemos hacer ahora que no podíamos hacer antes?
- ¿Qué cambios son positivos? ¿Cuáles son negativos?

— Antes, cuando la gente quería hablar por teléfono, llamaba desde casa o desde un teléfono público.
— Sí, y ahora podemos hacer muchísimas cosas que no podíamos hacer antes. Por ejemplo...

48. **En parejas, observen la imagen y coméntenla con las palabras o expresiones de las actividades 43 y 46.**

49. **En pequeños grupos, creen una nueva viñeta comparando algún aspecto de la vida antes y ahora.**

ENTENDER CÓMO FUNCIONA LA LENGUA

YA NO, TODAVÍA

GRAMÁTICA

PREPÁRATE

50. **Lee los testimonios de tres jóvenes que han acabado recientemente su carrera y viven en Monterrey, México. ¿Qué cosas hacían antes y ya no hacen?**

Ya no soy en el teatro

Ya no vivo en un departamento compartido.

Natalie
26 años
(canadiense)

Todavía salgo todos los jueves con mis compañeros de la universidad.

Ya no me pierdo por Monterrey.

Brandon
24 años
(estadounidense)

Todavía pienso en inglés, aunque estudio y trabajo en español.

Ya no voy tanto a casa de mis padres.

Javier
27 años
(paraguayo)

Mi tarjeta de estudiante es todavía válida.

51. **Fíjate en las expresiones** ya no **y** todavía. **¿Entiendes qué significan y cómo se usan? Consulta la página de Recursos lingüísticos.**

52. **En grupos, comparen las respuestas a las actividades 50 y 51. ¿Existen equivalentes en inglés a estas expresiones? Escríbanlos.**

53. **Por parejas, observen estas dos imágenes sobre la vida de Alberto, antes y ahora, y escriban todas las frases que puedan usando** ya no **y** todavía. **Después, compárenlas con las de otras personas.**

Antes tenía perro y ahora ya no tiene animales.

54. **Individualmente, completa una tabla como esta comparando nuestra vida antes de la universidad y ahora. Después, en grupos, compartan los cambios y coméntenlo.**

Ya no	Todavía
voy a clase todos los días, en la escuela secundaria	juego al fútbol, antes de la universidad también
iba cinco días a la semana.	jugaba en otro equipo.

Y ESO QUE, A PESAR DE QUE, AUNQUE

CARACTERÍSTICAS DEL TEXTO

PREPÁRATE

55. Una universidad costarricense ofrece esta propuesta de convivencia. Lee el texto y escribe qué piensas de esta iniciativa. ¿Te gustaría participar?

A mí me parece muy buena iniciativa, porque...
Es buena idea para ahorrar dinero, pero yo prefiero...

¿Qué es?

Es un programa que se basa en el beneficio mutuo: los mayores obtienen ayuda y compañía, y los jóvenes, un alojamiento en el que solamente tienen que pagar los gastos (luz, agua, internet, etc.). Está destinado a:

- personas mayores que pueden ofrecer una habitación;
- estudiantes universitarios capaces de comprometerse y que necesitan alojamiento.

Los compromisos del estudiante

- Compartir el día a día con la persona mayor (un mínimo de dos horas diarias) y hacer con ella actividades cotidianas (pasear, hacer la comida, charlar, ir de compras, visitar al médico...).
- Estar en casa siempre antes de las 22:30 h, excepto un día libre por semana.

Días libres y vacaciones

- El estudiante cuenta con un día (24 h) cada semana para salir, incluida la noche.
- El estudiante puede pasar fuera de casa un fin de semana al mes (de viernes a domingo) y los festivos académicos (Semana Santa, julio y agosto y Navidad).

Fuente de la información: solidarios.org

56. Hemos hablado con un estudiante y una persona mayor que participan en este programa. Lee los testimonios y responde.

Lucas
21 años
Costa Rica

Como no tengo mucho dinero, para mí es una buena solución compartir departamento con una persona mayor. Además, así puedo ahorrar dinero para pagar la universidad. En general estoy muy contento, **aunque** no me gusta llegar a casa antes de las diez y media de la noche.

Adelaida
72 años
Costa Rica

A pesar de que al principio no estaba muy convencida, decidí hacerlo porque me sentía un poco sola. Ahora estoy contenta de tener a un joven en casa porque me gusta su energía y me siento acompañada (*I have company*). Además, ahora disfruto otra vez en la cocina, **y eso que** Óscar, el joven que vive conmigo, es vegetariano.

1. ¿Por qué decidieron participar?
2. ¿Qué ventajas e inconvenientes tiene para ellos el programa "Convive"?

57. En parejas, comenten las respuestas a las actividades 55 y 56.

58. Vuelve a leer los testimonios de Lucas y Adelaida y fíjate en las palabras marcadas en verde. ¿Qué expresan? Habla con un(a) compañero/a y marquen la opción correcta.

- causa
- consecuencia
- oposición

59. En parejas, escriban el testimonio de la persona mayor que vive con Lucas y el del estudiante que vive con Adelaida.

PRONOMBRES POSESIVOS

GRAMÁTICA

PREPÁRATE

60. Juan y Lucía están trabajando en un proyecto intergeneracional y han llevado a clase fotografías de sus abuelos. Lee sus comentarios y escribe historias similares sobre tus abuelos.

Mis abuelos vivían en un pueblo en las montañas. Eran agricultores y los sábados vendían las frutas y las verduras en el mercado. ¿Y los tuyos?

Pues los míos vivían en un pueblo pequeño. Mi abuelo era carpintero, como su padre y sus hermanos, y mi abuela era modista, como su madre.

61. Observa las palabras subrayadas; son posesivos. ¿Sabes cuándo se utiliza mis **y cuándo** los míos?

62. Coloca en el siguiente cuadro los posesivos de las frases de la actividad 60. Después, intenta completar las formas que faltan.

con sustantivo		sin sustantivo
mi abuelo	›	el mío
.... abuela	›	la mía
.... padre	›	el tuyo
tu madre	›	....
su hijo	›	....
.... hija	›	la suya

con sustantivo		sin sustantivo
.... abuelos	›	los míos
mis abuelas	›	....
.... padres	›	los tuyos
tus hermanas	›	....
.... hijos	›	los suyos
sus hijas	›	....

63. Por parejas, compartan sus respuestas a las actividades 60 y 61. y comparen el cuadro de los posesivos de la actividad 62.

64. Trae a clase una foto familiar (antigua o actual) y explica quién es quién al resto de los/as compañeros/as. También pueden hacerse preguntas para descubrirlo.

SONIDOS Y ENTONACIÓN. REPASO

SONIDOS

65. Lee en voz alta estas tres preguntas. Presta atención a la entonación. Luego, escucha cómo se pronuncian.

1. ¿Crees que las distintas generaciones se diferencian mucho entre ellas?
2. ¿Te consideras una persona inconformista?
3. ¿Crees que los jóvenes se preocupan más por la igualdad de género?

ATENCIÓN

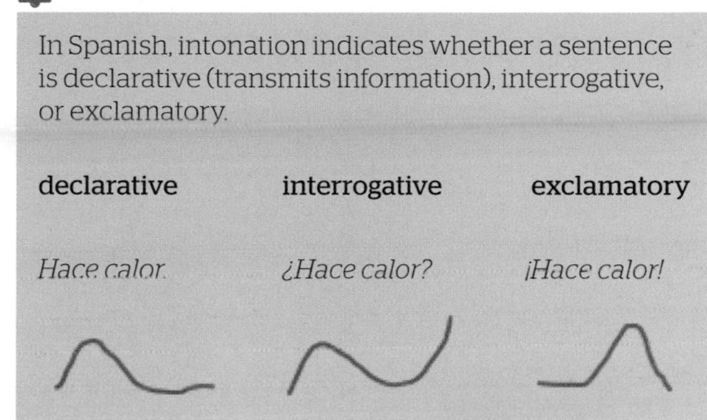

66. Escucha la pronunciación de estas tres frases. ¿Notas la diferencia?

1. Hace calor.
2. ¿Hace calor?
3. ¡Hace calor!

67. Escucha e identifica si las frases son una afirmación, una pregunta o una exclamación. Coloca puntos y signos de interrogación y exclamación donde correspondan.

1. Es necesario que apuntes todas las citas en la agenda
2. Hay que dormir lo suficiente
3. Entregó el trabajo en la fecha límite
4. Le gusta mucho la asignatura de Literatura
5. Le gusta casi todo
6. Te tomas un descanso conmigo
7. Tienes pleno control sobre tu tiempo
8. Tienes unas notas buenísimas

Este es Carlos.

¿Este es Carlos?

68. Escucha estas frases y fíjate en su entonación y en los recursos señalados, que se usan para confirmar una información.

1. Virginia, tú antes vivías en Barcelona, **¿no?**
2. Sí, sí, eso me dijeron. Y trabajas en una ONG, **¿no?**
3. Uf, claro, eso debe de ser duro, **¿cierto?**

69. Escucha estas frases y subraya los otros recursos que usan los hablantes para confirmar una información.

1. Juan, tus padres emigraron a Alemania en los años 70, ¿verdad?
2. Alicia, todavía participas en reuniones con personas de tu barrio, ¿me equivoco?

¡Este es Carlos!

70. Habla con otra persona de la clase: imagina cosas sobre su vida y pídele confirmación usando los recursos que acabas de ver.

71. Observa este cuadro y comenta con tu compañero/a. ¿Qué sonidos les resultan más difíciles? ¿Hay algunos sonidos que les resulten difíciles a los dos? ¿Qué sonidos no existen en inglés?

Sonidos iguales en inglés y en español		
Se escribe	**En español**	**En inglés**
f	**f**uego	**f**ire
m	**m**amá	**m**um
za, zo, zu ce, ci *	**z**ona	**th**ink
s	**s**al	**s**alt
n	**n**ueve	**n**ine
ch	**ch**ino	**ch**inese
l	**l**unes	**l**ove
i, y	se**i**s, ho**y**	sa**y**

Sonidos un poco diferentes		
Se escribe	**En español**	**En inglés**
p	**p**adre	s**p**ill
b,v	**b**ar, **v**er	**b**it
r	ce**r**o	ta**d**ah!
ca, co, cu	**c**asa	
que, qui	**qu**ien	**k**ey
k	**k**ilómetro	

Sonidos que no existen en inglés	
Se escribe	**En español**
b, v	sa**b**e, nue**v**e
t	bo**t**a
d	**d**iez
d	na**d**a
r	**R**oma
g	pa**g**ar

The Spanish Hub TEXTO MAPEADO TEXTO LOCUTADO

HISTORIA

Las soldaderas: *una generación de mujeres revolucionarias*

La Revolución Mexicana fue un conflicto armado *(armed)* que comenzó en México en 1910. Fue una protesta del pueblo contra las grandes desigualdades sociales *(social inequalities)* del país y la represión política del "Porfiriato" - el periodo en el que gobernó el militar *(military man)* Porfirio Díaz (de 1876 a 1911, con breves interrupciones). Los líderes más famosos de esa revolución fueron Francisco (Pancho) Villa, Emiliano Zapata y Venustiano Carranza.

Entre los luchadores había una multitud anónima de mujeres, "las soldaderas", que tuvieron un papel *(role)* fundamental en la revolución y lucharon *(fought)* activamente en ella. Desempeñaron diferentes tareas y varias de ellas fueron espías. Algunas de esas mujeres, fuertes y avanzadas para su época, fueron María Quinteras, Clara Ramos, María de la Luz, Clara de la Rocha y Ángela Giménez.

ANTES DE LEER

72. ¿Has oído hablar de la Revolución Mexicana? ¿Qué crees que fue? Mira la foto y marca la opción correcta.

a. La lucha del imperio azteca contra los colonizadores españoles.
b. Un conflicto armado entre la sociedad civil y los representantes del Gobierno mexicano.
c. Una guerra entre los diferentes territorios de México.

73. Observa la foto. ¿En qué época crees que fue tomada?

DESPUÉS DE LEER

74. Lee el texto y comprueba tus respuestas a las actividades 72 y 73.

75. Subraya los fragmentos donde se da la siguiente información. Luego compara tus respuestas con un(a) compañero/a.

Durante el Porfiriato, había mucha desigualdad social.
Las soldaderas realizaban tareas muy diferentes, también estratégicas.
Las soldaderas eran mujeres con mucha fuerza.

76. ¿En qué momentos de la historia de tu país han tenido las mujeres un papel fundamental? Coméntenlo en pequeños grupos.

conflicto armado: *armed conflict*
desigualdad: *inequality*
luchador: *fighter*
desempeñar: *To be engaged in*
espía: *spy*
avanzado para su época: *ahead of their time*

POESÍA

Las cartas abiertas de Juan Gelman

Durante la dictadura militar de 1976 a 1983, Argentina formó parte de la Operación Cóndor, un plan de inteligencia coordinado por la CIA en el que participaron también las dictaduras *(dictatorships)* en Chile, Brasil, Uruguay, Paraguay y Bolivia. En cooperación entre estos países, se persiguió *(persecuted)*, secuestró *(kidnapped)*, torturó *(tortured)* y asesinó a muchos intelectuales, artistas y activistas de izquierdas. La mayoría desapareció *(disappeared)* sin dejar rastro. Por eso estos casos reciben el nombre de "desapariciones forzadas". La nieta del poeta argentino Juan Gelman, como otros bebés, nació cuando sus padres estaban detenidos. Los militares argentinos la dieron en adopción de manera ilegal a una familia uruguaya. En 2000 conoció por fin a su abuelo.

CARTA ABIERTA A MI NIETO

"... Ahora tenés casi la edad de tus padres cuando los mataron *(killed)* (...). Ellos se quedaron *(dwelled)* en los 20 años para siempre. Soñaban mucho con vos y con un mundo más habitable para vos. Me gustaría hablarte de ellos y que me hables de vos. Para reconocer en vos a mi hijo y para que reconozcas en mí lo que de tu padre tengo: los dos somos huérfanos de él. Los sueños de Marcelo y Claudia no se han cumplido todavía. Menos vos, que naciste y estás quién sabe dónde ni con quién. Tal vez tengas los ojos verdegrises *(green-gray)* de mi hijo o los ojos color castaño *(brown)* de su mujer, que poseían un brillo *(gleam)* especial y tierno y pícaro."

XVII NO QUIERO OTRA NOTICIA SINO VOS

no quiero otra noticia sino vos/
cualquiera otra es migajita donde
se muere de hambre la memoria/cava
para seguir buscándote/se vuelve

loca de oscuridad/
[...]

Juan Gelman y su nieta Macarena.

ANTES DE LEER

77. **Investiga en internet quién es Juan Gelman.**

DESPUÉS DE LEER

78. **Después de leer el texto introductorio, explica con tus palabras qué fue la Operación Cóndor. Luego contesta: ¿por qué se pueden definir las dictaduras sudamericanas como un fenómeno transnacional?**

79. **En parejas, comenten el fragmento de "Carta abierta a mi nieto".**

- ¿Qué dice el fragmento sobre la muerte de su hijo y su nuera?
- ¿Por qué crees que Juan Gelman escribió esta carta abierta?

80. **En parejas, lean el fragmento del poema XVII y contesten:**

- ¿Por qué Gelman define otras noticias como "migajitas"?
- ¿Qué significa "que se muere de hambre la memoria"?

81. **Las desapariciones forzadas caracterizaron las dictaduras latinoamericanas del siglo xx. Investiga en internet sobre otra obra (música, literatura, arte) que haga referencia al tema y compártela con la clase.**

sin dejar rastro: *without a trace*
matar: *kill*
soñar con: *dream of*
huérfano/a: *orphan*
cumplir: *fulfill*
tierno: *tender*
pícaro: *naughty*
cavar: *dig*
migajita: *little crumb*

REVISAR UN TEXTO

PREPÁRATE

82. **Busca un texto tuyo escrito en español y revísalo. ¿Qué cosas podrías mejorar? ¿Por qué?**

83. **Lee este texto sobre la revisión, de Mar Garachana, publicado en *Manual de escritura académica y profesional, estrategias discursivas*. ¿Tuviste en cuenta todas esas cosas en la actividad anterior?**

THE REVISION PROCESS

Revising a text involves ensuring that when you wrote it, you applied all of your knowledge and skills. You therefore need to make strategic decisions when planning the text, selecting the content, and choosing the most appropriate structure, style, and vocabulary. You must also verify that you followed grammar, punctuation, and spelling rules. Additionally, if you included ideas from other writers, you must provide a record of where those authors' ideas and other sources came from and cite them properly.
The following are some aspects to take into account when revising your text.

I. GENERAL CONSIDERATIONS

- Did you let some time pass before you go back to your text?
- Did you consider the purpose and reader of your text?

II. THE CONTENT

- Does the first sentence get across the topic and capture the reader's attention?
- Can the reader understand your ideas with the information you provided?
- Have you made sure that you have expressed your ideas in the most concise ways possible?
- Are all of the ideas relevant?
- Did you use the appropriate register?
- Did you avoid using vague language?
- Did you connect your ideas adequately?
- Did you organize the information appropriately to achieve your goals?
- Did you include any necessary examples?

PREPÁRATE

III. THE STRUCTURE OF THE TEXT

- Does the text follow an introduction–body–conclusion organization?
- Is the information properly distributed into paragraphs? Does each paragraph contain a single idea? Is the length of each paragraph appropriate?
- Did you use the necessary connectors correctly?

IV. THE STYLE OF THE TEXT

- Look at sentence length and ensure that your sentences are neither too short nor too long.
- Make sure that there are no agreement mistakes.
- Are all your sentences complete?

V. WORD CHOICE

- Did you verify that you haven't repeated any words, particularly if they appear close to one another in the text?
- Did you choose the best, most accurate word in every case?
- Did you avoid the use of inaccurate, overused terms such as 'cosa' or 'persona'?

VI. PUNCTUATION AND SPELLING

- Did you follow spelling and accentuation rules?
- Did you use proper punctuation?

VII. DON'T PLAGIARIZE; CITE

- Did you appropriately cite the sources used in your text?

Fuente: "La revisión", Mar Garachana, in *Manual de escritura académica y profesional, estrategias discursivas* (Vol. II), Barcelona (2015).

84. **Revisa el texto de otra persona de la clase teniendo en cuenta lo que has aprendido sobre la revisión.**

PROYECTO EN GRUPO

¿Cómo era la vida antes de...?

Vamos a hacer una presentación sobre cómo vivía la gente antes de un acontecimiento histórico importante.

A. **Fíjense en estas imágenes. ¿Qué acontecimientos representan? Coméntenlo en grupos.**

La revolución (de)...
El fin de...
El descubrimiento de...
La invención de...
La llegada de...
La caída de...
La aparición de...
El movimiento...
El inicio de...

B. **Elijan uno de ellos y preparen una presentación explicando cómo era la vida antes de ese acontecimiento. Pueden ilustrar la presentación con fotos o videos.**

C. **Hagan su presentación al resto de la clase.**

PROYECTO INDIVIDUAL

Una ciudad, una época

Vas a escribir cómo era la vida en una ciudad en una época determinada y a compararla con la vida allí hoy.

A. Piensa en una ciudad que vivió una década interesante en el siglo XX. Puede ser una ciudad de Estados Unidos o de otro lugar y el interés puede ser histórico, social, cultural, musical, etc. Aquí tienes algunas ideas, pero puedes elegir otra.

- Ciudad Juárez en los años 10 durante la Revolución Mexicana.
- Nueva York en los años 60 durante los disturbios *(riots)* de Stonewall.
- París en los años 20 y las vanguardias artísticas.
- San Francisco en los años 60 y el movimiento *hippie*.

B. Investiga y encuentra objetos o imágenes que representen esa época.

- un objeto cotidiano
- una obra artística (pintura, música, diseño gráfico...)
- un edificio
- una película
- un personaje popular o importante

C. Investiga cómo era la vida allí y cómo era la rutina diaria de un grupo de personas que te interese: los jóvenes de tu edad, los artistas, las mujeres, etc.

D. Investiga también cómo es la vida hoy en día para ese colectivo en esa ciudad.

E. Escribe un texto con todo el material y compara ambas épocas. Valora qué cambios son positivos y cuáles negativos. Usa las imágenes para ilustrarlo y ponles pies de foto para explicar qué es cada cosa. Investiga cómo vivían las diferentes generaciones en esa ciudad en la época que escogiste.

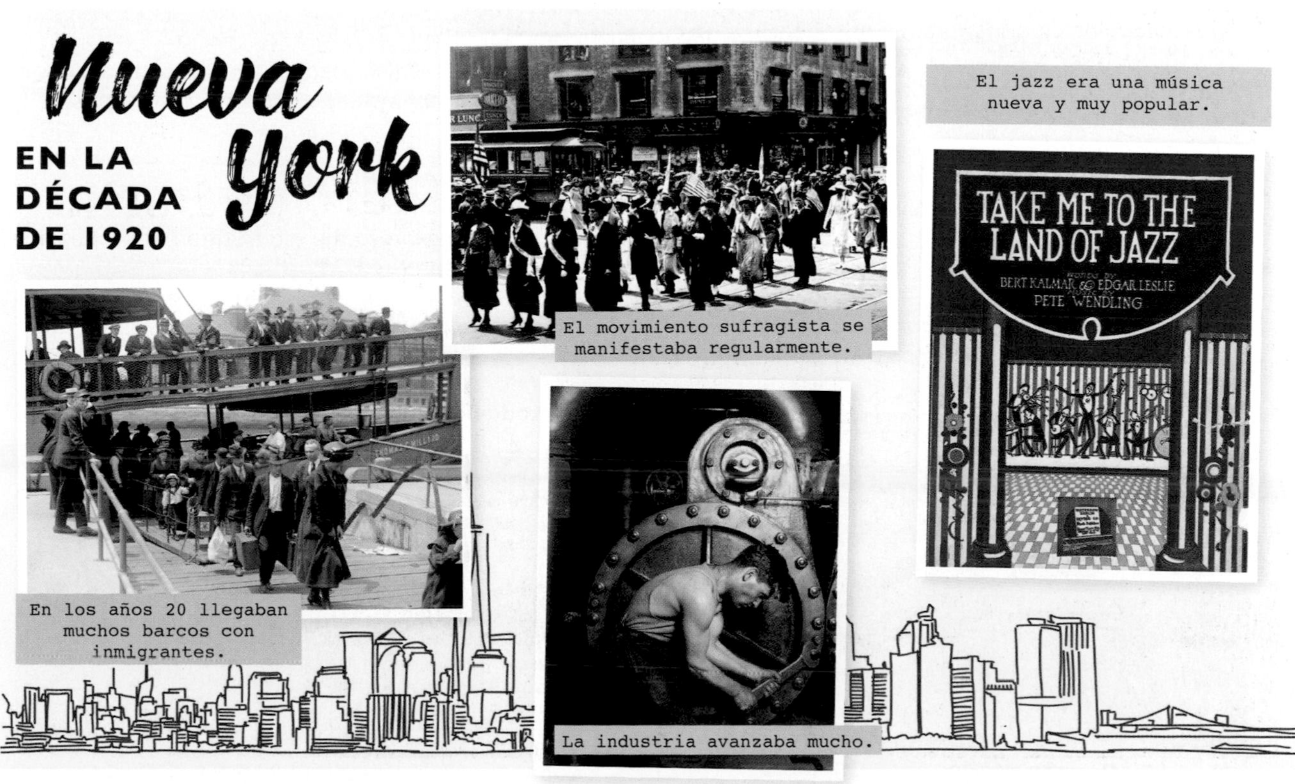

RECURSOS LINGÜÍSTICOS

GRAMMAR

IMPERFECT

▶ Regular verbs
The imperfect is formed by adding the following endings to the root of the verb.

	ESTAR	TENER	VIVIR
yo	est**aba**	ten**ía**	viv**ía**
tú, vos	est**abas**	ten**ías**	viv**ías**
él, ella, usted	est**aba**	ten**ía**	viv**ía**
nosotros/as	est**ábamos**	ten**íamos**	viv**íamos**
vosotros/as	est**abais**	ten**íais**	viv**íais**
ellos, ellas, ustedes	est**aban**	ten**ían**	viv**ían**

▶ Irregular verbs

	IR	SER	VER
yo	**iba**	**era**	**veía**
tú, vos	**ibas**	**eras**	**veías**
él, ella, usted	**iba**	**era**	**veía**
nosotros/as	**íbamos**	**éramos**	**veíamos**
vosotros/as	**ibais**	**erais**	**veíais**
ellos, ellas, ustedes	**iban**	**eran**	**veían**

▶ Uses of the imperfect
The imperfect tense is used to present information as an action not finished at the moment in the past.

*Ella **estudiaba** en Guadalajara.*

To describe people, objects, places, and situations in the past.

*En el Renacimiento la pintura **era** una actividad artística muy importante.*
*Cuando tenía 15 años, **vivía** en Chicago..*

To refer to habits or customs in the past.

*En aquella época los jóvenes **iban** poco a conciertos.*
*De niño, todos los veranos **íbamos** a la Playa del Carmen.*

Playa del Carmen, México

TIME MARKERS

▶ To talk about the past

de niño/a / joven / adolescente / mayor
a los ... años

***De niña** me gustaba mucho la danza.*
***A los 12 años** nadaba en un equipo de natación.*

en esa/aquella época
en aquellos tiempos
entonces
antes

***En aquella época** la gente se comunicaba por teléfono o por carta.*
*Nuestra luna de miel fue en California. **Entonces** era más complicado viajar al extranjero.*
***Antes** la gente no viajaba tanto.*

cuando + past time

***Cuando era** pequeño/a*
***Cuando estudiaba** en la universidad...*
***Cuando vivía** en San Salvador...*

▶ To talk about the present

hoy en día, **en estos momentos**, **actualmente**, **ahora**

***Hoy en día**, muchos jóvenes quieren ser youtubers.*
***En estos momentos**, no tengo pareja.*
***Actualmente**, muchos jóvenes están en paro.*
*Creo que **ahora** no es el momento de comprar una casa.*

Actualmente is a false cognate, a false friend. It does not mean **actually** but instead **currently**, **nowadays**.

YA NO / TODAVÍA + PRESENT

We use **ya no** to express the interruption or suspension of an action or state.

***Ya no** hago deporte. (I used to play sports, but not anymore.)*

We use **todavía** to express the continuity of an action or state.

***Todavía** vivo con mis padres. (I lived with my parents in the past, and I still do.)*

When we ask questions with ***todavía***, we assume that the change in or the interruption of the action is quite likely.

¿Sigues saliendo con Paula? (neutral)

¿Todavía sales con Paula? (their break-up seems logical or likely)

POSSESSIVE ADJECTIVES AND PRONOUNS

▶ Possessive adjectives

Possessive adjectives precede the noun and vary according to the possessor.

	masculine/ feminine singular	masculine/ feminine plural
yo	**mi** abuelo/ abuela	**mis** abuelos/ abuelas
tú	**tu** padre/ madre	**tus** hermanos/ hermanas
él, ella, usted	**su** hijo/ hija	**sus** amigos/ amigas
nosotros, nosotras	**nuestro** padre/ **nuestra** madre	**nuestros** hermanos/ **nuestras** hermanas
vosotros, vosotras	**vuestro** padre/ **vuestra** madre	**vuestros** hermanos/ **vuestras** hermanas
ellos, ellas, ustedes	**su** padre/ madre	**su** padre/ madre

The possessive adjectives **su/sus** can refer to different subject pronouns: **él**, **ella**, **usted**, **ellos**, **ellas**, or **ustedes**.
*Esos son Marcos y **su** padre.* (su = de él)
*Y esos, Marina y **su** padre, ¿no?* (su = de ella)
*Señores Vázquez, este es **su** apartamento.* (su =de ustedes)
*Verónica y Pamela no recuperaron **sus** entradas para el teatro.* (sus = de ellas)

The possessive adjectives for **nosotros** and **vosotros** agree in gender and number with the possession. The rest only agree in number.

▶ Possessive pronouns

Possessive pronouns can appear with the noun they refer to (always after the noun), or alone. They agree in gender and number with the noun.

*Este es Ramón, un amigo **mío**, y esta es Marcia, una colega **suya**.*

*¿Ese celular es **tuyo**?*
*No, **el mío** es este.*

possessor	singular noun	
	masculine	femenine
yo	(el) **mío**	(la) **mía**
tú	(el) **tuyo**	(la) **tuya**
él, ella, usted	(el) **suyo**	(la) **suya**
nosotros, nosotras	(el) **nuestro**	(la) **nuestra**
vosotros, vosotras	(el) **vuestro**	(la) **vuestra**
ellos, ellas, ustedes	(el) **suyo**	(la) **suya**

possessor	singular noun	
	masculino	femenino
yo	(los) **míos**	(las) **mías**
tú	(los) **tuyos**	(las) **tuyas**
él, ella, usted	(los) **suyos**	(las) **suyas**
nosotros, nosotras	(los) **nuestros**	(las) **nuestras**
vosotros, vosotras	(los) **vuestros**	(las) **vuestras**
ellos, ellas, ustedes	(los) **suyos**	(las) **suyas**

Possessive pronouns appear without the noun when it is obvious what they refer to.

-¿De quién son estas bicicletas?
*-Son **nuestras**. [= Son nuestras bicicletas.]*

We use possessive pronouns with the appropriate definite article (**el mío**, **la mía**, **los míos**, **las mías**, etc.) to refer to things of the same category that belong to different people, usually to distinguish between them.

- Esta es la bicicleta de Marcelo, ¿verdad?
- No, la suya es más grande.

We use the possessive pronoun without an article to respond to the question **¿de quién?**

*-**¿De quién** son estos libros?*
*-**Míos**.*

COHESION

COUNTER-ARGUMENTATIVE CONNECTORS

Contrasting linkers connect two pieces of information that are apparently in opposition.

aunque, **a pesar de que**, **y eso que**

They are used to introduce the weaker argument, the information we give less relevance to.

*Me gusta vivir con Juan, **aunque** es muy desordenado.*
*Mi abuelo es muy activo, **a pesar de que** tiene 75 años.*
*Juan está muy contento, **y eso que** la señora con la que vive es un poco rara.*

Y eso que is more informal than ***aunque*** and ***a pesar de que***. It is used mostly in spoken Spanish.

RECURSOS LINGÜÍSTICOS

VOCABULARY

ETAPAS DE LA VIDA *(STAGES OF LIFE)*

- **recién nacido/ bebé** *(newborn/ baby)*
- **niña** *(child)*
- **adolescente** *(adolescent, teenager)*
- **mayor de edad** *(of legal age)* **joven** *(young woman)*
- **mujer de mediana edad, adulta** *(middle-aged woman, adult)*
- **mujer madura** *(mature woman)*
- **mujer mayor/ anciana/de la tercera edad** *(elderly woman)*

HABLAR DE UNA GENERACIÓN *(TALKING ABOUT A GENERATION)*

GENERACIÓN

FORMACIÓN *(EDUCATION)*

estar bien / mal preparado/a
(to be well/poorly qualified)

CARÁCTER *(CHARACTER)*

ser
- individualista *(individualistic)*
- inmaduro/a *(immature)*
- idealista *(idealistic)*
- solidario/a *(caring)*
- inconformista *(nonconformist)*
- consumidor(a) *(a consumer)*
- ecologista *(ecologist)*
- tolerante *(tolerant)*

EDAD *(AGE)*

Tienen ... años
(to be ... years old)

Son los nacidos entre...
(Those born between...)

TRABAJO *(WORK)*

ser
- médico/a *(a doctor)*
- abogado/a *(a lawyer)*
- arquitecto/a *(an architect)*

HÁBITOS *(HABITS)*

alquilar/comprar casa *(to rent/buy a home)*
convivir con otros *(to live with others)*
estar en las redes sociales *(to be on social media)*
actualizar el perfil *(to update one's profile)*
publicar noticias *(to post news)*
comprar de segunda mano *(to buy secondhand)*

IDEALES *(IDEALS)*

soñar con... *(to dream of)*
creer en... *(to believe in)*
aceptar... *(to accept)*
luchar por... *(to fight for)*

la diversidad *(diversity)*
el compromiso *(commitment)*
la igualdad de género *(gender equality)*

PERIODOS Y ACONTECIMIENTOS DE LA HISTORIA
(HISTORICAL PERIODS AND EVENTS)

Antes
(Before)

Ahora
(Now)

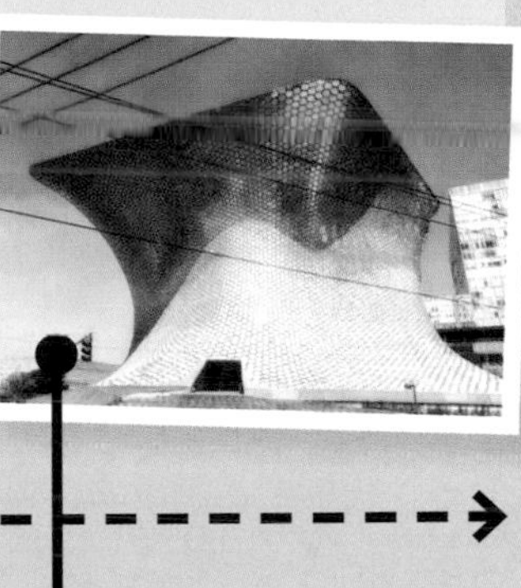

La Antigüedad
(Antiquity)

la invención de la escritura
(the invention of writing)

la caída del Imperio romano
(the fall of the Roman Empire)

La Edad Media
(The Middle Ages)

el inicio de la guerra de los Cien Años
(the beginning of the Hundred Years' War)

la aparición de la peste
(the outbreak of the plague)

El Renacimiento y la Edad Moderna
(The Renaissance and the Modern Age)

la invención de la imprenta
(the invention of the printing press)

el fin del feudalismo
(the end of feudalism)

La Edad Contemporánea/ El siglo ...
(Contemporary History / The... century)

la Revolución rusa
(the Russian Revolution)

la llegada a la Luna
(the Moon landing)

el descubrimiento del radio
(the discovery of radium)

OPUESTOS *(OPPOSITES)*

nacer *(to be born)*

morir *(to die)*

rápido *(fast)*

lento *(slow)*

fácil *(easy)*

difícil *(difficult)*

CAPÍTULO 8

RELACIONES

En este capítulo vas a contar una historia a partir de una imagen.

8

LEARNING OUTCOMES
- Express agreement and disagreement
- Talk about what we would do in certain circumstances
- Talk about past events
- Talk about feelings and emotions

VOCABULARY
- The verbs **prestar**, **dejar**, **pedir**, and **deber**
- Feelings and moods
- Social relationships

LANGUAGE STRUCTURES
- Direct and indirect object pronouns
- The preterite: irregular verbs
- Contrast of preterite / imperfect
- **Ser** and **estar**

ORAL & WRITTEN TEXTS
- Narrative markers
- Reacting to what others say
- The literary narrative text

SOUNDS
- **r** and **rr**

CULTURE
- Mexico and Surrealism
- A short story by Ana María Matute

PROJECTS
- Group: tell a story based on a picture or painting
- Individual: write a story

EN LA RED

PREPÁRATE

1. Mira estos tuits y anota si estás de acuerdo o si te sientes identificado con alguno de ellos.

Yo estoy totalmente de acuerdo con el tuit número 1 porque...

1 **Tobi Llito** @tobillito — Seguir

Tener muchos amigos en Facebook es como tener mucho dinero *(money)* en el Monopoly #nomolocroo

2 **Marisa Rareces** @marisarareces — Seguir

Cuando estás soltera, solo ves parejas felices y cuando estás en pareja, solo ves solteras felices #inconformismos

3 **Manuela Morenos** @manuelamorenos — Seguir

Un #buenvecino es el que no le pone contraseña al wifi

4 **Luis Lorenzo** @luislorenzo — Seguir

Un #hermano puede no ser un buen amigo, pero un buen amigo es siempre un hermano

5 **Me Río de Janeiro** @meríodejaneiro — Seguir

El amor y la felicidad no se publican, se viven #redessociales #amordeverdad

6 **Lourdes Khan** @lourdeskhan — Seguir

El amor es eterno mientras dura *(while it lasts)* #tweetpoesia #amor

7 **Pere Cuarto** @perecuarto — Seguir

En mi libro *Cuánto daño hacen las redes sociales a la pareja*, hablo de la importancia de borrar *(clear)* el historial

2. En grupos, compartan sus respuestas a la actividad 1.
¿Qué tuit es el más popular en la clase? ¿Cuál menos? ¿Por qué?

3. ¿Qué tipo de relaciones son más importantes para ti?
¿Por qué? Coméntenlo en grupos.

pareja | amigos/as | compañeros/as de estudios | compañeros/as de trabajo | familia | personas afines ideológicamente | personas con las que comparto aficiones o intereses

IMÁGENES

PREPÁRATE

4. **Esta imagen ilustra varios modelos de convivencia. ¿Cuáles? Piensa en el estado civil de las diferentes personas que viven en cada apartamento y la relación que puede haber entre ellas.**

Fuente: Eva Vázquez/20 minutos

5. **En parejas, compartan sus respuestas a la actividad anterior.**

Los que viven en el apartamento 1 pueden ser...

6. **En grupos, piensen en otros modelos de familia que no están representados en la ilustración. ¿Cuáles son? Después, compartan la información con el resto de la clase.**

7. **En grupos, comenten sus relaciones de convivencia.**

Vivo...

- con un(a) compañero/a de cuarto
- con mi pareja
- con mi familia
- solo
- con amigos
- en una residencia
- con un(a) compañero/a de apartamento

ATENCIÓN

Es un hombre soltero / una mujer soltera
Es un hombre casado / una mujer casada
Es un hombre viudo / una mujer viuda
Es un hombre separado / una mujer separada
Es un hombre divorciado / una mujer divorciada
Viven en pareja (= they live together)
Tiene pareja (= we don't know if they live together)

LA CAFETERÍA

What positive experiences have you had living with other people?

VIDEO: DENISE HELLION, ANTROPÓLOGA

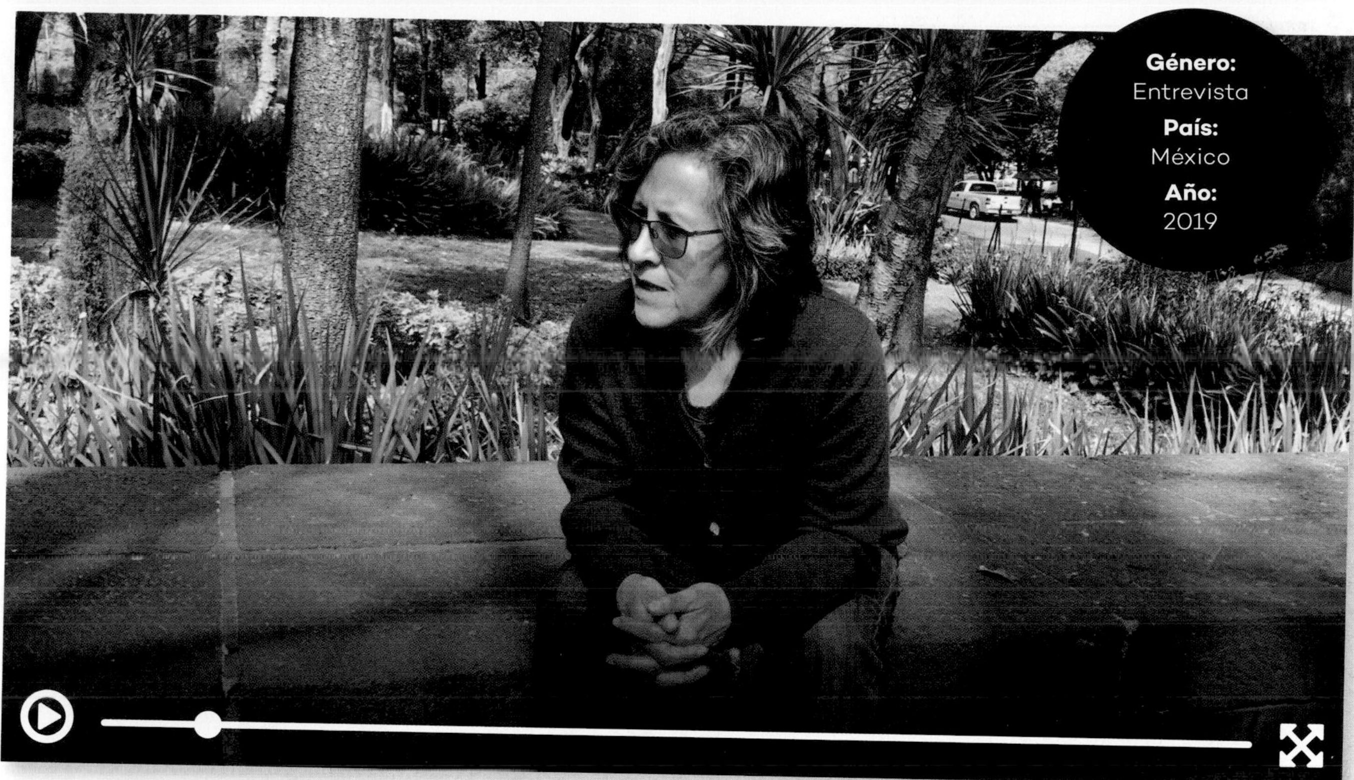

PREPÁRATE

8. La antropóloga mexicana Denise Hellion habla sobre su trayectoria profesional. Ve el video hasta el minuto 01.48 y, mientras lo haces, ordena cronológicamente los siguientes hechos de su vida.

- **Consiguió** una plaza como profesora investigadora en el Instituto Nacional de Antropología e Historia.
- **Empezó** a estudiar en la universidad.
- **Empezó** a trabajar como asistente en el Museo Nacional de las Culturas.
- **Decidió** estudiar la maestría en Historiografía en la Universidad Autónoma Metropolitana.
- **Continuó** el doctorado.

9. Ve el video a partir del minuto 01.48 y marca cuáles de estas afirmaciones hace Denise Hellion.

1. Su equipo lo **formaban** profesionales de varias áreas.
2. La directora **era** una mujer.
3. Ella **tenía** el cargo de subdirectora.
4. **Era** la trabajadora más joven.

10. ¿Qué prejuicios había? ¿Hacia qué colectivos? ¿Qué piensa ella sobre esos prejuicios?

11. En parejas, comparen sus respuestas a las actividades 8, 9 y 10.

12. Hablen en pequeños grupos. ¿Qué opinión tienen sobre los prejuicios de los que habla Denise Hellion?

Yo estoy de acuerdo en que...
Yo también creo que...
Yo creo que no...

LAS RELACIONES EN LA ERA DE LOS *SMARTPHONES*

PREPÁRATE

13. Lee el texto. Resume en una o dos frases la respuesta que da a las cuatro preguntas que plantea.

- ¿Por qué tienen tanto éxito las *apps* para conocer gente?
- ¿Cuáles son las ventajas de conocer a alguien mediante una aplicación?
- ¿Todos los aspectos son positivos?
- Pero... ¿están cambiando realmente las relaciones?

14. En pequeños grupos, comparen sus respuestas a la actividad 13.

15. ¿Estás de acuerdo con las afirmaciones que hace el texto? Discútanlo en pequeños grupos.

—Yo estoy de acuerdo con lo que dice el texto sobre las personas tímidas. Para muchas personas es difícil encontrar amigos...
—Sí, yo también, pero...

16. ¿Qué aplicaciones para relacionarse con gente son más populares en tu entorno? ¿Cuáles están de moda actualmente? ¿Cuáles usas?

Yo uso una para salir a correr con gente. Me gusta mucho correr, pero me cuesta un poco hacerlo solo y con esta app *conozco a otros corredores...*

17. Dos personas hablan sobre algunas aplicaciones para conocer gente. Escucha y completa las fichas.

Objetivo de la *app*:

....

¿A quién conoció gracias a la *app*?

....

Ventajas:

....

Celia
21 años

Objetivo de la *app*:

....

¿A quién conoció gracias a la *app*?

....

Ventajas:

....

Nelson
23 años

18. Escucha de nuevo el audio y marca si las siguientes afirmaciones son de Celia (C) o de Nelson (N).

	C	N
1. Conocí a un grupo de personas aficionadas a la astronomía.		
2. Conocí a un chico japonés que hablaba muy bien español.		
3. Fuimos de vacaciones a Chile para visitar varios observatorios astronómicos.		
4. Quedamos para ir a ver un documental.		
5. Ahora nos vemos una vez al mes.		
6. Ahora nos encontramos todas las semanas.		

Poner *likes*, hacer amigos, mirar el perfil o "seguir" a una persona... Estas acciones habituales eran desconocidas hasta hace muy poco. ¿Las redes sociales y las *apps* nos acercan a los demás o nos alejan de ellos? Aquí pensamos sobre todo ello.

LAS RELACIONES EN LA ERA DE LOS SMARTPHONES

¿Por qué tienen tanto éxito las *apps* para conocer gente?
Porque facilitan la comunicación entre oferta y demanda sin necesidad de intermediarios. Igual que algunas *apps* permiten comprar objetos de segunda mano o alojarnos en casas particulares, otras están especializadas en buscar y encontrar amistades o pareja.

¿Cuáles son las ventajas de conocer a alguien mediante una aplicación?
Para algunas personas es difícil hacer amigos o son demasiado tímidas para acercarse a alguien en un bar. También hay personas que no soportan los lugares en los que típicamente se conoce a gente, como clubes o discotecas. Con las aplicaciones todo es más rápido y, teóricamente, hay menos sorpresas.
En general, buscamos amigos y relaciones de pareja con personas que son similares a nosotros por su clase social, sus intereses y sus aficiones, y eso es, precisamente, lo que facilitan las aplicaciones. Además, cuando nos encontramos con una persona que conocemos a través de una *app*, ya sabemos algunas cosas de él o de ella y nos sentimos más cómodos para empezar a hablar.

¿Todos los aspectos son positivos?
Lo cierto es que la interacción virtual exige menos compromiso que las interacciones en la vida real (¡y da menos miedo!). Por eso, con las aplicaciones, las personas tímidas e inseguras se muestran más abiertas y sufren menos si alguien no se interesa por ellos. El problema es que, según muchos psicólogos, abusar de las redes sociales y las *apps* puede empobrecer seriamente la calidad de las relaciones cara a cara.

Pero... ¿están cambiando realmente las relaciones?
Los usuarios de este tipo de aplicaciones conocen, gracias a ellas, a nuevos amigos, compañeros de actividades (personas con las que practicar una lengua, tocar un instrumento o hacer un deporte...) o al amor de su vida. Para ellos, no es importante el lugar donde se conocieron, sino el hecho de que encontraron nuevas relaciones que los hacen más felices.
Y en lo que respecta al amor, para Helen Fisher, una antropóloga de la Universidad de Rutgers, "las webs de citas no están cambiando el amor ni tampoco de quién te enamoras; lo que sí está cambiando es cómo elegimos a la persona con la que queremos compartir nuestra vida". Según Fisher, tanto en las redes sociales como en el cara a cara, hay unos patrones *(patterns)* naturales que nos hacen elegir a una pareja o a otra (esa cosa que llamamos "química"). Y eso, la tecnología no puede cambiarlo.

PRETÉRITO: VERBOS IRREGULARES

GRAMÁTICA

19. Lee estos textos en los que algunas personas cuentan cómo tuvieron a sus hijos. ¿Conoces casos parecidos? Anótalo.

Empecé los trámites para adoptar a un niño en 2015. Me dijeron que sería difícil por ser un hombre soltero y me pidieron muchos papeles. Al principio me denegaron la adopción, pero seguí intentándolo. En 2019, finalmente, logré presentar todos los papeles y pude volar hasta Vietnam. Allí tuve que firmar muchos papeles más y el 3 de marzo conocí a Paula, mi hija.

Mario
padre de Paula

Siempre quise ser madre. Cuando cumplí 38 años, supe que era el momento de tomar la decisión, así que busqué información sobre el proceso de fecundación *in vitro*. Un día hice una cita y sin pensarlo dos veces empecé el tratamiento. Los primeros intentos no funcionaron, pero los médicos siguieron intentándolo y hace tres años nació Hugo. Lo mejor es que hace una semana Hugo me pidió un hermanito.

Sandra
madre de Hugo

Nos casamos en junio de 2017 en la Ciudad de México. Nuestro entorno familiar es bastante tradicional y, cuando se lo dijimos a nuestras familias, no se pusieron muy contentas. Pero ahora todo cambió, sobre todo desde que tuvimos a Violeta y a Julia. Isabel fue la madre donante de óvulos y yo, la madre gestante.

Isabel y Nuria
madres de Violeta y Julia

20. Fíjate en los verbos subrayados. ¿En qué tiempo están?

21. Clasifícalos en una tabla como esta y escribe el infinitivo correspondiente y la persona gramatical. El número te ayudará a saber cuántas formas verbales de cada tipo hay en el texto.

regular verbs (8)	**verbs with an irregular stem** (9)	**stem-changing verbs** (6)	**completely irregular verbs** (1)
empecé > empezar (yo)	dijeron > decir (ellos)	pidieron > pedir (ellos)	

22. Fíjate en los verbos con cambio de raíz (e > i). ¿Son irregulares en todas las personas? Completa la tabla.

	PEDIR
yo	
tú, vos	pediste
él, ella, usted	
nosotros, nosotras	pedimos
vosotros, vosotras	pedisteis
ellos, ellas, ustedes	

ATENCIÓN

Some regular verbs have spelling changes in the first person singular:
pagar > **pagué**
buscar > **busqué**
empezar > **empecé**

23. Comenten en pequeños grupos sus respuestas a la actividad 19.

24. En parejas, comparen las respuestas a las actividades 20 y 21. En la sección de Recursos lingüísticos pueden revisar sus respuestas y comprobar la tabla de la actividad 22.

¿PRETÉRITO O IMPERFECTO?

GRAMÁTICA

PREPÁRATE

25. Lee la noticia publicada en *El comercio* sobre Yassan y escribe tres adjetivos que definan su personalidad. Y su novia, ¿cómo crees que reaccionó? ¿Crees que se casaron?

Un artista japonés recorrió durante seis meses más de siete mil kilómetros para crear un "dibujo de GPS" y pedirle matrimonio a su novia.

El amor mueve montañas. Yasushi Takahashi, más conocido como Yassan, realizó este larguísimo recorrido (a pie, en auto y en bicicleta) llevando un celular y una aplicación especial que registra el camino. De esta manera hizo su peculiar petición de mano y creó el dibujo GPS más grande de la historia.

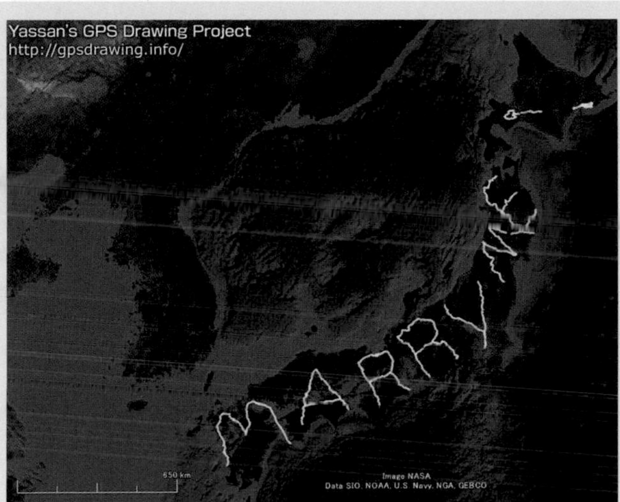

Fuente: Google Earth y Yahushi Takahashi

26. ¿Crees que es un acto de amor? ¿Por qué?

27. Subraya los verbos en pasado del texto. ¿En qué tiempo están?

28. Lee el inicio de la historia de Yassan contado de otra manera. ¿En qué tiempo están los verbos subrayados? ¿Puedes decir para qué se usan?

Todo comenzó en 2008, cuando Yassan tenía 31 años y estaba muy enamorado. En ese momento, Yassan trabajaba como organizador de eventos *(event producer)*, pero decidió dejar su trabajo y llevar a cabo su aventura porque quería demostrar su amor de una manera única. Su viaje tenía un doble objetivo: conocer todo Japón y dibujar un mensaje muy importante para su novia. Llevaba muy poco equipaje, además de un GPS y un mapa.

- Usamos el imperfecto / pretérito para hacer avanzar el relato.
- Usamos el imperfecto / pretérito para describir personas, circunstancias, lugares, etc.
- Usamos el imperfecto / pretérito para expresar acciones habituales en el pasado.

29. En parejas, comparen sus respuestas a las actividades anteriores.

30. Completa esta historia con información relativa a Óscar: la edad, el aspecto físico, el lugar de residencia, los amigos, la pareja, las actividades de tiempo libre, etc. Después, compara tu historia con la clase.

- empezó a estudiar medicina en Bariloche en 2011
- entró en el grupo de teatro de la universidad en 2013
- consiguió un papel en una serie de televisión en 2016
- se convirtió en una estrella y fue muy popular entre los adolescentes entre 2018 y 2019
- ...

EXPRESAR SENTIMIENTOS

PREPÁRATE

31. Lee este pequeño texto sobre las reuniones familiares. ¿Estás de acuerdo con lo que dice? Según tu opinión, ¿qué épocas o situaciones familiares pueden provocar estrés?

En los países hispanos, muchas familias celebran las fiestas de Navidad y, en algunos casos, puede convertirse en un motivo de estrés: el cansancio, los compromisos, el reencuentro con la familia, las compras, la presión de ser el anfitrión, las discusiones, la falta de ejercicio o los excesos en comida y bebida pueden llevarnos a disfrutar de esta época menos de lo que nos gustaría.

32. Lee los testimonios de siete personas que cuentan sus experiencias en las reuniones familiares. ¿Qué testimonios expresan sentimientos positivos y cuáles negativos? Subraya los verbos y las expresiones que expresan esos sentimientos.

Me siento agredida cuando toda mi familia me pregunta si ya tengo novio.

Amy

No soporto a la familia de mi esposo.

Jackie

Me cae muy mal mi cuñado: no soporto sus bromas machistas.

Celia

A mí me gustan las celebraciones familiares, me encanta preparar comida para muchas personas y no me molesta estar todo el día cocinando.

Pablo

Me cuesta mantener *(hold)* una conversación con personas a las que no veo durante todo el año.

Álex

Me siento muy bien rodeado de todos mis seres queridos. Me encantan las comidas familiares.

Darien

Yo me siento muy afortunada de tener una familia muy grande. Lo bueno es que me llevo muy bien con todos y en Navidad la pasamos de maravilla juntos.

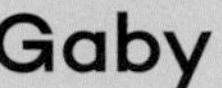

Gaby

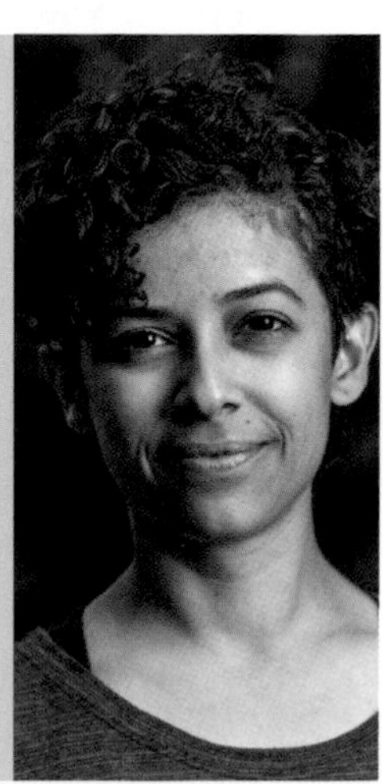

33. En parejas, comparen sus respuestas a las actividades 31 y 32. ¿Con qué testimonios te sientes más identificado/a?

Yo me siento identificado con Álex, porque me cuesta mantener una conversación con algunas personas de mi familia a las que no veo casi nunca.

34. **¿Cómo se traducen al inglés las siguientes expresiones? Escríbelas.**

- Me siento afortunado de tener una gran familia.
  ....
- Me siento agredido cuando...
  ....
- Me molesta algo / alguien / hacer algo
  ....
- La paso bien cuando...
  ....
- Me siento muy bien/mal rodeado de mi familia.
  ....
- No soporto algo / a alguien
  ....
- Me cuesta algo / hacer algo
  ....
- Me llevo bien/mal con alguien
  ....

35. **Comprueba tus respuestas a la actividad 34 con un(a) compañero/a y consulta el apartado de Recursos lingüísticos.**

36. **Escucha a estas cuatro personas. Marca quién hace las siguientes afirmaciones.**

	1	2	3	4
a. Le cuesta encontrar temas de conversación con sus vecinos.				
b. Le cae muy bien alguien.				
c. Se siente muy bien cuando recibe una visita sorpresa.				
d. No soporta a su cuñado.				

37. **Completa estas frases escribiendo sobre ti y tus relaciones sociales.**

- Me cuesta ....
- Me cuestan ....
- No soporto ....
- Me caen muy bien ....
- Me cae muy mal ....
- Me siento muy bien cuando ....
- Me siento muy mal cuando ....
- Me llevo muy bien con ....
- Me molestan ....

38. **¿Cómo son tus sentimientos y tus relaciones en estas situaciones? Habla con un(a) compañero/a utilizando las expresiones de las actividades 34 y 37.**

- En las fiestas familiares
- En el trabajo
- En mi apartamento o residencia
- Con mis hermanos
- Con mi pareja
- ...

SER Y ESTAR

GRAMÁTICA

PREPÁRATE

39. Escucha esta conversación entre dos amigas. ¿Qué están haciendo? ¿De quién están hablando?

40. Lee ahora la conversación y subraya en dos colores diferentes las oraciones con los verbos ser **y** estar. **Después, completa los usos de estos dos verbos.**

—¡Ah! Mira esta foto; esta es mi hermana.
—¡Qué linda! ¿Es Silvina o Mariana?
—Es Mariana, la pequeña. Sí, es muy linda y muy agradable. Y además es muy inteligente...
—¿A qué se dedica?
—Es ingeniera. Está trabajando para una empresa muy importante.
—¿Dónde están ustedes aquí? Esto no es México, ¿no?
—No, en esta foto estamos en Bogotá. Su novio es colombiano y ella vive allí. Es ese chico que está detrás.
—¿El que está sentado y tiene mala cara?
—Sí. Es que ese día estaba mal porque tenía fiebre o algo así. Y ella estaba muy nerviosa.

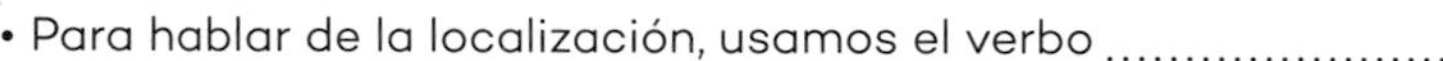

- Para hablar de la localización, usamos el verbo ....

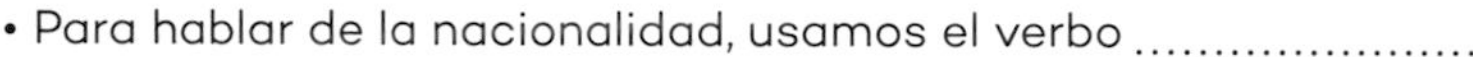

- Para hablar de la nacionalidad, usamos el verbo ....

- Para hablar de la profesión, usamos el verbo ....
- Para hablar del carácter de alguien, usamos el verbo ....
- Para identificar a alguien, usamos el verbo ....
- Para hablar del estado de ánimo de alguien (contento/a, deprimido/a, etc.), usamos el verbo ....

41. En parejas, comparen sus respuestas a las actividades 39 y 40.

42. En parejas, lean estos pares de oraciones. ¿En qué se diferencian los significados de las oraciones 1 y 2? Comparen sus respuestas con el resto de la clase.

A

1. Osvaldo **es** muy guapo, ¿verdad?
2. Hoy, con ese jersey, Osvaldo **está** muy guapo.

B

1. Ernesto **está** muy serio (*serious*) últimamente. Creo que está preocupado (*worried*).
2. Ernesto **es** muy serio. Sonríe (*smiles*) poco.

43. Relaciona cada oración con su continuación más lógica. Luego compara tus respuestas con un(a) compañero/a.

1. Los hijos de Pedro y Juani son muy simpáticos. **2.** Los hijos de Pedro y Juani están muy simpáticos.	**a.** Creo que les caes bien. **b.** Por eso tienen muchos amigos.
3. Clara es muy tímida (*shy*). **4.** Clara está muy tímida.	**c.** Qué raro; normalmente habla con todo el mundo. **d.** No habla mucho.
5. Tu madre está en casa. **6.** ¿Tu madre es de Perú?	**e.** Sí, de Arequipa. **f.** Sí, está cansada.

ATENCIÓN

alto/a
bajo/a
delgado/a
feo/a
gordo/a
grande
guapo/a
lindo/a
pequeño/a
viejo/a

44. Escribe otros ejemplos con adjetivos como simpático/a, tranquilo/a **y** moreno/a **y, después, compara los resultados con otros/as compañeros/as.**

RELACIONES SENTIMENTALES

VOCABULARIO

PREPÁRATE

45. Observa este vocabulario y escribe la historia de una pareja real o ficticia usando al menos seis de estos verbos.

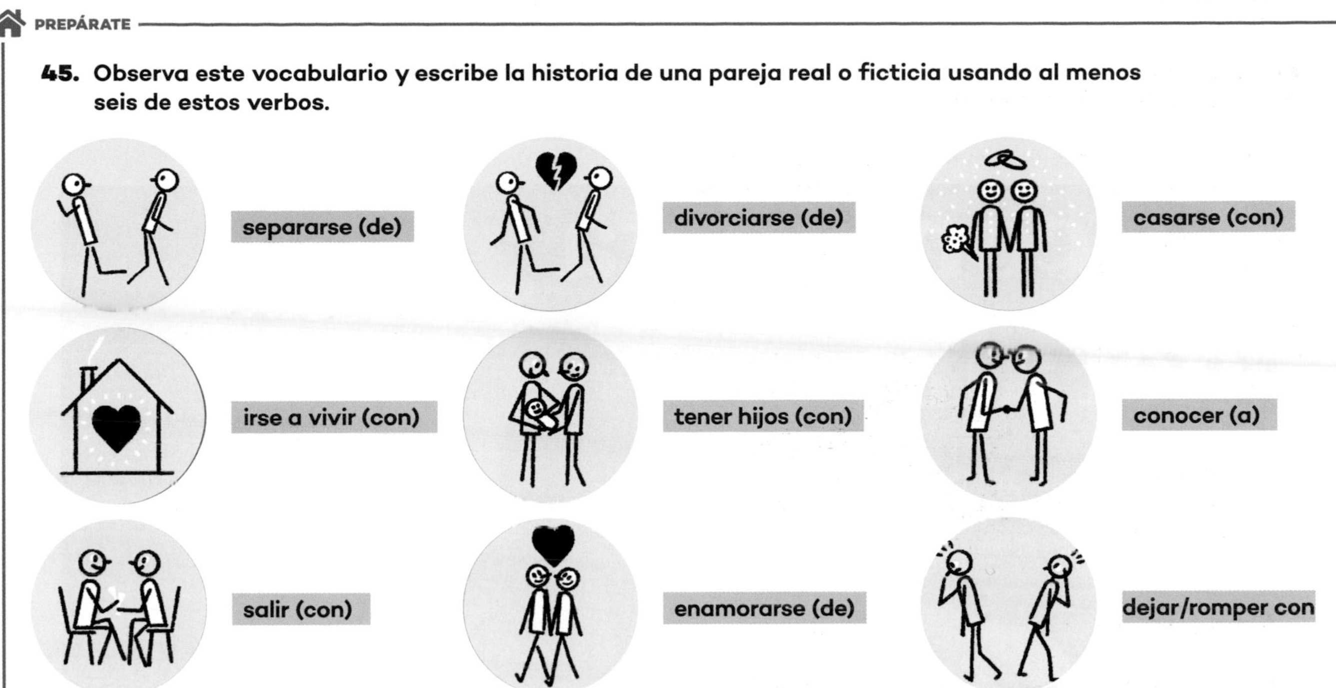

46. En grupos, compartan sus respuestas a la actividad 45.

47. ¿Conoces a alguien que haya pasado por todas estas fases? Coméntalo con tus compañeros/as.

48. Lee estos testimonios. ¿Has tenido una experiencia similar o conoces a alguien que la haya tenido? Coméntenlo en grupos.

Mi esposa y yo nos casamos sin vivir juntos antes y nunca tuvimos ningún problema de convivencia importante.

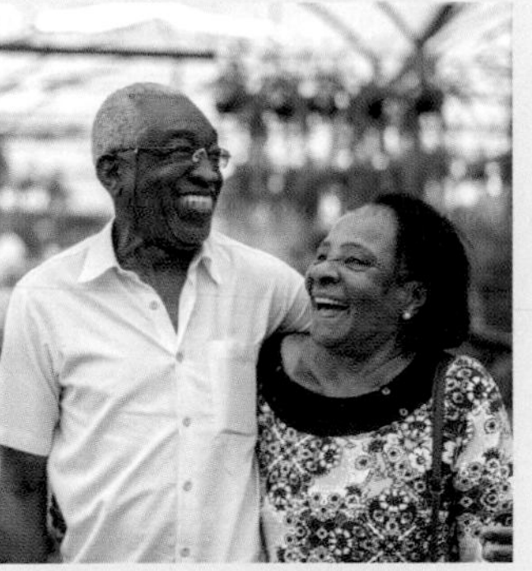

Nunca salgo con nadie cinco años mayor o menor que yo. No tenemos nada en común.

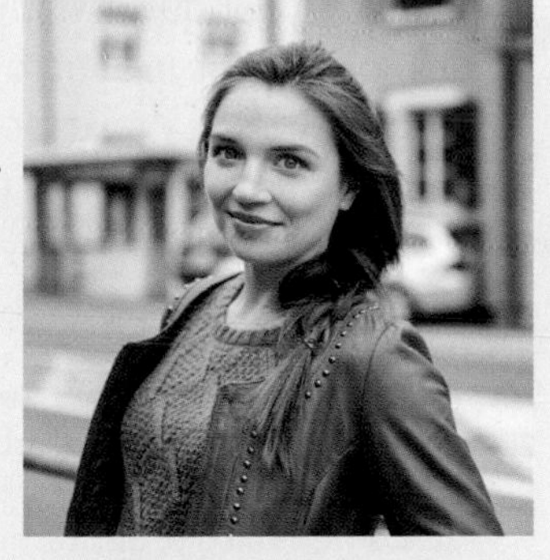

Estaba saliendo con una chica y, de repente, un día desapareció y dejó de contestar mis mensajes. Al día siguiente me borró de todos sus perfiles. No sé qué hice mal.

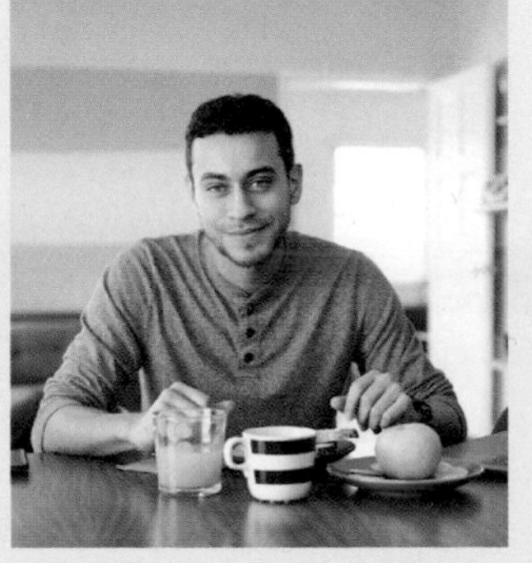

Soy muy joven para tener una relación seria. Ahora solo quiero pasarla bien, estar con mis amigos y conocer a mucha gente.

PRONOMBRES DE OD Y DE OI

 PREPÁRATE

49. Lee el argumento de la novela *La conquista del aire* (1998), de Belén Gopegui. ¿Por qué surge un conflicto entre los amigos?

Belén Gopegui

Santiago, Marta y Carlos son amigos de la universidad y se conocen desde hace más de quince años.

Un día, Carlos les pide dinero a sus amigos Santiago y Marta; **lo** necesita urgentemente. Ellos le preguntan para qué es y, finalmente, se **lo** prestan, aunque eso supone para ellos aplazar *(postpone)* otros proyectos o abandonar**los**. Por ejemplo, Marta y su esposo pensaban comprar una casa, pero ahora ya no **la** pueden pagar.

Pasan los meses y Carlos no les devuelve el dinero. Santiago y Marta no se **lo** dicen, pero el préstamo está afectando a sus respectivas relaciones de pareja.

La novela muestra cómo las preocupaciones materiales influyen en las relaciones de pareja y de amistad y cómo **las** pueden llegar a destruir.

50. Lee estos fragmentos de la actividad 49: ¿a qué se refieren los pronombres marcados en negrita? Después, completa la tabla.

1. **Lo** necesita urgentemente > el dinero
2. No **la** pueden pagar > ....
3. Eso supone abandonar**los** > ....
4. Santiago y Marta no se **lo** dicen > ....
5. cómo **las** pueden llegar a destruir > ....

Pronombres de objeto directo *(Direct object pronouns)*	
masculino singular o parte del discurso	**femenino singular**
....	....
masculino plural	**femenino plural**
....	....

51. **En grupos, comenten sus respuestas a las actividades 49 y 50.**

52. **Piensa en alguna ocasión en la que pediste prestado algo importante a tus amigos o en la que te lo pidieron a ti. ¿Lo devolviste o te lo devolvieron pronto? Habla con un(a) compañero/a.**

Una vez le presté 200 dólares a un amigo y...

ATENCIÓN

Prestar algo a alguien
*Marta le **prestó** dinero a su amigo Carlos.*
Pedir (prestado) algo a alguien
*Carlos me **pidió** dinero (prestado).*
(= We don't know if the speaker has already loaned him the money, or if Carlos is still waiting for a response.)
Deber algo a alguien
*Carlos me **debe** dinero.*

53. **Lee estas otras frases del texto de la página 200: ¿a qué se refieren los pronombres en negrita? Después, completa la tabla.**

1.	• Carlos **les** pide dinero a sus amigos. > .... • Ellos **le** preguntan para qué es. > ....
2.	• Ellos **se** lo prestan. > .... • Ahora ya no **se** la pueden pagar. > ....

Pronombres de objeto indirecto *(Indirect object pronouns)*	
masculino y femenino singular	**masculino y femenino plural**
.... (................)	.... (................)

ATENCIÓN

An indirect object is a noun or a pronoun that indicates to whom or for whom an action is done.

ATENCIÓN

Direct and indirect object pronouns appear before verbs, except in the case of infinitives and gerunds.
*¿El dinero? **Lo** necesito para un negocio.*
*¿El dinero? Tengo que llevar**lo** al banco.*
*¿El regalo de María? Estoy comprándo**lo** ahora.*

54. **En pequeños grupos, comparen sus respuestas a la actividad 53. Pueden consultar los Recursos lingüísticos.**

55. **Imagina estas situaciones. ¿Cómo reaccionarías? Habla con un(a) compañero/a.**

... tu mejor amigo/a te pide el automóvil.

... un(a) desconocido/a te pide el celular para hacer una llamada.

... te hacen un regalo que no te gusta.

... recibes un mensaje en el celular y no sabes de quién es.

— *Si es muy buen amigo, yo normalmente se lo presto.*
— *Pues... yo no le dejo mi auto a nadie, es nuevo y...*

ATENCIÓN

When direct (DO) and indirect object (IO) pronouns appear together, the order is IO + DO.
- *¿Te dieron mi mensaje?*
- *Sí, **me lo** dieron esta mañana.*

The IO pronouns **le** and **les** become **se** when they appear before the DO pronouns **lo**, **la**, **los**, and **las**.
Ya ~~le lo~~ expliqué. 
*Ya **se lo** expliqué. (= el plan a Juan / a María)* 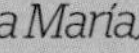
Ya ~~les la~~ envié. 
*Ya **se la** envié. (= la invitación a mis amigos/as)* 

ATENCIÓN

SECOND AND THIRD-PERSON DO PRONOUNS
lo: you (m., form.), him; it (m.)
la: you (f. form.), her; it (f.)
los: you (m.), them (m.)
las: you (f.), them (f.)

*¿Vino con su novio? ¿**Lo** conociste?*

SECOND AND THIRD-PERSON IO PRONOUNS
le: (to, for) you (form.)
(to, for) him; her
les: (to, for) you (form.)
(to, for) them

*Sí, vino con él y **le** di la invitación.*

RECURSOS PARA NARRAR

CARACTERÍSTICAS DEL TEXTO

PREPÁRATE

56. Escucha a Inés contar cómo conoció a alguien importante en su vida y responde a estas preguntas.

- ¿De quién habla?
- ¿Dónde la conoció?
- ¿Cuándo empezaron su relación?
- ¿Cuándo se reencontraron?

57. Lee ahora la transcripción de la conversación y fíjate en las palabras que están en negrita. ¿Sabes para qué se usan? Clasifícalas en un cuadro como el de abajo.

— ¿A que no sabes cómo conocí a Marta?
— Pues no, ni idea.
—Es una historia muy graciosa...
— ¿Ah, sí? Cuenta, cuenta...
— Pues mira, **resulta que** Marta y yo somos las dos de cerca de Santa Ana e íbamos juntas a la escuela.
— ¡No me digas! ¡Qué gracioso!
— Sí, sí, durante toda la Primaria. **Luego**, en Secundaria, no nos vimos casi porque mi familia se mudó a otra ciudad.
— Ya.
— **La cosa es que** a los 16 años, yo tenía claro que quería hacer algo artístico, en aquel momento quería ser bailarina, hacía ballet.
— ¿Ah, sí? ¡No lo sabía!
— Sí, sí, pero tuve un accidente y tuve que abandonar la danza.
— ¿En serio? ¿Qué pasó?
— Es una historia muy larga... Bueno, **el caso es que** un día fui con unas amigas a un concierto, yo no conocía el grupo, pero mis amigas sí. Empieza el concierto y **de repente** sale Marta al escenario: ¡ella era la batería del grupo!
— ¡No! ¡Qué casualidad! ¿Y qué pasó?
— Nada. El concierto me encantó y esperé hasta el final para saludarla y hablar con ella.
— Claro.
— Pues nada, estuvimos hablando, mucho rato, ella fue supersimpática y **entonces** me dijo que estaban buscando una cantante.
— ¡Qué bueno! ¿Y tú cantabas ya?

Introducir un tema o comenzar una historia	Añadir una explicación o un desarrollo
Resulta que...	

58. Fíjate ahora en las frases subrayadas y organízalas en una tabla como esta.

Valorar la situación o lo sucedido	Dar la razón o mostrar acuerdo	Pedir más información	Mostrar sorpresa

59. Compara tus respuestas a las actividades 56, 57 y 58 con un(a) compañero/a.

60. En parejas, preparen cada uno tres o cuatro afirmaciones interesantes, sorprendentes o extrañas. Por turnos, díganselas a su compañero/a, que debe reaccionar con estas expresiones.

¡No me digas! | **Cuenta, cuenta...** | **¡Qué mala suerte!** | **Ya, claro** | **¿Ah, sí? No lo sabía** | **¡Qué interesante!**

— ¿Sabes que el nuevo profesor de Lingüística Aplicada tiene seis hijos?
— ¿Ah, sí? No lo sabía. Pero parece muy joven, ¿no?

LA PRONUNCIACIÓN DE LA R

SONIDOS

61. Escucha estas palabras y clasifícalas en la tabla según el sonido de la letra r.

doctor **Costa Rica** **correo** **Derecho** **carro** **Europa** **Rosa** **Andrea** **revista** **serie** **trabajo** **tren** **compra**

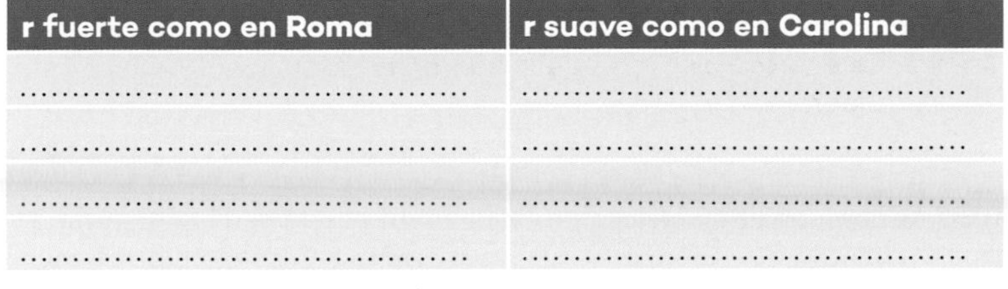

r fuerte como en Roma	r suave como en Carolina
....	....
....	....
....	....
....	....

62. Lee estas afirmaciones sobre la pronunciación de la letra r según su posición en la palabra y marca la opción correcta, en cada caso.

1. Al final de la palabra se pronuncia de manera **suave** - **fuerte**, como en **doctor**.
2. Detrás de consonantes se pronuncia de manera **suave** - **fuerte**, como en **Andrea**.
3. Al inicio de la palabra se pronuncia de manera **suave** - **fuerte**, como en **revista**.
4. La **r** doble se pronuncia de manera **suave** - **fuerte**.

 **ATENCIÓN**

There are some words that are very similar and differ only in the pronunciation of the r: pero - perro, coro - corro.

 **ATENCIÓN**

The Spanish **ere** may seem like a difficult sound, but you actually already know how to make it. The sound that you make in English when you say *ta-dah!* or *butter* is the same as the Spanish r. You only have to dab your tongue against your palette.

63. Repite las siguientes palabras:

- iris
- para
- ahora
- compañero
- pareja
- marido
- soltera
- carrera

 **ATENCIÓN**

If you have trouble pronouncing the **ere** when it follows another consonant, as in **sombrero** or **padre**, imagine a vowel in between. In other words, to pronounce **padre**, first pronounce **padere** and then say it more quickly each time until you pronounce **padre**.

64. Repite las siguientes palabras:

- padre
- madre
- sobrino
- abrir

 **ATENCIÓN**

If you find it difficult to pronounce the **ere** in words like **relación**, you can begin by pronouncing the Spanish **tr**, as in **tren**, and saying it faster each time until you pronounce: **tr,tr,tr** > **rrr**.

65. Repite las siguientes palabras:

- relación
- Roma
- roto
- irregular
- narrativa
- tierra

66. Para cada pareja de palabras, di una en voz alta a tu compañero/a. Él/Ella tendrá que adivinar cuál le has dicho.

a.	☐ para	☐ parra
b.	☐ pera	☐ perra
c.	☐ pero	☐ perro
d.	☐ enterar	☐ enterrar
e.	☐ caro	☐ carro

PINTURA

México y el surrealismo: *un hilo que une a tres pintoras*

El surrealismo fue un movimiento artístico de vanguardia que se desarrolló en Europa en la primera mitad del siglo XX en muchos ámbitos, como la literatura, la pintura, la escultura y también en el cine. Nació en un contexto de revoluciones y crisis políticas, de grandes cambios en la sociedad occidental. Su objetivo era romper con el pasado, con la lógica del arte burgués. Una de sus características fue la liberación de la mente para crear más allá de la razón, usando el inconsciente y los sueños. Al mismo tiempo, el surrealismo defendía que el artista debe hacer de la propia vida una obra de arte. Los surrealistas crean nuevas imágenes, provocan, sorprenden, son irreverentes, ya no imitan la naturaleza, exploran nuevos temas y significados que antes estaban prohibidos en el arte. En México el surrealismo tuvo un desarrollo muy fructífero. Allí artistas mexicanos y muchos europeos exiliados como el cineasta Luis Buñuel se encontraron en torno a este movimiento en un ambiente intelectual de gran libertad y tolerancia. Entre las mujeres, destacan especialmente tres artistas que estuvieron muy vinculadas con el país. La primera es Frida Kahlo, quizás la pintora mexicana más célebre de la historia. La segunda, Leonora Carrington, que aunque nació en Inglaterra, emigró a México, se nacionalizó mexicana y produjo allí buena parte de su obra. La tercera es Remedios Varo, nacida en España, pero que —como Carrington— emigró a México cuando estalló la guerra civil española. Todas ellas comparten el interés en el inconsciente, los sueños, el cuerpo, la memoria personal, lo mítico y la magia, así como la cercanía a la naturaleza. Las tres artistas encontraron caminos diferentes para reflejar su propio mundo interior.

1. Frida Kahlo (1908-1963)

2. Remedios Varo (1917-2011)

3. Leonora Carrington (1907-1954)

ANTES DE LEER

67. **¿Sabes qué es el surrealismo? ¿Lo asocias con algo? Anótalo.**

DESPUÉS DE LEER

68. **Lee el texto sobre el surrealismo. ¿Coincide con las respuestas que has escrito en la actividad anterior?**

69. **Mira las imágenes y anota lo que te sugiere cada una. ¿Qué tienen en común? ¿Qué las diferencia? Habla con un(a) compañero/a.**

70. **En parejas, decidan un título para cada una de las obras y expliquen su decisión.**

71. **Hablen en pequeños grupos. ¿Cuáles son las diferencias entre estas imágenes de Kahlo, Varo y Carrington y otras imágenes típicas del arte clásico, convencional?**

72. **Busca otras obras de estas artistas, escoge una que te guste y preséntasela a la clase.**

fructífero: *fruitful*
en torno a: *around*
destacar: *to stand out*
vinculado: *connected*
estallar: *to break out*
cercanía: *closeness*

LITERATURA

El niño al que se le murió el amigo
Ana María Matute

Una mañana se levantó y fue a buscar al amigo, al otro lado de la valla. Pero el amigo no estaba, y, cuando volvió, le dijo la madre: "el amigo se murió. Niño, no pienses más en él y busca otros para jugar". El niño se sentó en el quicio de la puerta, con la cara entre las manos y los codos en las rodillas. "Él volverá", pensó. Porque no podía ser que allí estuviesen las canicas, el camión y la pistola de hojalata, y el reloj aquel que ya no andaba, y el amigo no viniese a buscarlos. Vino la noche, con una estrella muy grande, y el niño no quería entrar a cenar. "Entra, niño, que llega el frío", dijo la madre. Pero, en lugar de entrar, el niño se levantó del quicio y se fue en busca del amigo, con las canicas, el camión, la pistola de hojalata y el reloj que no andaba. Al llegar a la cerca, la voz del amigo no le llamó, ni le oyó en el árbol, ni en el pozo. Pasó buscándole toda la noche. Y fue una larga noche casi blanca, que le llenó de polvo el traje y los zapatos. Cuando llegó el sol, el niño, que tenía sueño y sed, estiró los brazos, y pensó: "qué tontos y pequeños son esos juguetes. Y ese reloj que no anda, no sirve para nada". Lo tiró todo al pozo, y volvió a la casa, con mucha hambre. La madre le abrió la puerta, y le dijo: "cuánto ha crecido este niño, Dios mío, cuánto ha crecido". Y le compró un traje de hombre, porque el que llevaba le venía muy corto.

Ana María Matute. "El niño al que se le murió el amigo", *Los niños tontos*.

ANTES DE LEER

73. **¿Cómo crees que va a ser un relato con este título? (alegre, melancólico, etc.)**

DESPUÉS DE LEER

74. **¿Cuáles son los temas principales que se tratan en el relato? Razona tu respuesta.**

75. **¿Por qué crees que se le llenó el traje de polvo durante la noche? Escríbelo.**

76. **La autora representa el paso de la infancia a la vida adulta a través de los objetos. ¿Qué importancia tiene el reloj en el relato?**

77. **¿Cómo interpretas el final del cuento? ¿Por qué ha crecido tanto el niño en esa noche? Hablen en pequeños grupos.**

valla: *fence*
hojalata: *tin*
quicio: *doorway*
canicas: *marbles*
pozo: *well*
cerca: *fence*
blanca: *sleepless*

EL TEXTO LITERARIO NARRATIVO

PREPÁRATE

78. **¿Sabes qué es un texto narrativo literario? ¿Qué tipos de textos narrativos literarios conoces?**

79. **Lee el texto "Las características del texto narrativo literario". Después, analiza el cuento de Ana María Matute teniendo en cuenta las seis características mencionadas en el texto.**

The characteristics of literary narrative text

1. ***NARRADOR***

Primera persona. The story is told from the point of view of the main character or a secondary observer. The narrator uses **I** or **we**.

Segunda persona. The narrator uses **you**, sometimes holding up a mirror to the main characters.

Tercera persona. The person telling the story may know everything that happens and everything that the characters think and feel, or may maintain neutrality as an impartial observer.

Múltiples narradores. Different voices are combined in the narration.

El cuento está narrado en primera persona...

2. ***ESTRUCTURA***

The story presents a beginning or setup, a climax or conflict, and an ending or resolution to the conflict. This sequence may present itself in a linear, chronological fashion, **lineal**, or the narration may start **in medias res,** which is to say in the middle of the story, or even at the end. Sometimes the technique of the **flashback** is used: the narration turns to a past that is related to the events of the present.

Su estructura es lineal porque sigue el orden cronológico...

3. ***ACCIÓN***

This refers to the events that occur. There can be a single main action, a main action ***(acción principal)*** and various secondary actions ***(varias acciones secundarias)***, or various parallel actions ***(acciones paralelas)***.

La acción principal de la historia es....

4. ***PERSONAJES***

Personalidad. Characters sometimes represent stereotypes like the hero, the antihero, the villain, the fool, the victim ***(el héroe, el antihéroe, el villano, el gracioso, la víctima)***. Others have more complex psychological qualities. They may change or transform over the course of the story, or they may not.

Participación. The characters can have a main or secondary role, and can be protagonists or antagonists ***(protagonistas o antagonistas).***

Perfil. This refers to concrete information about the first name, last name, gender, age, family, relationships, nationality, profession, etc., of the main characters ***(personajes principales)***.

El personaje principal es un antihéroe...

5. ***ESPACIO***

Físico. The place(s) where the events happen. It can be open (the characters change locations), or closed (the story unfolds in one single location).

Social. This is the cultural, economic, or social environment in which the events take place.

Psicológico. This is the characters' inner space. The emotional relationships established in the story may be sad, aggressive, happy, etc.

La obra se desarrolla en la casa de la abuela...

6. ***TIEMPO***

Externo. The period or moment in which the events happen.

Interno. The duration of the narrated events. They can last hours, days, weeks, months, years, etc.

La acción transcurre durante las vacaciones de verano...

PREPÁRATE

Una mañana se levantó y fue a buscar al amigo, al otro lado de la valla (*fence*). Pero el amigo no estaba, y, cuando volvió, le dijo la madre: "el amigo se murió. Niño, no pienses más en él y busca otros para jugar". El niño se sentó en el quicio de la puerta (*doorway*), con la cara entre las manos y los codos en las rodillas. "Él volverá", pensó. Porque no podía ser que allí estuviesen las canicas (*marbles*), el camión y la pistola de hojalata (*tin*), y el reloj aquel que ya no andaba, y el amigo no viniese a buscarlos. Vino la noche, con una estrella muy grande, y el niño no quería entrar a cenar. "Entra, niño, que llega el frío", dijo la madre. Pero, en lugar de entrar, el niño se levantó del quicio y se fue en busca del amigo, con las canicas, el camión, la pistola de hojalata y el reloj que no andaba. Al llegar a la cerca (*fence*), la voz del amigo no le llamó, ni le oyó en el árbol, ni en el pozo (*well*). Pasó buscándole toda la noche. Y fue una larga noche casi blanca (*sleepless*), que le llenó de polvo el traje y los zapatos. Cuando llegó el sol, el niño, que tenía sueño y sed, estiró los brazos, y pensó: "qué tontos y pequeños son esos juguetes. Y ese reloj que no anda, no sirve para nada". Lo tiró todo al pozo, y volvió a la casa, con mucha hambre. La madre le abrió la puerta, y le dijo: "cuánto ha crecido este niño, Dios mío, cuánto ha crecido". Y le compró un traje de hombre, porque el que llevaba le venía muy corto.

ANA MARÍA MATUTE (1925-2014)

Ana María Matute. "El niño al que se le murió el amigo", *Los niños tontos*.

80. Comparte con la clase tus respuestas a las actividades 78 y 79.

— En el cuento de Matute, la historia se narra en 3.ª persona.
— Sí, pero también hay diálogos...

81. Reescribe el cuento de Matute cambiando sus características: nárralo en primera persona y sitúalo en otro espacio físico, por ejemplo, en tu ciudad.

PROYECTO EN GRUPO

La historia detrás de un cuadro

Vamos a imaginar y a contar una historia sobre dos personas a partir de una imagen.

A. Individualmente, observa estos cuadros. Fíjate en los detalles. Escribe una descripción objetiva de lo que ves. Fíjate en:

- Quiénes son los protagonistas: sexo, edad, físico, ropa, etc.
- Dónde están: localización, tipo de espacio, objetos, etc.
- Cuándo sucede la acción: época, momento del día.
- Qué sucede: qué hacen, qué está pasando.

Ramón Casas (1866-1932), *Au Moulin de la Galette. Madeleine (1892)*

Ramón Casas (1866-1932), *Interior del Moulin de la Galette* © Museu Nacional d'Art de Catalunya, Barcelona

B. Comparen sus respuestas entre todos.

C. ¿Qué cosas pueden interpretar o imaginar a partir de lo que ven? En grupos, imaginen y escriban:

- Quiénes: nombre, edad, nacionalidad, profesión, familia, personalidad, relaciones entre ellos y ellas, etc.
- Dónde: barrio, ciudad, país, lugar exacto, etc.
- Cuándo: hora del día, mes, año, duración de la escena, etc.
- Qué: ¿qué sucedió antes de estas escenas, y después?

D. En los mismos grupos, creen el perfil completo de uno de los personajes.

E. Con toda la información, piensen en una historia centrada en alguno de esos personajes.

F. Cuenten su historia al resto de la clase.

PROYECTO INDIVIDUAL

Los personajes y su historia

Vas a escribir una historia centrada en los personajes de una imagen.

A. **Si usas la imagen de la página anterior, utiliza como borrador la información del proyecto en grupo y organiza tus ideas. Si no, sigue un procedimiento similar.**

B. **Vuelve a leer el texto "Las características del texto literario narrativo" de la página 220 para tomar decisiones sobre la estructura, la acción, el narrador, los personajes, el espacio y el tiempo de tu texto.**

C. **Revisa tu texto antes de redactar la versión final. Puedes repasar los Recursos lingüísticos de este capítulo y de los anteriores.**

D. **Redacta el texto y revísalo, teniendo en cuenta los siguientes criterios.**

El contenido:
- ¿Hay planteamiento, nudo y desenlace?
- ¿Se entiende lo que ocurrió y las causas y consecuencias?
- ¿Se capta la atención del lector? ¿Se consigue que tenga ganas de saber lo que ocurrió?
- ¿Se entiende bien la relación entre los acontecimientos?

La forma:
- ¿Se emplean correctamente los tiempos del pasado?
- ¿Se usan distintos mecanismos para evitar la repetición palabras?
- ¿Se incluyen marcadores temporales para localizar y relacionar temporalmente las acciones?
- ¿El léxico es variado y preciso?

Ramón Casas (1891-92), *Au Moulin de la Galette. Madeleine (1892)*

Eran las cinco de la tarde y estaba anocheciendo. Alicia estaba nerviosa...

GRAMMAR

DIRECT OBJECT PRONOUNS

masculine singular or part of the discourse	feminine singular
lo = you (m., form.), him; it (m.)	**la** = you (f. form.), her; it (f.)
masculine plural	**feminine plural**
los = you (m.), them (m.)	**las** = you (f.), them (f.)

*¿Vino con su novio? ¿**Lo** conociste?*
*¿Es usted la Sra. Arango? ¡Me alegra mucho conocer**la**!*
*No encuentro mis lentes. ¿**Las** viste por aquí?*

The direct object denotes the person or thing that is being given, bought, done, etc.; what is directly affected by the action of a transitive verb.

When something or someone has already been mentioned or is clear from the context, we use direct object (DO) pronouns to avoid unnecessary repetitions.

– *¿Marcos compró el libro por internet?*
– *No, **lo** compró en la librería.*

– *El profesor envió dos correos ayer.*
– *Sí, **los** envió para explicar la tarea.*

– *¿Cómo está tu hermana?*
– *Muy bien, **la** vi el día de su cumpleaños.*

– *¡Siempre pierdes las llaves!*
– *Sí, pero siempre **las** encuentro después.*

– ***La** veo muy bien, señora Gutiérrez.*
– *Muchas gracias, qué amable es usted.*

The DO pronoun **lo** can also substitute a whole phrase or part of it.

*Marta le prestó dinero a un amigo, pero su novio no **lo** sabe.* (that she has lent money to a friend)

> **Lo** can also substitute the attributes of verbs such as **ser**, **estar**, or **parecer**.
>
> *Ahora es muy amable con nosotros, pero antes no **lo** era.*

Direct objects and their corresponding DO pronouns duplicate when they appear in front of the verb.

*Compramos **el regalo** en internet.*
*El regalo **lo** compramos en internet.*

INDIRECT OBJECT PRONOUNS

masculine and feminine singular	masculine and feminine plural
le (**se**) = (to, for) you (form. (to, for) him; her	**les** (**se**) = (to, for) you (form.) (to, for) them

The indirect object denotes the person (and occasionally the thing) that receives what is given or done, or that the action of a verb is performed for or directed to.

In Spanish, IO pronouns are regularly used, even when the person or thing they refer to hasn't been mentioned before.

*Carlos **les** pidió dinero a sus amigos.*
*Marcos **le** compró un libro a su novia.*

The IO pronouns **le** and **les** become **se** when in contact with the third person DO pronouns **lo**, **la**, **los** and **las**.

*Cuando Carlos necesita dinero, Marta **se lo** presta.*
*Sí, vino con él y **le** di la invitación. **Se la** di.*

> When an indirect object pronoun and a direct object pronoun are used in the same sentence, the indirect object pronoun comes first.
>
> ***Te lo** compré el sábado.*
>
> *¿Las invitaciones? **Se las** envié ayer.*

POSITION OF PRONOUNS

When there is more than one pronoun, the order is IO + DO.

With conjugated verbs, the pronouns always come before the verb and remain separated from it (except in the case of affirmative commands). In affirmative commands (chapter 9), or with infinitives or gerunds, pronouns come after the verb and are attached to it, forming one word.

– *¿Te prestó Gabriela su bicicleta?*
– *Sí, **me la** presta siempre.*

*Tener amigos es complicado, pero no tener**los** es horrible.*
*Carlos no tiene trabajo, pero está buscándo**lo**.*

The IO pronouns **le** and **les** become **se** when they come before the DO pronouns **lo**, **la**, **los**, and **las**.

*Cuando Carlos necesita dinero, sus amigos **se lo** prestan.*

> With reflexive pronouns, the order is: reflexive pronoun + DO.
>
> *El pelo, ¿**te lo** lavas todos los días?*

With constructions such as **saber**/**poder**/**querer**/**tener que** + infinitive, pronouns can appear before the conjugated verb or after the infinitive, but never between the two.

No sé qué voy a hacer este verano.
***Lo** tengo que pensar / Tengo que pensar**lo**.*

PRETERITE: IRREGULAR VERBS

▶ Preterite of stem-changing verbs

Third conjugation verbs (**-ir**) with an **e** or an **o** in the last syllable of the stem change these vowels in the third person singular and plural (**e** > **i**; **o** > **u**).

	PEDIR	DORMIR
yo	pedí	dormí
tú, vos	pediste	dormiste
él, ella, usted	pidió	durmió
nosotros, nosotras	pedimos	dormimos
vosotros, vosotras	pedisteis	dormisteis
ellos, ellas, ustedes	pidieron	durmieron

▶ Verbs with an irregular stem

Some verbs have irregular stems. These irregular-stem verbs in the preterite have different endings, and they are the same for all conjugations (**-ar**, **-er**, **-ir**).

	VENIR	HACER	TENER
yo	**vine**	**hice**	**tuve**
tú, vos	**viniste**	**hiciste**	**tuviste**
él, ella, usted	**vino**	**hizo**	**tuvo**
nosotros, nosotras	**vinimos**	**hicimos**	**tuvimos**
vosotros, vosotras	**vinisteis**	**hicisteis**	**tuvisteis**
ellos, ellas, ustedes	**vinieron**	**hicieron**	**tuvieron**

saber	>	**sup-**
decir	>	**dij-**
andar	>	**anduv-**
poder	>	**pud-**
caber	>	**cup-**
poner	>	**pus-**
estar	>	**estuv-**

traer	>	**traj-**
haber	>	**hub-**
querer	>	**quis-**
tener	>	**tuv-**
hacer	>	**hic-**
venir	>	**vin-**

In the first and third person of irregular-stem verbs, the stress falls on the penultimate syllable.

vine **puse** **condujo** **tuvo**

All verbs ending in **-ducir** change **uc** to **uj**.

traducir > **traduj-**
conducir > **conduj-**

Verbs that have an irregular stem ending in **-j** (**decir** > **dij-**, **traer** > **traj-**, **producir** > **produj-**, **conducir** > **conduj-**, etc.) form the third person plural with the ending **-eron**, not **-ieron**.

decir → ~~**dijieron**~~
dijeron

▶ Verbs with special irregularities

Some verbs have special irregularities.

	DAR	IR/SER
yo	**di**	**fui**
tú, vos	**diste**	**fuiste**
él, ella, usted	**dio**	**fue**
nosotros, nosotras	**dimos**	**fuimos**
vosotros, vosotras	**disteis**	**fuisteis**
ellos, ellas, ustedes	**dieron**	**fueron**

Ir and **ser** have the same forms in the preterite. Meaning is deduced from the context.

Remedios Varo fue (ser) ***una pintora surrealista.***
Irene fue (ir) ***a la Universidad de Buenos Aires.***

PRETERITE: VERBS WITH SPELLING CHANGES

Some regular verbs have minor spelling changes with different pronouns.

▶ Verbs with stems ending in -a, -e, and -o

In these verbs, **i** becomes **y** in the third person singular and plural.

	LEER	OÍR
yo	leí	oí
tú, vos	leíste	oíste
él, ella, usted	leyó	oyó
nosotros, nosotras	leímos	oímos
vosotros, vosotras	leísteis	oísteis
ellos, ellas, ustedes	leyeron	oyeron

Other verbs with these changes are: **caer**, **construir**, **contribuir**, **creer**, **destruir**, **huir**, **poseer**...

▶ Verbs with the infinitive ending in -gar, -zar, -car

These verbs have a change in the first person singular.

pagar	>	pagué
buscar	>	busqué
empezar	>	empecé

RECURSOS LINGÜÍSTICOS

GRAMMAR

PRETERITE VS. IMPERFECT IN NARRATION

▶ The preterite
Both tenses are used to narrate events in the past. With the preterite, we situate ourselves after the action has happened and look at it "from outside." We present the action as completed.

Trabajó *en Japón durante los años 90.*
Ese verano ***hizo*** *muchísimo calor.*

The preterite is the tense that narrates a timeline.

—¿Qué hiciste el verano pasado?
—Pues... primero pasé unos días en casa de unos amigos y después volví a Medellín. Estuve trabajando muchísimo. Después viajé a Chile; fue una experiencia inolvidable.

▶ The imperfect
With the imperfect, we talk "from inside" an unfinished action, something happening at the time. The timeline is interrupted, "stops" and we give a description of people, things or circumstances. With the imperfect, we also express past habits or states.

Juan y yo nos ***conocimos*** (event) *en la universidad.* ***Estudiábamos*** (description of circumstance) *la misma carrera. Él* ***era*** *muy estudioso* (description of person) *y todos los días* ***iba*** (habitual action) *a la biblioteca. Un día,* ***fui*** (event) *allí a buscarlo,* ***hablamos*** (event) *durante horas y a la semana siguiente* ***empezamos a salir*** (event).

> The duration of the action is not important. If we want to highlight the development of the action over time, we use **estar** + the gerund.
> ***Estuve viviendo*** *tres años en Costa Rica.*

SER AND ESTAR

The verbs **ser** and **estar** are used to show a person's or thing's characteristics.

▶ Uses of ser
With the verb **ser**, we present these characteristics as the essence of people or things.

Identifying

—¿Quién ***es*** *la chica de la foto?*
*—**Es** Leonor, mi hermana mayor.*

Specifying origin or nationality

Es *una película argentina.*
Pedro ***es*** *guatemalteco.*

Talking about professions

Mi esposa ***es*** *periodista deportiva.*

Describing personality

Mi hermano ***es*** *muy extrovertido y sociable.*

Describing physical appearance

Me gusta mucho la casa de Néstor. ***Es*** *muy luminosa.*
Jorge ***es*** *alto y tiene el pelo muy largo.* ***Es*** *muy atractivo.*

▶ Uses of estar
With the verb **estar,** we present these characteristics as temporary, incidental or the result of our experience.
Mi hermano hoy ***está*** *insoportable, aunque suele ser muy tranquilo.*

estar + past participle

Past participles are used as adjectives (to express position, state or situation).

Marta ***está recostada*** *en el sofá; le duele la cabeza.*
Josefina ***está embarazada*** *de gemelos.*
La tienda ya ***está cerrada****.*

estar + **bien/mal**

Felicidades, Gerardo, tu examen ***está*** *muy* ***bien****.*
Esta pregunta ***está mal*** *formulada.*

estar + gerund

Gerardo ***está preparando*** *los exámenes finales;* ***está estudiando*** *mucho.*

> The verb **estar** is also used to indicate location.
> *Carmen* ***está*** *en el Cusco hasta el jueves.*
> *¿Dónde* ***están*** *mis lentes?*

COHESION

▶ *Ser* **and** *estar* **with the same adjectives**
Some adjectives change their meaning depending on whether they're used with **ser** or **estar**.

*Las manzanas **son verdes**, rojas y amarillas.*
(referring to the natural color of apples)

*Esas manzanas **están verdes**, espera unos días.*
(they're not ripe yet)

With other adjectives, the meaning doesn't change.

*Pepe **es** muy **guapo**.* (it's a physical characteristic)
*Pepe **está** muy **guapo** con esa camisa.* (Pepe isn't good-looking, but that shirt suits him.)

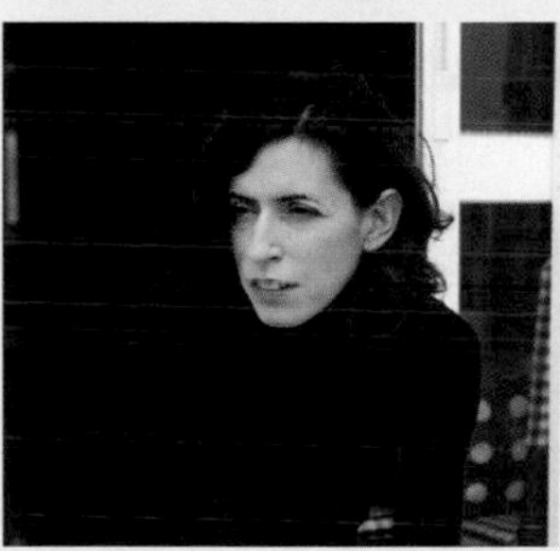

*Mi madre **es** muy **joven**, solo tiene 35 años.*
(it's a characteristic of the person)

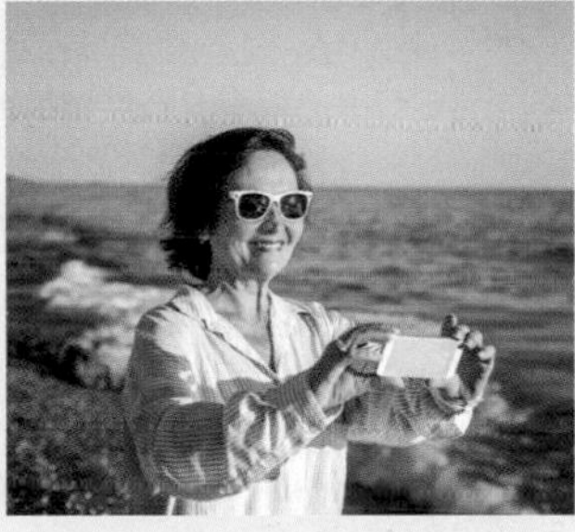

*Mi madre **está** muy **joven**. Tiene 70 años, pero parece que tiene 50.*
(the person isn't young, but looks younger than she is)

*Mi jefe **es insoportable**, siempre está gritando.* (it's part of his nature)
*Mi jefe **está insoportable**, creo que se está divorciando.* (it's a temporary aspect that can be seen at the moment or recently)

> There are some adjectives that can only collocate with **ser**, due to their meaning:
> *Carla **es** muy inteligente.* 👍
> ~~*Carla está muy inteligente.*~~ 👎
>
> There are some that can only collocate with **estar**:
> *Carla **está** contenta.* 👍
> ~~*Carla es contenta.*~~ 👎

NARRATIVE RESOURCES

▶ **Announcing a narrative**
***¿A que no sabes** lo que me pasó el otro día?*
(Guess...)

▶ **Starting a story**
*(**Pues**) **resulta que** me robaron la cartera en el metro.*
((So) it turns out that...)

▶ **Adding an explanation or development**

El otro día iba a comprar unos regalos para mi madre porque el sábado es su cumpleaños. El caso es que estaba en el metro hablando por teléfono tranquilamente y entonces, de repente, noté un tirón en el bolso. Había mucha gente subiendo en esa estación y pensé que no era nada. Luego me di cuenta de que ya no tenía la cartera.

COMMUNICATION

REACTING TO WHAT OTHERS TELL US

Evaluating a situation or event

¡Qué bueno! *(That's great!)*
¡Qué gracioso! *(That's funny!)*
¡Qué casualidad! *(What a coincidence!)*

Showing support or expressing agreement

Claro... *(Of course)*

Asking for more information

Cuenta, cuenta... *((Come on,) tell me...)*
¿Qué pasó? *(What happened?)*

Showing surprise

¡No! *(No!)*
¡No me digas! *(No way!/You're kidding!)*
¿Ah, sí? *(Oh yeah?/Really?)*
¡No lo sabía! *(I didn't know that!)*
¿En serio? *(Seriously?)*

EXPRESSING FEELINGS AND OPINIONS

me cuesta + infinitive *(I find it difficult)*

Me cuesta *mucho* ***hacer*** *amigos cuando llego a un sitio nuevo.*
Hablar contigo es muy fácil, ***no me cuesta*** *nada* ***decir*** *lo que pienso.*

me siento + adjective *(I feel)*

Después de ver esta serie, siempre ***me siento triste****.*
Me siento feliz *cuando estoy con mis amigos.*

me enfado cuando + verb in present *(I get angry when...)*

Me enfado cuando *mis amigos* ***salen*** *de fiesta y no me llaman.*
¿Por qué ***te enfadas cuando te hago*** *una crítica?*

me cae(n) bien/mal/fenomenal/fatal...
(to like/to dislike/to really like/to really dislike)

El hermano de mi novia ***me cae fenomenal****, pero sus padres* ***me caen fatal****, la verdad.*
*¿****Te cae bien*** *nuestra nueva compañera?*

llevarse bien/mal/fenomenal/fatal...
(to get along well/badly/very well/very badly)

Me llevo fenomenal *con los amigos de mi novio.*
No sabía que Alberto y Lupe ***se llevaban tan mal****...*

EXPRESSING AGREEMENT AND DISAGREEMENT

▶ **Expressing agreement**
— *Creo que las relaciones personales en las redes sociales son más superficiales que en persona.*
— ***Sí, estoy de acuerdo.***
— ***Sí, estoy de acuerdo en que*** *son más superficiales.*
— ***Sí, yo también creo que*** *son más superficiales.*

▶ **Expressing disagreement**
— *Creo que las relaciones personales en las redes sociales son mucho más superficiales que en persona.*
— ***Yo creo que no.***
— ***Yo creo que no*** *son más superficiales. Son simplemente diferentes.*

VOCABULARY

SENTIMIENTOS Y EMOCIONES
(FEELINGS AND EMOTIONS)

caerle bien/mal (a alguien) *to like/dislike (someone)*

*Tus amigos **me caen** muy bien.*

costarle (algo a alguien) *to be difficult (for someone)*

*A Carla **le cuesta mucho** expresar sus emociones.*

darle (algo) miedo/asco/risa... (a alguien) *to scare/disgust, to make (someone) laugh*

***Me da** miedo hablar en público.*

destruir (algo) *to destroy (something)*

*Las redes sociales **destruyeron** su relación.*

encantarle (algo a alguien) *to love*

***Me encanta** la publicidad creativa.*

llevarse bien/mal (con alguien) *to get along well/badly (with someone)*

*Laura y su hermana **se llevan** muy bien.*

(no) molestar (algo a alguien) *to (not) bother (someone)*

***Me** molesta la gente que no es sincera.*

odiar (algo) *to hate (something)*

***Odio** el invierno.*

ponerse (contento/a, triste, nervioso/a...) *to become...*

***Me pongo** triste cuando escucho esa canción.*

sentirse (bien, mal, cómodo/a, nervioso/a...) *to feel...*

*Cuando estoy con mis amigos, **me siento** muy bien.*

(no) soportar (algo) *to (not) tolerate (something)*

***No soporto** las bromas machistas.*

sufrir *to suffer*

***Sufro** un poco cuando no puedo expresarme con propiedad.*

CONOCER GENTE *(TO MEET)*

cara a cara *(face to face)*
en las redes sociales *(on social media)*
acercarse a alguien *(to approach/to go up to someone)*
encontrarse con *(to meet (in person))*
mantener una conversación *(to hold a conversation)*
conocer nuevos amigos *(to meet new friends)*
hacer amigos *(to make friends)*

AMIGOS Y CONOCIDOS *(FRIENDS AND ACQUAINTANCES)*

MIS AMIGOS Y CONOCIDOS

- un(a) vecino/a *(a neighbor)*
- un(a) buen(a) amigo/a *(a good friend)*
- un(a) buen(a) vecino/a *(a good neighbor)*
- compañeros/as de trabajo *(work colleagues/coworkers)*
- los seres queridos *(loved ones)*
- compañeros/as de actividades *(activity partners)*

RELACIONES SENTIMENTALES
(ROMANTIC RELATIONSHIPS)

separarse de *(to separate)*

divorciarse de *(to divorce)*

casarse *(to get married)*

irse a vivir con *(to move in with)*

tener hijos con *(to have children with)*

conocer a *(to meet)*

salir con *(to go out with)*

enamorarse de *(to fall in love with)*

romper con *(to break up with)*

RECURSOS LINGÜÍSTICOS

VOCABULARY

AMOR ROMÁNTICO *(ROMANTIC LOVE)*

el amor eterno *(endless love)*
la felicidad *(happiness)*
las relaciones de pareja *(romantic relationships)*
el amor de mi vida *(the love of my life)*

PRESTAR, DEJAR, PEDIR, DEBER

deber (algo a alguien) *(to owe (something to someone))*

*Carlos me **debe** dinero.*

pedir (prestado) (algo a alguien)
(to ask for/borrow (something to someone))

*Carlos me **ha pedido** dinero.*
*¡Mi hermana siempre me **está pidiendo** mi ropa, es una pesada!*
(We don't know if the speaker has already lent the thing, or if the other person is still waiting for a response.)

prestar/dejar (algo a alguien)
(to loan (something to someone))

*Marta le **ha prestado/dejado** dinero a su amigo Carlos.*
*¿Me **dejas/prestas** tu abrigo gris para ir a la fiesta?*

REDES SOCIALES Y APPS *(SOCIAL MEDIA AND APPS)*

Herramientas *(Tools)*

aplicaciones para...
(apps for...)

Facilitar la comunicación
(To facilitate communication)

interacción virtual
(virtual interaction)

Amigos *(Friends)*

seguir a alguien
(to follow someone)
borrar/bloquear/dejar de seguir... a alguien de un perfil *(to block/unfollow someone)*

Uso *(Use)*

interacción en la vida real
(real-life interaction)
interacción cara a cara
(face-to-face interaction)
no abusar de las redes sociales *(to not misuse social media)*

SOCIAL MEDIA AND APPS

FREQUENT WORD COMBINATIONS

RELACIONES SOCIALES *(SOCIAL RELATIONS)*

conocer bien / poco / mejor / a Juan / a alguien a través de una *app*

to (not) know (Juan) well/to know Juan better
to meet someone on an app

conocerse bien / poco / mejor

to (not) get to know each other well/to get to know each other not much/better

llevarse bien / mal / fatal / con Luisa

to get along well/badly/very badly with Luisa

salir con Pedro

to go out with Pedro

salir de fiesta

to party

salir a bailar / tomar algo

to go out dancing/for a drink

vivir solo/a / juntos / en pareja / con un(a) amigo/a / con un(a) compañero/a de cuarto

to live alone/together/as a couple
to live with a friend/with a roommate

tener una relación / una historia / con Clara / hijos

to have a relationship/an affair with Clara
to have children

tener cosas en común / amigos / dinero / éxito / problemas de convivencia / pareja

to have things in common/friends/money/to be successful
to have problems at home
to have a partner

compartir aficiones / intereses / casa

to share hobbies/interests/a home

encontrar amistad / pareja

to find friendship/a partner

pedir dinero / matrimonio

to ask for money/to propose

sentirse bien / cómodo / afortunado / agredido

to feel well/comfortable/fortunate/attacked

estar en pareja / soltero / casado / viudo / separado / divorciado

to be in a relationship/single/married/widowed/separated/divorced

FAMILIAS Y ADOPCIÓN *(FAMILIES AND ADOPTION)*

hacer trámites para adoptar a un niño

to process the adoption of a child

aprobar/conceder / **denegar** una adopción

to grant/deny an adoption

presentar / **firmar** los papeles

to submit/sign the documents

empezar un tratamiento para

to begin treatment for

ESTADOS DE ÁNIMO *(MOODS)*

estar enojado / nervioso / contento / feliz / bromeando / enamorado

to be angry/nervous/happy/joking/in love

DINERO *(MONEY)*

pedir / prestar / devolver / tener / pedir prestado / pagar / gastar **dinero**

to ask for/ to loan/to pay back/ to have money
to borrow/ to pay/to spend

MODA Y CUERPO

En este capítulo vas a aprender a hablar sobre moda y a escribir recomendaciones para comprar ropa.

9

LEARNING OUTCOMES

- Examine and give opinions about the world of fashion
- Give advice and make suggestions
- Refer to something already mentioned

VOCABULARY

- Clothes
- Colors
- The verbs **ponerse**, **llevar**, **probarse** and **quedar bien/ mal**

LANGUAGE STRUCTURES

- **Tú** commands
- Conditional sentences: **si** + present, command/ present
- Commands using **tener que** / **hay que** + infinitive

ORAL AND WRITTEN TEXTS

- Text cohesion devices
- Journalistic style

SOUNDS

- **p**, **t** and **k**

CULTURE

- Alpaca fiber (Peru)
- New Latin American designers (Bolivia, México and Costa Rica)

PROJECTS

- Group: develop guidelines for buying clothes
- Individual: write an article about buying clothes

CITAS

 **PREPÁRATE**

1. Lee las citas de estos diseñadores y escribe si estás de acuerdo con ellos y por qué.

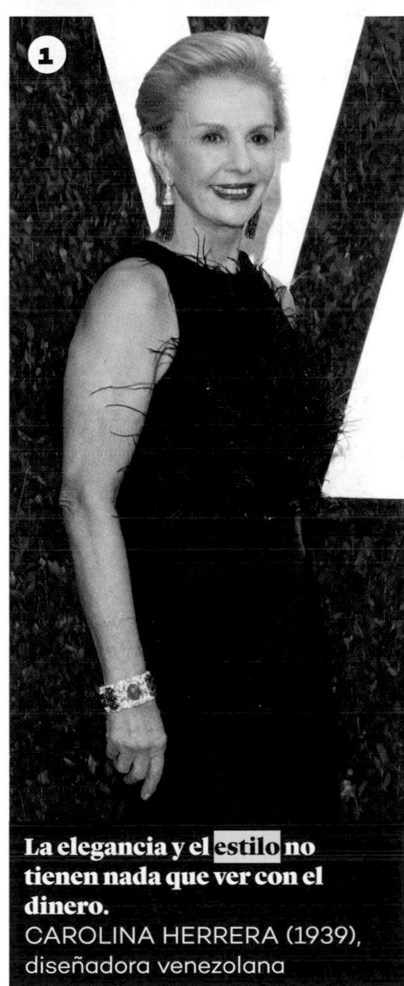

1

La elegancia y el estilo no tienen nada que ver con el dinero.
CAROLINA HERRERA (1939), diseñadora venezolana

2

La moda es vestir de acuerdo a lo que está de moda. El estilo es ser tú mismo.
ÓSCAR DE LA RENTA (1932), diseñador dominicano

3

Tengo diferentes sentimientos en mi vida y quiero vestir esos momentos. Simplemente lo estoy expresando con la ropa.
ISABEL TOLEDO (1961-2019), diseñadora cubano-estadounidense

2. Compartan sus respuestas en pequeños grupos.

Yo estoy bastante de acuerdo con lo que dice Óscar de la Renta sobre el estilo, pero...

3. En parejas, escriban una nueva oración sobre la moda.

La moda es...
El mundo de la moda es/tiene...
Para ir a la moda hace falta/necesitas...

4. Entre todos, hagan frases sobre la moda y hagan una votación (*vote*): ¿con cuál están más de acuerdo? ¿Cuál es la más original?

IMÁGENES

 PREPÁRATE

5. **Antes de leer la tira cómica *(cartoon)*, ¿puedes explicar qué situación ilustra la imagen?**

© Andrés Rábago (El Roto), VEGAP, Barcelona, 2019

6. **Lee la viñeta y explica con tus propias palabras qué crees que quiere decir.**

Yo creo que hace una crítica a...

7. **En pequeños grupos, compartan sus respuestas a las actividades 5 y 6.**

8. **En los mismos grupos, elaboren una lista de aspectos positivos y negativos del mundo de la moda.**

(El mundo de) la moda crea / es / se basa en...
Las empresas de moda crean/producen/son...

9. **Comparen su lista con las del resto de la clase. ¿Hay muchas diferencias? En general, ¿la valoración es más positiva o más negativa?**

modistas: *fashion designers*
* **aplaudían**
* **quién**
* **cosió**

VIDEO: DE COMPRAS

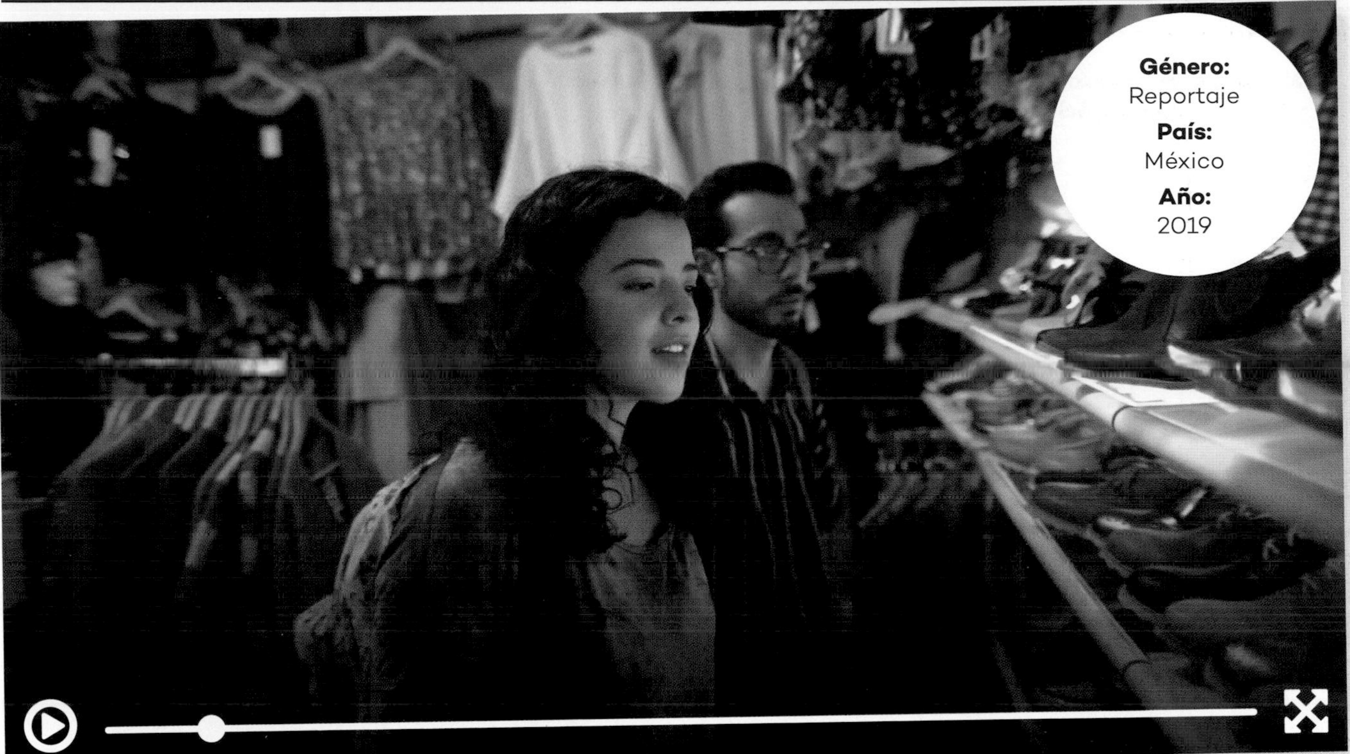

Género: Reportaje
País: México
Año: 2019

PREPÁRATE

10. Mira los siguientes fotogramas y relaciona cada uno con su descripción.

a. **Se prueba** una blusa rosa y unos pantalones negros.
b. Él **lleva** unos pantalones negros y una camisa de rayas y ella unos pantalones negros y una camiseta azul. Los dos llevan botas negras y una mochila.
c. Se prueba un vestido negro con estrellas y unos zapatos amarillos.
d. La camisa estampada y la pajarita **le quedan muy bien**.

11. Ve el video y marca si las siguientes afirmaciones son verdaderas o falsas.

	V	F
a. A la chica le gustan mucho los vestidos.		
b. Los zapatos plateados no le gustan.		
c. Al vendedor le gusta mucho el vestido con los zapatos.		
d. Los zapatos son de una marca argentina.		
e. La blusa es **de algodón**.		
f. Prefieren la blusa al vestido.		
g. Toda la moda de la tienda es de diseñadores mexicanos.		

12. En parejas, comparen sus respuestas a las actividades 10 y 11.

13. ¿Cuáles de las prendas de ropa te gustan? Habla con un(a) compañero/a.

14. ¿Qué significan las palabras en negrita? Hablen entre todos.

ATENCIÓN

VARIEDAD LÉXICA

- **jean/yin** (Colombia) - **vaqueros** (España)
- **mochila** (España) - **morral** (Colombia)
- **pajarita** (España) - **moño** (Colombia) - **corbatín** (Perú) - **humita** (Chile)

LA ROPA Y EL CURRÍCULUM

PREPÁRATE

15. **Lee este artículo y ordena las recomendaciones de 1 (muy importante) a 7 (poco importante).**

1. ....
2. ....
3. ....
4. ....
5. ....
6. ....
7. ....

16. **Subraya en el texto las palabras relacionadas con la ropa y clasifícalas en estas cuatro categorías.**

Prendas de ropa

Complementos de ropa

Verbos relacionados con la moda

Aspecto e imagen

17. **En parejas, comparen sus respuestas a las actividades 15 y 16.**

18. **Completen en parejas las recomendaciones del texto con otras ideas que les parezcan importantes y coméntenlas después con la clase. Pueden usar estos recursos.**

Nosotros recomendamos...
Lo mejor es...
Creemos que hay que...
Si no te gusta la ropa elegante, tienes que...

19. **Explica con tus propias palabras qué significan las expresiones en negrita.**

1. **Elegir la ropa** perfecta para una entrevista.
2. Asegúrate de no **estrenar ropa** o zapatos ese día.
3. Siempre es mejor **arreglarse** más de lo necesario.

CONSEJOS PARA VESTIRSE EN UNA ENTREVISTA DE TRABAJO

Un aspecto que preocupa a muchos candidatos que van a una entrevista de trabajo es cómo elegir ropa: qué ponerse y, sobre todo, qué no ponerse. Antes, elegir la ropa perfecta para una entrevista era sencillo: un traje clásico de color oscuro servía en casi todas las ocasiones, tanto a los hombres como a las mujeres; pero en las empresas de hoy, las normas han cambiado.

Muchos ejecutivos (*executives*) y directores generales van en jeans y camiseta al trabajo. Mark Zuckerberg, el fundador de Facebook, es famoso por llevar la misma camiseta gris todos los días. Incluso, dentro del sector financiero, llegar a una entrevista vestido demasiado formal puede causar una impresión extraña.

Pero, entonces, ¿qué tiene que hacer el candidato? Hemos consultado con algunos especialistas y estas son las recomendaciones que nos han dado:

A Si no estás seguro de la ropa que debes llevar a una entrevista, llama y pregunta al entrevistador o al director de Recursos Humanos. No serás penalizado por tratar de estar preparado.

B En general, es recomendable vestirse un poco más elegante de lo esperado. Por ejemplo, en un ambiente de jeans y camiseta, lo mejor es ponerse un pantalón informal y una camisa. Y, si es un trabajo en el que la gente lleva pantalón informal y camisa, entonces usa traje. Recuerda: en las entrevistas de trabajo siempre es mejor arreglarse más de lo necesario y no al revés, independientemente del sector en el que trabajes.

C Ten clara la imagen que quieres transmitir. Además, para evitar sentirte incómodo, asegúrate de no estrenar ropa o zapatos ese día. Y no exageres con el perfume.

D Cuando llegues, intenta dar una impresión ordenada: deja tu abrigo y tu bolso en recepción y lleva contigo solo la carpeta con los documentos necesarios.

E Si no te presentas para un puesto de dirección, no lleves un traje muy caro. En el caso de las mujeres, si quieres, puedes ponerte algún accesorio sencillo, como un pañuelo.

F Por regla general, hay que pensar en un estilo arreglado, pero informal. Una chaqueta o un suéter siempre son una buena elección, tanto para hombres como para mujeres.

G Otro gran error es llevar símbolos que denoten tu ideología. No lleves eslóganes ni símbolos en las camisetas o en el bolso.

LAS PARTES DEL CUERPO Y EL CARÁCTER

PREPÁRATE

20. ¿Conoces a gente con tatuajes? ¿En qué parte del cuerpo los tienen? Anótalo.

cabeza (cara, orejas, cuello) | brazos | manos | piernas | pies
espalda | pecho | estómago | hombros | tobillos

¿Qué dicen los tatuajes de las personas según la parte del cuerpo donde están?

EN LAS PIERNAS
Suelen llevarlos personas equilibradas. Pueden ser desinhibidas o reservadas, según el momento, y deciden cuándo mostrar sus tatuajes.

EN ZONAS QUE NORMALMENTE NO SE VEN
Normalmente los llevan personas reservadas. No quieren lucir los tatuajes, sino expresar algo importante para ellos.

EN LA PARTE BAJA DE LA ESPALDA
Los tatuajes en esta zona son discretos y puedes taparlos fácilmente, pero son bonitos. Denotan el gusto por la belleza.

EN EL CUELLO Y LAS MANOS
Muestran rebeldía y mucha personalidad, sobre todo porque no se pueden esconder fácilmente.

EN LA ESPALDA
Estos tatuajes suelen ser dolorosos, por lo que se asocian a personas fuertes y valientes.

EN LA CARA
Casi nadie se atreve a llevar un tatuaje en la cara; solo rebeldes e inconformistas. Normalmente, a estas personas les gusta llamar la atención.

21. Lee el texto y completa una tabla como la de abajo.

Partes del cuerpo	Qué dicen de la persona
Las piernas	Personas equilibradas, desinhibidas o reservadas, según el momento.

22. ¿Estás de acuerdo con el contenido del texto? Explica por qué.

No estoy de acuerdo con el texto porque me parece que no es riguroso...

23. En parejas, comparen sus respuestas a las actividades 20, 21 y 22.

24. Amplía la lista de las partes del cuerpo donde son habituales los tatuajes.

25. Hablen en grupos. ¿Les gustan los tatuajes? ¿Y otras formas de adornar el cuerpo? (pendientes, *piercings*, etc.) ¿Creen que pueden influir de manera positiva o negativa a la hora de buscar trabajo?

GESTOS EN ESPAÑOL

PREPÁRATE

26. (9b) **Ve este video de una actriz española y anota qué significan los gestos que hace. Puedes usar un diccionario.**

27. **En parejas, comparen sus respuestas.**

28. **En grupos, comenten los tres gestos que más les sorprendieron. Luego, piensen otros. ¿Son iguales o diferentes en tu lengua?**

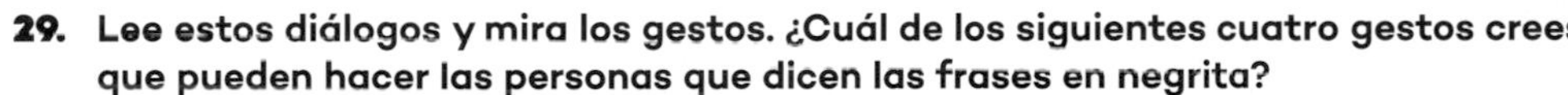

29. **Lee estos diálogos y mira los gestos. ¿Cuál de los siguientes cuatro gestos crees que pueden hacer las personas que dicen las frases en negrita?**

1.
– ¿Quieres un poco de torta?
– **Sí, pero solo un poco.**

2.
– ¡Hola, Jaqueline!
– **Shhh, silencio, por favor**, que Leo está dormido.

3.
– **Mira, ven aquí**, que te enseño la ropa que me he comprado.
– Vale, voy, un momento.

4.
– El otro día fuimos a una fieta y **había muchísima gente**; casi no cabíamos en la casa.
– ¡Qué divertido!, ¿no?

30. **En parejas, escriban un diálogo para cada uno de estos gestos del video.**

31. **Ahora, representen el diálogo delante de sus compañeros/as.**

32. **En parejas, uno piensa en un gesto característico del lenguaje corporal y se lo explica con palabras a un(a) compañero/a. Él/Ella debe representarlo.**

SUSTANTIVOS Y ARTÍCULOS

VOCABULARIO

PREPÁRATE

33. **¿Sabes cómo se llaman estas prendas de ropa? Puedes utilizar el diccionario.**

34. **Clasifica las palabras en una tabla como esta.**

un	una	unos	unas
suéter			

35. **En parejas, comparen sus respuestas a las actividades 33 y 34 y completen la tabla con otras palabras que conozcan.**

— Podemos incluir también ***tenis****, ¿no?*
— Sí, y también...

ESTRATEGIAS

Sometimes it's much easier to remember two or three related words together than separately. For example: **las camisas y las camisetas**.

MATERIALES Y ESTAMPADOS

VOCABULARIO

PREPÁRATE

36. Mira las imágenes: ¿qué prendas te gustan?, ¿cuáles no?, ¿por qué?

unos *leggins* de algodón

un suéter de rayas de lana

unas sandalias rojas

un abrigo liso de lana

un vestido de flores

una camisa de cuadros

una camisa de lino

unas botas de piel argentinas

una chaqueta jean

37. Lee la información, completa la tabla y añade más materiales y estampados.

Prendas	Materiales	Estampados
unas botas		

ATENCIÓN

VARIEDAD LÉXICA
- chaqueta - chompa - saco
- tenis - deportivas - zapatillas

38. Comparen en parejas sus respuestas a las actividades 36 y 37.

39. En parejas, comenten sus gustos a la hora de vestir: cuáles son sus prendas favoritas, cuáles no les gustan nada o no usan nunca, qué materiales prefieren...

En invierno yo llevo normalmente ropa oscura, pero en verano prefiero...

ATENCIÓN

marrón/café	blanco	rosa
naranja	negro	morado
rojo	azul	
amarillo	verde	

MANDATOS AFIRMATIVOS

GRAMÁTICA

PREPÁRATE

40. **Casi todas las instrucciones de este libro están en forma de mandatos afirmativos *(affirmative commands)*. Busca en las unidades 6, 7, 8 y 9 ejemplos de verbos en esta forma para la persona** tú **de las tres conjugaciones.**

	-ar	-er	-ir
tú	apunta		

41. **Comparen sus respuestas en parejas. Pueden consultar los Recursos lingüísticos.**

MANDATOS

GRAMÁTICA

PREPÁRATE

42. **Lee el siguiente texto y marca las recomendaciones con las que estás de acuerdo.**

La primera recomendación es muy útil. Si no haces una lista, al final compras cosas que no necesitas realmente.

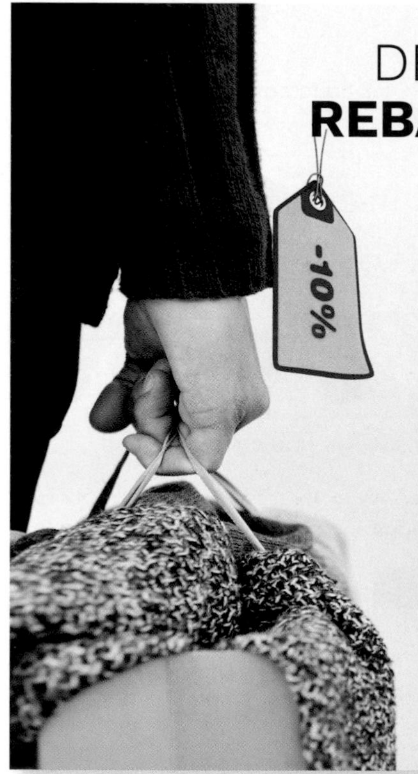

DECÁLOGO PARA COMPRAR EN **REBAJAS** DE MANERA INTELIGENTE

1. Piensa en la ropa que tienes. Haz una lista de lo que necesitas realmente y llévala contigo.
2. Si últimamente viste algo que te gusta mucho y ahora está de rebajas, no pierdas tiempo y ve directamente a esa tienda.
3. No gastes dinero en prendas similares a las que ya tienes.
4. Espera a las rebajas y aprovéchalas para comprar una prenda de diseño especial.
5. Busca las oportunidades en prendas de fuera de temporada.
6. No te pruebes cosas que nunca llevas. Es una pérdida de tiempo.
7. No te compres nada si tienes que adelgazar o ganar peso para ponértelo. Puede generar frustración.
8. Si tienes en los próximos meses algún evento especial: un viaje, una boda, etc., aprovecha las rebajas.
9. Decide cuánto quieres gastar en ropa y no inviertas más dinero en ropa. Si llegas a tu límite, no sigas comprando.
10. Compra de manera responsable. Recuerda que para producir un solo jean se necesitan miles de litros de agua. No te lo compres si no lo necesitas.

43. **Subraya en el texto los mandatos negativos *(negative commands)*. ¿Cómo crees que se forman? Puedes consultar los Recursos lingüísticos.**

44. **Busca en el texto todos los verbos que hay en mandato afirmativo y conviértelos en negativos, y al revés.**

revisa > no revises — abre > no abras
no gastes > gasta — revísalo > no lo revises

45. **Compartan en parejas sus respuestas a las actividades 42, 43 y 44.**

ATENCIÓN

With the affirmative imperative, the reflexive pronouns and the DO and IO go after the verb, joining up to make one word.

*Necesito tus pantalones, présta**melos**, por favor.*

In the negative form, pronouns take their standard position ahead of the verb.

*¿Esos son los pantalones de Mario? No **te los** pongas, se puede enfadar.*

CONDICIONALES CON PRESENTE Y MANDATO

GRAMÁTICA

46. Lee estos fragmentos de anuncios (*ads*). ¿Te interesa alguno? Habla con un(a) compañero/a.

Si no quieres comprar ropa en grandes cadenas y prefieres la de segunda mano, **visítanos.**

Si necesitas gastar menos en ropa, **tienes que** visitar estos 10 sitios web.

Si quieres aprender a coser y fabricar tu propia ropa, **puedes** inscribirte en un curso de costura con nosotros.

Si buscas ropa sostenible, **ven** a la Feria de la Moda Sostenible y Ecológica.

Si te gusta la moda, pero no puedes gastar mucho dinero, **compra** en nuestra tienda online.

47. Observa los consejos y fíjate en los tiempos verbales que encuentras. Completa el cuadro.

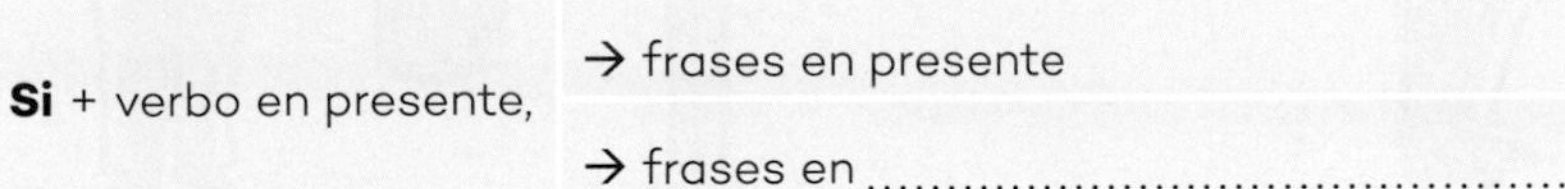

Si + verbo en presente,	→ frases en presente
	→ frases en ....

ATENCIÓN

To make suggestions, you can use the imperative or the simple present in the main clause.

48. En parejas, creen anuncios atractivos para los siguientes servicios o productos.

- Entradas para un desfile de alta costura sostenible (*sustainable*)
- Una feria de ropa tecnológica de última generación
- Un portal de intercambio de ropa
- Una web de alquiler de ropa para fiestas
- Un libro sobre la historia de la moda

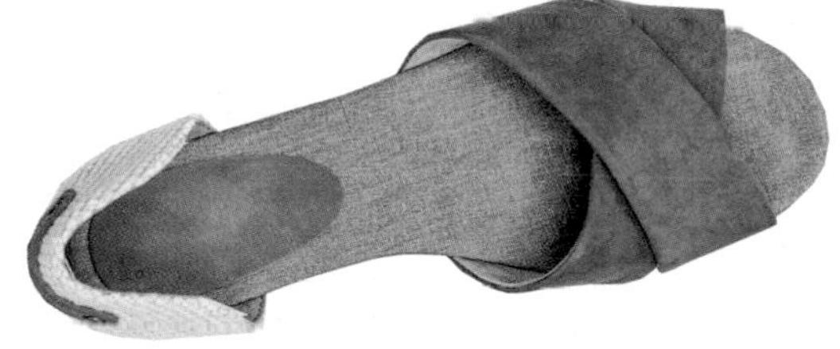

EVITAR REDUNDANCIAS Y REPETICIONES

CARACTERÍSTICAS DEL TEXTO

PREPÁRATE

49. En estas oraciones las palabras subrayadas contienen una repetición que en español suena extraña. Mejora esas oraciones eliminando las repeticiones.

1. Teresa, ¿qué pantalones te llevas, los pantalones negros o los pantalones azules?

2. ¿Conoces a Luis? Pues resulta que el hermano de Luis es diseñador de moda.

3. Mi carro está en el taller. ¿Podemos ir en tu carro?

4. ¡Qué bonita es tu chaqueta! Tu chaqueta me encanta.

5. Me encanta esta camiseta. Me siento muy cómodo con esta camiseta.

6. ¿Te gusta esta falda? Me compré esta falda ayer en las rebajas.

7. Te voy a prestar un vestido. Me compré este vestido para la boda de Juan.

50. En parejas, comparen sus respuestas a la actividad anterior.

51. Describe en una hoja aparte lo que llevas puesto evitando redundancias innecesarias. Entrega la descripción a tu profesor(a), que repartirá los textos a toda la clase. Luego lee en voz alta la descripción que has recibido, transformándola en tercera persona. ¿Sabes a quién describe?

— Esta persona lleva una camiseta blanca, ...
— Creo que es...

VERBOS Y EXPRESIONES SOBRE MODA

VOCABULARIO

PREPÁRATE

52. **Lee el cómic y haz una lista de los verbos y expresiones necesarios cuando vas a comprar ropa o relacionados con la moda. Después, traduce la lista a tu lengua.**

53. **En parejas, comenten la lista de la actividad 52.**

54. **En pequeños grupos, respondan a las siguientes preguntas.**

- ¿Esta situación te parece normal?
- ¿Pides dinero a tus padres para comprar ropa?
- ¿Fuiste a tu fiesta de graduación? Si fuiste, ¿tuvsite que ir muy arreglado/a?
- ¿Cómo visten normalmente las personas de tu edad para ir a una boda? ¿Y para ir a un examen?

55. **En grupos, elijan una situación relacionada con la ropa y creen su propia tira cómica *(comic strip)*. Escriban la historia utilizando los verbos y las expresiones que han aprendido en la actividad 52.**

LOS SONIDOS DE P, T, QU, C Y K

56. **Escucha y completa las palabras con las letras correspondientes.**

1. ro..........
2. ....misa
3. cha..........ta
4. ....ño
5. zapa..........
6. ....dros
7. ....talón
8. a..........
9. ....cera
10. ....íses
11. puertorri..........ño
12. costarri..........nse

57. **Escucha las siguientes sílabas. ¿Cuáles están en español y cuáles en inglés?**

	ESP	ING
1. pi	■	■
2. pi	■	■
3. ti	■	■
4. ti	■	■
5. ki	■	■
6. ki	■	■

1. ¿Qué te ha ayudado a diferenciarlas?

....

ESTRATEGIAS

The consonants **p**, **t**, and **k** are not aspirated in Spanish. For this reason, when we pronounce them in Spanish, less air is expelled from the mouth than when we pronounce them in English. But they are not always aspirated in English, either. For example, you aspirate when you say **tar**, but not when you say **star**. A trick to avoid aspiration is to imagine an **s** at the beginning of a word. For example, instead of saying **pantalón** imagine that the word is **spantalón**.

58. **Repite las siguientes palabras sin aspirar la primera letra. Para comprobar si la has aspirado, sujeta un pañuelo delante de tu boca. Si el pañuelo se mueve, la consonante es aspirada.**

1. pantalón
2. camisa
3. camiseta
4. tela
5. poncho
6. corbata

59. **Elige uno de los siguientes cognados de cada pareja. Tu compañero/a tendrá que adivinar si estás diciendo la palabra en inglés o en español.**

	Español	Inglés
a.	■ piano	■ piano
b.	■ taxi	■ taxi
c.	■ coma	■ coma
d.	■ pi	■ pi
e.	■ kiwi	■ kiwi
f.	■ tao	■ tao
g.	■ pasta	■ pasta
h.	■ anaconda	■ anaconda

The Spanish Hub TEXTO MAPEADO TEXTO LOCUTADO

ECONOMÍA

La fibra de alpaca, el oro de los Andes

La alpaca peruana

La alpaca es una fibra que se obtiene de la alpaca, un animal de la misma familia que las llamas, y que vive en los Andes desde antes de los incas. El 95 % de las alpacas se encuentra en Perú, concretamente en el sur. Este animal vive a más de 3 000 metros sobre el nivel del mar y puede soportar temperaturas extremas, ya que su piel se adapta tanto al calor como al frío.

El algodón peruano

Esta fibra suave, de tacto similar al cachemir, tiene propiedades térmicas únicas (abriga mucho más que la lana de oveja). Además, es elástica, no inflamable, resistente al agua e hipoalergénica. Por eso se la llama "el oro de los Andes" y en el pasado fue un material exclusivo de la nobleza inca.

La industria textil

La fibra de alpaca puede tener aproximadamente 32 tonos distintos, lo que la convierte en una alternativa atractiva para diseñadores de todo el mundo, que la usan para prendas de abrigo y accesorios.

Además, esta fibra es más ecológica que otras y se ha convertido en una de las preferidas de los defensores de la moda sostenible. Hoy en día, todo el proceso de fabricación se realiza con tecnología de última generación y preservando el medioambiente.

ANTES DE LEER

60. **¿Qué sabes de Perú? Anota cinco cosas y coméntalas en clase.**

DESPUÉS DE LEER

61. **Después de leer el texto, subraya las palabras y expresiones que crees que comprendes por su parecido con el inglés. Luego, búscalas en un diccionario para comprobar su significado.**

62. **Indica si las siguientes afirmaciones sobre la alpaca son verdaderas o falsas.**

	V	F
1. Es una fibra ideal para prendas de invierno.		
2. Es un producto del Perú moderno, no existía en el pasado.		
3. Solo se usa en las prendas de marcas peruanas.		
4. Es de color blanco.		
5. Es un tipo de llama que solo vive en Perú.		

63. **Busca información sobre otros productos peruanos y toma nota de los aspectos más relevantes.**

- ceviche
- pisco sour
- lúcuma
- camu camu
- quinua
- ...

- Qué es
- Origen
- Importancia económica
- Exportación
- ...

64. **Escribe un texto parecido al de la alpaca sobre uno de los productos de la actividad 63.**

DISEÑO

Nuevos diseñadores del mundo hispano

MÉXICO
BOLIVIA

En la era de las redes sociales, los nuevos creadores, dondequiera que estén, pueden dar a conocer su trabajo en todo el mundo de forma casi inmediata. Un simple *like* de alguien con prestigio en la industria les puede catapultar a un reconocimiento casi inmediato. Esta circunstancia ha llevado a que el mundo de las grandes pasarelas sea cada vez más diverso.

La diseñadora y escritora de moda Camila Straschnoy es, no por casualidad, una famosa *influencer* en Instagram. En una de sus tantas colaboraciones con la revista *Elle* escribe sobre los diseñadores latinoamericanos: "La moda en el mundo hispano es tan variada como su estructura social, y los nuevos talentos se forman tanto en sus países de origen como en escuelas de Europa y Estados Unidos". Según Straschnoy, estos nuevos diseñadores quieren hacer propuestas personales y, en ellas, mezclan la tradición con una estética moderna y rompedora.

Dos de los diseñadores hispanos recomendados por Camila Straschnoy

Salo Shayo
(México)
Prendas eclécticas, divertidas e inteligentes producidas en México. Su proyecto Roots quiere combatir el elitismo de la moda y explorar un lado más humano, real e inclusivo.

Ericka Suárez Weise
(Bolivia)
Con una sólida tradición familiar en alta costura, Weise crea prendas elegantes y atemporales, inspiradas en la diversidad cultural de Bolivia.

ANTES DE LEER

65. ¿Qué diseñadores de moda famosos conoces? ¿Conoces a alguno del mundo hispano?

DESPUÉS DE LEER

66. Lee el texto y contesta las preguntas.

¿Cómo podrías describir la nueva moda latinoamericana? Escoge tres adjetivos.
¿Qué importancia tienen las redes sociales para los jóvenes diseñadores?

67. Lee las descripciones de los dos diseñadores y relaciona cada una con la imagen correspondiente. ¿Cómo estableces esas relaciones? Habla con un(a) compañero/a.

68. En grupos, busquen en internet otras colecciones de estos tres diseñadores y contesten las siguientes preguntas: ¿te gustan?, ¿cuál te gusta más?

69. Investiga en internet sobre otros diseñadores del mundo hispano. Escoge uno y preséntaselo a la clase.

tanto... como: *as much as*
rompedor(a): *innovative*
pasarela: *runways*
alta costura: *high fashion*

EL TEXTO PERIODÍSTICO

70. **En grupos, contesten las siguientes preguntas sobre las características de los textos periodísticos.**

- ¿Qué temas son más frecuentes?
- ¿Cuáles son los objetivos?
- ¿Qué tipo de diseño y formato se usa?

71. **Lee el texto *Characteristics of a Journalist Article* y pon las etiquetas en el lugar que les corresponde.**

72. **Con esta información, vuelve a leer el texto "Cómo (no) vestirse para una entrevista de trabajo" (actividad 15) y analízalo.**

73. **¿Qué aspectos del texto *Characteristics of a Journalist Article* te parecen más interesantes? ¿Qué información te puede ayudar a escribir mejor artículos, reportajes informativos y otros textos periodísticos en español?**

74. **Busca en la red otro ejemplo de artículo relacionado con los temas del curso y analízalo.**

CHARACTERISTICS OF A JOURNALISTIC TEXT

Journalistic texts can be of many different genres —news articles, interviews, opinion columns, etc. —or a combination of them. The content, the objective, the point of view, the structure, and the format can also vary. But they usually all involve working with documents that provide the necessary information to write the text.

COMMON JOURNALISTIC TEXTS

These are the most common genres of journalistic texts:

Investigative **Analytic** **News** **Biography** **Historical** **Informative**

- ....: The facts are presented objectively and impartially.
- ....: Opinions, evaluations, and judgments are included. The point of view is subjective and the intention is not simply to inform.
- ....: Events and facts are reviewed from the past to the present.
- ....: The reader is familiar with the topic because it is very current. The events are known and have an impact on the present.
- ....: Based on in-depth investigation and documentation, the topic is explored with the purpose of arriving at new and original conclusions.
- ....: A specific person is presented covering different aspects, such as their life, their work, etc.

STRUCTURE OF A JOURNALISTIC TEXT

The structures of journalistic texts may vary, but these are the most common ones:

closing **lead** **headline** **development**

- There is always a .... and, often, a secondary headline. The main title highlights the main topic and the point of view.
- The .... is generally a first sentence or paragraph that briefly introduces the topic.
- The .... is the main body of the article, which includes the introduction, the context of the topic, the facts, the thesis or main idea, arguments, examples, etc.
- The .... presents the conclusions. Depending on the type of text, this may be more or less open.

TYPES OF HEADLINES

The headline is a fundamental part of a journalistic text, and it is meant to catch the reader's attention. There are different types of headlines. These are some of the most common ones:

Direct **Instruction** **Process** **Testimonial** **Question**

- ....: brief, clear, and with an explicit meaning. It introduces the topic with accuracy. For example: **Productos para veganos: un nuevo gran negocio *(business opportunity)***.
- ....: questions the reader and creates expectations about the topic. It is assumed that the text will respond to the question. For example: **¿Por qué pintaban los humanos prehistóricos en las cuevas *(caves)*?**
- ....: characteristic of texts that encourage the reader to do something using commands. For example: **No compre más ropa, alquílela**.
- ....: they are found in texts that guide and instruct the reader on how to do something and the steps to follow. A good example would be: **Cómo hacer las mejores fotografías en tus viajes**.
- ....: presents the topic from a personal perspective, based on someone's experience. For example: **Carolina Herrera: "La elegancia y el estilo no tienen nada que ver con el dinero".**

FORMATS

The format of a journalistic text can vary greatly. To analyze it, we can answer these questions:

- Is the written text the only source of information?
- What medium is used: print, internet, radio, TV, podcast? Is more than one medium used?
- How do the images combine and integrate with the text?
- Is there a variety of images: photos, graphics, icons, infographics, etc.?
- What is the graphic design like: conventional, classic, modern, innovative, etc.?

PROYECTO EN GRUPO

Un decálogo visual para la compra de ropa

Vamos a presentar un decálogo para ayudar a los consumidores a comprar ropa con un objetivo determinado.

A.  **En grupos, piensen cuál de estos objetivos les parece más interesante y escojan uno.**

- Comprar ropa de manera sostenible y ecológica
- Comprar ropa de manera más solidaria
- Comprar ropa unisex
- Comprar ropa buena gastando muy poco
- Comprar ropa para graduaciones, bodas y otras fiestas
- Otros: ....

B. Hagan una lista de diez recomendaciones para conseguir su objetivo. Pueden investigar en internet o preguntar a otras personas.

C. Busquen imágenes y otros recursos para ilustrar o complementar sus recomendaciones. Pueden ser fotografías, videos, mapas, enlaces a páginas web, etc.

D. Creen una presentación digital y dediquen, al menos, una pantalla a cada consejo. Combinen de manera atractiva los consejos con los demás recursos.

E. Cada grupo presenta su decálogo. Los demás pueden hacer preguntas, pedir información complementaria o hacer comentarios.

PROYECTO INDIVIDUAL

Un artículo sobre la compra de ropa

Vas a redactar un artículo para un blog de moda y consumo sobre un tema relacionado con la compra de ropa

A. **Usando la información del proyecto en grupo, escribe un artículo sobre el mismo tema. Piensa desde qué perspectiva vas a presentar esa información (como una investigación, como un artículo de actualidad, interpretando los hechos, usando testimonios y entrevistas, etc.).**

B. **Recuerda añadir los siguientes elementos que tal vez no existían en la presentación que hiciste con tu grupo.**

- Un título y uno o varios subtítulos
- Un párrafo de entrada
- Un cierre con tus conclusiones
- Etc.,

C. **Escribe tu artículo. Antes de la edición final, revisa todo el material y presta atención a la corrección.**

MOLA: MODA SOSTENIBLE LATINOAMERICANA

MOLA es el movimiento internacional de moda sostenible latinoamericana. Su objetivo es concienciar a los consumidores y a los productores de moda...

GRAMMAR

AFFIRMATIVE COMMANDS

Affirmative commands (imperative) have four forms: **tú** y **vosotros/as**, **usted** and **ustedes**. In this chapter, we are studying the **tú** forms.

	COMPRAR	COSER	ESCRIBIR
tú, vos	**compra, comprá**	**cose, cosé**	**escribe, escribí**

The regular form for the second person (**tú** or **vos**) is the same as the form for the present for **tú** or **vos**, but without the final **-s**.

	presente de indicativo		imperativo
tú	prueb**as** empiez**as**	> >	prueb**a** empiez**a**
vos	prob**ás** empez**ás**	> >	prob**á** empez**á**

Eight verbs are irregular in the way they form the imperative in the **tú** form (not in the **vos** form).

	DECIR	HACER	IR	PONER
tú, vos	**di, decí**	**haz, hacé**	**ve**	**pon, poné**
	TENER	**SALIR**	**SER**	**VENIR**
tú, vos	**ten, tené**	**sal, salí**	**sé**	**ven, vení**

NEGATIVE COMMANDS

Negative imperative forms are different from the affirmative imperative for **tú** and **vos**.

	COMPRAR	COSER	ESCRIBIR
tú, vos	no compr**es**, no compr**és**	no cos**as**, no cos**ás**	no escrib**as**, no escrib**ás**

COMMANDS WITH PRONOUNS

In affirmative commands, the reflexive, DO, and IO pronouns are attached to the end of the imperative form of the verb, forming a single word.
*Necesito tus pantalones, présta**melos** por favor.*

The stress stays in the original place, but sometimes requires an accent.

di	>	di<u>di</u>me
compra	>	<u>cóm</u>pratelas

In the negative form, pronouns are placed in the customary position before the verb.

Cómpra**melos**	>	<u>No</u> **me los** compres
Prueba**telos**	>	<u>No</u> **te los** pruebes

VERBS REFERRING TO CLOTHING

vestirse *(to get dressed)*

*¿Cómo **te vistes** para ir a trabajar?*
*No sé cómo **vestirme** para la entrevista.*
*¡**Vístete** rápido, que vamos a llegar tarde!*

ponerse *(to put on)*

*¿Qué **te pusiste** para la fiesta de ayer?*
***Ponte** el abrigo; hoy hace mucho frío.*
*Este jersey me encanta. **Me** lo **pongo** mucho.*

probarse *(to try on)*

*Los pantalones nuevos te quedan grandes. ¿No **te** los **probaste** en la tienda?*
*Cuando compras ropa por internet, no puedes **probártela**.*

llevar *(to wear)*

*Mario es ese chico que **lleva** una chaqueta azul.*

quedar + IO (algo de una manera a alguien) *(to fit, to suit)*

- *¿Cómo **te queda** la nueva chaqueta?*
- ***Me queda** un poco pequeña.*

comprar/comprarse *(to buy (for oneself))*

- *Carlos **compra** mucha ropa para sus hijos.*
- *Carlos **se compra** mucha ropa.*

COMMUNICATION

GIVING ADVICE, ORDERS AND SUGGESTIONS

▶ **Giving advice and making recommendations**
We can give advice and recommendations directly to someone.

te recomiendo + infinitive *(I recommend that you)*

***Te recomiendo** <u>llevar</u> traje a la entrevista del lunes.*

lo mejor es + infinitive *(it's best...)*

*En rebajas, **lo mejor es** <u>pensárselo</u> dos veces antes de comprar.*

si + present, imperative/present *(if...)*

***Si necesitas** un traje, **cómpralo** en rebajas.*
***Si necesitas** un traje, **puedes comprarlo** en rebajas.*

COMMUNICATION

▶ Giving orders
In addition, we can give orders directly by using commands or **tener que** + infinitive.

Ten *clara la imagen que quieres transmitir en una entrevista de trabajo y* ***cuida*** *tu aspecto físico.*
Tienes que *cortarte el pelo para la entrevista.*

Or by using impersonal constructions.

hay que + infinitive

Antes de ir a una entrevista, ***hay que*** *investigar un poco sobre la empresa.*

COHESION

COHESIVE DEVICES

There are several ways to refer to something that has already been mentioned in the text and thereby enhance the cohesion.

Omission (especially of the subject)
Me gusta este tejido: este tejido es como la seda, pero más cálido, ¿no?
✔ *Me gusta este tejido: es como la seda, pero más cálido, ¿no?*

Possessive adjectives
They are used instead of **de** + noun
Los materiales tradicionales son muy caros, pero el uso de los materiales tradicionales es cada día más frecuente.
✔ *Los materiales tradicionales son muy caros, pero* ***su*** *uso es cada día más frecuente.*

Possessive pronouns
Como se ha roto el paraguas de Mari Carmen, utilizamos mi paraguas.
✔ *Como se ha roto el paraguas de Mari Carmen, utilizamos* ***el mío****.*

After you finish writing a text, read it out loud to more easily detect any unnecessary repetitions.

Personal pronouns, direct object pronouns, indirect object pronouns, and tonic pronouns

Los nuevos inquilinos son un chico y una chica. El chico es vendedor y la chica es informática.
✔ *Los nuevos inquilinos son un chico y una chica.* ***Él*** *es vendedor y* ***ella*** *es informática.*

No puedo llevar mi mochila porque olvidé mi mochila en casa de Óscar.
✔ *No puedo llevar mi mochila porque* ***la*** *olvidé en casa de Óscar.*

—¿Has hablado con Julián?
—No, pero he enviado un email a Julián.
✔ *No, pero* ***le*** *he enviado un email.*

Me caen muy bien tus hermanos, siempre me lo paso genial con tus hermanos.
✔ *Me caen muy bien tus hermanos, siempre me lo paso genial con* ***ellos****.*

Relative clauses

El liquiliqui es un traje de fiesta. En Venezuela y en Colombia usan el liquiliqui en ocasiones especiales.
✔ *El liquiliqui es un traje de fiesta* ***que*** *usan en Venezuela y en Colombia en ocasiones especiales.*

La alpaca es una lana tradicional. Con esta lana tradicional se confeccionan prendas de lujo.
✔ *La alpaca es una lana tradicional* ***con la que*** *se confeccionan prendas de lujo.*

Articles (omitting the noun)
—¿Qué camisa te gusta más?
—La camisa verde.
✔ ***La*** *verde.*

Synonyms and related words
Me gusta Buenos Aires por el ambiente que se respira en Buenos Aires.
✔ *Me gusta Buenos Aires por el ambiente que se respira en* ***la ciudad****.*

Demonstratives
Muchas tiendas de moda están diseñadas para atraer a los jóvenes, aunque los jóvenes compran cada vez más por internet.
✔ *Muchas tiendas de moda están diseñadas para atraer a los jóvenes, aunque* ***estos*** *compran cada vez más por internet.*

In general, this use of demonstratives is restricted to written texts of a certain level of formality.

VOCABULARY

ROPA Y ACCESORIOS
(CLOTHING AND ACCESSORIES)

EL CUERPO *(THE BODY)*

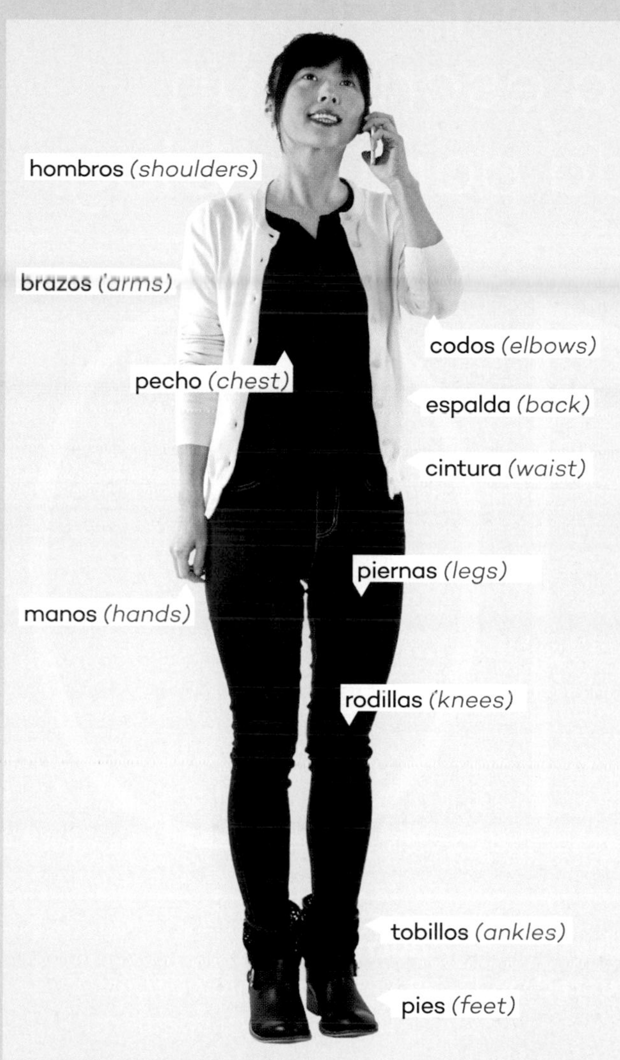

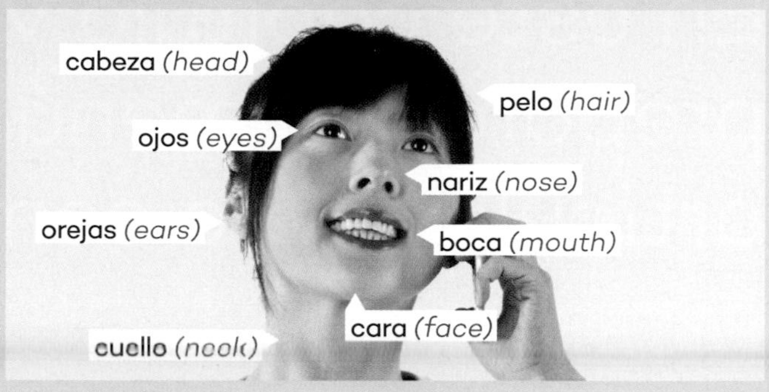

LA MODA *(FASHION)*

ACTIVIDADES *(ACTIVITIES)*
arreglarse *(to get ready)*
coser *(to sew)*
diseñar *(to design)*
estrenar *(to wear for the first time)*

PROFESIONES *(PROFESSIONS)*
el/la diseñador(a) *(designer)*
el/la modelo *(model)*
el/la sastre *(tailor)*

ASPECTO, ESTILO *(STYLE)*
elegante *(elegant)*
informal *(informal)*
sencillo *(simple)*

EVENTOS *(EVENTS)*
desfile *(fashion show)*
rebajas *(sales)*
temporada (otoño-invierno, primavera-verano) *(season (fall/winter, spring/summer))*

FREQUENT WORD COMBINATIONS

MATERIALES Y ESTAMPADOS
(MATERIALS AND PATTERNS)

es de > lana > piel > lino > paño
una prenda de > nailon > algodón > seda

it's made of wool/leather/linen/cloth
a nylon/cotton/silk garment

un suéter / una camiseta de > cuadros > flores > rayas > lunares > colores

a checked/floral/striped/polka-dotted/colored sweater/t-shirt

un suéter / una camiseta con > un dibujo > una marca

a sweater / t-shirt with a drawing/a logo

un suéter / una camiseta > liso/a > estampado/a

a plain/patterned sweater/t-shirt

TAMAÑO, ESTILO, ESTADO O CONDICIÓN
(SIZE, STYLE, CONDITION)

un bolso > pequeño > grande > moderno > clásico > extravagante

a small/large/ modern/classic/ an extravagant handbag

un traje > elegante > de sport > cómodo > incómodo

a smart/casual/comfortable/an uncomfortable suit

una camiseta > manchada > limpia > arrugada

a stained/clean/ wrinkled t-shirt

COMIDA Y SALUD

En este capítulo vas a aprender a preparar un menú y a escribir un artículo sobre comida para un blog.

LEARNING OUTCOMES
- Talk about eating habits
- Order food in a restaurant and devise a menu
- Describe a dish
- Give instructions
- Give advice, and make suggestions
- Ask and answer about preferences
- Comment and give personal opinions

VOCABULARY
- Talk about dishes and recipes
- At the restaurant
- Illnesses and health problems

LANGUAGE STRUCTURES
- Commands with **usted** and **ustedes**
- Give instructions using the infinitive, the command forms and the present
- Give advice and recommendations
- Constructions with **se**

ORAL AND WRITTEN TEXTS
- Texts to comment on and analyze graphs
- Analyzing and commenting on graphs

SOUNDS
- Intonation: orders and instructions

CULTURE
- Gastronomic cultures in the Spanish-speaking world
- Venezuelan arepas
- Cooking in the novels of detective Leonardo Padura (Cuba)

PROJECTS
- Group: present a typical Hispanic menu
- Individual: write an informative article for a blog about nutrition and health

IMÁGENES

PREPÁRATE

1. **Lee el texto. Luego, consulta en internet la lista completa de los 50 mejores restaurantes del mundo, anota los restaurantes hispanos y el número que ocupan en la lista.**

> En la lista de *Los 50 mejores restaurantes del mundo* de 2018 (*The World's 50 Best Restaurants*) hay doce del mundo hispano. De hecho, entre los 10 primeros hay cinco: tres españoles y dos peruanos.

2. **Mira las imágenes y lee las descripciones de platos emblemáticos de estos dos restaurantes. ¿Cuál te gustaría probar? ¿Por qué? Anótalo en tu cuaderno.**

ANARQUÍA 43 minúsculos elementos en un plato: 12 cremas, 7 gelatinas, 7 salsas, 3 granizados, 2 espumas, 2 helados, 3 pastas de frutas y 7 crujientes.

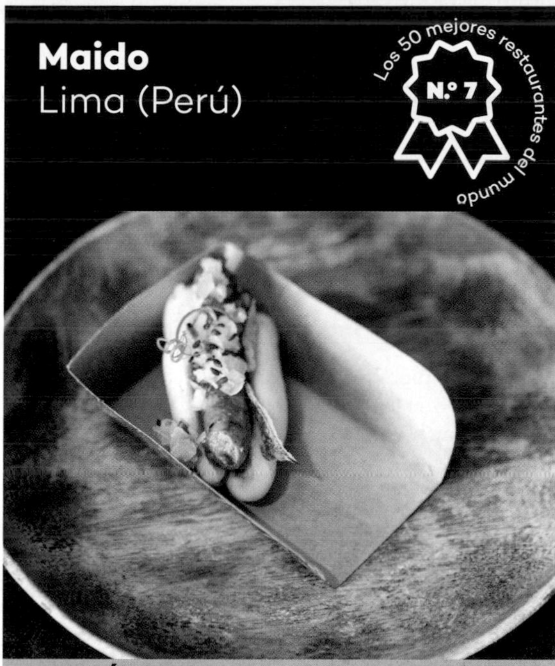

CHORIPÁN
Pan hecho al vapor, chorizo de pescado y pulpo, vegetales, mostaza japonesa

3. **En parejas, comenten sus respuestas a las actividades 1 y 2.**

4. **En parejas, elijan uno de los restaurantes hispanos de la lista de los 50 mejores del mundo e investiguen sobre él.**
   - ¿Dónde está?
   ....
   - ¿Desde cuándo existe?
   ....
   - ¿Quiénes son los propietarios?
   ....
   - ¿Qué tipo de comida ofrece?
   ....
   - Otros
   ....

LA CAFETERÍA

What kind of food do you like? Do you like going to restaurants? What type of restaurants do you go to?

5. **En parejas, presenten en clase los resultados de su investigación.**

EN LA RED

PREPÁRATE

6. Lee este texto sobre la salud de los jóvenes de Buenos Aires. ¿Qué dato te parece más preocupante?

Encuesta sobre la salud de los jóvenes de Buenos Aires

Una encuesta *(survey)* realizada en Buenos Aires a 7187 alumnos de Secundaria muestra que sus hábitos no son, en general, muy saludables.

La salud y la alimentación

Un **23 %** dice que tiene algún problema de salud relacionado con su alimentación.

Un **48,1 %** está preocupado o descontento *(unhappy)* con su cuerpo.

Un **24 %** ha hecho dietas para adelgazar sin indicación médica.

Un **26,8 %** dice que tiene exceso de peso.

Actividad física y deporte

Un **27,7 %** pasa tres o más horas diarias en internet, y un **16,5 %** tres horas o más jugando a videojuegos.

Un **47,9 %** no realiza deporte fuera de la escuela.

Un **33,9 %** no ha hecho nunca ninguna actividad deportiva además de la escolar.

Un **33,2 %** no hace deporte porque no le interesa o no le gusta.

Hábitos alimentarios

Un **18,3 %** no desayuna nunca y el **35,6 %** solo lo hace a veces.

Un **28,6%** no toma agua cada día.

Un **23 %** siempre come entre comidas. Un **57,8 %** lo hace a veces.

Un **65,1 %** toma bebidas gaseosas entre comidas, cuatro o más veces por semana.

Un **35,9 %** no consume frutas ni verduras con regularidad.

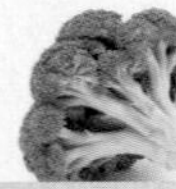

Fuente de los datos: encuesta de alimentación y actividad física (CEREN)

7. Vuelve a dar los datos que te parecen más interesantes o sorprendentes, usando tus propias palabras.

La mayoría de...
(Aproximadamente) la mitad de / un tercio de / una cuarta parte de los jóvenes...
(Aproximadamente) el doble...
(Un poco) más de...
(Un poco) menos de...

ATENCIÓN

la mitad de los jóvenes
(half of young people)
un tercio de los jóvenes
(a third of young people)
una cuarta parte de los jóvenes
(a quarter of young people)

8. En pequeños grupos, comparen sus respuestas y a las actividades 6 y 7 y respondan a las siguientes preguntas.

- ¿Quién creen que es el responsable de esta situación?
- ¿Qué se debería hacer, según su opinión?
- ¿Cómo es la situación en su país?

Yo creo que los responsables son, sobre todo, los padres / las escuelas / las instituciones...

Deberían / se debería / habría que educar / obligar a / informar...

ATENCIÓN

The conditional is used to propose solutions (with verbs like **poder, deber, haber**, or **tener que**).

***Habría que** informar sobre los peligros de las dietas sin indicación médica.*
(Reporting needs to be done on the dangers of non-medical diets.)

*Los padres **deberían** enseñar a sus hijos desde pequeños a desayunar bien.*
(Parents should teach their children from a young age to eat a healthy breakfast.)

VIDEO: UN PLATO PERUANO

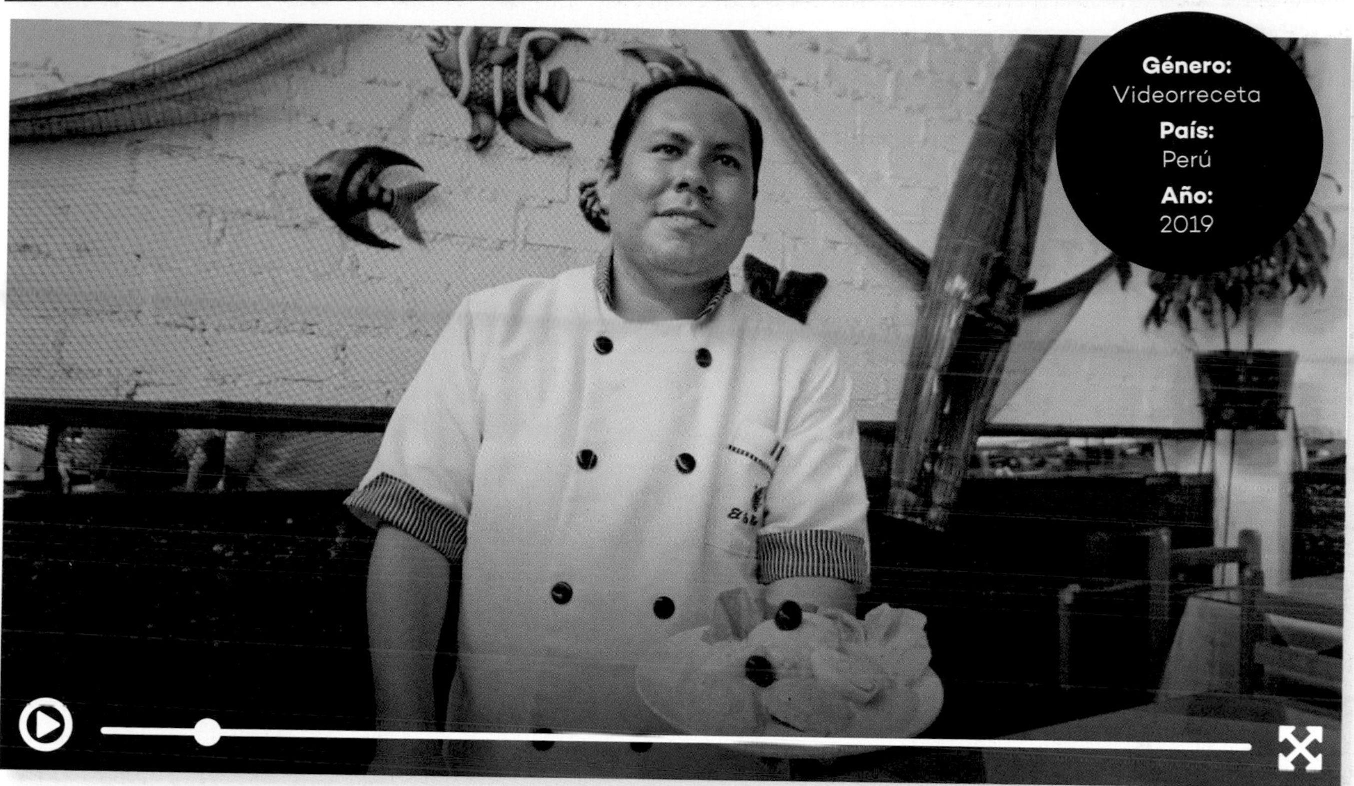

PREPÁRATE

9. Ve el video hasta el minuto 00:32 y responde a estas preguntas.

1. ¿Cómo se llama el restaurante?

....

2. ¿Cómo se llama el plato que va a preparar el cocinero?

....

10. Mira la foto del plato. ¿Qué ingredientes crees que lleva? Márcalos.

- (el) arroz
- (la) leche
- (el) pescado
- (el) queso
- (el) ajo
- (el) ají amarillo
- (la) cebolla
- (las) papas
- (los) huevos
- (el) tomate
- (la) galleta
- (la) aceituna

11. Ve el video completo y confirma las hipótesis que has hecho en la actividad 10.

12. Vuelve a ver el video del minuto 01:34 al minuto 01:53. ¿Qué dice el cocinero sobre el origen de este plato?

....

....

13. En parejas, hablen del plato: ¿lo han probado *(have you tried it)*? ¿Les gustaría probarlo? ¿Les parece fácil cocinarlo?

14. En grupos, comparen sus respuestas a las actividades 9, 10 y 12.

15. En grupos, traduzcan al inglés la lista de ingredientes del plato.

leche: milk
papas: potatoes
...

LA CAFETERÍA

What typical dishes from Hispanic countries have you tasted? Which ones do you like the most?

LA RESTAURACIÓN PERUANA Y LA ECONOMÍA GASTRONÓMICA

PREPÁRATE

16. Lee el texto y subraya las palabras "no transparentes", es decir, aquellas palabras que no entiendes por el contexto o por su similitud con otras lenguas. Después, consúltalas en el diccionario.

17. Ahora busca un título para cada párrafo.

1. ....
2. ....
3. ....

18. En parejas, compartan sus títulos de la actividad 17.

19. En grupos, elaboren una infografía con texto e imágenes a partir de este título: "La restauración peruana y su impacto económico".

20. Presenten su infografía al resto de la clase.

21. Comenten estas preguntas en grupo.

- ¿Conocen la gastronomía peruana u otra cocina del mundo hispano? ¿Les gusta?
- Si la respuesta es afirmativa, ¿cuándo la probaron?
- ¿Qué platos conocen?

ESTRATEGIAS

In general, Spanish speakers around the world use the same vocabulary, but in some areas there are more changes. Fruits, vegetables, and other foods, in particular, can have different names, as in the cases of **ají**, **papa**, **chile**, **camote**, **jugo**, and **pimiento**. Don't worry; you don't have to learn them all! The people you speak with will teach you the local names and will try to understand you if you use a different name.

22. Basándote en el texto, escribe un artículo para un blog sobre la gastronomía de tu región u otra que te interese.

Luisiana/California... tiene una gastronomía (muy) creativa/variada...
Luisiana/California... es conocida por su gastronomía / su comida...
El plato típico es / los platos típicos son...
El ingrediente más usado es / los ingredientes más usados son...
Según los datos del sector...

Luisiana tiene una gastronomía muy variada, con platos procedentes de distintos lugares del mundo: Francia, España, el Caribe, África... Uno de los platos típicos es el "étouffée".

....

Anticuchos

Ceviche

Tiradito de pescado

Leche de tigre carretillero

LA COCINA PERUANA

1. La gastronomía peruana, una de las más ricas y diversas del mundo, es el resultado de la fusión de las técnicas culinarias del antiguo Perú, de la gastronomía española y de las cocinas china, japonesa y subsahariana de sus inmigrantes.
El arroz chaufa es el plato nacional y el plato estrella de la cocina peruana es el ceviche (pescado o marisco crudo con jugo de limón, cebolla picada, cilantro, ají y sal).

Tamales

2. Los ingredientes más usados en la cocina peruana son la papa, el camote *(sweet potato)*, el ají, el tomate, las frutas (hay 650 especies de frutas en Perú, entre las que se encuentran la chirimoya y la lúcuma), el achiote, el pescado (2000 especies), el tarwi y el maíz (con más de 30 variedades).

3. El país es actualmente una referencia gastronómica en el mundo. Hay 80 escuelas o institutos y cinco universidades dedicadas a la gastronomía, donde cada año se gradúan 15 000 estudiantes. Según los datos del sector, la gastronomía beneficia directa o indirectamente a 5,5 millones de personas, desde la agricultura y la ganadería *(livestock farming)* hasta los restaurantes, pasando por el transporte. El gasto global en alimentación supone anualmente algo más del 9 % del PIB peruano.

GUÍA DE ALIMENTACIÓN SALUDABLE

PREPÁRATE

23. Lee este texto y añade un título a cada consejo de esta guía de alimentación.

GUÍA DE ALIMENTACIÓN SALUDABLE

Incorporar a diario alimentos de todos los grupos y realizar actividad física moderada.

CONSEJO **1**

1. Realizar 4 comidas por día (desayuno, almuerzo, merienda y cena). Consumir a diario verduras, frutas, legumbres, cereales, leche, yogur o queso, huevos, carnes y aceites.
2. Comer con tranquilidad y, si es posible, en compañía de otras personas.
3. Consumir alimentos preparados en casa y evitar los procesados.
4. Realizar actividad física moderada, mantener un peso adecuado y una alimentación saludable previene enfermedades.

....

CONSEJO **2**

1. Beber al menos 2 litros de agua al día, y disminuir el consumo de bebidas con azúcar.
2. Hidratarse a menudo, incluso cuando no se tiene sed.
3. Usar agua potable y limpia para lavar los alimentos y para cocinar.

....

CONSEJO **3**

1. Consumir verduras tanto en el almuerzo como en la cena, y al menos 3 piezas de fruta por día.
2. Elegir frutas y verduras de estación, que son de mejor calidad.
3. Es preferible el consumo de frutas enteras, ya que los zumos no aportan fibra.
4. Consumir a diario frutas y verduras puede disminuir el riesgo de padecer obesidad, enfermedades cardiovasculares, diabetes o cáncer de colon.

....

CONSEJO **4**

1. Cocinar con poca sal y usar otros condimentos, como la pimienta, el perejil, el ají, el pimentón, el orégano, etc.
2. Disminuir el consumo de fiambres, embutidos y otros alimentos procesados (como caldos, sopas y conservas), que contienen una elevada cantidad de sal.
3. Comer sin sal o con poca sal previene la hipertensión, enfermedades vasculares y renales, entre otras.

....

CONSEJO **5**

1. Consumir al menos 3 porciones al día de leche, yogur o queso.
2. Consumir preferentemente los quesos que tengan menor contenido de grasas y sal. Los quesos blandos tienen menos grasa y sal que los duros.
3. Los productos lácteos tienen mucho calcio y son necesarios en todas las etapas de la vida.

....

CONSEJO **6**

1. Consumir carne o pescado a diario, ya que son una buena fuente de proteínas. Consumir carnes rojas unas tres veces por semana, carnes blancas, unas dos veces por semana, y pescado, dos vece por semana o más.
2. Cocinar bien las carnes para prevenir enfermedades transmitidas por alimentos.
3. Incluir un huevo por día, sobre todo si no se consume carne o pescado.

Fuente de la información: Guías alimentarias para la población argentina (Gobierno de Argentina)

PREPÁRATE

24. Completa las siguientes frases con la información del texto que te parezca más interesante o novedosa.

1. Es bueno reemplazar la sal por condimentos como...
2. Es recomendable ....
3. Es importante ....
4. No es bueno ....
5. No se debe ....
6. Es mejor (no) ....

25. De todos estos consejos, escribe cinco cosas que haces y cinco que no haces.

26. ¿Qué tres costumbres crees que tienes que cambiar?

ATENCIÓN

IMPERSONAL STATEMENTS FOR GIVING ADVICE

(No) Es bueno/recomendable + infinitive

Es bueno *beber mucha agua.*

(No) Se debe + infinitive

No se debe *comer demasiada carne.*

Es mejor (no) + infinitive

Es mejor no *tomar bebidas azucaradas.*

LA CAFETERÍA

In your opinion, is the food that one eats a personal matter, or should governments have policies regarding it?

27. En parejas, comparen sus respuestas a las actividades 23 y 24.

28. Comparen en pequeños grupos sus respuestas a las actividades 25 y 26. ¿Tienen cosas en común?

29. Escucha a estas dos personas hablando de sus problemas de salud. ¿Qué problema tiene cada uno? ¿Qué alimentos no pueden comer? Completa las oraciones.

1. Gonzalo es intolerante a ....
2. Ana es alérgica a ....

30. Escucha de nuevo. ¿Qué síntomas tienen Ana y Gonzalo?

	Ana	Gonzalo
1. Le duele la barriga.		
2. Estornuda mucho.		
3. No puede respirar.		
4. Le pica el cuerpo.		

31. En pequeños grupos, elaboren una guía de alimentación para una de las siguientes personas, usando los recursos de la tabla.

- Una persona que quiere adelgazar o engordar.
- Una persona de 90 años.
- Un/a niño/a pequeño/a.
- Una persona que hace mucho deporte.
- Una persona vegana.

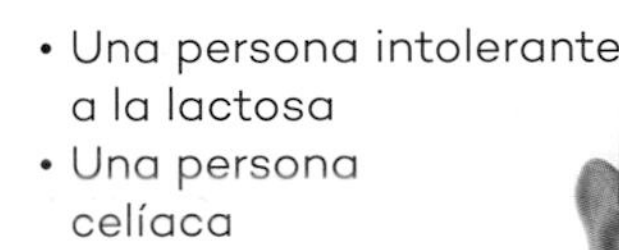

- Una persona intolerante a la lactosa
- Una persona celíaca
- ...

(No) Es bueno...	disminuir	tomar
Es recomendable...	evitar	comer
Es importante...	consumir	incluir
(No) Se debe...	cocinar con/sin	elegir
Es mejor (no)...	beber	aumentar

EL ÓVALO DE LA ALIMENTACIÓN

VOCABULARIO

PREPÁRATE

32. Lee este texto y responde a las siguientes preguntas con tus propias palabras.

Una parte importante de la población no tiene los conocimientos básicos sobre qué es una alimentación sana y saludable. Por este motivo, existen recursos gráficos como la famosa pirámide de la alimentación o el óvalo, propio de la cultura argentina. Su objetivo es promover la salud de la población y prevenir enfermedades relacionadas con la alimentación.
El óvalo propone seis grupos de alimentos que no deben faltar en una alimentación equilibrada. El espacio que ocupa cada grupo refleja en qué proporción debe estar presente en la dieta diaria.
La lectura del óvalo es en sentido contrario al de las agujas del reloj, comenzando por el grupo que ocupa más espacio y, por lo tanto, el que debe estar más presente en la dieta diaria.
El agua representa la base de la vida y, por eso, aparece uniendo todos los alimentos.

- ¿A qué equivale el óvalo de la alimentación en otras culturas?
- ¿Cuál es su objetivo?
- ¿A quién va dirigido?
- ¿Cuántos elementos forman el óvalo y cómo se organizan?
- ¿Cuál es el elemento común?
- ¿Cómo se lee el óvalo?

33. Observa el óvalo de la alimentación, haz una lista con los alimentos representados en cada grupo y añade alguno más.

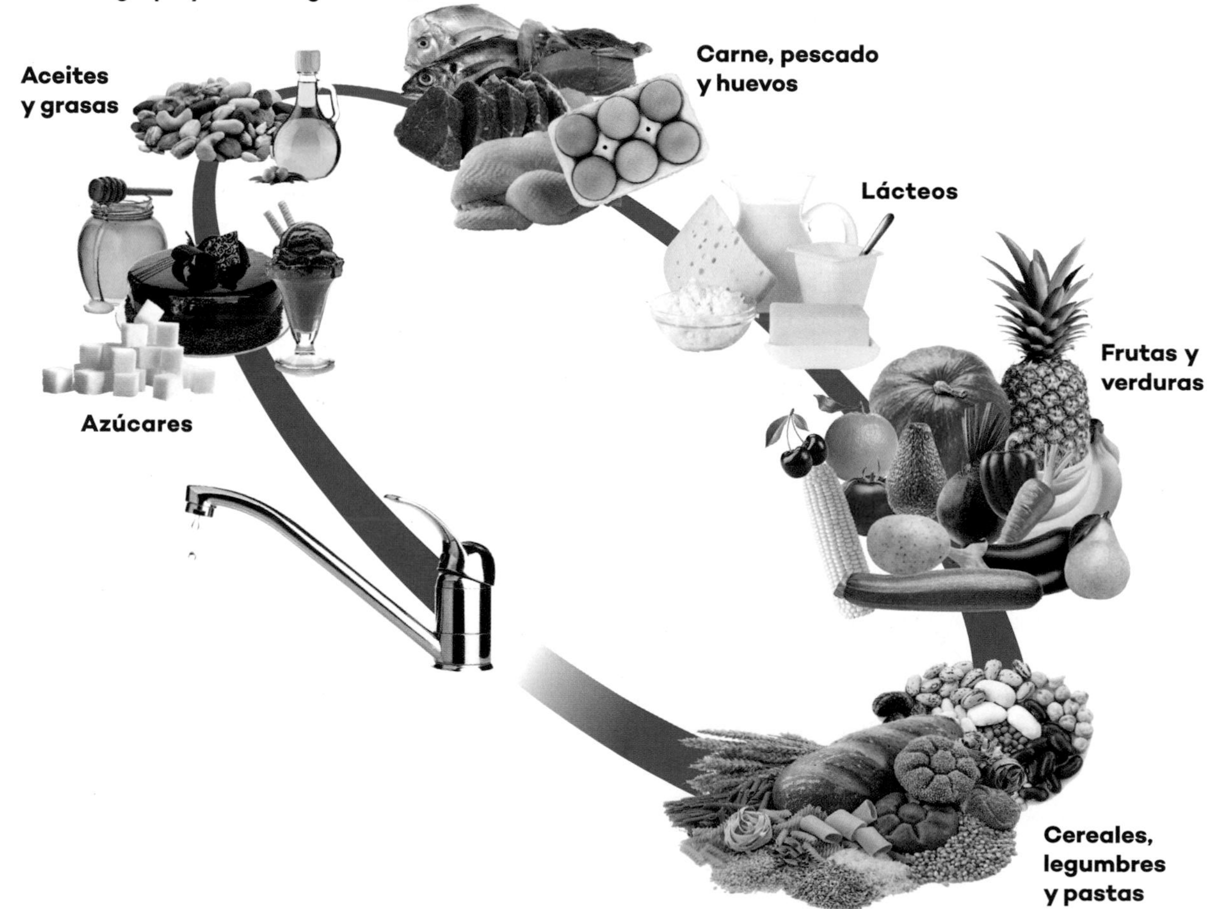

34. En parejas, comparen sus respuestas a las actividades 32 y 33.

35. En pequeños grupos, van a preparar una encuesta escrita para descubrir si sus compañeros/as llevan una dieta equilibrada.

1. ¿Comes tortas o helados regularmente?
a. No, nunca.
b. Solo a veces.
c. Sí, casi cada día.

PESOS, MEDIDAS Y ENVASES

VOCABULARIO

PREPÁRATE

36. **Lee el texto. ¿Qué requisitos debe cumplir un producto para ser considerado denominación de origen? ¿Hay productos típicos de calidad en tu región?**

La denominación de origen es una garantía de calidad y origen que tienen algunos productos alimentarios. La calidad y las características de estos productos están relacionadas con el lugar en el que se producen o elaboran. Las denominaciones de origen distinguen y protegen estos productos de otros similares, especialmente de aquellos que son más industrializados o que usan materias primas de calidad diferente.

37. **Observa las imágenes de la actividad 38. ¿Conoces estos alimentos? Fíjate en el origen. ¿Puedes localizarlos en un mapa?**

ATENCIÓN

VARIEDAD LÉXICA

In Ecuador and Peru, **una bolsa** is **una funda**.

38. **Completa las descripciones con las siguientes palabras o expresiones.**

un kilo | un litro | una lata | una bolsa | una botella | un paquete

.... de vino de Atacama (Chile)

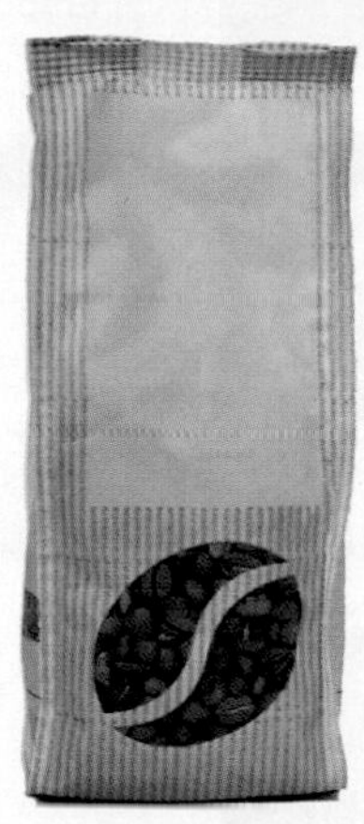

.... de café de Colombia

.... de espárragos de Navarra (España)

.... de aceite de oliva virgen de Sierra de Cazorla (España)

.... de quinua real del Altiplano del Sur (Bolivia)

.... mango ataúlfo del Soconusco de Chiapas (México)

39. **En parejas, compartan las respuestas de las actividades 36 y 37, y comprueben las de la actividad 38.**

DESCRIBIR UN PLATO TÍPICO

40. **Observa las imágenes de estos platos típicos de algunos países hispanoamericanos. Lee sus nombres y su origen. ¿Los conoces? ¿Los comiste alguna vez? ¿Te apetece probarlos? Coméntenlo en parejas.**

1 Mole poblano con arroz y ajonjolí (México)

2 Empanadas de pino (Chile)

3 Gallo pinto (Costa Rica)

4 Gazpacho (España)

41. **Miren de nuevo las imágenes y respondan a las siguientes preguntas sobre cada uno de los platos.**

- ¿Qué lleva?
- ¿Es un entrante o un plato principal?
- ¿Se come para desayunar, almorzar o cenar?
- ¿Se come frío o caliente?

42. **Investiguen online y escriban una pequeña descripción de cada uno de los platos de la actividad 40.**

....

....

....

....

....

....

....

VOCABULARIO

43. Describe un plato que te gusta y sabes hacer y otro que quieras probar, usando estos recursos. Luego, compártanlo en pequeños grupos.

Es una sopa... Es un guiso... Es una ensalada... Es un plato de carne pescado arroz pasta... Es un entrante plato principal postre... Es una masa rellena de... Es una salsa de...	(típico/a) de Cuba Venezuela...	que me gusta mucho y que sé hacer. que me gustaría probar.	Lleva huevos tomate... Se sirve con papas arroz... Se acompaña con papas arroz... Va con patatas arroz... Está Se hace prepara a la plancha asado crudo frito guisado al horno

....

....

....

....

....

....

PROBLEMAS DE SALUD

VOCABULARIO

44. ¿Qué pueden hacer estas personas para curarse? ¿Y para prevenir sus enfermedades o dolencias? Anota tus ideas.

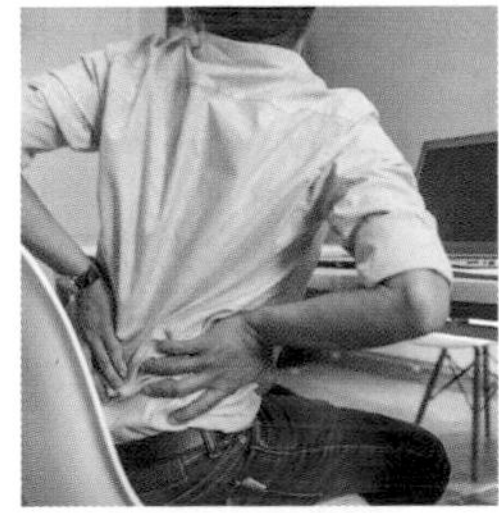

1. Le duele la espalda.

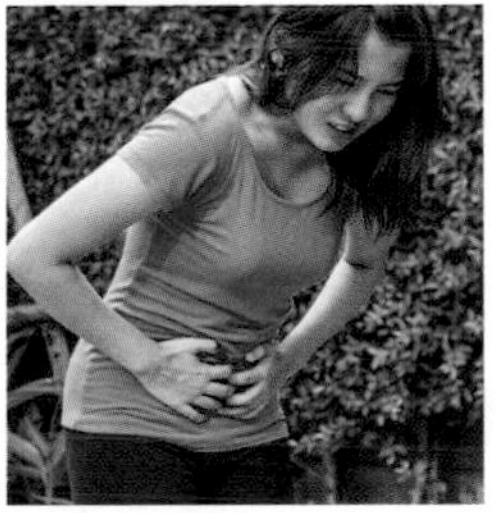

2. Le duele el estómago.

3. Le duele la cabeza.

4. Está resfriada.

5. Tiene tos y le duele la garganta.

45. Comparen sus respuestas y hagan una lista con recomendaciones para prevenir y curar las enfermedades o dolencias de la actividad 44.

Para prevenir el dolor de espalda:
- No se debe llevar mucho peso.
- Es mejor dormir en un buen colchón.
- Es importante mantener una buena posición.

...

Para curar el dolor de espalda:
- Es bueno hacer ejercicios de yoga o pilates y nadar.
- Es recomendable...

ENTENDER CÓMO FUNCIONA LA LENGUA

DAR INSTRUCCIONES: MANDATOS Y SE + 3.ª PERSONA

PREPÁRATE

46. Busca recetas en español en la red. ¿Qué tiempo verbal se usa? Márcalo.

- mandatos (**pela**, **pele**, **limpia**, **limpie**...)
- presente de indicativo (**pelamos**, **limpiamos**...)
- infinitivo (**pelar**, **limpiar**...)
- **se** impersonal (**se pela**, **se limpia**...)

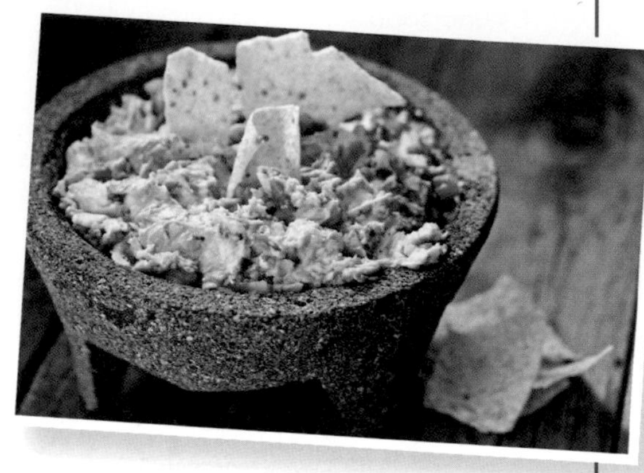

47. Lee los ingredientes del guacamole mexicano para cuatro personas y marca en un color los alimentos y en otro color las cantidades.

- 6 aguacates medianos
- 2 tomates pequeños
- 1 cebolla mediana
- El jugo de 1 lima
- 1 cucharadita de cilantro picado
- 1 jalapeño
- un poco de sal

48. Lee la receta de este plato. ¿En qué tiempo están los verbos?

1. Pelamos la cebolla.
2. Lavamos los tomates y el jalapeño.
3. Los picamos muy finos y los reservamos.
4. Cortamos los aguacates por la mitad y quitamos el hueso.
5. Trituramos los aguacates, si puede ser con un molcajete.
6. Añadimos el jugo de la lima, el cilantro picado y echamos la sal.
7. Lo mezclamos todo con los tomates, la cebolla y el jalapeño picados.
8. Removemos todos los ingredientes poco a poco con un tenedor.
9. Servimos el guacamole con totopos o nachos caseros.

49. Relaciona cada paso de la receta de la actividad 48 con la ilustración correspondiente.

50. **En parejas, comparen sus respuestas a las actividades 46, 47, 48 y 49.**

51. **En esta otra versión de la receta, los verbos están en forma de mandatos (**usted**). Léanla y completen la tabla con los verbos que aparecen en la receta.**

Pele la cebolla y lave los tomates y el jalapeño. Píquelo todo muy fino y resérvelo. Después, corte los aguacates por la mitad y quítele el hueso. Tritúrelos, si puede ser con un molcajete.

A continuación, añada el jugo de la lima y el cilantro picado y eche un poco de sal, al gusto. Mézclelo todo con los tomates, la cebolla y el jalapeño picados. Remueva todos los ingredientes poco a poco con un tenedor.

Sirva el guacamole con totopos o nachos.

-AR	-ER	-IR
pel**e**	remuev**a**	sirv**a**

52. **Observen ahora el primer párrafo de la receta redactada, usando la construcción** se **+ verbo en 3.ª persona. ¿Cuándo están los verbos en singular? ¿Y en plural?**

Se pela la cebolla y **se lavan** los tomates y el jalapeño. **Se pica** todo muy fino y **se reserva**. Después, **se cortan** los aguacates por la mitad y **se quita** el hueso. **Se trituran**, si puede ser con un molcajete.

53. **Transformen el resto de la receta, usando la construcción** se **+ verbo en 3.ª persona.**

....

....

....

....

....

ATENCIÓN

Se + third person singular
Se pela la cebolla.
(Peel the onion.)

Se + third person plural
Se lavan los tomates.
(Wash the tomatoes.)

54. **Escucha a una profesora de cocina dando consejos a sus alumnos para hacer un buen guacamole. Marca qué consejos son correctos.**
54

a. ☐ No elijan aguacates verdes; tienen que estar maduros, pero no duros.
b. ☐ Si quieren guardar el guacamole en la nevera, pongan un hueso dentro.
c. ☐ Trituren muy bien el guacamole.
d. ☐ Piquen las hojas de cilantro un día antes.

55. **En parejas, comparen sus respuestas a la actividad 54. Luego, corrijan los consejos incorrectos.**

56. **Piensa en un plato fácil de hacer y que sabes hacer bien. Escribe una receta usando los mandatos o la construcción** se **+ verbo en 3.ª persona y preséntala a tus compañeros/as. Dales algunos consejos para elaborar el plato.**

GASTRONOMÍA

Las arepas: el pan venezolano

La palabra *arepa* proviene de *erepa*, que significa "maíz" en la lengua de los cumanagotos. Al parecer, hace ya más de 3000 años los cumanagotos consumían esa especie de pan de forma circular hecho a base de maíz, y así lo describe el viajero italiano Galeotto Cei en su obra *Viajes y relaciones de las Indias* (1539-1553): "Hacen otra suerte (*kind*) de pan con el maíz a modo de tortillas, de un dedo de grueso, redondas y grandes". Las arepas son un plato esencial en la alimentación de los venezolanos, aunque también se hacen en Colombia, país que se disputa con Venezuela su origen. Se comen a todas horas (para desayunar, para almorzar y para cenar), se preparan en casa, se venden en la calle (en las llamadas *areperas*), se comen en restaurantes y se sirven en celebraciones importantes. Se comen fritas o al horno. Y existe una gran variedad de arepas según los rellenos que llevan. La masa también admite variantes, y aunque típicamente es de maíz, también puede llevar plátano, yuca o batata.

Si vas a Venezuela, vas a oír sin duda algunos de estos nombres:

LA VIUDA: una arepa sin relleno.

LA REINA PEPIADA: lleva pollo con aguacate, mayonesa y, a veces, guisantes.

LA SIFRINA: es una reina pepiada con queso rallado.

LA PELÚA: lleva carne desmechada con queso.

LA DOMINÓ: lleva queso con frijoles negros.

En 2015, el historiador venezolano Miguel Felipe Dorta escribió un libro titulado *¡Viva la arepa!*

La banda de pop venezolana *Los amigos invisibles* tituló su tercer álbum *Arepa 3000: A Venezuelan Journey Into Space*.

ANTES DE LEER

69. **¿Conoces algún plato típico de Venezuela? Hablen en pequeños grupos.**

DESPUÉS DE LEER

70. **Explica por qué son ciertas estas afirmaciones, según el texto, y aporta más información.**

1. Es un tipo de comida que se prepara desde hace muchos años. ......
2. Es un plato importante en la dieta venezolana. ......
3. Se preparan de varias maneras. ......
4. Hay muchos tipos de arepas. ......

71. **¿Puedes sustituir las palabras subrayadas en el texto por otras de significado parecido? Habla con un(a) compañero/a.**

72. **¿Cuál de las arepas descritas en el texto quieres probar? ¿Por qué? Coméntenlo en pequeños grupos.**

73. **En parejas, busquen información en internet sobre estos otros tipos de arepas. ¿Qué llevan?**

1. llanera: ......
2. pabellón: ......
3. catira: ......

LITERATURA

Las novelas policiacas de Leonardo Padura

Leonardo Padura (1955)

En su exitosa serie de novelas policiacas, Leonardo Padura escribe sobre la Cuba contemporánea. En una entrevista con Doris Weiser en el año 2004, afirmó que utiliza la estructura y los recursos de la novela policial para "convertir mi literatura (...) en un reflejo de lo que ha sido la vida cubana y la sociedad cubana en estos últimos años". El protagonista, Mario Conde, es un expolicía que vive en La Habana, donde pasa los días en compañía de su amigo "El Flaco". Juntos, se dedican a ver pasar la vida hasta que algún crimen aparece en su camino. Conde retrata una generación que siente una fuerte nostalgia por el pasado.

La amistad y la comida son temas fundamentales en la saga del detective Mario Conde. El escenario principal es la casa de Josefina, madre del Flaco Carlos. Para Conde, Josefina es una "maga del caldero" que elabora menús casi improbables en una sociedad condicionada por el racionamiento. A través de esta mujer, Padura ofrece al lector una ventana a la sociedad cubana contemporánea y a la riqueza culinaria de la isla.

—... Vamos a comer —dijo Josefina desde la puerta, estaba quitándose el delantal y el Conde se preguntó cuántas veces en la vida iba a oír aquel llamado de la selva que los hermanaba a los tres alrededor de una mesa insólita que Josefina luchaba cada día para armar. El mundo iba a ser difícil sin ella, se dijo.

—Recite el menú, señora — pidió el Conde, ubicándose ya tras el sillón de ruedas.

—Bacalao a la vizcaína, arroz blanco, sopa polaca de champiñones mejorada por mí con acelga, menudos de pollo y salsa de tomate, los plátanos maduros fritos y ensalada de berro, lechuga y rábano.

—¿Y de dónde tú sacas todo eso, Jose?

—Mejor ni averigües, Condesito. Oye, me dejan un traguito de ron. Hoy me siento así, no sé, contenta.

(*Pasado perfecto*, pág. 230.)

ANTES DE LEER

74. **Hagan una lluvia de ideas sobre lo que saben de Cuba (música, gastronomía, historia, arte, personalidades, etc.). Luego, lean el texto introductorio. ¿Aparece alguna idea de las que ustedes comentaron?**

DESPUÉS DE LEER

75. **Lee de nuevo el texto introductorio y explica por qué Josefina es una "maga del caldero" para Conde.**

76. **Lee el fragmento de la novela y contesta estas preguntas. Luego comenten sus respuestas en grupos pequeños.**

- ¿Cuál es el llamado de la selva y por qué hermanaba a los personajes?
- ¿Por qué crees que a Conde le sorprende el menú?
- ¿Cómo imaginas el ambiente en la escena?
- ¿Cómo describirías la cocina de Josefina?

77. **Dice Leonardo Padura, en un artículo publicado en *El País* en 2017, que "en los malos tiempos, sobreviven la amistad y la cocina". ¿Estás de acuerdo? Habla con otro/a estudiante.**

78. **Busquen online fotos de los platos que aparecen en el fragmento y preséntelos a la clase. ¿Cuáles quieren probar?**

reflejo: *reflection*
retratar: *to portray*
flaco: *skinny (as an affectionate nickname)*
ver pasar la vida: *to watch life go by*
caldero: *cooking pot*
maga: *sorceress*
cartilla de racionamiento: *ration book*
ubicarse: *to stand*
selva: *jungle*
sillón de ruedas: *wheelchair*
menudos: *giblets*
berro: *watercress*
mejor ni averigües: *you'd better not know (find out)*
traguito: *little shot*

ANALIZAR Y COMENTAR UN GRÁFICO

PREPÁRATE

79. **Lee este artículo e identifica de qué tema trata. Luego piensa en un título y justifica tu elección.**

....

Los datos analizados por la empresa Nielsen muestran *(show)* a México en primer lugar entre los vegetarianos de Latinoamérica. Pero eso no es todo, pues también un número importante de personas se declaran seguidoras *(followers)* de otras dietas restrictivas como las flexitarianas (mínimo consumo de carnes, y únicamente blancas) y veganas (ningún producto animal). Según este estudio, el 19% de los encuestados *(survey respondents)* en México se declara vegetariano. Siguen muy de cerca, con un 15%, las personas que se declaran flexitarianas, frente al 9% que dicen ser veganas. En términos generales, siguiendo los resultados de la encuesta, en Latinoamérica los flexetarianos son la mayoría, un 10% en contraste con solo el 4% que se declara vegano. Para llegar a estos resultados, Nielsen encuestó *(surveyed)* a 30 mil personas a través de internet. Sin embargo, este estudio solo está basado en cifras de personas con acceso a internet, aunque sus muestras tienen un margen de error *(margin of error)* muy pequeño. Así que podemos deducir que lo que parecía solo una tendencia *fitness* pasajera es un tipo de dieta que va en aumento *(is growing)*.

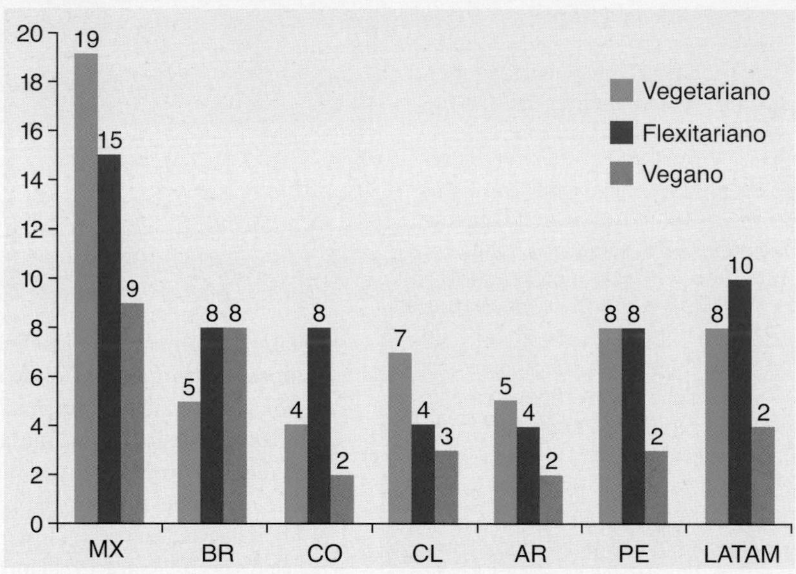

80. **En el texto hay una incoherencia respecto a la información que da el gráfico. Encuéntralo.**

81. **Comparen sus respuestas a las actividades 79 y 80.**

82. **Localiza en el texto fragmentos donde se hace lo siguiente:**

1. Citar la fuente de la información:

Los datos analizados por...

2. Comparar:

....

3. Extraer conclusiones:

....

4. Hablar de cifras, cantidades y porcentajes:

....

83. ¿Qué conclusiones sacan de la lectura del artículo? ¿Creen que los datos sobre este tema referidos a su país serían muy diferentes?

84. En parejas, miren esta infografía sobre la gastronomía peruana, basada en algunos datos de una encuesta realizada por GFK Perú en 2012, y escriban un texto que incluya los datos principales.

Percentages (%) are always expressed with an article: **el** 7 % (el siete por ciento), **un** 26,1 %: (un veintiséis coma uno por ciento)

¿Qué piensan los peruanos de su gastronomía?

¿Cómo se siente usted con relación a la cocina peruana?

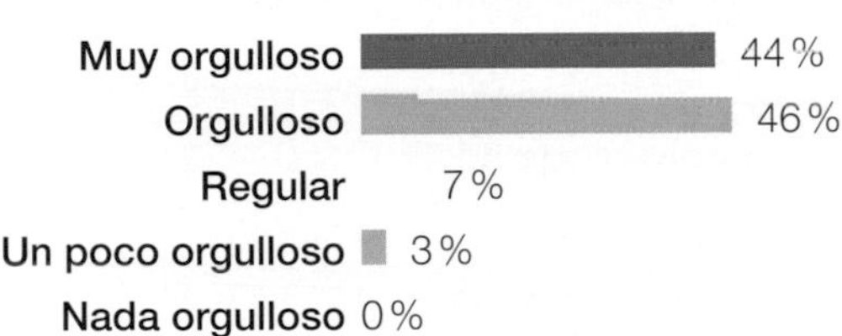

¿Qué países cree usted que han influido en la preparación de platos peruanos?

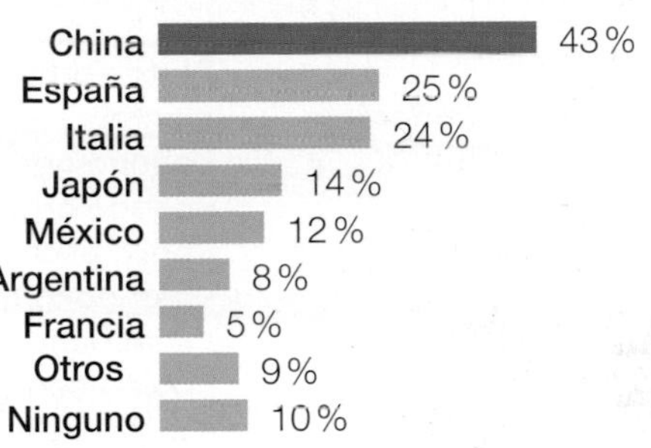

¿Cuál considera usted que es nuestro plato bandera, símbolo del Perú?

5 % Pachamanca (en zona centro es 17 %)

68 % Ceviche

5 % Cuy chactado

4 % Arroz con pollo

3 % Lomo saltado

3 % Pollo a la brasa

3 % Causa

9 % Otros

1 % Juane (en zona oriente es 12 %)

¿Cuál cree usted que es nuestra bebida bandera, símbolo del Perú?

Pisco sour **57 %**

Inka Cola **16 %**

Chicha de jora **14 %**

Chicha morada **8 %**

Otros **4 %**

NS/NC **1 %**

(Base total de entrevistados: nacional urbano 1450)

85. En grupos, comparen sus textos y comprueben si coinciden en sus conclusiones. Pueden hacerse propuestas de mejora los unos a los otros.

Reading others' texts and having them read yours will help you improve your writing skills.

PROYECTO EN GRUPO

Un menú típico hispano

Vamos a presentar un menú típico hispano.

A. **En grupos, hagan una lista de platos de países hispanos, intentando evitar los platos más conocidos. Aquí tienen algunas sugerencias. Investiguen de dónde son los platos, qué ingredientes llevan, etc.**

Entrantes y acompañamientos *(sides)*:
- cuñapé
- croquetas
- almogrote
- melón con jamón
- boquerones en vinagre
- ceviche
- ajoblanco
- gazpacho
- ...

Platos principales:
- locro
- chairo paceño
- asado argentino
- pollo al chilindrón
- mondonguito
- sancocho
- pulpo con cachelos
- tamal de cazuela
- humitas
- ...

Postres:
- arroz con leche
- polvorosas
- tres leches
- alfajores
- crema catalana
- torta de queso criollo
- ...

B. **Escojan un entrante, un plato principal y un postre para elaborar un menú saludable. Pueden organizarse para que haya menús para vegetarianos, veganos, celiacos, etc.**

C. **Preparen su menú. Busquen imágenes o videos para ilustrarlo.**

Nuestro menú:

Entrante: Cuñapé con almogrote

Plato principal: Locro de zapallo

Postre: Alfajores

D. **Presenten el menú al resto de la clase.**

Nosotros proponemos un menú vegetariano. De entrante, tenemos un cuñapé con almogrote. El cuñapé es un pan hecho de harina de yuca y queso, y es típico de Bolivia. El almogrote es una salsa típica de...

PROYECTO INDIVIDUAL

Un artículo para un blog sobre alimentación y salud

Vas a redactar un artículo para un blog sobre alimentación y salud.

A. **Busca gráficos sobre algún tema relacionado con la alimentación y la salud. Aquí tienes algunos temas posibles:**

- Alimentos con más/menos calorías
- Alimentos de proximidad y km 0
- Consumo de comida rápida
- Vegetarianismo
- Tipo de dieta por países
- Falsos mitos sobre los alimentos
- Pirámides alimenticias
- Educación y nutrición

B. **Selecciona los gráficos que te parezcan interesantes y toma nota de los principales datos.**

C. **Redacta un texto de unas 250 palabras para comentar los gráficos.**

D. **Elige un título para tu artículo y para cada una de las secciones.**

E. **Revisa y corrige tu texto.**

ESTRATEGIAS

In your first draft, organize the most important information and the structure of your article.

Use the expressions that you've seen in *Analizar y comentar un gráfico (Conocer los textos).*

EL CONSUMO DE AZÚCAR EN AMÉRICA LATINA

Un estudio realizado por ELANS (Estudio Latinoamericano de Nutrición y Salud) sobre el consumo de azúcar en ocho países de América Latina muestra que el consumo de azúcar en esa región es muy elevado.

CUÁNTO AZÚCAR SE CONSUME EN CADA PAÍS

En el gráfico se observa que de los ocho países, Argentina es donde más azúcar se consume, seguido de Colombia, Costa Rica, Perú y Venezuela. En casi todos los países, se consume más del doble de la energía total diaria de azúcar recomendada por la OMS (10 %).

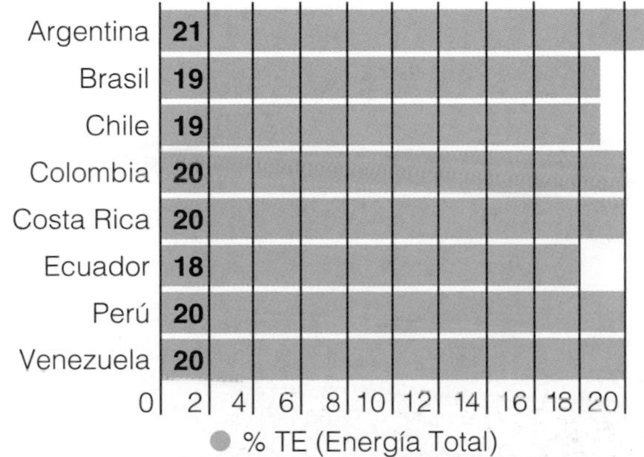

CUÁNTO AZÚCAR CONSUME CADA GRUPO DE EDAD

El estudio demuestra que el consumo de azúcar no varía según la edad de los consumidores. Para todos los grupos de edad, el consumo de azúcar representa un 20 % de la energía total diaria.

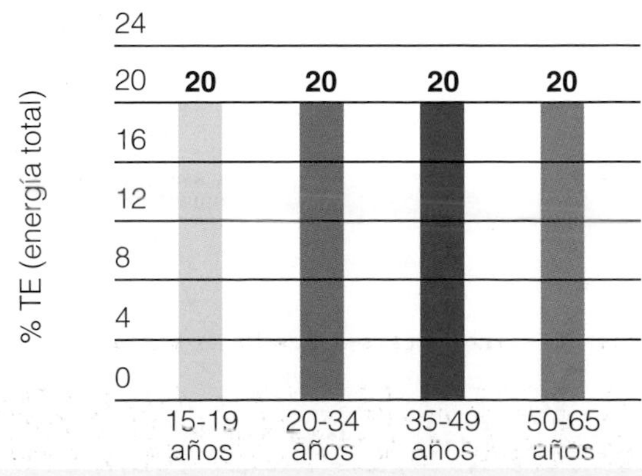

GRAMMAR

GIVING INSTRUCTIONS

In texts with instructions, such as cookbooks, we can find different ways of expressing orders.

▶ **Infinitive**
Characteristic of impersonal texts, such as instruction manuals or recipes.

Apagar *y* ***desconectar*** *el aparato antes de cambiar los accesorios.*
Pelar, ***cortar*** *y* ***freír*** *los ajos en aceite muy caliente.*

▶ **Commands**
Used to give direct orders. It is often seen in signs, posters, instruction manuals and cookbooks.

Cierre *la puerta.*
Respeten *el descanso de los vecinos.*
No toque *la placa, puede estar muy caliente.*
Pela, ***corta*** *y* ***fríe*** *los ajos en aceite muy caliente.*

▶ **Present**
The most familiar form, and is characteristic of spoken language and informal documents. It can be used in the second person singular and the first person plural.

Lavas *las frutas,* ***las pelas*** *y* ***las cortas*** *en trocitos.*
Preparamos *el material antes de empezar la clase y* ***distribuimos*** *a los estudiantes en grupos de tres.*
Pelamos, ***cortamos*** *y* ***freímos*** *los ajos en aceite muy caliente.*

▶ Se **+ third person form of the verb**
We use **se** + 3rd person form of the verb to give information in an impersonal manner.

se + third person singular form of the verb

Se *sirv**e** la sopa.*
Se *cort**a** la carne.*
Se *agreg**a** la sal.*

se + third person plural form of the verb

Se *frí**en** los plátanos.*
Se *corta**n** las zanahorias.*
Las arepas ***se*** *come**n** a todas horas.*

COMMANDS: USTED, USTEDES

Usted and **ustedes** commands are formed by adding the following endings to the stem of the second person singular form in present tense (tú **cort**-as, tú **com**-es, tú **sirv**-es).

	CORTAR	COMER	SERVIR
usted	cort**e**	com**a**	sirv**a**
ustedes	cort**en**	com**an**	sirv**an**

Eight verbs are irregular in the command form and do not follow the rule above.

	DECIR	HACER	IR	PONER
usted	**diga**	**haga**	**vaya**	**ponga**
ustedes	**digan**	**hagan**	**vayan**	**pongan**

	TENER	SALIR	SER	VENIR
usted	**tenga**	**salga**	**sea**	**venga**
ustedes	**tengan**	**salgan**	**sean**	**vengan**

Negative commands take the same form as affirmative commands for **usted** and **ustedes**.

usted	no cort**e**	no com**a**	no sirv**a**
ustedes	no cort**en**	no com**an**	no sirv**an**

GIVING ADVICE AND MAKING RECOMMENDATIONS

General statements can be used to give impersonal advice.

(No) Es bueno/recomendable + infinitive

Es bueno *beber mucha agua durante el día.*

(No) Se debe + infinitive

No se debe *comer demasiada carne.*

Es mejor (no) + infinitive

Es mejor no *tomar bebidas azucaradas.*

VOCABULARY

ALIMENTOS *(FOODS)*

Condimentos y especias
(Condiments and spices)

ají *(chili/hot pepper)*
azúcar *(sugar)*
cilantro *(cilantro)*
perejil *(parsley)*
pimienta *(pepper)*
pimentón *(paprika)*
orégano *(oregano)*
sal *(salt)*

Productos lácteos
(Dairy products)

leche *(milk)*
queso *(cheese)*
yogur *(yogurt)*

Verduras *(Vegetables)*

aguacate *(avocado)*
ajo *(garlic)*
cebolla *(onion)*
chile *(chili)*
papa *(potato)*
pepino *(cucumber)*
pimiento *((bell) pepper)*
tomate *(tomato)*
zanahoria *(carrot)*

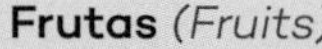

Frutas *(Fruits)*

aceituna *(olive)*
limón *(lemon)*
melón *(melon)*
naranja *(orange)*
pera *(pear)*
plátano *(banana)*

Cereales *(Grains)*

arroz *(rice)*
choclo o maíz *(corn)*
pan *(bread)*
pasta *(pasta)*
quinua *(quinoa)*

ALIMENTOS

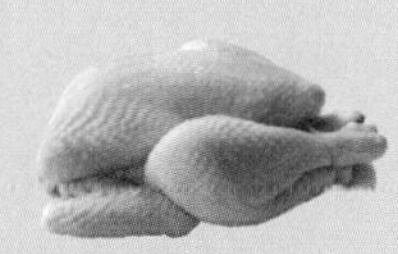

Carne *(Meat)*

cerdo *(pork)*
pollo *(chicken)*
ternera/res *(beef)*

Pescado y marisco
(Fish and shellfish)

bacalao *(cod)*
camarón *(shrimp)*
salmón *(salmon)*

Bebidas *(Drinks)*

agua *(water)*
jugo *(juice)*
vino *(wine)*

Legumbres *(Legumes)*

frijoles *(beans)*
garbanzos *(chickpeas (garbanzo beans))*

Dulces *(Sweets)*

galleta *(cookie)*
helado *(ice cream)*
miel *(honey)*
torta *(cake)*

Otros *(Other)*

aceite *(oil)*
frutos secos *(nuts)*
huevos *(eggs)*

VOCABULARY

MEDIDAS Y CANTIDADES
(MEASUREMENTS AND AMOUNTS)

1 l (litro) de leche
1/2 l (litro) de agua
500 ml (quinientos mililitros) de agua
2 kg (kilos) de harina
300 g (trescientos gramos) de azúcar
una cucharada (grande) de aceite *(a tablespoon)*
una cucharadita de sal *(a teaspoon)*
una taza de arroz *(a cup)*
una docena de huevos *(a dozen)*

COMIDAS DEL DÍA *(MEALS)*

El desayuno *(breakast)*
El almuerzo *(lunch)*
La merienda *(afternoon snack)*
La cena *(dinner)*

SALUD *(HEALTH)*

Talking about illness

***Tengo** tos. (I have a cough.)*
***Estoy resfriado/a**. (I have a cold.)*
***Me duele** la barriga/ la cabeza.*
(I have a stomachache/headache.)
***Me pica** el brazo/la mano... (My arm/hand itches.)*
(No) **Me siento** bien/mal. *(I feel good/bad; I don't feel well.)*

Talking about allergies and intolerances

***Soy alérgico/a** a los cacahuetes/huevos/mariscos...*
(I'm allergic to peanuts/eggs/shellfish...)
***Soy intolerante a** la lactosa/ al gluten...*
(I'm lactose intolerant/gluten... intolerant.)

Talking about health and diet

***Estoy haciendo dieta** (I'm on a diet) porque quiero **adelgazar** (lose weight).*

*Muchos niños **tienen exceso de peso** (are overweight) porque **consumen** (eat/consume) demasiado azúcar y no realizan actividad física.*

*No como helados para no **engordar** (gain weight), pero me encantan.*

*Una **alimentación saludable previene enfermedades**.*
(A healthy diet prevents illness.)

ENVASES *(CONTAINERS AND PACKAGING)*

una botella de agua/vino/aceite...
(a bottle of water/wine/oil)

una bolsa de manzanas
(a bag of apples)

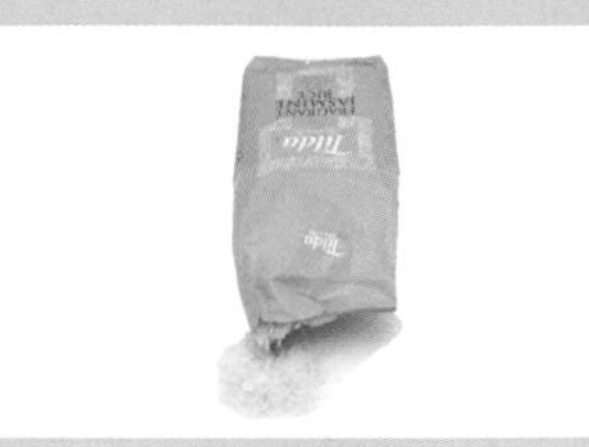

un paquete de arroz
(a package of rice)

una caja de galletas
(a box of cookies)

una lata de atún/
de refresco...
(a can of tuna/soda)

un cartón de jugo
(a carton of juice)

VERBOS PARA HABLAR DE COCINA
(VERBS FOR TALKING ABOUT COOKING)

lavar *(to wash)*
cortar *(to chop/to cut)*
añadir *(to add)*
triturar *(to crush)*
servir *(to serve)*
mezclar *(to add)*
echar *(to add/to pour)*
remover *(to stir)*
freír *(to fry)*
hervir *(to boil)*

HABLAR DE PLATOS Y RECETAS *(TALKING ABOUT DISHES AND RECIPES)*

▶ **¿Qué es el ajiaco? ¿Qué son las quesadillas?** *(What is ajiaco? What are quesadillas?)*	
Es	una sopa / una ensalada / un guiso *(a soup/a salad/a stew)*
Es un plato/ platillo de	carne/pescado/arroz/pasta... *(meat/fish/rice/pasta)*
Es	un entrante / un primer plato / un plato principal / un segundo plato / un postre / una bebida... *(an appetizer/starter/ main dish/entree/dessert/drink)*
▶ **¿Qué lleva el gazpacho?** *(What's in the gazpacho?)*	
Lleva *(It has/ There's...)*	ajo/pimiento/tomate/aceite/sal... *(garlic, peppers, tomatoes, oil, salt)*
▶ **¿Cómo está hecho el pescado?** *(How is the fish cooked?)*	
Está	frito / al horno / a la plancha / a la brasa / cocido / al vapor / guisado... *(fried / baked / grilled / charcoal-grilled / boiled / steamed / stewed)*
▶ **¿Cómo se prepara?** *(How is it prepared?)*	
Primero *(First)*	pelamos/cortamos/freímos los ajos en aceite... Después... *(we peel/we cut/we fry the garlic in oil... Then...)*

EN EL RESTAURANTE *(AT THE RESTAURANT)*

arriving	
mesero/a	**Buenos días/tardes/noches.** *(Hello; Good morning/afternoon/evening.)* **Adelante.** *(Come in.)* **Acompáñenme.** *(Follow me.)* **Pasen por aquí.** *(Come this way.)*
cliente/a	**Hola. Buenos días/tardes/noches.** *(Hello. Good morning/afternoon/evening.)* **¿Tiene mesa para dos?** *(Do you have a table for two?)* **Tenemos una reservación a nombre de...** *(We have a reservation under the name of...)*
food	
mesero/a	**¿Van a tomar** el menú del día? *(Will you be having today's set menu?)* **¿Qué desean / van a tomar de** primero? *(What would you like for appetizer?)* **¿Y de** segundo? *(And for entree?)* La ensalada de la casa **lleva**... *(The house salad has...)*
cliente/a	**¿Me puede traer** la carta, **por favor**? *(Could you bring me the menu, please?)* **¿Qué lleva** la ensalada de la casa? *(What's in the house salad?)* **¿Qué es** el salmorejo? *(What is salmorejo?)* El pescado, **muy/poco hecho**, por favor. *((I'd like the fish) Well done/Rare, please.)* La carne, **al punto**, por favor. *((I'd like the meat) Medium, please.)*
drink	
mesero/a	**Y de/para beber, ¿qué desean/les traigo?** *(And what would you like to drink?)* **¿Agua con gas o sin gas?** *(Sparkling or still water?)*
cliente/a	**Para mí**, vino de la casa, por favor. *(For me, the house wine, please.)* Para mí, **agua natural / del tiempo / fría**... *(For me, room-temperature/cold water.)*

RECURSOS LINGÜÍSTICOS

desserts	
mesero/a	**¿Van a tomar postre o café?** *((Would you like) Any dessert or coffee?)* **De postre, ¿qué desean/les traigo?** *(What would you like/can I bring you for dessert?)*
cliente/a	**Yo, nada, gracias.** *(Not for me, (nothing), thank you.)* **¿Qué hay/tienen de postre?** *(What is there/do you have for dessert?)*
paying	
mesero/a	**¿(Van a pagar) en efectivo o con tarjeta?** *((Are you going to pay) Cash or with card?)*
cliente/a	**La cuenta, por favor.** *(The check, please.)* **¿Nos trae la cuenta, por favor?** *(Could you bring the check, please?)*

FREQUENT WORD COMBINATIONS

plato › nacional › típico › principal
› de verduras › de carne › de pasta › de arroz
› peruano › cubano

national/typical/main dish
vegetable/meat/pasta/rice dish
Peruvian/Cuban dish

alimentos › preparados › procesados › saludables
› con azúcar › calorías

ready-to-eat / processed / healthy foods
with sugar / high-calorie foods

alimentación › sana › saludable › equilibrada

healthy/balanced diet

bebidas › gaseosas › alcohólicas › azucaradas

carbonated / alcoholic drinks / drinks with added sugar

cocinar con/sin › sal › ají › pimienta › aceite

to cook with(out) salt / hot pepper / pepper / oil

el consumo de › frutas › verduras › comida rápida
› conservas

the consumption of fruits / vegetables / fast food / canned foods

consumir › frutas › verduras › comida rápida › conservas
› la cantidad recomendada de...

to eat fruits / vegetables / fast food / canned foods

limitar/disminuir/evitar/aumentar › el consumo de...

to limit/reduce/avoid/increase the consumption of

carne › blanca › roja
› de cerdo › de cordero
› a la brasa › al horno

white/red meat
pork/lamb
grilled/baked/roasted

torta de › plátano › chocolate

banana/chocolate cake

comer › bien › mal › entre comidas

to eat well / poorly / between meals

cocina/gastronomía › peruana › japonesa

Peruvian/Japanese cooking/cuisine

se sirve/acompaña con › papas › arroz

to come / to be served with potatoes / rice

se hace/prepara › frito › a la plancha › asado

to be prepared fried/grilled/roasted

tener › un problema de salud
› exceso de peso

to have a health problem
to be overweight

realizar › una actividad deportiva

to do a sports activity

hacer › dieta

to be on/follow a diet

prevenir › enfermedades
› la hipertensión

to prevent diseases
to prevent hypertension

enfermedades › cardiovasculares › vasculares

cardiovascular/vascular diseases

sentirse › bien › mal

to feel well/good/bad

pedir › un entrante › el plato principal › el postre
› la cuenta

to order a starter / the main dish / the dessert
to ask for the check

curar › enfermedades › un dolor › a alguien

to cure diseases/pain/someone

REGULAR VERBS: verbs ending in **-ar**: **cantar**

INDICATIVE: Simple Tenses

PRESENT	PRETERITE	IMPERFECT	FUTURE	CONDITIONAL
canto	canté	cantaba	cantaré	cantaría
cantas	cantaste	cantabas	cantarás	cantarías
canta	cantó	cantaba	cantará	cantaría
cantamos	cantamos	cantábamos	cantaremos	cantaríamos
cantáis	catntasteis	cantabais	cantaréis	cantaríais
cantan	cantaron	cantaban	cantarán	cantarían

INDICATIVE: Compound Tenses

PRESENT PERFECT	PAST PERFECT	FUTURE PERFECT	CONDITIONAL PERFECT
he cantado	había cantado	habré cantado	habría cantado
has cantado	habías cantado	habrás cantado	habrías cantado
ha cantado	había cantado	habrá cantado	habría cantado
hemos cantado	habíamos cantado	habremos cantado	habríamos cantado
habéis cantado	habíais cantado	habréis cantado	habríais cantado
han cantado	habían cantado	habrán cantado	habrían cantado

SUBJUNCTIVE: Simple and Compound Tenses

PRESENT	IMPERFECT	PRESENT PERFECT	PAST PERFECT
cante	cantara/se	haya cantado	hubiera cantado
cantes	cantaras/ses	hayas cantado	hubieras cantado
cante	cantara/se	haya cantado	hubiera cantado
cantemos	cantáramos/semos	hayamos cantado	hubiéramos cantado
cantéis	cantarais/seis	hayáis cantado	hubiérais cantado
canten	cantaran/sen	hayan cantado	hubiéramos cantado

IMPERSONAL FORMS

GERUND
cantando

PARTICIPLE
cantado

COMMANDS (Affirmative/ Negative)

canta/ no cantes
cante/ no cante
cantad/ no cantéis
canten/ no canten

Other verbs in this category: bailar, cambiar, cocinar, comprar, cortar, dejar, desayunar, desear, ducharse, escuchar, estudiar, entrar, esperar, estudiar, ganar, gastar, hablar, necesitar, olvidar, preguntar, preparar, presentar, terminar, tomar, trabajar, usar, etc.

REGULAR VERBS: verbs ending in **-er**: **aprender**

INDICATIVE: Simple Tenses

PRESENT	PRETERITE	IMPERFECT	FUTURE	CONDITIONAL
aprendo	aprendí	aprendía	aprenderé	aprendería
aprendes	aprendiste	aprendías	aprenderás	aprenderías
aprende	aprendió	aprendía	aprenderás	aprendería
aprendemos	aprendimos	aprendíamos	aprenderemos	aprenderíamos
aprendéis	aprendisteis	aprendíais	aprenderéis	aprenderíais
aprenden	aprendieron	aprendían	aprenderán	aprenderían

INDICATIVE: Compound Tenses

PRESENT PERFECT	PAST PERFECT	FUTURE PERFECT	CONDITIONAL PERFECT
he aprendido	había aprendido	habré aprendido	habría aprendido
has aprendido	habías aprendido	habrás aprendido	habrías aprendido
ha aprendido	había aprendido	habrá aprendido	habría aprendido
hemos aprendido	habíamos aprendido	habremos aprendido	habríamos aprendido
habéis aprendido	habíais aprendido	habréis aprendido	habríais aprendido
han aprendido	habían aprendido	habrán aprendido	habrían aprendido

SUBJUNCTIVE: Simple and Compound Tenses

PRESENT	IMPERFECT	PRESENT PERFECT	PAST PERFECT
aprenda	aprendiera/se	haya aprendido	hubiera aprendido
aprendas	aprendieras/ses	hayas aprendido	hubieras aprendido
aprenda	aprendiera/se	haya aprendido	hubiera aprendido
aprendamos	aprendiéramos/semos	hayamos aprendido	hubiéramos aprendido
aprendáis	aprendierais/seis	hayáis aprendido	hubierais aprendido
aprendan	aprendieran/sen	hayan aprendido	hubieran aprendido

IMPERSONAL FORMS

GERUND
aprendiendo

PARTICIPLE
aprendido

COMMANDS (Affirmative/ Negative)

aprende/ no aprendas
aprenda/ no aprenda
aprended/ no aprendáis
aprendan/ no aprendan

Other verbs in this category: beber, comer, comprender, creer, deber, leer, vender, etc.

REGULAR VERBS: verbs ending in **-ir**: **vivir**

INDICATIVE: Simple Tenses

PRESENT	PRETERITE	IMPERFECT	FUTURE	CONDITIONAL
vivo	viví	vivía	viviré	viviría
vives	viviste	vivías	vivirás	vivirías
vive	vivió	vivía	vivirá	viviría
vivimos	vivimos	vivíamos	viviremos	viviríamos
vivís	vivisteis	vivíais	viviréis	viviríais
viven	vivieron	vivían	vivirán	vivirían

INDICATIVE: Compound Tenses

PRESENT PERFECT	PAST PERFECT	FUTURE PERFECT	CONDITIONAL PERFECT
he vivido	había vivido	habré vivido	habría vivido
has vivido	habías vivido	habrás vivido	habrías vivido
ha vivido	había vivido	habrá vivido	habría vivido
hemos vivido	habíamos vivido	habremos vivido	habríamos vivido
habéis vivido	habíais vivido	habréis vivido	habríais vivido
han vivido	habían vivido	habrán vivido	habrían vivido

IMPERSONAL FORMS

GERUND
viviendo

PARTICIPLE
vivido

COMMANDS (Affirmative/ Negative)

vive/ no vivas
viva/ no viva
vivid/ no viváis
vivan/ no vivan

Other verbs in this category: compartir, dividir, escribir, existir, permitir, prohibir, recibir, subir, sufrir, etc.

STEM-CHANGING VERBS: e>ie: **preferir**

INDICATIVE: Simple Tenses

PRESENT	PRETERITE	IMPERFECT	FUTURE	CONDITIONAL
prefiero	preferí	prefería	preferiré	preferiría
prefieres	preferiste	preferías	preferirás	preferirías
prefiere	**prefirió**	prefería	preferirá	preferiría
preferimos	preferimos	preferíamos	preferiremos	preferiríamos
preferís	preferisteis	preferíais	preferiréis	preferiríais
prefieren	**prefirieron**	preferían	preferirán	preferirían

INDICATIVE: Compound Tenses

PRESENT PERFECT	PAST PERFECT	FUTURE PERFECT	CONDITIONAL PERFECT
he preferido	había preferido	habré preferido	habría preferido
has preferido	habías preferido	habrás preferido	habrías preferido
ha preferido	había preferido	habrá preferido	habría preferido
hemos preferido	habíamos preferido	habremos preferido	habríamos preferido
habéis preferido	habíais preferido	habréis preferido	habríais preferido
han preferido	habían preferido	habrán preferido	habrían preferido

SUBJUNCTIVE: Simple and Compound Tenses

PRESENT	IMPERFECT	PRESENT PERFECT	PAST PERFECT
prefiera	**prefiriera/se**	haya preferido	hubiera preferido
prefieras	**prefirieras/ses**	hayas preferido	hubieras preferido
prefiera	**prefiriera/se**	haya preferido	hubiera preferido
prefiramos	**prefiriéramos/semos**	hayamos preferido	hubiéramos preferido
prefiráis	**prefirierais/seis**	hayáis preferido	hubierais preferido
prefieran	**prefirieran/sen**	hayan preferido	hubieran preferido

IMPERSONAL FORMS

GERUND
prefiriendo

PARTICIPLE
preferido

COMMANDS (Affirmative/ Negative)

prefiere/no **prefieras**
prefiera/ no **prefiera**
preferid/ no **prefiráis**
prefieran/ no **prefieran**

Other verbs in this category: calentar, cerrar, comenzar, convertir(se), despertar(se), divertir(se), empezar, encender, entender, gobernar, herir, mantener, mentir, nevar, pensar, recomendar, sentir, sugerir, etc.

STEM-CHANGING VERBS: e>i pedir

INDICATIVE: Simple Tenses

PRESENT	PRETERITE	IMPERFECT	FUTURE	CONDITIONAL
pido	pedí	pedía	pediré	pediría
pides	pediste	pedías	pedirás	pedirías
pides	**pidió**	pedía	pedirás	pediría
pedimos	pedimos	pedíamos	pediremos	pediríamos
pedís	pedisteis	pedíais	pediréis	pediríais
piden	**pidieron**	pedían	pedirán	pedirían

INDICATIVE: Compound Tenses

PRESENT PERFECT	PAST PERFECT	FUTURE PERFECT	CONDITIONAL PERFECT
he pedido	había pedido	habré pedido	habría pedido
has pedido	habías pedido	habrás pedido	habrías pedido
ha pedido	había pedido	habrá pedido	habría pedido
hemos pedido	habíamos pedido	habremos pedido	habríamos pedido
habéis pedido	habíais pedido	habréis pedido	habríais pedido
han pedido	habían pedido	habrán pedido	habrían pedido

SUBJUNCTIVE: Simple and Compound Tenses

PRESENT	IMPERFECT	PRESENT PERFECT	PAST PERFECT
pida	**pidiera/se**	haya pedido	hubiera pedido
pidas	**pidieras/ses**	hayas pedido	hubieras pedido
pida	**pidiera/se**	haya pedido	hubiera pedido
pidamos	**pidiéramos/semos**	hayamos pedido	hubiéramos pedido
pidáis	**pidierais/seis**	hayáis pedido	hubierais pedido
pidan	**pidieran/sen**	hayan pedido	hubieran pedido

IMPERSONAL FORMS

GERUND
pidiendo

PARTICIPLE
pedido

COMMANDS (Affirmative/ Negative)

- **pide**/no **pidas**
- **pida**/ no **pida**
- pedid/ no **pidáis**
- **pidan**/ no **pidan**

Other verbs in this category: conseguir, despedir(se), repetir, seguir, servir, vestir(se), etc.

STEM-CHANGING VERBS: o>ue DORMIR

INDICATIVE: Simple Tenses

PRESENT	PRETERITE	IMPERFECT	FUTURE	CONDITIONAL
duermo	dormí	dormía	dormiré	dormiría
duermes	dormiste	dormías	dormirás	dormirías
duerme	**durmió**	dormía	dormirá	dormiría
dormimos	dormimos	dormíamos	dormiremos	dormiríamos
dormís	dormisteis	dormíais	dormiréis	dormiríais
duermen	**durmieron**	dormían	dormirán	dormirían

INDICATIVE: Compound Tenses

PRESENT PERFECT	PAST PERFECT	FUTURE PERFECT	CONDITIONAL PERFECT
he dormido	había dormido	habré dormido	habría dormido
has dormido	habías dormido	habrás dormido	habrías dormido
ha dormido	había dormido	habrá dormido	habría dormido
hemos dormido	habíamos dormido	habremos dormido	habríamos dormido
habéis dormido	habíais dormido	habréis dormido	habríais dormido
han dormido	habían dormido	habrán dormido	habrían dormido

SUBJUNCTIVE: Simple and Compound Tenses

PRESENT	IMPERFECT	PRESENT PERFECT	PAST PERFECT
duerma	**durmiera/se**	haya dormido	hubiera dormido
duermas	**durmieras/ses**	hayas dormido	hubieras dormido
duerma	**durmiera/se**	haya dormido	hubiera dormido
durmamos	**durmiéramos/semos**	hayamos dormido	hubiéramos dormido
durmáis	**durmierais/seis**	hayáis dormido	hubierais dormido
duerman	**durmieran/sen**	hayan dormido	hubieran dormido

IMPERSONAL FORMS

GERUND
durmiendo

PARTICIPLE
dormido

COMMANDS (Affirmative/ Negative)

- **duerme**/no **duermas**
- **duerma**/ no **duerman**
- dormid/ no **durmáis**
- **duerman**/ no **duerman**

Other verbos in this category: acordarse (de), acostar(se), almorzar, aprobar, colgar, comprobar, contar, costar, demostrar, devolver, doler, encontrar, llover, morir, mover, probar, recordar, soñar, volar, volver, etc.

STEM-CHANGING VERBS: u>ue: JUGAR

INDICATIVE: Simple Tenses

PRESENT	PRETERITE	IMPERFECT	FUTURE	CONDITIONAL
juego	jugué	jugaba	jugaré	jugaría
juegas	jugaste	jugabas	jugarás	jugarías
juega	jugó	jugaba	jugará	jugaría
jugamos	jugamos	jugábamos	jugaremos	jugaríamos
jugáis	jugasteis	jugabais	jugaréis	jugaríais
juegan	jugaron	jugaban	jugarán	jugarían

INDICATIVE: Compound Tenses

PRESENT PERFECT	PAST PERFECT	FUTURE PERFECT	CONDITIONAL PERFECT
he jugado	había jugado	habré jugado	habría jugado
has jugado	habías jugado	habrás jugado	habrías jugado
ha jugado	había jugado	habrá jugado	habría jugado
hemos jugado	habíamos jugado	habremos jugado	habríamos jugado
habéis jugado	habíais jugado	habréis jugado	habríais jugado
han jugado	habían jugado	habrán jugado	habrían jugado

SUBJUNCTIVE: Simple and Compound Tenses

PRESENT	IMPERFECT	PRESENT PERFECT	PAST PERFECT
juegue	jugara/se	haya jugado	hubiera jugado
juegues	jugaras/ses	hayas jugado	hubieras jugado
juegue	jugara/se	haya jugado	hubiera jugado
juguemos	jugáramos/semos	hayamos jugado	hubiéramos jugado
juguéis	jugarais/seis	hayáis jugado	hubierais jugado
jueguen	jugaran/sen	hayan jugado	hubieran jugado

IMPERSONAL FORMS

GERUND
jugando

PARTICIPLE
jugado

COMMANDS (Affirmative/ Negative)

juega/ no **juegues**
juegue/ no **juegue**
jugad/ no juguéis
jueguen/ no **jueguen**

OTHER IRREGULAR VERBS: ANDAR

INDICATIVE: Simple Tenses

PRESENT	PRETERITE	IMPERFECT	FUTURE	CONDITIONAL
ando	**anduve**	andaba	andaré	andaría
andas	**anduviste**	andabas	andarás	andarías
anda	**anduvo**	andaba	andará	andaría
andamos	**anduvimos**	andábamos	andaremos	andaríamos
andáis	**anduvisteis**	andabais	andaréis	andaríais
andan	**anduvieron**	andaban	andarán	andarían

INDICATIVE: Compound Tenses

PRESENT PERFECT	PAST PERFECT	FUTURE PERFECT	CONDITIONAL PERFECT
he andado	había andado	habré andado	habría andado
has andado	habías andado	habrás andado	habrías andado
ha andado	había andado	habrá andado	habría andado
hemos andado	habíamos andado	habremos andado	habríamos andado
habéis andado	habíais andado	habréis andado	habríais andado
han andado	habían andado	habrán andado	habrían andado

SUBJUNCTIVE: Simple and Compound Tenses

PRESENT	IMPERFECT	PRESENT PERFECT	PAST PERFECT
ande	**anduviera/se**	haya andado	hubiera andado
andes	**anduvieras/ses**	hayas andado	hubieras andado
ande	**anduviera/se**	haya andado	hubiera andado
andemos	**anduviéramos/semos**	hayamos andado	hubiéramos andado
andéis	**anduvierais/seis**	hayáis andado	hubierais andado
anden	**anduvieran/sen**	hayan andado	hubieran andado

IMPERSONAL FORMS

GERUND
andando

PARTICIPLE
andado

COMMANDS (Affirmative/ Negative)

anda/ no andes
ande/ no ande
andad/ no andéis
anden/ no anden

OTHER IRREGULAR VERBS: CAER

INDICATIVE: Simple Tenses

PRESENT	PRETERITE	IMPERFECT	FUTURE	CONDITIONAL
caigo	caí	caía	caeré	caería
caes	caíste	caías	caerás	caerías
cae	**cayó**	caía	caerá	caería
caemos	caímos	caíamos	caeremos	caeríamos
caéis	caísteis	caíais	caeréis	caeríais
caen	**cayeron**	caían	caerán	caerían

INDICATIVE: Compound Tenses

PRESENT PERFECT	PAST PERFECT	FUTURE PERFECT	CONDITIONAL PERFECT
he caído	había caído	habré caído	habría caído
has caído	habías caído	habrás caído	habrías caído
ha caído	había caído	habrá caído	habría caído
hemos caído	habíamos caído	habremos caído	habríamos caído
habéis caído	habíais caído	habréis caído	habríais caído
han caído	habían caído	habrán caído	habrían caído

SUBJUNCTIVE: Simple and Compound Tenses

PRESENT	IMPERFECT	PRESENT PERFECT	PAST PERFECT
caiga	**cayera/se**	haya caído	hubiera caído
caigas	**cayeras/ses**	hayas caído	hubieras caído
caiga	**cayera/se**	haya caído	hubiera caído
caigamos	**cayéramos/semos**	hayamos caído	hubiéramos caído
caigáis	**cayerais/seis**	hayáis caído	hubierais caído
caigan	**cayeran/sen**	hayan caído	hubieran caído

IMPERSONAL FORMS

GERUND
cayendo

PARTICIPLE
caído

COMMANDS (Affirmative/ Negative)

- cae/ no **caigas**
- **caiga**/ no **caiga**
- caed/ no **caigáis**
- **caigan**/ no **caigan**

OTHER IRREGULAR VERBS: CONOCER

INDICATIVE: Simple Tenses

PRESENT	PRETERITE	IMPERFECT	FUTURE	CONDITIONAL
conozco	conocí	conocía	conoceré	conocería
conoces	conociste	conocías	conocerás	conocerías
conoce	conoció	conocía	conocerá	conocería
conocemos	conocimos	conocíamos	conoceremos	conoceríamos
conocéis	conocisteis	conocíais	conoceréis	conoceríais
conocen	conocieron	conocían	conocerán	conocerían

INDICATIVE: Compound Tenses

PRESENT PERFECT	PAST PERFECT	FUTURE PERFECT	CONDITIONAL PERFECT
he conocido	había conocido	habré conocido	habría conocido
has conocido	habías conocido	habrás conocido	habrías conocido
ha conocido	había conocido	habrá conocido	habría conocido
hemos conocido	habíamos conocido	habremos conocido	habríamos conocido
habéis conocido	habíais conocido	habréis conocido	habríais conocido
han conocido	habían conocido	habrán conocido	habrían conocido

SUBJUNCTIVE: Simple and Compound Tenses

PRESENT	IMPERFECT	PRESENT PERFECT	PAST PERFECT
conozca	conociera/se	haya conocido	hubiera conocido
conozcas	conocieras/ses	hayas conocido	hubieras conocido
conozca	conociera/se	haya conocido	hubiera conocido
conozcamos	conociéramos/semos	hayamos conocido	hubiéramos conocido
conozcáis	conocierais/seis	hayáis conocido	hubierais conocido
conozcan	conocieran/sen	hayan conocido	hubieran conocido

IMPERSONAL FORMS

GERUND
conociendo

PARTICIPLE
conocido

COMMANDS (Affirmative/ Negative)

- conoce/ no **conozcas**
- **conozca**/ no **conozca**
- conoced/ no **conozcáis**
- **conozcan**/ no **conozcan**

OTHER IRREGULAR VERBS: DECIR

INDICATIVE: Simple Tenses

PRESENT	PRETERITE	IMPERFECT	FUTURE	CONDITIONAL
digo	**dije**	decía	diré	diría
dices	**dijiste**	decías	dirás	dirías
dice	**dijo**	decía	dirá	diría
decimos	**dijimos**	decíamos	diremos	diríamos
decís	**dijisteis**	decíais	diréis	diríais
dicen	**dijeron**	decían	dirán	dirían

INDICATIVE: Compound Tenses

PRESENT PERFECT	PAST PERFECT	FUTURE PERFECT	CONDITIONAL PERFECT
he dicho	había dicho	habré dicho	habría dicho
has dicho	habías dicho	habrás dicho	habrías dicho
ha dicho	había dicho	habrá dicho	habría dicho
hemos dicho	habíamos dicho	habremos dicho	habríamos dicho
habéis dicho	habíais dicho	habréis dicho	habríais dicho
han dicho	habían dicho	habrán dicho	habrían dicho

SUBJUNCTIVE: Simple and Compound Tenses

PRESENT	IMPERFECT	PRESENT PERFECT	PAST PERFECT
diga	**dijera/se**	haya dicho	hubiera dicho
digas	**dijeras/ses**	hayas dicho	hubieras dicho
diga	**dijera/se**	haya dicho	hubiera dicho
digamos	**dijéramos/semos**	hayamos dicho	hubiéramos dicho
digáis	**dijerais/seis**	hayáis dicho	hubierais dicho
digan	**dijeran/sen**	hayan dicho	hubieran dicho

IMPERSONAL FORMS

GERUND
diciendo

PARTICIPLE
dicho

COMMANDS (Affirmative/ Negative)

di/ no **digas**

diga/ no **diga**

decid/ no **digáis**

digan/ no **digan**

OTHER IRREGULAR VERBS: ESTAR

INDICATIVE: Simple Tenses

PRESENT	PRETERITE	IMPERFECT	FUTURE	CONDITIONAL
estoy	**estuve**	estaba	estaré	estaría
estás	**estuviste**	estabas	estarás	estarías
está	**estuvo**	estaba	estará	estaría
estamos	**estuvimos**	estábamos	estaremos	estaríamos
estáis	**estuvisteis**	estabais	estaréis	estaríais
están	**estuvieron**	estaban	estarán	estarían

INDICATIVE: Compound Tenses

PRESENT PERFECT	PAST PERFECT	FUTURE PERFECT	CONDITIONAL PERFECT
he estado	había estado	habré estado	habría estado
has estado	habías estado	habrás estado	habrías estado
ha estado	había estado	habrá estado	habría estado
hemos estado	habíamos estado	habremos estado	habríamos estado
habéis estado	habíais estado	habréis estado	habríais estado
han estado	habían estado	habrán estado	habrían estado

SUBJUNCTIVE: Simple and Compound Tenses

PRESENT	IMPERFECT	PRESENT PERFECT	PAST PERFECT
esté	**estuviera/se**	haya estado	hubiera estado
estés	**estuvieras/ses**	hayas estado	hubieras estado
esté	**estuviera/se**	haya estado	hubiera estado
estemos	**estuviéramos/semos**	hayamos estado	hubiéramos estado
estéis	**estuvierais/seis**	hayáis estado	hubierais estado
estén	**estuvieran/sen**	hayan estado	hubieran estado

IMPERSONAL FORMS

GERUND
estando

PARTICIPLE
estado

COMMANDS (Affirmative/ Negative)

está/ no estés

esté/ no estés

estad/ no estéis

estén/ no estén

OTHER IRREGULAR VERBS: HABER

INDICATIVE: Simple Tenses

PRESENT	PRETERITE	IMPERFECT	FUTURE	CONDITIONAL
he	**hube**	había	**habré**	**habría**
has	**hubiste**	habías	**habrás**	**habrías**
ha/**hay***	**hubo**	había	**habrá**	**habría**
hemos	**hubimos**	habíamos	**habremos**	**habríamos**
habéis	**hubisteis**	habíais	**habréis**	**habríais**
han	**hubieron**	habían	**habrán**	**habrían**

INDICATIVE: Compound Tenses

PRESENT PERFECT	PAST PERFECT	FUTURE PERFECT	CONDITIONAL PERFECT
x	x	x	x
x	x	x	x
ha habido	había habido	habrá habido	habría habido
x	x	x	x
x	x	x	x
x	x	x	x

SUBJUNCTIVE: Simple and Compound Tenses

PRESENT	IMPERFECT	PRESENT PERFECT	PAST PERFECT
haya	**hubiera/se**	x	x
hayas	**hubieras/ses**	x	x
haya	**hubiera/se**	haya habido	hubiera habido
hayamos	**hubiéramos/semos**	x	x
hayáis	**hubierais/seis**	x	x
hayan	**hubieran/sen**	x	x

* impersonal

IMPERSONAL FORMS

GERUND
habiendo

PARTICIPLE
habido

COMMANDS (Affirmative/Negative)

he (única forma en uso)

OTHER IRREGULAR VERBS: HACER

INDICATIVE: Simple Tenses

PRESENT	PRETERITE	IMPERFECT	FUTURE	CONDITIONAL
hago	**hice**	hacía	**haré**	**haría**
haces	**hiciste**	hacías	**harás**	**harías**
hace	**hizo**	hacía	**hará**	**haría**
hacemos	**hicimos**	hacíamos	**haremos**	**haríamos**
hacéis	**hicisteis**	hacíais	**haréis**	**haríais**
hacen	**hicieron**	hacían	**harán**	**harían**

INDICATIVE: Compound Tenses

PRESENT PERFECT	PAST PERFECT	FUTURE PERFECT	CONDITIONAL PERFECT
he hecho	había hecho	habré hecho	habría hecho
has hecho	habías hecho	habrás hecho	habrías hecho
ha hecho	había hecho	habrá hecho	habría hecho
hemos hecho	habíamos hecho	habremos hecho	habríamos hecho
habéis hecho	habíais hecho	habréis hecho	habríais hecho
han hecho	habían hecho	habrán hecho	habrían hecho

SUBJUNCTIVE: Simple and Compound Tenses

PRESENT	IMPERFECT	PRESENT PERFECT	PAST PERFECT
haga	**hiciera/se**	haya hecho	hubiera hecho
hagas	**hicieras/ses**	hayas hecho	hubieras hecho
haga	**hiciera/se**	haya hecho	hubiera hecho
hagamos	**hiciéramos/semos**	hayamos hecho	hubiéramos hecho
hagáis	**hicierais/seis**	hayáis hecho	hubierais hecho
hagan	**hicieran/sen**	hayan hecho	hubieran hecho

IMPERSONAL FORMS

GERUND
haciendo

PARTICIPLE
hecho

COMMANDS (Affirmative/Negative)

haz/ no hagas

haga/ no haga

haced/ no hagáis

hagan/ no hagan

OTHER IRREGULAR VERBS: IR

INDICATIVE: Simple Tenses

PRESENT	PRETERITE	IMPERFECT	FUTURE	CONDITIONAL
voy	**fui**	**iba**	iré	iría
vas	**fuiste**	**ibas**	irás	irías
va	**fue**	**iba**	irá	iría
vamos	**fuimos**	**íbamos**	iremos	iríamos
vais	**fuisteis**	**ibais**	iréis	iríais
van	**fueron**	**iban**	irán	irían

INDICATIVE: Compound Tenses

PRESENT PERFECT	PAST PERFECT	FUTURE PERFECT	CONDITIONAL PERFECT
he ido	había ido	habré ido	habría ido
has ido	habías ido	habrás ido	habrías ido
ha ido	había ido	habrá ido	habría ido
hemos ido	habíamos ido	habremos ido	habríamos ido
habéis ido	habíais ido	habréis ido	habríais ido
han ido	habían ido	habrán ido	habrían ido

SUBJUNCTIVE: Simple and Compound Tenses

PRESENT	IMPERFECT	PRESENT PERFECT	PAST PERFECT
vaya	**fuera/fuese**	haya ido	hubiera ido
vayas	**fueras/fueses**	hayas ido	hubieras ido
vaya	**fuera/fuese**	haya ido	hubiera ido
vayamos	**fuéramos/fuésemos**	hayamos ido	hubiéramos ido
vayáis	**fuerais/fueseis**	hayáis ido	hubierais ido
vayan	**fueran/fuesen**	hayan ido	hubieran ido

IMPERSONAL FORMS

GERUND
yendo

PARTICIPLE
ido

COMMANDS (Affirmative/ Negative)

ve/ no **vayas**

vaya/ no **vaya**

id/ no **vayáis**

vayan/ no **vayan**

OTHER IRREGULAR VERBS: OÍR

INDICATIVE: Simple Tenses

PRESENT	PRETERITE	IMPERFECT	FUTURE	CONDITIONAL
oigo	oí	oía	oiré	oiría
oyes	oíste	oías	oirás	oirías
oye	**oyó**	oía	oirá	oiría
oímos	oímos	oíamos	oiremos	oiríamos
oís	oísteis	oíais	oiréis	oiríais
oyen	**oyeron**	oían	oirán	oirían

INDICATIVE: Compound Tenses

PRESENT PERFECT	PAST PERFECT	FUTURE PERFECT	CONDITIONAL PERFECT
he oído	había oído	habré oído	habría oído
has oído	habías oído	habrás oído	habrías oído
ha oído	había oído	habrá oído	habría oído
hemos oído	habíamos oído	habremos oído	habríamos oído
habéis oído	habíais oído	habréis oído	habríais oído
han oído	habían oído	habrán oído	habrían oído

SUBJUNCTIVE: Simple and Compound Tenses

PRESENT	IMPERFECT	PRESENT PERFECT	PAST PERFECT
oiga	**oyera/se**	haya oído	hubiera oído
oigas	**oyeras/ses**	hayas oído	hubieras oído
oiga	**oyera/se**	haya oído	hubiera oído
oigamos	**oyéramos/semos**	hayamos oído	hubiéramos oído
oigáis	**oyerais/seis**	hayáis oído	hubierais oído
oigan	**oyeran/sen**	hayan oído	hubieran oído

IMPERSONAL FORMS

GERUND
oyendo

PARTICIPLE
oído

COMMANDS (Affirmative/ Negative)

oye/ no **oigas**

oiga/ no **oiga**

oíd/ no **oigáis**

oigan/ no **oigan**

OTHER IRREGULAR VERBS: PODER

INDICATIVE: Simple Tenses

PRESENT	PRETERITE	IMPERFECT	FUTURE	CONDITIONAL
puedo	**pude**	podía	**podré**	**podría**
puedes	**pudiste**	podías	**podrás**	**podrías**
puede	**pudo**	podía	**podrá**	**podría**
podemos	**pudimos**	podíamos	**podremos**	**podríamos**
podéis	**pudisteis**	podíais	**podréis**	**podríais**
pueden	**pudieron**	podían	**podrán**	**podrían**

INDICATIVE: Compound Tenses

PRESENT PERFECT	PAST PERFECT	FUTURE PERFECT	CONDITIONAL PERFECT
he podido	había podido	habré podido	habría podido
has podido	habías podido	habrás podido	habrías podido
ha podido	había podido	habrá podido	habría podido
hemos podido	habíamos podido	habremos podido	habríamos podido
habéis podido	habíais podido	habréis podido	habríais podido
han podido	habían podido	habrán podido	habrían podido

SUBJUNCTIVE: Simple and Compound Tenses

PRESENT	IMPERFECT	PRESENT PERFECT	PAST PERFECT
pueda	**pudiera/se**	haya podido	hubiera podido
puedas	**pudieras/ses**	hayas podido	hubieras podido
pueda	**pudiera/se**	haya podido	hubiera podido
podamos	**pudiéramos/semos**	hayamos podido	hubiéramos podido
podáis	**pudierais/seis**	hayáis podido	hubierais podido
puedan	**pudieran/sen**	hayan podido	hubieran podido

IMPERSONAL FORMS

GERUND
pudiendo

PARTICIPLE
podido

COMMANDS (Affirmative/ Negative)

puede/ no **puedas**
pueda/ no **pueda**
poded/ no **podáis**
puedan/ no **puedan**

OTHER IRREGULAR VERBS: PONER

INDICATIVE: Simple Tenses

PRESENT	PRETERITE	IMPERFECT	FUTURE	CONDITIONAL
pongo	**puse**	ponía	**pondré**	**pondría**
pones	**pusiste**	ponías	**pondrás**	**pondrías**
pone	**puso**	ponía	**pondrá**	**pondría**
ponemos	**pusimos**	poníamos	**pondremos**	**pondríamos**
ponéis	**pusisteis**	poníais	**pondréis**	**pondríais**
ponen	**pusieron**	ponían	**pondrán**	**pondrían**

INDICATIVE: Compound Tenses

PRESENT PERFECT	PAST PERFECT	FUTURE PERFECT	CONDITIONAL PERFECT
he puesto	había puesto	habré puesto	habría puesto
has puesto	habías puesto	habrás puesto	habrías puesto
ha puesto	había puesto	habrá puesto	habría puesto
hemos puesto	habíamos puesto	habremos puesto	habríamos puesto
habéis puesto	habíais puesto	habréis puesto	habríais puesto
han puesto	habían puesto	habrán puesto	habrían puesto

SUBJUNCTIVE: Simple and Compound Tenses

PRESENT	IMPERFECT	PRESENT PERFECT	PAST PERFECT
ponga	**pusiera/se**	haya puesto	hubiera puesto
pongas	**pusieras/ses**	hayas puesto	hubieras puesto
ponga	**pusiera/se**	haya puesto	hubiera puesto
pongamos	**pusiéramos/semos**	hayamos puesto	hubiéramos puesto
pongáis	**pusierais/seis**	hayáis puesto	hubierais puesto
pongan	**pusieran/sen**	hayan puesto	hubieran puesto

IMPERSONAL FORMS

GERUND
poniendo

PARTICIPLE
puesto

COMMANDS (Affirmative/ Negative)

pon/ no **pongas**
ponga/ no **ponga**
poned/ no **pongáis**
pongan/ no **pongan**

OTHER IRREGULAR VERBS: QUERER

INDICATIVE: Simple Tenses

PRESENT	PRETERITE	IMPERFECT	FUTURE	CONDITIONAL
quiero	**quise**	quería	**querré**	**querría**
quieres	**quisiste**	querías	**querrás**	**querrías**
quiere	**quiso**	quería	**querrá**	**querría**
queremos	**quisimos**	queríamos	**querremos**	**querríamos**
queréis	**quisisteis**	queríais	**querréis**	**querríais**
quieren	**quisieron**	querían	**querrán**	**querrían**

INDICATIVE: Compound Tenses

PRESENT PERFECT	PAST PERFECT	FUTURE PERFECT	CONDITIONAL PERFECT
he querido	había querido	habré querido	habría querido
has querido	habías querido	habrás querido	habrías querido
ha querido	había querido	habrá querido	habría querido
hemos querido	habíamos querido	habremos querido	habríamos querido
habéis querido	habíais querido	habréis querido	habríais querido
han querido	habían querido	habrán querido	habrían querido

SUBJUNCTIVE: Simple and Compound Tenses

PRESENT	IMPERFECT	PRESENT PERFECT	PAST PERFECT
quiera	**quisiera/se**	haya querido	hubiera querido
quieras	**quisieras/ses**	hayas querido	hubieras querido
quiera	**quisiera/se**	haya querido	hubiera querido
queramos	**quisiéramos/semos**	hayamos querido	hubiéramos querido
queráis	**quisierais/seis**	hayáis querido	hubierais querido
quieran	**quisieran/sen**	hayan querido	hubieran querido

IMPERSONAL FORMS

GERUND
queriendo

PARTICIPLE
querido

COMMANDS (Affirmative/ Negative)

quiere/ no **quieras**

quiera/ no **quiera**

quered/ no **queráis**

quieran/ no **quieran**

OTHER IRREGULAR VERBS: SABER

INDICATIVE: Simple Tenses

PRESENT	PRETERITE	IMPERFECT	FUTURE	CONDITIONAL
sé	**supe**	sabía	**sabré**	**sabría**
sabes	**supiste**	sabías	**sabrás**	**sabrías**
sabe	**supo**	sabía	**sabrá**	**sabría**
sabemos	**supimos**	sabíamos	**sabremos**	**sabríamos**
sabéis	**supisteis**	sabíais	**sabréis**	**sabríais**
saben	**supieron**	sabían	**sabrán**	**sabrían**

INDICATIVE: Compound Tenses

PRESENT PERFECT	PAST PERFECT	FUTURE PERFECT	CONDITIONAL PERFECT
he sabido	había sabido	habré sabido	habría sabido
has sabido	habías sabido	habrás sabido	habrías sabido
ha sabido	había sabido	habrá sabido	habría sabido
hemos sabido	habíamos sabido	habremos sabido	habríamos sabido
habéis sabido	habíais sabido	habréis sabido	habríais sabido
han sabido	habían sabido	habrán sabido	habrían sabido

SUBJUNCTIVE: Simple and Compound Tenses

PRESENT	IMPERFECT	PRESENT PERFECT	PAST PERFECT
sepa	**supiera/se**	haya sabido	hubiera sabido
sepas	**supieras/ses**	hayas sabido	hubieras sabido
sepa	**supiera/se**	haya sabido	hubiera sabido
sepamos	**supiéramos/semos**	hayamos sabido	hubiéramos sabido
sepáis	**supierais/seis**	hayáis sabido	hubierais sabido
sepan	**supieran/sen**	hayan sabido	hubieran sabido

IMPERSONAL FORMS

GERUND
sabiendo

PARTICIPLE
sabido

COMMANDS (Affirmative/ Negative)

sabe/ no **sepas**

sepa/ no **sepa**

sabed/ no **sepáis**

sepan/ no **sepan**

OTHER IRREGULAR VERBS: SALIR

INDICATIVE: Simple Tenses

PRESENT	PRETERITE	IMPERFECT	FUTURE	CONDITIONAL
salgo	salí	salía	**saldré**	**saldría**
sales	saliste	salías	**saldrás**	**saldrías**
sale	salió	salía	**saldrá**	**saldría**
salimos	salimos	salíamos	**saldremos**	**saldríamos**
salís	salisteis	salíais	**saldréis**	**saldríais**
salen	salieron	salían	**saldrán**	**saldrían**

INDICATIVE: Compound Tenses

PRESENT PERFECT	PAST PERFECT	FUTURE PERFECT	CONDITIONAL PERFECT
he salido	había salido	habré salido	habría salido
has salido	habías salido	habrás salido	habrías salido
ha salido	había salido	habrá salido	habría salido
hemos salido	habíamos salido	habremos salido	habríamos salido
habéis salido	habíais salido	habréis salido	habríais salido
han salido	habían salido	habrán salido	habrían salido

SUBJUNCTIVE: Simple and Compound Tenses

PRESENT	IMPERFECT	PRESENT PERFECT	PAST PERFECT
salga	saliera/se	haya salido	hubiera salido
salgas	salieras/ses	hayas salido	hubieras salido
salga	saliera/se	haya salido	hubiera salido
salgamos	saliéramos/semos	hayamos salido	hubiéramos salido
salgáis	salierais/seis	hayáis salido	hubierais salido
salgan	salieran/sen	hayan salido	hubieran salido

IMPERSONAL FORMS

GERUND
saliendo

PARTICIPLE
salido

COMMANDS (Affirmative/ Negative)

sal/ no **salgas**

salga/ no **salga**

salid/ no **salgáis**

salgan/ no **salgan**

OTHER IRREGULAR VERBS: SER

INDICATIVE: Simple Tenses

PRESENT	PRETERITE	IMPERFECT	FUTURE	CONDITIONAL
soy	**fui**	era	seré	sería
eres	**fuiste**	eras	serás	serías
es	**fue**	era	será	sería
somos	**fuimos**	éramos	seremos	seríamos
sois	**fuisteis**	erais	seréis	seríais
son	**fueron**	eran	serán	serían

INDICATIVE: Compound Tenses

PRESENT PERFECT	PAST PERFECT	FUTURE PERFECT	CONDITIONAL PERFECT
he sido	había sido	habré sido	habría sido
has sido	habías sido	habrás sido	habrías sido
ha sido	había sido	habrá sido	habría sido
hemos sido	habíamos sido	habremos sido	habríamos sido
habéis sido	habíais sido	habréis sido	habríais sido
han sido	habían sido	habrán sido	habrían sido

SUBJUNCTIVE: Simple and Compound Tenses

PRESENT	IMPERFECT	PRESENT PERFECT	PAST PERFECT
sea	**fuera/fuese**	haya sido	hubiera sido
seas	**fueras/fueses**	hayas sido	hubieras sido
sea	**fuera/fuese**	haya sido	hubiera sido
seamos	**fuéramos/fuésemos**	hayamos sido	hubiéramos sido
seáis	**fuerais/fueseis**	hayáis sido	hubierais sido
sean	**fueran/fuesen**	hayan sido	hubieran sido

IMPERSONAL FORMS

GERUND
siendo

PARTICIPLE
sido

COMMANDS (Affirmative/ Negative)

sé/ no seas

sea/ no sea

sed/ no seáis

sean/ no sean

OTHER IRREGULAR VERBS: SONREÍR

INDICATIVE: Simple Tenses

PRESENT	PRETERITE	IMPERFECT	FUTURE	CONDITIONAL
sonrío	sonreí	sonreía	sonreiré	sonreiría
sonríes	sonreíste	sonreías	sonreirás	sonreirías
sonríe	sonrió	sonreía	sonreirá	sonreiría
sonreímos	sonreímos	sonreíamos	sonreiremos	sonreiríamos
sonreís	sonreísteis	sonreíais	sonreiréis	sonreiríais
sonríen	sonrieron	sonreían	sonreirán	sonreirían

INDICATIVE: Compound Tenses

PRESENT PERFECT	PAST PERFECT	FUTURE PERFECT	CONDITIONAL PERFECT
he sonreído	había sonreído	habré sonreído	habría sonreído
has sonreído	habías sonreído	habrás sonreído	habrías sonreído
ha sonreído	había sonreído	habrá sonreído	habría sonreído
hemos sonreído	habíamos sonreído	habremos sonreído	habríamos sonreído
habéis sonreído	habíais sonreído	habréis sonreído	habríais sonreído
han sonreído	habían sonreído	habrán sonreído	habrían sonreído

SUBJUNCTIVE: Simple and Compound Tenses

PRESENT	IMPERFECT	PRESENT PERFECT	PAST PERFECT
sonría	**sonriera/se**	haya sonreído	hubiera sonreído
sonrías	**sonrieras/ses**	hayas sonreído	hubieras sonreído
sonría	**sonriera/se**	haya sonreído	hubiera sonreído
sonriamos	**sonriéramos/semos**	hayamos sonreído	hubiéramos sonreído
sonriáis	**sonrierais/seis**	hayáis sonreído	hubierais sonreído
sonrían	**sonrieran/seis**	hayan sonreído	hubieran sonreído

IMPERSONAL FORMS

GERUND

sonriendo

PARTICIPLE

sonreído

COMMANDS (Affirmative/ Negative)

sonríe/ no **sonrías**

sonría/ no **sonría**

sonreíd/ no **sonriáis**

sonrían/ no **sonrían**

OTHER IRREGULAR VERBS: TENER

INDICATIVE: Simple Tenses

PRESENT	PRETERITE	IMPERFECT	FUTURE	CONDITIONAL
tengo	**tuve**	tenía	**tendré**	**tendría**
tienes	**tuviste**	tenías	**tendrás**	**tendrías**
tiene	**tuvo**	tenía	**tendrá**	**tendría**
tenemos	**tuvimos**	teníamos	**tendremos**	**tendríamos**
tenéis	**tuvisteis**	teníais	**tendréis**	**tendríais**
tienen	**tuvieron**	tenían	**tendrán**	**tendrían**

INDICATIVE: Compound Tenses

PRESENT PERFECT	PAST PERFECT	FUTURE PERFECT	CONDITIONAL PERFECT
he tenido	había tenido	habré tenido	habría tenido
has tenido	habías tenido	habrás tenido	habrías tenido
ha tenido	había tenido	habrá tenido	habría tenido
hemos tenido	habíamos tenido	habremos tenido	habríamos tenido
habéis tenido	habíais tenido	habréis tenido	habríais tenido
han tenido	habían tenido	habrán tenido	habrían tenido

SUBJUNCTIVE: Simple and Compound Tenses

PRESENT	IMPERFECT	PRESENT PERFECT	PAST PERFECT
tenga	**tuviera/se**	haya tenido	hubiera tenido
tengas	**tuvieras/ses**	hayas tenido	hubieras tenido
tenga	**tuviera/se**	haya tenido	hubiera tenido
tengamos	**tuviéramos/semos**	hayamos tenido	hubiéramos tenido
tengáis	**tuvierais/seis**	hayáis tenido	hubierais tenido
tengan	**tuvieran/sen**	hayan tenido	hubieran tenido

IMPERSONAL FORMS

GERUND

teniendo

PARTICIPLE

tenido

COMMANDS (Affirmative/ Negative)

ten/ no **tengas**

tenga/ no **tenga**

tened/ no **tengáis**

tengan/ no **tengan**

OTHER IRREGULAR VERBS: TRAER

INDICATIVE: Simple Tenses

PRESENT	PRETERITE	IMPERFECT	FUTURE	CONDITIONAL
traigo	**traje**	traía	traeré	traería
traes	**trajiste**	traías	traerás	traerías
trae	**trajo**	traía	traerá	traería
traemos	**trajimos**	traíamos	traeremos	traeríamos
traéis	**trajisteis**	traíais	traeréis	traeríais
traen	**trajeron**	traían	traerán	traerían

INDICATIVE: Compound Tenses

PRESENT PERFECT	PAST PERFECT	FUTURE PERFECT	CONDITIONAL PERFECT
he traído	había traído	habré traído	habría traído
has traído	habías traído	habrás traído	habrías traído
ha traído	había traído	habrá traído	habría traído
hemos traído	habíamos traído	habremos traído	habríamos traído
habéis traído	habíais traído	habréis traído	habríais traído
han traído	habían traído	habrán traído	habrían traído

SUBJUNCTIVE: Simple and Compound Tenses

PRESENT	IMPERFECT	PRESENT PERFECT	PAST PERFECT
traiga	**trajera/se**	haya traído	hubiera traído
traigas	**trajeras/ses**	hayas traído	hubieras traído
traiga	**trajera/se**	haya traído	hubiera traído
traigamos	**trajéramos/semos**	hayamos traído	hubiéramos traído
traigáis	**trajerais/seis**	hayáis traído	hubierais traído
traigan	**trajeran/sen**	hayan traído	hubieran traído

IMPERSONAL FORMS

GERUND
trayendo

PARTICIPLE
traído

COMMANDS (Affirmative/ Negative)

trae/ no **traigas**

traiga/ no **traiga**

traed/ no **traigáis**

traigan/ no **traigan**

OTHER IRREGULAR VERBS: VENIR

INDICATIVE: Simple Tenses

PRESENT	PRETERITE	IMPERFECT	FUTURE	CONDITIONAL
vengo	**vine**	venía	**vendré**	**vendría**
vienes	**viniste**	venías	**vendrás**	**vendrías**
viene	**vino**	venía	**vendrá**	**vendría**
venimos	**vinimos**	veníamos	**vendremos**	**vendríamos**
venís	**vinisteis**	veníais	**vendréis**	**vendríais**
vienen	**vinieron**	venían	**vendrán**	**vendrían**

INDICATIVE: Compound Tenses

PRESENT PERFECT	PAST PERFECT	FUTURE PERFECT	CONDITIONAL PERFECT
he venido	había venido	habré venido	habría venido
has venido	habías venido	habrás venido	habrías venido
ha venido	había venido	habrá venido	habría venido
hemos venido	habíamos venido	habremos venido	habríamos venido
habéis venido	habíais venido	habréis venido	habríais venido
han venido	habían venido	habrán venido	habrían venido

SUBJUNCTIVE: Simple and Compound Tenses

PRESENT	IMPERFECT	PRESENT PERFECT	PAST PERFECT
venga	**viniera/se**	haya venido	hubiera venido
vengas	**vinieras/ses**	hayas venido	hubieras venido
venga	**viniera/se**	haya venido	hubiera venido
vengamos	**viniéramos/semos**	hayamos venido	hubiéramos venido
vengáis	**vinierais/seis**	hayáis venido	hubierais venido
vengan	**vinieran/sen**	hayan venido	hubieran venido

IMPERSONAL FORMS

GERUND
viniendo

PARTICIPLE
venido

COMMANDS (Affirmative/ Negative)

ven/ no **vengas**

venga/ no **venga**

venid/ no **vengáis**

vengan/ no **vengan**

OTHER IRREGULAR VERBS: VER

INDICATIVE: Simple Tenses

PRESENT	PRETERITE	IMPERFECT	FUTURE	CONDITIONAL
veo	**vi**	veía	**veré**	**vería**
ves	**viste**	veías	**verás**	**verías**
ve	**vio**	veía	**verá**	**vería**
vemos	**vimos**	veíamos	**veremos**	**veríamos**
veis	**visteis**	veíais	**veréis**	**veríais**
ven	**vieron**	veían	**verán**	**verían**

INDICATIVE: Compound Tenses

PRESENT PERFECT	PAST PERFECT	FUTURE PERFECT	CONDITIONAL PERFECT
he visto	había visto	habré visto	habría visto
has visto	habías visto	habrás visto	habrías visto
ha visto	había visto	habrá visto	habría visto
hemos visto	habíamos visto	habremos visto	habríamos visto
habéis visto	habíais visto	habréis visto	habríais visto
han visto	habían visto	habrán visto	habrían visto

SUBJUNCTIVE: Simple and Compound Tenses

PRESENT	IMPERFECT	PRESENT PERFECT	PAST PERFECT
vea	**viera/se**	haya visto	hubiera visto
veas	**vieras/ses**	hayas visto	hubieras visto
vea	**viera/se**	haya visto	hubiera visto
veamos	**viéramos/semos**	hayamos visto	hubiéramos visto
veáis	**vierais/seis**	hayáis visto	hubierais visto
vean	**vieran/sen**	hayan visto	hubieran visto

IMPERSONAL FORMS

GERUND
viendo

PARTICIPLE
visto

COMMANDS (Affirmative/ Negative)

ve/
no **veas**

vea/
no **vea**

ved/
no **veáis**

vean/
no **vean**

COMMON IRREGULAR PAST PARTICIPLES

INFINITIVE	PAST PARTICIPLE	
abrir	**abierto**	opened
cubrir	**cubierto**	covered
decir	**dicho**	said, told
descubrir	**descubierto**	discovered
escribir	**escrito**	written
hacer	**hecho**	made, done
morir	**muerto**	died
poner	**puesto**	put, placed
resolver	**resuelto**	resolved
romper	**roto**	broken, torn
traer	**traído**	brought
ver	**visto**	seen
volver	**vuelto**	returned

ESPAÑOL — INGLÉS

A

¿qué es/son...? *what is (it)/are (they)?* 4
a finales de *at the end of* 5
a la brasa *charcoal-grilled* 10
a la derecha (de) *to the right (of)* 4
a la izquierda (de) *to the left (of)* 4
a la plancha *grilled* 10
a mí me gustaría... *I would like...* 4
a nosotros nos interesan *we are interested in* 3
a pie *on foot* 6
a principios de *at the beginning of* 5
abajo *below* 4
abandonar *to give up, to abandon* 8
abogado, abogada *lawyer* 7
abrigo *m.* *coat* 9
abril *m.* *April* 5
abuelo, abuela *grandfather/ grandmother* 3
abusar de (las redes sociales) *to misuse (social media)* 8
acampar *to camp* 6
accesorio *m.* *accessory* 9
aceite *m.* *oil* 10
aceituna *f.* *olive* 10
aceptar *to accept* 7
acercarse (a alguien) *to approach (someone) / to go up to (someone)* 8
acompañarse con *to be served with* 10
acostarse *to go to bed* 5
actividad *f.* *activity* 6
actividades de tiempo libre *f.pl.* *leisure activities* 3
actividad deportiva *f.* *physical activity* 10
actividad física *f.* *physical activity / a sport* 3
activo/a *adj.* *active* 2
actor, actriz *actor, actress* 2
actualizar *to update* 7
adelgazar *to lose weight* 10
adolescente *m. f.* *teenager, adolescent* 7
adopción *f.* *adoption* 8
adulto/a *adj.* *adult* 7
aficiones *m.pl.* *hobbies* 8
afortunado/a *adj.* *fortunate* 8
agosto *m.* *August* 5
agradable *adj.* *pleasant, nice* 6
agua *f.* *water* 10
agua con gas *f.* *sparkling water* 10
agua sin gas *f.* *still water* 10
agua natural / del tiempo *f.* *room-temperature water* 10
aguacate *m.* *avocado* 10
ahora *now* 7
ají *m.* *hot pepper, chili* 10
ajo *m.* *garlic* 10
al este (de) *east of* 4
al horno *baked* 10
al lado (de) *next to / beside* 4
al noreste (de) *northeast of* 4
al noroeste (de) *northwest of* 4
al norte (de) *north of* 4
al oeste (de) *west of* 4
al punto *medium* 10
al sur (de) *south of* 4
al sureste (de) *southeast of* 4
al suroeste (de) *southwest of* 4
al vapor *steamed* 10
alejar *to keep away* 8
alemán/a *adj.* *German* 3
alfombra *f.* *rug* 4
algodón *m.* *cotton* 9
alimentación *f.* *diet* 10
alimentos *m.* *food* 10
almorzar *to have lunch* 10
almuerzo *m.* *lunch* 10
alojamiento *m.* *lodging* 6
alquilar *to rent* 7
amarillo/a *adj.* *yellow* 4
ambiente *m.* *atmosphere* 6
amigo, amiga *friend* 2
amor *m.* *love* 8
amor eterno *m.* *endless love* 8
anciano, anciana *elderly* 7
antes *before* 7
Antigüedad *f.* *Antiquity* 7
antropología *f.* *Anthropology* 1
añadir *to add* 10
año *m.* *year* 5
aparcamiento *m.* *parking lot, garage* 4
aparición *f.* *outbreak* 7
apartamento *m.* *apartment* 4
apellido *m.* *surname* 1
aplicación *f.* *app* 8
árabe *m.* *Arabic* 3
archipiélago *m.* *archipelago* 4
argentino/a *adj.* *Argentinian* 2
armario *m.* *closet/armoire* 4
arquitecto, arquitecta *architect* 7
arreglarse *to get ready* 5
arriba *above* 4
arroz *m.* *rice* 10
arrugado/a *adj.* *wrinkled* 9
arte *m.* *art* 1
artista *m. f.* *artist* 2
atacar *to attack* 16
ataque *m.* *attack* 16
atún *m.* *tuna* 10
audio *m.* *audio* 1
auditorio *m.* *auditorium* 4
autobús *m.* *bus* 4
automóvil *m.* *car* 4
avión *m.* *plane* 6
azúcar *m.* *sugar* 10
azúcares *m.pl.* *sweets* 10
azul *m. f. adj.* *blue* 4

B

bacalao *m.* *cod* 10
bailar *to dance* 5
barato/a *adj.* *cheap* 4
barco *m.* *boat, ship* 6
barrio *m.* *neighborhood* 4
bastante *quite* 3
bebé *m. f.* *baby* 7
beber *to drink* 10
bebida *f.* *drink, beverage* 6
bengalí *m.* *Bengali* 3
biblioteca *f.* *library* 4
bicicleta *f.* *bicycle* 4
biología *f.* *Biology* 1
blanco/a *adj.* *white* 4
bloquear a alguien (en internet) *to block someone* 8
blusa *f.* *blouse* 9
boca *f.* *mouth* 9
boliviano/a *adj.* *Bolivian* 2
bolsa *f.* *bag* 10
bolso *m.* *handbag* 9
bosque *m.* *forest* 4
botella *f.* *bottle* 10
brazo *m.* *arm* 9
brújula *f.* *compass* 6
buen(a) *adj.* *good* 6
buen(a) amigo/a *adj.* *good friend* 8
buenas noches *f.pl.* *good evening* 1
buenas tardes *f.pl.* *good afternoon* 1
buenos días *m.pl.* *good morning* 1

C

cabeza *f.* *head* 9
caer bien/mal *to like/dislike* 8
café *m.* *coffee shop* 4
café *m.f. adj* *coffee* 4
café *m.* *coffee* 10
cafetería *f.* *cafe/coffee shop* 4
caída *f.* *fall* 7
caja *f.* *box* 10
cajón *m.* *drawer* 4
caldo *m.* *broth* 10
calidad *f.* *quality* 6
caliente *m. f.* *hot* 10
calle *f.* *street* 4
cama *f.* *bed* 4
camarón *m.* *shrimp* 10
caminar *to walk* 3
caminata *f.* *walk, hike* 6
camino *m.* *path* 6
camioneta *f.* *van* 6
camisa *f.* *shirt* 9
camiseta *f.* *t-shirt* 9
camiseta de tirantes *f.* *tank top* 9
ccampo de baloncesto *m.* *basketball court* 4
campo de fútbol *m.* *soccer field* 4

campus *m. campus* 4
canadiense *m. f. adj. Canadian* 2
cancha de baloncesto *f. basketball court* 4
cancha de fútbol *f. soccer field* 4
canción *f. song* 2
cantante *m. f. singer* 2
cantautor, cantautora *singer-songwriter* 2
cantidad *f. quantity* 6
cantidad *f. amount* 10
cantidad recomendada *f. recommended amount* 10
cara *f. face* 9
cara a cara *face to face* 8
carácter *m. character* 7
cardiovascular *m. f. adj. cardiovascular* 10
carne *f. meat* 10
caro/a *adj. expensive* 4
carta *f. menu* 10
cartón *m. carton* 10
casado/a *adj. married* 8
casarse *to get married* 7
casarse con *to get married* 8
catorce *fourteen* 1
cebolla *f. onion* 10
celebración *f. celebration* 1
cena *f. dinner* 10
cenar *to eat dinner* 5
cerdo *m. pork* 10
cereales *m. grains* 10
cero *m. zero* 2
cerveza *f. beer* 10
chaqueta *f. jacket* 9
chatear con *to chat with* 3
chatear en *to chat in* 3
chef *m. f. chef* 2
chile *m. chili pepper* 10
chileno/a *adj. Chilean* 2
chino/a *adj. Chinese* 3
choclo *m. corn* 10
ciclorruta *f. bike lane* 14
cien *one hundred* 2
ciencias de la computación *f.pl. Computer Science* 1
científico, científica *scientist* 2
ciento once *one hundred and eleven* 2
ciento uno/a *one hundred and one* 2
cilantro *m. coriander* 10
cinco *five* 1
cincuenta *fifty* 2
cine *m. cinema* 1
cinturón *m. belt* 9
ciudad *f. city, town* 1
clásico/a *adj. classic* 9
cliente, clienta *customer* 10
cocido/a *adj. boiled* 10
cocinero, cocinera *cook* 10
codo *m. elbow* 9
Colombia *Colombia* 4
colombiano/a *adj. Colombian* 2
comedor *m. dining hall* 4
comer *to eat* 5
comer en un lugar... *to eat in a place...* 6
comida *f. food* 6
comida *f. meal* 10
comidas del día *f.pl. meals* 10
¿cómo te apellidas? *what's your surname?* 1
¿cómo te llamas? *what's your name?* 1
cómodo/a *adj. comfortable* 9
compañero, compañera (de clase) *classmate* 1
compañero, compañera de cuarto *roommate* 8
compañero, compañera de trabajo *work colleague / coworker* 8
compartir *to share* 6
compartir la habitación *to share a room* 6
compositor, compositora *composer* 2
comprar de segunda mano *to buy second-hand* 7
comprar(se) *to buy (oneself)* 9
compromiso *m. commitment* 7
computadora *f. (laptop) computer* 4
condimento *m. condiment* 10
conocer *to know* 3
conocer *to meet* 8
conocerse bien *to know each other well* 8
conocidos, conocidas *acquaintances* 8
conserva *f. canned food* 10
construcción *f. construction* 4
continente *m. continent* 4
convivencia *f. cohabitation, living together* 8
convivir (con otros) *to live with others* 7
copa *f. glass* 10
corbata *f. tie* 9
correo electrónico *m. email* 1
cortar *to cut* 10
cosa *f. thing* 3
coser *to sew* 9
costa *f. coast* 4
costarle (algo a alguien) *to be difficult (for someone)* 8
costarricense *Costa Rican* 2
creativo/a *adj. creative* 2
crecer *to grow up* 7
creer *to think* 4
creer en *to believe in* 7
crítico/a *adj. critical, judgmental* 2
crucero *m. cruise* 6
cuadro *m. picture* 4
¿cuál es tu apellido? *what's your surname?* 1
¿cuál es tu lengua materna? *which is your native language?* 3
¿cuál es tu...? *what's your... ?* 3
¿cuál es... / ¿cuáles son...? *which is/are... ?* 4
¿cuántos años tienes? *how old are you?* 3
¿cuántos hermanos tienes? *how many brothers or sisters do you have?* 3
cuarenta *forty* 2
cuarto *m. room* 4
cuarto/a *adj. fourth* 1
cuatrimestre *m. quarter* 5
cuatro *four* 1
cuatrocientos/as *four hundred* 2
Cuba *Cuba* 4
cubano/a *adj. Cuban* 2
cucharada *f. tablespoon* 10
cucharadita *f. teaspoon* 10
cuello *m. neck* 9
cuenta *f. check* 10
cueva *f. cave* 4
cultura *f. culture* 3
cuñado, cuñada *brother-in-law/ sister-in-law* 3
curar *to cure* 10
curso *m. academic year, course* 1

D

dakota *Dakota* 3
danza *f. dance* 1
dar miedo *to scare* 8
de colores *coloured* 9
de cuadros *checked* 9
¿de dónde eres? *where are you from?* 1
de flores *floral* 9
de lunares *polka-dotted* 9
de nada *you're welcome* 1
de rayas *striped* 9
de sport *casual* 9
debajo (de) *under* 4
deber (algo a alguien) *to owe (something to someone)* 8
décimo/a *adj. tenth* 4
decoración *f. decor* 6
dejar de seguir a alguien *unfollow someone* 8
delante (de) *in front of* 4
denegar *to deny* 8
deporte *m. sport* 3
deportista *m. f. athlete* 2
Derecho *m. law* 1
desaparecer *to disappear, go missing* 8
desarrollar *to develop, to advance* 7
desayunar *to eat breakfast* 5
desayuno *m. breakfast* 10
descubrimiento *m. discovery* 7
desear *to like* 10
desfile *m. fashion show* 9
despeinado/a *adj. disheveled* 9
despertarse *to wake up* 5
destruir *to destroy* 8
detrás (de) *behind* 4

devolver (dinero) *to pay back (money)* 8
dibujo *m. drawing* 9
diciembre *m. December* 5
diecinueve *nineteen* 1
dieciocho *eighteen* 1
dieciséis *sixteen* 1
diecisiete *seventeen* 1
dieta *f. diet* 10
diez *ten* 1
difícil *m. f. adj. difficult* 7
dinero *m. money* 8
director, directora de cine *film director* 2
director, directora de orquesta *conductor* 2
diseñador, diseñadora *designer* 2
disminuir *to decrease* 10
diversidad *f. diversity* 7
ddivorciado/a *adj. divorced* 8
divorciarse de *to divorce* 8
doce *twelve* 1
docena *f. dozen* 10
documental *m. documentary* 2
dolor *m. ache, pain* 10
dominicano/a *adj. Dominican* 2
donde *where* 6
dónde está/n...? *where is/are... ?* 4
dormir *to sleep* 3
dormitorio *m. (dorm) room* 4
dos *two* 1
doscientos/as *two hundred* 2

E

echar *to add, to pour* 10
ecologista *m. f. adj. ecologist* 7
economía y finanzas *Economics and Finance* 1
ecoturismo *m. ecotourism* 6
ecuatoguineano/a *adj. ecuatoguinean* 2
ecuatoriano/a *adj. Ecuadorian* 2
edad *f. age* 7
Edad Media *f. Middle Ages* 7
Edad Moderna *f. Modern Age* 7
edificio *m. building* 4
editor, editora *publisher, editor* 2
educación *f. Education* 1
el amor de mi vida *the love of my life* 8
el país más grande/pequeño *the biggest/smallest country* 4
elegante *m. f. adj. nice, elegant* 9
empezar *to begin, to start* 5
en el centro (de) *in the center (of)* 4
en el extranjero *abroad* 2
en el que *in which* 6
en grupos *in groups* 1
en las redes sociales *on social media* 7
en nuestro campus *in our campus* 4
en parejas *in pairs* 1
enamorarse (de) *to fall in love (with)* 8
encantado/a *adj. pleased, delighted to meet you* 1
encantar *to love* 5
encima (de) *on/on top of* 4
encontrar *to find* 8
encontrar amistad *to find friendship* 8
encontrarse con *to meet (in person)* 8
enero *m. January* 5
enfermedad *f. illness* 10
engordar *to gain weight* 10
ensalada *f. salad* 10
enseñar (algo) *to show (something)* 9
entender *to understand* 3
entrante *m. appetizer* 10
entrar en *to go on (the internet)* 5
entre *between* 4
entrevista (de trabajo) *f. job interview* 9
envase *m. container* 10
época *f. age, period* 4
escribir *to write* 1
escritor, escritora *writer* 2
escritorio *m. desk* 4
escuchar *to listen to* 1
espalda *f. back* 9
español/a *adj. Spanish* 2
espectacular *m.f. adj. amazing* 6
esposo, esposa *husband/wife* 3
estación *f. season* 5
estadística *f. statistics* 1
estado de ánimo *m. mood* 8
estado *m. state* 4
estadounidense *m. f. American* 2
estampados *m.pl. patterns* 9
estar *to be* 4
estar bien preparado/a *to be well qualified* 7
estar bromeando *to be joking* 8
estar con *to be with* 6
estar en las redes sociales *to be on social media* 7
estar en pareja *to be in a relationship* 8
estar nublado *to be cloudy* 5
estar resfriado/a *to have a cold* 10
estilo *m. style* 9
estómago *m. stomach* 10
estrenar *to wear for the first time* 9
estudiante de primer año *m. f. freshman* 1
estudiante universitario *m. f. college student* 1
estudiar *to study* 1
estudios *m.pl. education* 1
estudios *m.pl. education, studies* 6
estupendo/a *adj. great, wonderful* 6
evento *m. event* 9
evitar *to avoid* 10
excelente *m. f. adj. excellent* 6
exceso de peso *overweight* 10
expedición *f. expedition* 6
experiencia *f. experience* 6
extravagante *m. f. adj. extravagant* 9

F

fácil *m. f. adj. easy* 7
facilitar la comunicación *to facilitate communication* 8
falda *f. skirt* 9
familia *f. family* 3
famoso/a *adj. famous* 2
fantástica/o *adj. fantastic* 6
farmacia *f. pharmacy* 1
febrero *m. February* 5
felicidad *f. happiness* 8
fin (de) *m. end (of)* 7
firmar *to sign* 8
formación *f. education* 7
fotografía *f. photography, photo* 2
francés/francesa *adj. French* 3
freír *to fry* 10
frijoles *m.pl. beans* 10
frito/a *adj. fried* 10
fruta *f. fruit* 10
frutos secos *m.pl. dried fruit and nuts* 10
futbolista *m. f. soccer player* 2

G

galleta *f. cookie* 10
garbanzo *m. chickpea* 10
garganta *f. throat* 10
gasolinera *f. gas station* 6
gastar dinero *to spend money* 8
gastronomía *f. cuisine* 1
generación *f. generation* 7
genética *f. genetics* 1
geografía *f. Geography* 1
gimnasio *m. gym* 4
glaciar *m. glacier* 4
gorra *f. baseball cap* 9
gracias *f.pl. thank you* 1
gramo *m. gram* 10
griego/a *adj. Greek* 3
guaraní *Guarani* 3
Guatemala *Guatemala* 4
guatemalteco/a *adj. Guatemalan* 2
guiso *m. stew* 10
guitarra *f. guitar* 2
gustar *to like* 5

H

haber *to have/there be* 12
habitación *f. room* 6
hábitos *m.pl. habits* 7
hablar *to speak, to talk* 1
hablar con *to talk with* 3

hablar sobre *to talk about* 2
hacer *to do, to make* 3
hacer amigos *to make friends* 8
hacer buen tiempo *to be nice out* 5
hacer (mucho) calor *to be (very) hot* 5
hacer dieta *to be on a diet* 10
hacer fotografías *to take photos* 2
hace mal tiempo *the weather is bad* 5
hacer (mucho) frío *to be (very) cold* 5
hacer sol *to be sunny* 5
hacer trámites para *to process to* 8
hacer una caminata *to go hiking* 6
hacer una expedición *to go on an expedition/on a trip* 6
hacer una reservación *to make a reservation* 6
hacer una ruta *to take a route* 6
hacer una visita *to take a guided tour* 6
hacer viento *to be windy* 5
hasta luego *see you later* 1
hasta mañana *see you tomorrow* 1
hay *there is/are* 4
helado *m.* *ice cream* 10
hermano, hermana *brother/sister* 3
hervir *to boil* 10
hijo, hija *son/daughter* 3
hindi *m.* *Hindi* 3
hipertensión *f.* *hypertension* 10
historia *f.* *history* 1
hola *hello* 1
hombre de negocios *m.* *businessman* 2
hombro *m.* *shoulder* 9
hondureño/a *adj.* *Honduran* 2
hostal *m.* *hostel* 6
hotel *m.* *hotel* 6
huella digital *f.* *digital fingerprint* 12
huevo *m.* *egg* 10

I

ideal *m. f. adj.* *ideal* 3
ideales *m.pl.* *ideals* 7
idealista *m. f. adj* *idealistic* 7
idioma *m.* *language* 3
iglesia *f.* *church* 4
igualdad de género *f.* *gender equality* 7
impresora *f.* *printer* 4
incómodo/a *adj.* *uncomfortable* 9
inconformista *m. f. adj.* *nonconformist* 7
independiente *m. f. adj.* *independent* 2
individualista *m. f. adj.* *individualistic* 7
influir en/sobre (alguien) *to influence* 8
influyente *m. f. adj.* *influential* 2
informal *m. f. adj.* *informal* 9
ingeniería *f.* *engineering* 1
ingeniero/a *adj.* *engineer* 2
inglés/a *adj.* *English* 1
ingrediente *m.* *ingredient* 10
inmaduro/a *adj.* *immature* 7
inteligente *m. f. adj.* *intelligent, smart* 2
interacción *f.* *interaction* 8
interacción cara a cara *f.* *face-to-face interaction* 8
interacción en la vida real *f.* *real-life interaction* 8
interacción virtual *f.* *virtual interaction* 8
intercambio *m.* *exchange* 3
interesante *m. f. adj.* *interesting* 2
interesar *to be of interest, to interest* 5
internet *m. f.* *internet* 2
invención *f.* *invention* 7
invierno *m.* *winter* 1
ir *to go* 6
ir a *to go to* 3
ir a conciertos *to go to concerts* 3
ir a museos *to go to museums* 3
ir a visitar *to go to visit* 4
ir a vivir *to go to live* 6
ir al cine *to go to the movies* 3
ir al teatro *to go to the theater* 3
ir de compras *to go shopping* 3
ir de paseo *to go for a walk* 3
ir de... a *to go from... to* 3
ir en metro *to go by subway* 4
irse a vivir con *to move in with* 8
isla *f.* *island* 4
italiano/a *adj.* *Italian* 3
itinerario *m.* *itinerary* 6

J

japonés/a *adj.* *Japanese* 3
jeans *m.* *jeans* 9
jersey *m.* *jumper* 9
juez, jueza *judge* 11
jugar *to play* 5
jugar videojuegos *to play video games* 3
jugo *m.* *juice* 10
julio *m.* *July* 5
junio *m.* *June* 5
junto a *next to, beside* 4

K

kilo *m.* *kilo* 10
kilómetro *m.* *kilometer* 6

L

la mayoría de *the majority of* 4
la mitad de *the half of* 4
lago *m.* *lake* 4
lahnda *Lahnda* 3
lámpara *f.* *lamp* 4
lana *f.* *wool* 9
lata *f.* *can* 10
lavar *to wash* 10
leche *f.* *milk* 10
leer *to read* 1
legumbre *f.* *legume* 10
lengua materna *f.* *mother tongue* 3
lentes oscuros *m.pl.* *sunglasses* 9
lento/a *adj.* *slow* 7
levantamiento *m.* *uprising* 16
levantarse *to get up* 5
libro *m.* *book* 1
lima *f.* *lime* 10
limón *m.* *lemon* 10
limpio/a *adj.* *clean* 9
liso/a *adj.* *plain* 9
literatura *f.* *literature* 1
litro *m.* *liter* 10
llegada *f.* *landing* 7
llevar *to wear* 9
llevar *to take, to have* 10
llevarse (muy) bien *to get along (very) well* 8
llevarse bien *to get along well* 8
llevarse mal *to get along badly* 8
llover *to rain* 5
localización *f.* *location* 6
luchar por *to fight for* 7
lugar *m.* *place* 4

M

madre *f.* *mother* 3
maíz *m.* *corn* 10
mal *badly* 3
maletín *m.* *briefcase* 9
manchado/a *adj.* *stained* 9
mano *f.* *hand* 9
mantener una conversación *to hold a conversation* 8
mantener una relación *to have a a relationship* 8
manzana *f.* *apple* 10
mapa *m.* *map* 6
maquillarse *to put on makeup* 5
mar *f.* *sea* 4
marca *f.* *logo* 9
marisco *m.* *shellfish* 10
marzo *m.* *March* 5
más... que... *more... than...* 4
material *m.* *material* 9
mayo *m.* *May* 5
mayor *m. f. adj.* *older* 8
mayor de edad *m. f. adj.* *legal age, adult* 7
mayoría de edad *f.* *legal age* 7
medicina *f.* *medicine* 1
médico, médica *doctor* 7
medida *f.* *measurement* 10
medioambiente *m.* *environment* 1
mejorar *to improve* 3
melón *m.* *melon* 10

menor *m. f. adj.* *younger* 8
menos... que... *less... than...* 4
mercado *m.* *market* 4
mercadotecnia *f.* *marketing* 1
merienda *f.* *afternoon snack* 10
mes *m.* *month* 5
mesa *f.* *table* 4
mesero, mesera *waiter, waitress* 10
metro *m.* *subway* 4
mexicano/a *adj.* *Mexican* 2
México *Mexico* 4
mezclar *to add* 10
mi *my* 3
miel *f.* *honey* 10
mirar *to look* 5
mochila *f.* *backpack* 9
moda *f.* *fashion* 9
modelo *m. f.* *model* 9
moderno/a *adj.* *modern* 9
modista *m. f.* *fashion designer/ seamstress* 9
molestar *to bother* 8
montaña *f.* *mountain* 4
monumento *m.* *monument* 4
morado/a *adj.* *purple* 4
morir *to die* 7
muchas gracias *thank you very much* 1
mujer de la tercera edad *f.* *older woman* 7
mujer de mediana edad *f.* *middle-aged woman* 7
mujer de negocios *f.* *businesswoman* 2
mujer madura *f.* *mature woman* 7
mujer mayor *f.* *eldery woman* 7
muralla *f.* *wall* 4
museo *m.* *museum* 3
música *f.* *music* 1
músico, música *musician* 2
muy *very, really* 3
muy bien *very well* 3
muy hecho *well done* 10

N

nacer *to be born* 7
nacido/a *adj.* *born* 7
nacionalidad *f.* *nationality* 3
náhuatl *Nahuatl* 3
nailon *m.* *nylon* 9
naranja *m. f. adj.* *orange* 4
naranja *f.* *orange* 10
nariz *f.* *nose* 9
natural *m. f. adj.* *natural* 14
naturaleza *f.* *nature* 4
navajo/a *adj.* *Navajo* 3
negocios *m.pl.* *business* 1
negro/a *adj.* *black* 4
nevar *to snow* 5
nicaragüense *m. f. adj.* *Nicaraguan* 2
nieto, nieta *grandson/ granddaughter* 3
niño, niña *child* 7
no sé *I don't know* 4
nombre *m.* *first name* 1
noticias *f.pl.* *news* 7
novecientos/as *nine hundred* 4
novecientos/as noventa y nueve *nine hundred and nine* 4
noveno/a *adj.* *ninth* 4
noventa *ninety* 2
noviembre *m.* *November* 5
novio, novia *boyfriend/girlfriend* 3
nuestro/a *adj.* *our* 3
nueve *nine* 1

O

obra *f.* *(artist's) work* 2
océano *m.* *ocean* 4
ochenta *eighty* 2
ocho *eight* 1
ochocientos/as *eight hundred* 4
ooio *m.* *leisure* 7
octavo/a *adj.* *eighth* 4
octubre *m.* *October* 5
odiar *to hate* 8
oferta *f.* *offer* 6
oferta *f.* *deal* 6
ojo *m.* *eye* 9
once *eleven* 1
oportunidad *f.* *opportunity* 9
optimista *m. f. adj.* *optimistic* 2
ordenador *m.* *(laptop) computer* 4
orégano *m.* *oregano* 10
oreja *f.* *ear* 9
origen *m.* *origin* 2
otoño *m.* *fall* 1
otro/a *adj.* *other / another* 3

P

padre *m.* *father* 3
pagar *to pay* 8
pagar con tarjeta *to pay by credit card* 10
pagar en efectivo *to pay in cash* 10
página *f.* *page* 1
país *m.* *country* 4
paisaje *m.* *landscape* 6
pan *m.* *bread* 10
panameño/a *adj.* *Panamanian* 2
pantalón *m.* *trousers* 9
pantalón corto *m.* *shorts* 9
pantalón informal *m.* *informal trousers* 9
paño *m.* *cloth* 9
pañuelo *m.* *scarf* 9
papa *f.* *potato* 10
papelera *f.* *trash can, wastebasket* 4
paquete *m.* *pack* 10
para *for / to* 3
para mí *to me* 1
paraguayo/a *adj.* *Paraguayan* 2
parecer *to seem* 6
pareja *f.* *partner* 8
parque *m.* *park* 4
parque natural *m.* *nature reserve* 4
pasajero, pasajera *passenger* 6
pasantía *f.* *internship* 3
pasar por *to go through, to pass through* 3
pasarla bien/mal *to have a good/ bad time* 6
pasta *f.* *pasta* 10
pecho *m.* *chest* 9
pedir *to ask for* 5
pedir *to order, to ask for* 10
pelar *to peel* 10
película *f.* *movie* 3
pelo *m.* *hair* 9
península *f.* *peninsula* 4
pensar *to think* 4
pensión *f.* *guesthouse* 6
pepino *m.* *cucumber* 10
pera *f.* *pear* 10
perejil *m.* *parsley* 10
perfectamente *perfectly* 3
perfil *m.* *profile* 7
periodismo *m.* *journalism* 1
periodista *m. f.* *journalist* 2
peruano/a *adj.* *Peruvian* 2
pescado *m.* *fish* 10
pianista *m. f.* *piano player* 2
pie *m.* *foot* 9
piel *f.* *leather* 9
pierna *f.* *leg* 9
pimentón *m.* *paprika* 10
pimienta *f.* *pepper* 10
pimiento *m.* *(bell) pepper* 10
pintor, pintora *painter* 2
piscina *f.* *(swimming) pool* 4
piso *m.* *floor* 4
pista de tenis *f.* *tennis court* 4
plátano *m.* *banana* 10
plato *m.* *dish* 10
plato principal *m.* *main course* 10
playa *f.* *beach* 4
plaza *f.* *square, plaza* 4
poco hecho/a *adj.* *rare* 10
pocos *a few* 4
poesía *f.* *poetry* 2
polaco/a *adj.* *Polish* 3
política *f.* *politics* 1
político, política *politician* 2
político/a *adj.* *political* 2
pollo *m.* *chicken* 10
ponerse *to put on* 9
ponerse nervioso/a *to become nervous* 8
por la mañana *in the morning* 5
por la noche *at night* 5
por la tarde *in the afternoon/ evening* 5
porque *because* 3
portugués/portuguesa *Portuguese* 3
postre *m.* *dessert* 6
practicar *to practice* 3
practicar deporte *to play sports* 3
precio *m.* *price* 6

prenda *f. piece of clothing* 9
prenda de seda *f. silk garment* 9
preparar *to prepare* 10
prepararse *to get ready* 5
presentación *f. presentation* 3
presentar *to submit in* 8
préstamo *m. loan* 8
prestar *to loan* 8
prevenir *to prevent* 10
primavera *f. spring* 1
primer plato *m. starter* 10
primero/a *adj. first* 4
primo, prima *cousin* 3
probar *to try* 10
probarse *to try on* 9
problema de salud *m. health problem* 10
productivo/a *adj. productive* 2
productos lácteos *m.pl. dairy products* 10
profesión *f. profession* 9
profesor, profesora *instructor, professor* 1
programa interactivo *m. interactive program* 3
programador, programadora *programmer* 2
promoción *f. year, class* 1
provincia *f. province* 4
publicar *to post* 7
publicidad *f. advertising* 1
pueblo *m. town, village* 4
puente *m. bridge* 4
puerta *f. door* 4
Puerto Rico *Puerto Rico* 4
puertorriqueño/a *adj. Puerto Rican* 2
pues *well* 3

Q

qué *what* 15
¿qué estudias? *what are you studying?* 1
¿qué tal? *how's it going?, how are you?* 1
quechua *Quechua* 3
quedar bien *to fit well* 9
quedar grande *to be too big* 9
quedar pequeño *to be too small* 9
quedarse *to stay* 5
querer *to want* 3
queso *m. cheese* 10
química *Chemistry* 1
quince *fifteen* 1
quinientos/as *five hundred* 2
quinto/a *adj. fifth* 4
quinua/quinoa *f. quinoa* 10

R

rápido/a *adj. fast* 7
rebajas *f.pl. sales* 9
receta *f. recipe* 10
recién nacido/a *adj. newborn* 7
recorrer un itinerario *to follow an itinerary* 6
redes sociales *f.pl. social media* 7
refugio *m. shelter, mountain hut* 6
regular *m. f. adj. so-so* 3
relación *f. relationship* 8
relaciones de pareja *f.pl. romantic relationships* 8
relaciones internacionales *f.pl. International Relations* 1
relajarse *to relax* 5
remover *to stir* 10
Renacimiento *m. Renaissance* 7
rentar *to rent* 6
República Dominicana *Dominican Republic* 4
reservación *f. reservation* 6
resfriado/a *adj. cold* 10
residencia estudiantil *f. residence hall* 4
reunión *f. reunion* 8
revolución *f. revolution* 7
río *m. river* 4
rodilla *f. knee* 9
rojo/a *adj. red* 4
rol *m. rol* 12
romper con *to break up with* 8
ropa *f. clothes, clothing* 9
rosa *adj. pink* 4
ruso/a *adj. Russian* 3
ruta *f. route* 6
rutina *f. routine* 5

S

saber *to know / can* 3
sal *f. salt* 10
sala de conferencias *f. lecture hall* 4
salir *to go out* 3
salir a caminar *to go for a walk* 3
salir con *to go out with* 8
salmón *m. salmon* 10
salón de clase *m. classroom* 4
salsa *f. sauce* 10
salud *f. health* 10
saludable *m. f. adj. healthy* 10
salvadoreño/a *adj. Salvadoran* 2
sandalias *f.pl. sandals* 9
sano/a *adj. healthy* 10
sastre *m. f. tailor* 9
segunda mano *second-hand* 7
segundo plato *m. second course* 10
segundo/a *adj. second* 1
seis *six* 1
seiscientos/as *six hundred* 4
semana *f. week* 5
semestre *m. semester* 1
sencillo/a *adj. simple* 9
senderista *m. f. hiker* 6
sentimientos *m. feelings* 8
sentirse *to feel* 5
sentirse cómodo *to feel comfortable* 8
sentirse mal/bien *to feel good/bad* 10
separado/a *adj. separated* 8
separarse de *to separate* 8
septiembre *m. September* 5
séptimo/a *adj. seventh* 4
ser *to be* 2
ser alérgico/a a *adj. to be allergic to* 10
ser de *to be from* 1
ser intolerante a *to be intolerant to* 10
ser querido *loved one* 8
ser uno/a de *to be one of...* 2
serie *f. series* 3
serio/a *adj. serious* 9
servicio *m. service* 6
servir *to serve* 10
sesenta *sixty* 2
setecientos/as *seven hundred* 4
setenta *seventy* 2
sexto/a *adj. sixth* 4
siete *seven* 1
siglo *m. century* 4
silla *f. chair* 4
simpático/a *adj. nice, pleasant, likeable* 2
sitio *m. place* 6
sobrino, sobrina *nephew/niece* 3
sofá *m. couch* 4
solicitar *to apply for* 3
solidario/a *adj. caring* 7
soltero/a *adj. single* 8
soñar con *to dream of* 7
sopa *f. soup* 10
soportar *to tolerate* 8
ssuelo *m. floor* 4
suéter *m. sweater* 9
sufrir *to suffer* 8

T

talentoso/a *adj. talented* 2
tarde *late* 5
tarde *f. afternoon / evening* 5
taza *f. cup* 10
teatro *m. theater* 1
techo *m. ceiling* 4
ttecnología *f. technology* 3
tela *f. fabric* 9
temporada *f. season* 9
temprano *early* 5
tener *to have* 2
tener ... años *to be ... years old* 7
tener hijos con *to have children with* 8
tener tos *to have a cough* 10
tercer/o/a *adj. third* 1
terrible *m. f. adj. terrible* 6
texto *m. text* 1
tiempo *m. weather, time* 5
tiempo libre *m. leisure time* 3
tienda de campaña *f. tent* 6
tío, tía *uncle/aunt* 3
tobillo *m. ankle* 9

tocar (un instrumento) *to play (an instrument)* 3
todo el mundo *everybody* 7
todos *all* 4
tolerante *m. f. adj.* *tolerant* 7
tomar *to take, to have (food)* 10
tomar el sol *to sunbathe* 6
tomate *m.* *tomato* 10
torta *f.* *cake* 10
tos *f.* *cough* 10
trabajar *to work* 1
trabajar en equipo *to work in a team* 1
trabajo *m.* *work, job* 6
tradición *f.* *tradition* 1
traer *to bring* 10
traje *m.* *suit* 9
trece *thirteen* 1
treinta *thirty* 2
tren *m.* *train* 4
tres *three* 1
trescientos/as *three hundred* 2
trimestre *m.* *term, quarter* 1
triturar *to mash, to grind, to crush* 10
tuit *m.* *twit* 8
turista *m. f.* *tourist* 6

U

un poco (de) *a little, a bit (of)* 3
universidad *f.* *college, university* 1
uno *one* 1
uruguayo/a *adj.* *Uruguayan* 2

V

vacaciones *f.pl.* *vacation* 5
valorar *to rate* 6
vascular *m. f. adj.* *vascular* 10
vecino, vecina *neighbor* 8
vegano/a *adj.* *vegan* 10
veinte *twenty* 1
veintidós *twenty-two* 2
veintitrés *twenty-three* 2
veintiuno/ún/una *twenty-one* 2
venezolano/a *adj.* *Venezuelan* 2
venir *to come* 6
venir de… a *to come from… to* 3
ventana *f.* *window* 4
ver *to watch* 1
ver la tele *to watch TV* 3
ver una exposición *to see an exhibition* 6
verano *m.* *summer* 1
verde *m. f. adj.* *green* 4
verdura *f.* *vegetable* 10
vestido *m.* *dress* 9
vestirse *to get dressed* 5
veterinaria *f.* *veterinary medicine* 1
viajar *to travel* 3
viajar a *to travel to* 3
viajar por *to travel around* 3
viaje *m.* *trip, travel* 6
vida social *f.* *social life* 3
video *m.* *video* 1
vino *m.* *wine* 10
visita guiada *f.* *guided tour* 6
visitante *m. f.* *visitor* 6
vista *f.* *view* 6
viudo/a *adj.* *widower, widow, widowed* 8
vivienda *f.* *home* 4
vivir *to live* 8
vivir en *to live in* 2
volcán *m.* *volcano* 4
voluntariado *m.* *voluntary work/ service* 3
volver *to go back (to)* 5

Y

yogur *m.* *yogurt* 10

Z

zanahoria *f.* *carrot* 10
zapatos *m.pl.* *shoes* 9
zoología *f.* *Zoology* 1

INGLÉS — ESPAÑOL

A

a few *pocos* 4
a little, a bit (of) *un poco (de)* 3
above *arriba* 4
abroad *en el extranjero* 2
academic year, course *curso m.* 1
accessory *accesorio m.* 9
ache, pain *dolor m.* 10
acquaintances *conocidos, conocidas* 8
active *activo/a adj.* 2
activity *actividad f.* 6
actor, actress *actor, actriz* 2
adoption *adopción f.* 8
adult *adulto/a adj.* 7
advertising *publicidad f.* 1
afternoon / evening *tarde f.* 5
afternoon snack *merienda f.* 10
age *edad f.* 7
age, period *época f.* 4
all *todos* 4
amazing *espectacular m.f. adj.* 6
American *estadounidense m. f.* 2
amount *cantidad f.* 10
ankle *tobillo m.* 9
Anthropology *antropología f.* 1
Antiquity *Antigüedad f.* 7
apartment *apartamento m.* 4
app *aplicación f.* 8
appetizer *entrante m.* 10
apple *manzana f.* 10
April *abril m.* 5
Arabic *árabe m.f. adj.* 3
archipelago *archipiélago m.* 4
architect *arquitecto, arquitecta* 7
Argentinian *argentino/a adj.* 2
arm *brazo m.* 9
art *arte m.* 1
artist *artista m. f.* 2
(artist's) work *obra f.* 2
at night *por la noche* 5
at the beginning of *a principios de* 5
at the end of *a finales de* 5
athlete *deportista m. f.* 2
atmosphere *ambiente m.* 6
audio *audio m.* 1
auditorium *auditorio m.* 4
August *agosto m.* 5
avocado *aguacate m.* 10

B

baby *bebé m. f.* 7
back *espalda f.* 9
backpack *mochila f.* 9
badly *mal* 3
bag *bolsa f.* 10
baked *al horno* 10
banana *plátano m.* 10
baseball cap *gorra f.* 9
basketball court *campo de baloncesto m.* 4
basketball court *cancha de baloncesto f.* 4
beach *playa f.* 4
beans *frijoles m.pl.* 10
because *porque* 3
bed *cama f.* 4
beer *cerveza f.* 10
before *antes* 7
behind *detrás (de)* 4
(bell) pepper *pimiento m.* 10
below *abajo* 4
belt *cinturón m.* 9
Bengali *bengalí m.f.* 3
between *entre* 4
bicycle *bicicleta f.* 4
biology *biología f.* 1
black *negro/a adj.* 4
blouse *blusa f.* 9
blue *azul m. f. adj.* 4
boat, ship *barco m.* 6
boiled *cocido/a adj.* 10
Bolivian *boliviano/a adj.* 2
book *libro m.* 1
born *nacido/a adj.* 7
bottle *botella f.* 10
box *caja f.* 10
boyfriend/girlfriend *novio, novia* 3
bread *pan m.* 10
breakfast *desayuno m.* 10
bridge *puente m.* 4
briefcase *maletín m.* 9
broth *caldo m.* 10
brother-in-law/sister-in-law *cuñado, cuñada* 3
brother/sister *hermano, hermana* 3
building *edificio m.* 4
bus *autobús m.* 4
business *negocios m.pl.* 1
businessman *hombre de negocios m.* 2
businesswoman *mujer de negocios f.* 2

C

cafe/coffee shop *cafetería f.* 4
cake *torta f.* 10
campus *campus m.* 4
can *lata f.* 10
Canadian *canadiense m. f. adj.* 2
canned food *conserva f.* 10
car *automóvil m.* 4
cardiovascular *cardiovascular m. f.* 10
caring *solidario/a adj.* 7
carrot *zanahoria f.* 10
carton *cartón m.* 10
casual *de sport* 9
cave *cueva f.* 4
ceiling *techo m.* 4
celebration *celebración f.* 1
century *siglo m.* 4
chair *silla f.* 4
character *carácter m.* 7
charcoal-grilled *a la brasa* 10
cheap *barato/a adj.* 4
check *cuenta f.* 10
checked *de cuadros* 9
cheese *queso m.* 10
chef *chef m. f.* 2
Chemistry *química* 1
chest *pecho m.* 9
chicken *pollo m.* 10
chickpea *garbanzo m.* 10
child *niño, niña* 7
Chilean *chileno/a adj.* 2
chili pepper *chile m.* 10
Chinese *chino/a adj.* 3
church *iglesia f.* 4
cinema *cine m.* 1
city, town *ciudad f.* 1
classic *clásico/a adj.* 9
classmate *compañero, compañera (de clase)* 1
classroom *salón de clase m.* 4
clean *limpio/a adj.* 9
closet/armoire *armario m.* 4
cloth *paño m.* 9
clothes, clothing *ropa f.* 9
coast *costa f.* 4
coat *abrigo m.* 9
cod *bacalao m.* 10
coffee *café m.* 10
coffee *café m.f. adj* 4
coffee shop *café m.* 4
cohabitation, living together *convivencia f.* 8
cold *resfriado/a adj.* 10
college student *estudiante universitario m. f.* 1
college, university *universidad f.* 1
Colombia *Colombia* 4
Colombian *colombiano/a adj.* 2
coloured *de colores* 9
comfortable *cómodo/a adj.* 9
commitment *compromiso m.* 7
compass *brújula f.* 6
composer *compositor, compositora* 2
Computer Science *ciencias de la computación f.pl.* 1
condiment *condimento m.* 10
conductor *director, directora de orquesta* 2
construction *construcción f.* 4
container *envase m.* 10
continent *continente m.* 4
cook *cocinero, cocinera* 10
cookie *galleta f.* 10
coriander *cilantro m.* 10
corn *choclo m.* 10
corn *maíz m.* 10
Costa Rican *costarricense* 2

neighborhood *barrio m.* 4
nephew/niece *sobrino, sobrina* 3
newborn *recién nacido/a adj.* 7
news *noticias f.pl.* 7
next to / beside *al lado (de)* 4
next to, beside *junto a* 4
Nicaraguan *nicaragüense m. f. adj.* 2
nice, elegant *elegante m. f. adj.* 9
nice, pleasant, likeable *simpático/a adj.* 2
nine *nueve* 1
nine hundred *novecientos/as* 4
nine hundred and nine *novecientos/as noventa y nueve* 4
nineteen *diecinueve* 1
ninety *noventa* 2
ninth *noveno/a adj.* 4
nonconformist *inconformista m. f. adj.* 7
north of *al norte (de)* 4
northeast of *al noreste (de)* 4
northwest of *al noroeste (de)* 4
nose *nariz f.* 9
November *noviembre m.* 5
now *ahora* 7
nylon *nailon m.* 9

O

ocean *océano m.* 4
October *octubre m.* 5
offer *oferta f.* 6
oil *aceite m.* 10
older *mayor m. f. adj.* 8
older woman *mujer de la tercera edad f.* 7
olive *aceituna f.* 10
on foot *a pie* 6
on social media *en las redes sociales* 7
on/on top of *encima (de)* 4
one *uno* 1
one hundred *cien* 2
one hundred and eleven *ciento once* 2
one hundred and one *ciento uno/a* 2
onion *cebolla f.* 10
opportunity *oportunidad f.* 9
optimistic *optimista m. f. adj.* 2
orange *naranja f.* 10
orange *naranja m. f. adj.* 4
oregano *orégano m.* 10
origin *origen m.* 2
other / another *otro/a adj.* 3
our *nuestro/a adj.* 3
outbreak *aparición f.* 7
overweight *exceso de peso* 10

P

pack *paquete m.* 10
page *página f.* 1
painter *pintor, pintora* 2
Panamanian *panameño/a adj.* 2
paprika *pimentón m.* 10
Paraguayan *paraguayo/a adj.* 2
park *parque m.* 4
parking lot, garage *aparcamiento m.* 4
parsley *perejil m.* 10
partner *pareja f.* 8
passenger *pasajero, pasajera* 6
pasta *pasta f.* 10
path *camino m.* 6
patterns *estampados m.pl.* 9
pear *pera f.* 10
peninsula *península f.* 4
pepper *pimienta f.* 10
perfectly *perfectamente* 3
Peruvian *peruano/a adj.* 2
pharmacy *farmacia f.* 1
photography, photo *fotografía f.* 2
physical activity *actividad deportiva f.* 10
physical activity / a sport *actividad física f.* 3
piano player *pianista m. f.* 2
picture *cuadro m.* 4
piece of clothing *prenda f.* 9
pink *rosa adj.* 4
place *lugar m.* 4
place *sitio m.* 6
plain *liso/a adj.* 9
plane *avión m.* 6
pleasant, nice *agradable m.f. adj.* 6
pleased, delighted to meet you *encantado/a adj.* 1
poetry *poesía f.* 2
Polish *polaco/a adj.* 3
political *político/a adj.* 2
politician *político, política* 2
politics *política f.* 1
polka-dotted *de lunares* 9
pork *cerdo m.* 10
Portuguese *portugués/a adj.* 3
potato *papa f.* 10
presentation *presentación f.* 3
price *precio m.* 6
printer *impresora f.* 4
productive *productivo/a adj.* 2
profession *profesión f.* 9
profile *perfil m.* 7
programmer *programador, programadora* 2
province *provincia f.* 4
publisher, editor *editor, editora* 2
Puerto Rican *puertorriqueño/a adj.* 2
Puerto Rico *Puerto Rico* 4
purple *morado/a adj.* 4

Q

quality *calidad f.* 6
quantity *cantidad f.* 6
quarter *cuatrimestre m.* 5
Quechua *quechua* 3
quinoa *quinua/quinoa f.* 10
quite *bastante* 3

R

rare *poco hecho/a adj.* 10
real-life interaction *interacción en la vida real f.* 8
recipe *receta f.* 10
recommended amount *cantidad recomendada f.* 10
red *rojo/a adj.* 4
relationship *relación f.* 8
Renaissance *Renacimiento m.* 7
reservation *reservación f.* 6
residence hall *residencia estudiantil f.* 4
reunion *reunión f.* 8
revolution *revolución f.* 7
rice *arroz m.* 10
river *río m.* 4
romantic relationships *relaciones de pareja f.pl.* 8
room *cuarto m.* 4
room *habitación f.* 6
room-temperature water *agua natural / del tiempo f.* 10
roommate *compañero, compañera de cuarto* 8
route *ruta f.* 6
routine *rutina f.* 5
rug *alfombra f.* 4
Russian *ruso/a adj.* 3

S

salad *ensalada f.* 10
sales *rebajas f. pl.* 9
salmon *salmón m.* 10
salt *sal f.* 10
Salvadoran *salvadoreño/a adj.* 2
sandals *sandalias f.pl.* 9
sauce *salsa f.* 10
scarf *pañuelo m.* 9
scientist *científico, científica* 2
sea *mar f.* 4
season *estación f.* 5
season *temporada f.* 9
second *segundo/a adj.* 1
second course *segundo plato m.* 10
second-hand *segunda mano* 7
see you later *hasta luego* 1
see you tomorrow *hasta mañana* 1
semester *semestre m.* 1
separated *separado/a adj.* 8
September *septiembre m.* 5
series *serie f.* 3
serious *serio/a adj.* 9
service *servicio m.* 6
seven *siete* 1
seven hundred *setecientos/as* 4
seventeen *diecisiete* 1
seventh *séptimo/a adj.* 4
seventy *setenta* 2

shellfish *marisco m.* 10
shelter, mountain hut *refugio m.* 6
shirt *camisa f.* 9
shoes *zapatos m.pl.* 9
shorts *pantalón corto m.* 9
shoulder *hombro m.* 9
shrimp *camarón m.* 10
silk garment *prenda de seda f.* 9
simple *sencillo/a adj.* 9
singer *cantante m. f.* 2
singer-songwriter *cantautor, cantautora* 2
single *soltero/a adj.* 8
six *seis* 1
six hundred *seiscientos/as* 4
sixteen *dieciséis* 1
sixth *sexto/a adj.* 4
sixty *sesenta* 2
skirt *falda f.* 9
slow *lento/a adj.* 7
slowly *despacio* 13
so-so *regular m. f. adj.* 3
soccer field *campo de fútbol m.* 4
soccer field *cancha de fútbol f.* 4
soccer player *futbolista m. f.* 2
social life *vida social f.* 3
social media *redes sociales f.pl.* 7
son/daughter *hijo, hija* 3
song *canción f.* 2
soup *sopa f.* 10
south of *al sur (de)* 4
southeast of *al sureste (de)* 4
southwest of *al suroeste (de)* 4
Spanish *españolo/a adj.* 2
sparkling water *agua con gas f.* 10
sport *deporte m.* 3
spring *primavera f.* 1
square, plaza *plaza f.* 4
stained *manchado/a adj.* 9
starter *primer plato m.* 10
state *estado m.* 4
statistics *estadística f.* 1
steamed *al vapor* 10
stew *guiso m.* 10
still water *agua sin gas f.* 10
stomach *estómago m.* 10
street *calle f.* 4
striped *de rayas* 9
style *estilo m.* 9
subway *metro m.* 4
sugar *azúcar m.* 10
suit *traje m.* 9
summer *verano m.* 1
sunglasses *lentes oscuros m.* 9
surname *apellido m.* 1
sweater *suéter m.* 9
sweets *azúcares m.pl.* 10
(swimming) pool *piscina f.* 4

T

t-shirt *camiseta f.* 9
table *mesa f.* 4
tablespoon *cucharada f.* 10
tailor *sastre m. f.* 9
talented *talentoso/a adj.* 2
tank top *camiseta de tirantes f.* 9
teaspoon *cucharadita f.* 10
technology *tecnología f.* 3
teenager, adolescent *adolescente m. f.* 7
ten *diez* 1
tennis court *pista de tenis f.* 4
tent *tienda de campaña f.* 6
tenth *décimo/a adj.* 4
term, quarter *trimestre m.* 1
terrible *terrible m. f. adj.* 6
text *texto m.* 1
thank you *gracias f.pl.* 1
thank you very much *muchas gracias* 1
the biggest/smallest country *el país más grande/pequeño* 4
the half of *la mitad de* 4
the love of my life *el amor de mi vida* 8
the majority of *la mayoría de* 4
the weather is bad *hace mal tiempo* 5
theater *teatro m.* 1
there is/are *hay* 4
thing *cosa f.* 3
third *tercer/o/a adj.* 1
thirteen *trece* 1
thirty *treinta* 2
three *tres* 1
three hundred *trescientos/as* 2
throat *garganta f.* 10
tie *corbata f.* 9
to accept *aceptar* 7
to add *añadir* 10
to add *mezclar* 10
to add, to pour *echar* 10
to apply for *solicitar* 3
to approach (someone) / to go up to (someone) *acercarse (a alguien)* 8
to ask for *pedir* 5
to avoid *evitar* 10
to be *estar* 4
to be *ser* 2
to be ... years old *tener ... años* 7
to be (very) cold *hacer (mucho) frío* 5
to be (very) hot *hacer (mucho) calor* 5
to be allergic to *ser alérgico/a a* 10
to be born *nacer* 7
to be busy *estar ocupado/a* 13
to be cloudy *estar nublado* 5
to be difficult (for someone) *costarle (algo a alguien)* 8
to be from *ser de* 1
to be in a relationship *estar en pareja* 8
to be intolerant to *ser intolerante a* 10
to be joking *estar bromeando* 8
to be nice out *hacer buen tiempo* 5
to be of interest, to interest *interesar* 5
to be on a diet *hacer dieta* 10
to be on social media *estar en las redes sociales* 7
to be one of... *ser uno/a de* 2
to be served with *acompañarse con* 10
to be sunny *hacer sol* 5
to be too big *quedar grande* 9
to be too small *quedar pequeño* 9
to be well qualified *estar bien preparado/a* 7
to be windy *hacer viento* 5
to be with *estar con* 6
to become nervous *ponerse nervioso/a* 8
to begin, to start *empezar* 5
to believe in *creer en* 7
to block someone *bloquear a alguien (en internet)* 8
to boil *hervir* 10
to bother *molestar* 8
to break up with *romper con* 8
to bring *traer* 10
to buy (oneself) *comprar(se)* 9
to buy second-hand *comprar de segunda mano* 7
to camp *acampar* 6
to chat in *chatear en* 3
to chat with *chatear con* 3
to come *venir* 6
to come from... to *venir de... a* 3
to cut *cortar* 10
to dance *bailar* 5
to decrease *disminuir* 10
to deny *denegar* 8
to destroy *destruir* 8
to develop, to advance *desarrollar* 7
to die *morir* 7
to disappear, go missing *desaparecer* 8
to divorce *divorciarse de* 8
to do, to make *hacer* 3
to dream of *soñar con* 7
to drink *beber* 10
to eat *comer* 5
to eat breakfast *desayunar* 5
to eat dinner *cenar* 5
to eat in a place... *comer en un lugar...* 6
to facilitate communication *facilitar la comunicación* 8
to fall in love (with) *enamorarse (de)* 8
to feel *sentirse* 5
to feel comfortable *sentirse cómodo* 8
to feel good/bad *sentirse mal/bien* 10
to fight for *luchar por* 7
to find *encontrar* 8
to find friendship *encontrar amistad* 8
to fit well *quedar bien* 9

to follow an itinerary *recorrer un itinerario* 6
to fry *freír* 10
to gain weight *engordar* 10
to get along (very) well *llevarse (muy) bien* 8
to get along badly *llevarse mal* 8
to get along well *llevarse bien* 8
to get dressed *vestirse* 5
to get married *casarse* 7
to get married *casarse con* 8
to get ready *arreglarse* 5
to get ready *prepararse* 5
to get up *levantarse* 5
to give up, to abandon *abandonar* 8
to go *ir* 6
to go back (to) *volver* 5
to go by subway *ir en metro* 4
to go for a walk *ir de paseo* 3
to go for a walk *salir a caminar* 3
to go from... to *ir de... a* 3
to go hiking *hacer una caminata* 6
to go on (the internet) *entrar en* 5
to go on an expedition/on a trip *hacer una expedición* 6
to go out *salir* 3
to go out with *salir con* 8
to go shopping *ir de compras* 3
to go through, to pass through *pasar por* 3
to go to *ir a* 3
to go to bed *acostarse* 5
to go to concerts *ir a conciertos* 3
to go to live *ir a vivir* 6
to go to museums *ir a museos* 3
to go to the movies *ir al cine* 3
to go to the theater *ir al teatro* 3
to go to visit *ir a visitar* 4
to grow up *crecer* 7
to hate *odiar* 8
to have *tener* 2
to have a a relationship *mantener una relación* 8
to have a cold *estar resfriado/a* 10
to have a cough *tener tos* 10
to have a good/bad time *pasarla bien/mal* 6
to have children with *tener hijos con* 8
to have lunch *almorzar* 10
to cure *curar* 10
to hold a conversation *mantener una conversación* 8
to improve *mejorar* 3
to influence *influir en/sobre (alguien)* 8
to invade *invadir* 16
to keep away *alejar* 8
to know *conocer* 3
to know / can *saber* 3
to know each other well *conocerse bien* 8
to like *desear* 10
to like *gustar* 5
to like/dislike *caer bien/mal* 8
to listen to *escuchar* 1
to live *vivir* 8
to live in *vivir en* 2
to live with others *convivir (con otros)* 7
to loan *prestar* 8
to look *mirar* 5
to lose weight *adelgazar* 10
to love *encantar* 5
to make a reservation *hacer una reservación* 6
to make friends *hacer amigos* 8
to mash, to grind, to crush *triturar* 10
to me *para mí* 1
to meet *conocer* 8
to meet (in person) *encontrarse con* 8
to misuse (social media) *abusar de (las redes sociales)* 8
to move in with *irse a vivir con* 8
to order, to ask for *pedir* 10
to owe (something to someone) *deber (algo a alguien)* 8
to pay *pagar* 8
to pay back (money) *devolver (dinero)* 8
to pay by credit card *pagar con tarjeta* 10
to pay in cash *pagar en efectivo* 10
to peel *pelar* 10
to play *jugar* 5
to play (an instrument) *tocar (un instrumento)* 3
to play sports *practicar deporte* 3
to play video games *jugar videojuegos* 3
to post *publicar* 7
to practice *practicar* 3
to prepare *preparar* 10
to prevent *prevenir* 10
to process to *hacer trámites para* 8
to put on *ponerse* 9
to put on makeup *maquillarse* 5
to rain *llover* 5
to rate *valorar* 6
to read *leer* 3
to read *leer* 1
to relax *relajarse* 5
to rent *alquilar* 7
to rent *rentar* 6
to scare *dar miedo* 8
to see an exhibition *ver una exposición* 6
to seem *parecer* 6
to separate *separarse de* 8
to serve *servir* 10
to sew *coser* 9
to share *compartir* 6
to share a room *compartir la habitación* 6
to show (something) *enseñar (algo)* 9
to sign *firmar* 8
to sleep *dormir* 3
to snow *nevar* 5
to speak, to talk *hablar* 1
to spend money *gastar dinero* 8
to stay *quedarse* 5
to stir *remover* 10
to study *estudiar* 1
to submit in *presentar* 8
to suffer *sufrir* 8
to sunbathe *tomar el sol* 6
to take a guided tour *hacer una visita* 6
to take a route *hacer una ruta* 6
to take photos *hacer fotografías* 2
to take, to have *llevar* 10
to take, to have (food) *tomar* 10
to talk about *hablar sobre* 2
to talk with *hablar con* 3
to the left (of) *a la izquierda (de)* 4
to the right (of) *a la derecha (de)* 4
to think *creer* 4
to think *pensar* 4
to tolerate *soportar* 8
to travel *viajar* 3
to travel around *viajar por* 3
to travel to *viajar a* 3
to try *probar* 10
to try on *probarse* 9
to understand *entender* 3
to update *actualizar* 7
to wake up *despertarse* 5
to walk *caminar* 3
to want *querer* 3
to wash *lavar* 10
to watch *ver* 1
to watch TV *ver la tele* 3
to wear *llevar* 9
to wear for the first time *estrenar* 9
to work *trabajar* 1
to work in a team *trabajar en equipo* 1
to write *escribir* 1
to write a list *hacer una lista* 13
tolerant *tolerante m. f. adj.* 7
tomato *tomate m.* 10
tourist *turista m. f.* 6
town, village *pueblo m.* 4
tradition *tradición f.* 1
train *tren m.* 4
trash can, wastebasket *papelera f.* 4
trip, travel *viaje m.* 6
trousers *pantalón m.* 9
tuna *atún m.* 10
twelve *doce* 1
twenty *veinte* 1
twenty-one *veintiuno/ún/una* 2
twenty-three *veintitrés* 2
twenty-two *veintidós* 2
twit *tuit m.* 8
two *dos* 1
two hundred *doscientos/as* 2

U

uncle/aunt *tío, tía* 3
uncomfortable *incómodo/a adj.* 9
under *debajo (de)* 4

unfollow someone *dejar de seguir a alguien* 8
Uruguayan *uruguayo/a* adj. 2

V

vacation *vacaciones* f.pl. 5
van *camioneta* f. 6
vascular *vascular* m. f. adj. 10
vegan *vegano/a* adj. 10
vegetable *verdura* f. 10
Venezuelan *venezolano/a* adj. 2
very well *muy bien* 3
very, really *muy* 3
veterinary medicine *veterinaria* f. 1
video *video* m. 1
view *vista* f. 6
virtual interaction *interacción virtual* f. 8
visitor *visitante* m. f. 6
volcano *volcán* m. 4
voluntary work/service *voluntariado* m. 3

W

waiter, waitress *mesero, mesera* 10
walk, hike *caminata* f. 6
wall *muralla* f. 4
water *agua* f. 10
we are interested in *a nosotros nos interesan* 3
weather, time *tiempo* m. 5
week *semana* f. 5
well *pues* 3
well done *muy hecho* 10
west of *al oeste (de)* 4
what are you studying? *¿qué estudias?* 1
what is (it)/are (they)? *¿qué es/son...?* 4
what's your name? *¿cómo te llamas?* 1
what's your surname? *¿cómo te apellidas?* 1
what's your surname? *¿cuál es tu apellido?* 1
what's your... ? *¿cuál es tu...?* 3
where *donde/dónde* 6
where are you from? *¿de dónde eres?* 1
where is/are... ? *dónde está/n...?* 4
which is your native language? *¿cuál es tu lengua materna?* 3
which is/are... ? *¿cuál es... / ¿cuáles son...?* 4
white *blanco/a* adj. 4
widower, widow, widowed *viudo/a* adj. 8
window *ventana* f. 4
wine *vino* m. 10
winter *invierno* m. 1
wool *lana* f. 9
work colleague / coworker *compañero, compañera de trabajo* 8
work, job *trabajo* m. 6
wrinkled *arrugado/a* adj. 9
writer *escritor, escritora* 2

Y

year *año* m. 5
year, class *promoción* f. 1
yellow *amarillo/a* adj. 4
yogurt *yogur* m. 10
you're welcome *de nada* 1
younger *menor* m. f. adj. 8

Z

zero *cero* m. 2
Zoology *zoología* f. 1

W

Y

MÉXICO, AMÉRICA CENTRAL Y EL CARIBE

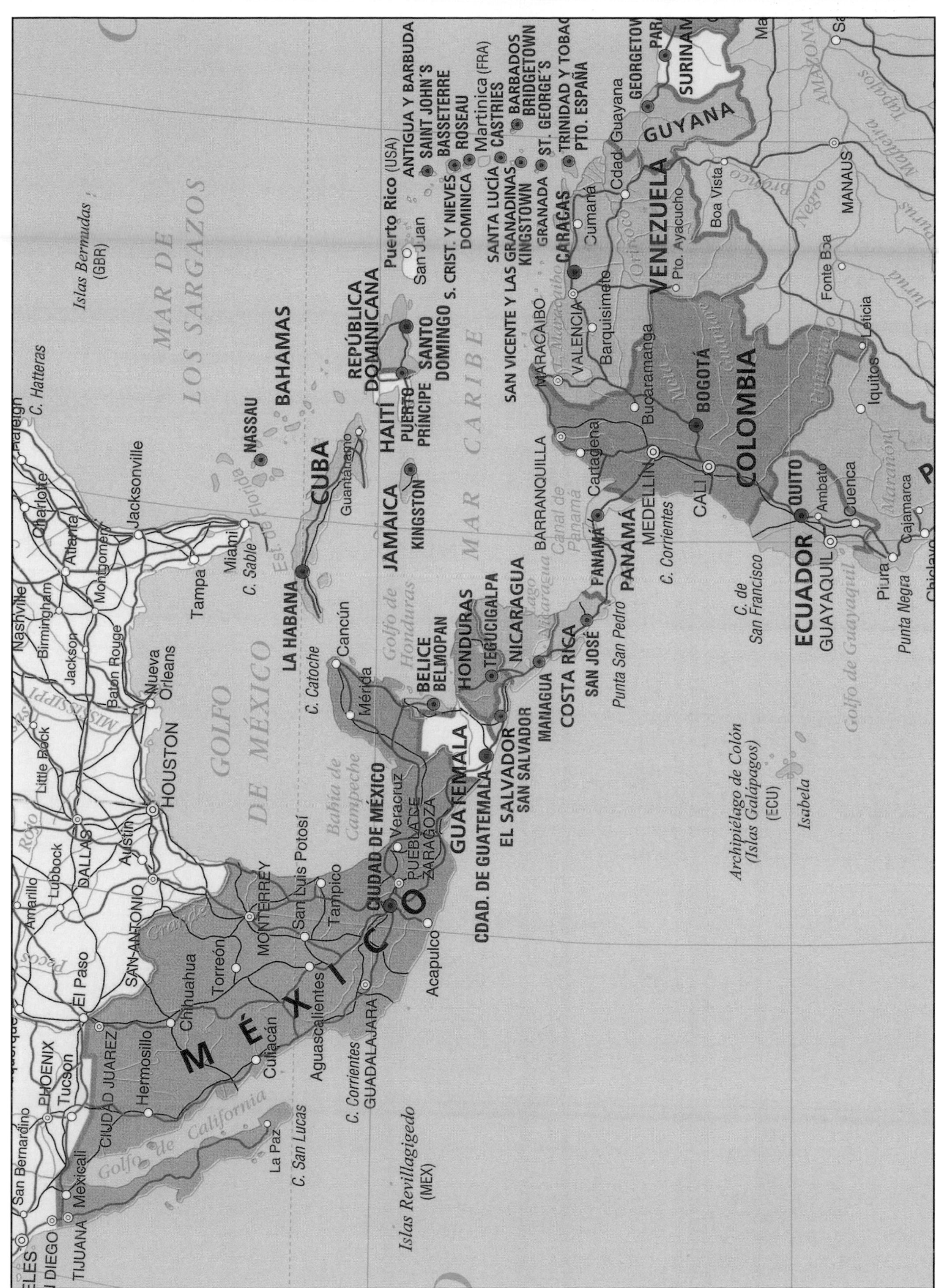

AMÉRICA DEL SUR

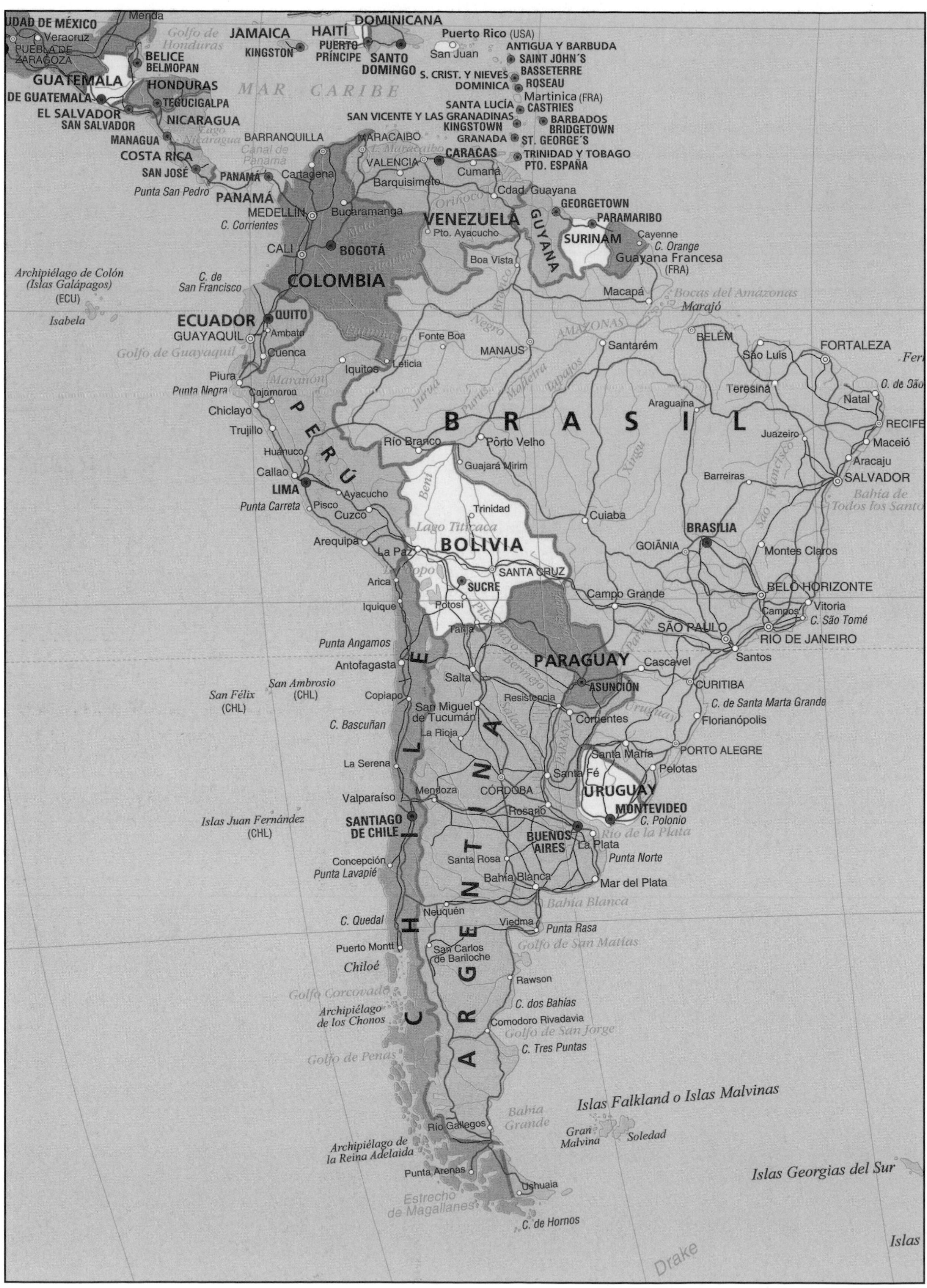

ESPAÑA

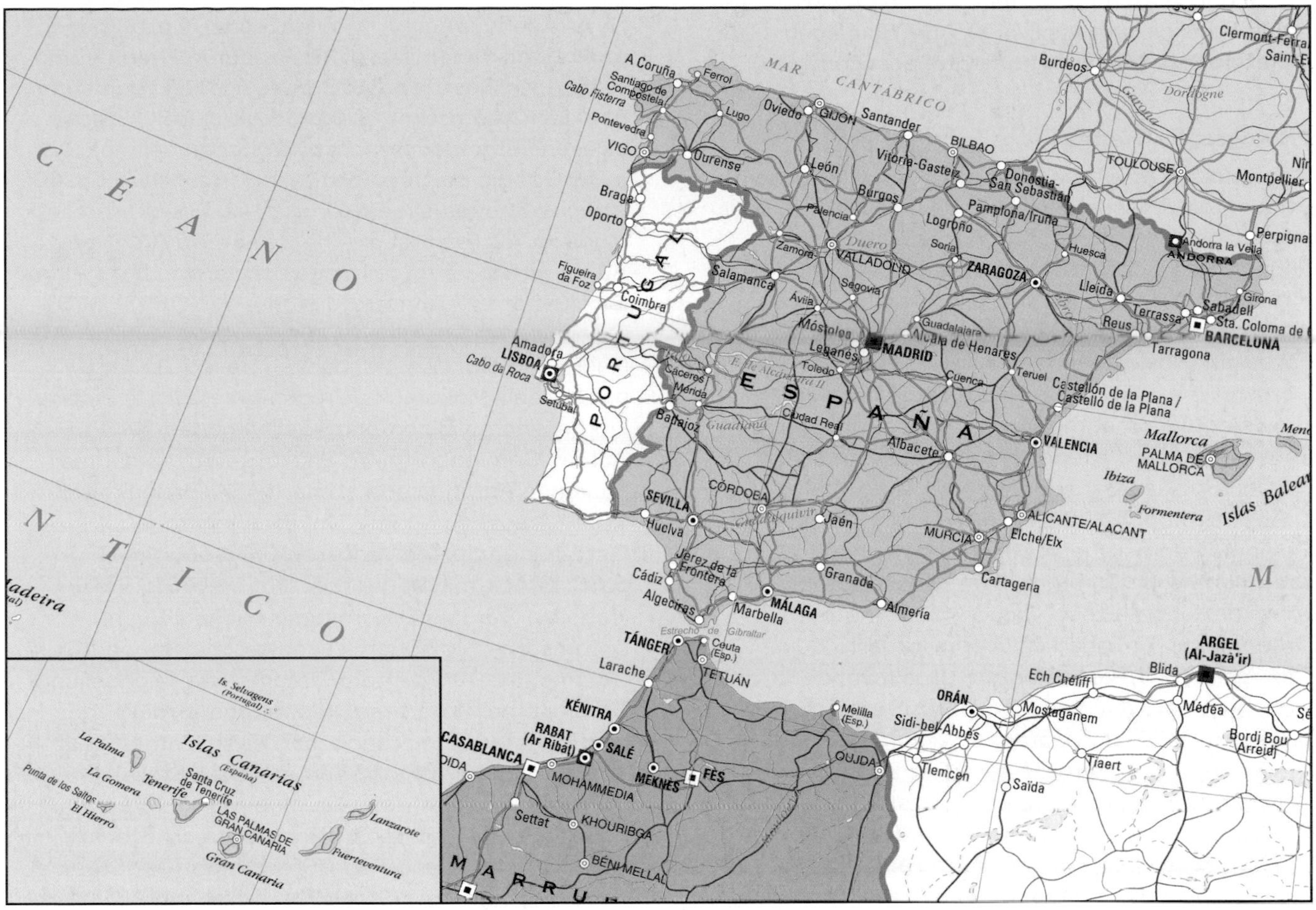

GUINEA ECUATORIAL

CREDITS

Text Credits

Capítulo 7: p. 180: "La revisión", Mar Garachana, in Manual de escritura académica y profesional, estrategias discursivas (Vol. II), Ariel Barcelona (2015); **Capítulo 9: p. 260:** www.huffingtonpost.com.mx

Photography Credits

Capítulo 1: p. 9: iStock/PeopleImages; **p. 3:** iStock/Stígur Már Karlsson /Heimsmyndir; **p. 4:** MARELBU/Wikimedia Commons; Lunamarina/Dreamstime; Leungphotography/Dreamstime; iStock/Gabriele Maltinti; **p. 5:** Ilusión Óptica; **p. 6:** jtinjaca/iStoxk; iStock/RapidEye; **p. 7:** iStock/mofles; iStock/FotografiaBasica; Knicek/Dreamstime; Tyler Olson/Dreamstime; Pictorial Press Ltd/Alamy; Noah Browning/Dreamstime; iStock/MarcoRof; iStock/Foto4440; Adwo/Dreamstime; Gstockstudio1/Dreamstime; nuestravidahoy.com; Uschidaschi/Dreamstime; **p. 8:** Difusión; **p. 9:** Davinci/Dreamstime; Davinci/Dreamstime; **p. 10:** Teresa Kenney/Dreamstime; **p. 11:** iStock/Eva-Katalin; iStock/MachineHeadz; iStock/vgajic; Pavel Ignatov/Dreamstime; Anyaberkut/Dreamstime; iStock/DekiArt; iStock/PepitoPhotos; iStock/Steve Debenport; **p. 12:** iStock/4x6; **p. 13:** iStock/drbimages; **p. 14:** Javier Pérez Zapatero; Javier Pérez Zapatero; Javier Pérez Zapatero; Javier Pérez Zapatero; Javier Pérez Zapatero; Javier Pérez Zapatero; Javier Pérez Zapatero; Javier Pérez Zapatero; **p. 15:** VEGAP; VEGAP; **p. 16:** iStock/Julia_Henze; **p. 19:** iStock/Tempura; iStock/Tempura; ZUMA Press, Inc./Alamy; **p. 21:** iStock/AndreyGorulko; **p. 22:** iStock/kali9; **p. 23:** www.playasmexico.com.mx; Pictorial Press Ltd/Alamy; Noah Browning/Dreamstime; Knicek/Dreamstime; iStock/Foto4440; Album/Alamy; iStock/FotografiaBasica; Tyler Olson/Dreamstime; Uros Ravbar/Dreamstime; iStock/RapidEye; iStock/urbancow; jtinjaca/iStock; **p. 24:** iStock/diegograndi; iStock/Rawpixel; iStock/scanrall; iStock/Ayakovlev; Pattanaphongphoto/Dreamstime; Panteleev83/Dreamstime; Monkey Business Images/Dreamstime; Difusión; Erika Kavali/Dreamstime; Silviu Matei/Dreamstime; iStock/Natali_Mis; iStock/Nirian; SeventyFour Images/Alamy; iStock/nito100; Nataliia Shcherbyna/Dreamstime; iStock/Tempura; iStock/scyther5; iStock/jacoblund; Alexander Oganezov/Alamy; iStock/BlackJack3D; **p. 25:** iStock/123ArtistImages; iStock/Nastasic; iStock/FatCamera; Milaapid/Dreamstime;

Capítulo 2: p. 26: Cortesía de Vogue México. Fotógrafos: Santiago & Mauricio; **p. 27:** Everett Collection Inc/Alamy; Starstock/Dreamstime; PictureLux/The Hollywood Archive/Alamy; PictureLux/The Hollywood Archive/Alamy; Ricardo Ceppi/GettyImages; Keith Morris/Hay Ffotos/Alamy; ZUMA Press, Inc./Alamy; dpa picture alliance archive/Alamy; Album/EFE; **p. 28:** Sam74100/Dreamstime; Andres Rodriguez/Dreamstime; **p. 29:** Ilusión Óptica; **p. 30:** Bocafloja & Quilomboarte - www.emancipassion.com; Oscar Garces/GettyImages; ZUMA Press, Inc./Alamy; EFE News Agency/Alamy; Sueddeutsche Zeitung Photo/Alamy; **p. 31:** MARKA/Alamy; EFE News Agency/Alamy; Mike McGregor/GettyImages; **p. 32:** iStock/saemilee; **p. 33:** Redbaron/Dreamstime; **p. 34:** Jose Castro; **p. 35:** Carrienelson1/Dreamstime; Sbukley/Dreamstime; **p. 36:** iStock/izusek; iStock/asiseeit; iStock/santypan; **p. 37:** iStock/selimaksan; **p. 38:** Google Earth; **p. 39:** Peter Horree/Alamy; **p. 40:** Rawpixelimages/Dreamstime; **p. 41:** iStock/Karolina Madej; **p. 42:** PictureLux/The Hollywood Archive/Alamy; **p. 43:** Heritage Image Partnership Ltd / Alamy Stock Photo; "Autorretrato, Nahui Olín (1893-1978) Colección Andrés Blaisten Dr. (Gerardo Murillo) ATL Nahui Olin, Ca. 1922. Atl colors / fresco, 100 × 100"; **p. 46:** Denis Makarenko/Dreamstime; Allstar Picture Library/Alamy; Bloomberg/GettyImages; NASA/Aubrey Gemignani; **p. 47:** Zhukovsky/Dreamstime; Laurence Agron/Dreamstime; NASA/Sean Smith; ZUMA Press, Inc./Alamy; David Livingstone/GettyImages; **p. 49:** Venusangel/Dreamstime; **p. 50:** iStock/m-imagephotography; **p. 51:** iStock/joegolby; G0r3cki/Dreamstime; Michael Bush/Dreamstime; MaxiSports/Dreamstime; Springdt313/Dreamstime; Ammentorp/Dreamstime; Michaeljung/Dreamstime; Motortion/Dreamstime; iStock/mediaphotos; iStock/bjones27; Keith Morris/Alamy; iStock/PrathanChorruangsak; iStock/Rawpixel; iStock/Milkos; iStock/simonkr; iStock/monkeybusinessimages; iStock/andresr; iStock/kali9; iStock/SeventyFour; iStock/LightFieldStudios; iStock/xavierarnau; iStock/Steve Debenport; iStock/SolStock; Ammentorp/Dreamstime;

Capítulo 3: p. 54: iStock/takoburito; **p. 55:** Ethnologue: Languages of the World, Instituto Cervantes; **p. 56:** David Livingstone/GettyImages; Ole Jensen/Corbis/GettyImages; **p. 57:** Susan Béjar; **p. 58:** Tyler Olson/Dreamstime; José Castro; José Castro; José Castro; **p. 60:** Copestello/Dreamstime; **p. 61:** Difusión; **p. 62:** Gstockstudio1/Dreamstime; Tirachard/Dreamstime; Kadettmann/Dreamstime; Brainsil/Dreamstime; Kadettmann/Dreamstime; **p. 63:** iStock/chapecharge; **p. 64:** Alexandre Durão/Dreamstime; **p. 65:** ZUMA Press, Inc./Alamy; **p. 66:** iStock/Ljupco; iStock/Talaj; iStock/Angelica Corneliussen; iStock/Alter_photo; iStock/ozanuysal; iStock/hayatikayhan; **p. 67:** iStock/ajr_images; **p. 69:** iStock/artisteer; **p. 70:** Giland Prihardono/Dreamstime; **p. 71:** Difusión; **p. 72:** Firefox; Wikipedia; **p. 73:** Newscom/Alamy; Fernando Iwasaki Cauti; **p. 75:** iStock/FG Trade; **p. 76:** Wave Break Media Ltd/Dreamstime; **p. 79:** Maria Teresa Weinmann/Dreamstime; **p. 80:** iStock/fotoquique; **p. 81:** Artofphoto/Dreamstime; Andriy Petrenko/Dreamstime; Nazarova Maria/Dreamstime; Jovanmandic/Dreamstime; **p. 82:** iStock/andresr; Nick Stubbs/Dreamstime; Mirko Vitali/Dreamstime; iStock/jacoblund; Igor Akimov/Dreamstime; iStock/gilaxia; iStock/NicolasMcComber; Vchalup/Dreamstime; Piotr Trojanowski/Dreamstime; Arkady Vyrlan/Dreamstime;

Capítulo 4: p. 84: Panther Media GmbH/Alamy;

p. 86: Denniskoomen/Dreamstime; Felipe Tavares/ Dreamstime; Sally White/Dreamstime; Toniflap/ Dreamstime; iStock/Tamas Gabor; Yurasova/ Dreamstime; Ondrej Krupala/Dreamstime; Konstantin Kowarsch/Dreamstime; Demerzel21/ Dreamstime; Diego Grandi/Dreamstime; Balves/ Dreamstime; Kitayamaphoto/Dreamstime; **p. 87:** Ilusión Óptica; Jose Antonio Nicoli/Dreamstime; iStock/powerflower; **p. 88:** Kanokrat Tawokhat/ Dreamstime; iStock/SL_Photography; iStock/ pedrosala; iStock/3dan3; **p. 89:** Jose Antonio Nicoli/Dreamstime; Bryan Busovicki/Dreamstime; Adwo/Dreamstime; Roberto Caucino/Dreamstime; Diego Grandi/Dreamstime; iStock/DC_Colombia; **p. 91:** Alexey Kozak/Dreamstime; Jeremias Ozoa/ Dreamstime; iStock/DarrenTierney; **p. 93:** iStock/ agustavop; iStock/Kseniya Ragozina; iStock/ Tiago_Fernandez; iStock/tifonimages; **p. 94:** www. unmsm.edu.pe; **p. 96:** Adwo/Dreamstime; **p. 97:** iStock/FG Trade; **p. 98:** iStock/ronstik; Alfotokunst/ Dreamstime; Oliver Wintzen/Alamy; Sjors737/ Dreamstime; Thoneycutt/Dreamstime; iStock/ riderfoot; **p. 99:** Aleksandar Todorovic/Dreamstime; robertharding/Alamy; INTERFOTO / Alamy Stock Photo; Roberto Lainez; **p. 100:** María Isabel Lara Millapan; **p. 101:** Peter Ptschelinzew/GettyImages; Kike Calvo/GettyImages; NurPhoto/GettyImages; **p. 103:** "iStock/SeanZeroThree"; iStock/kali9; **p. 106:** iStock/Royalty Free; **p. 107:** Freepik/Flaticon; Creaticca Creative Agency/Flaticon; Google/ Flaticon; Freepik/Flaticon; Icongeek26/Flaticon; **p. 108:** Google Maps; Alfonsodetomas/Dreamstime; iStock/JackF; Google Maps; "iStock/mtcurado"; **p. 109:** Viktor_Gladkov/iStock; iStock/zlikovec; MBPROJEKT_Maciej_Bledowski/iSTock; iStock/ traveler1116; "iStock/LordRunar "; SalvadorGCubells/ iStock; Phaelnogueira/iStock; Andreviegas/ Dreamstime; iStock/stellalevi; iStock/martin-dm; iStock/Veni; iStock/zoom-zoom; iStock/JohnnyLye; iStock/arturogi;

Capítulo 5: p. 110: iStock/marioaguilar; **p. 111:** iStock/FatCamera; Jiong Dai/Dreamstime; Dejjf82/ Dreamstime; Ilene Perlman/Alamy; **p. 112:** Instituto Mexicano de Cine; **p. 113:** iStock/oversnap; **p. 114:** iStock/alvarez; iStock/diego_cervo; **p. 115:** iStock/ digitalskillet; **p. 118:** dpa picture alliance/Alamy; **p. 119:** SEGOB Archivo Nacional México; **p. 120:** Dtiberio/Dreamstime; iStock/ajr_images; iStock/ HRAUN; Kadettmann/Dreamstime; theramart. com; **p. 121:** Kadettmann/Dreamstime; Cidepix/ Dreamstime; **p. 122:** Alvaro Pantoja/Dreamstime; Peek Creative Collective/Dreamstime; iStock/ NoDerog; **p. 123:** Archive PL/Alamy; Courtesy of The Hispanic Society of America, New York. Joaquín de Sorolla y Bastida (1863-1923) Antonio Machado y Ruiz; Everett Collection Historical/Alamy; Peter Horree/Alamy; **p. 124:** Natalie Jurado Solanilla; imageBROKER/Alamy; **p. 125:** Album / akg-images; Isabella Stewart Gardner Museum, Boston, MA, USA/ Bridgeman Images.; **p. 126:** Ravenajuly/Dreamstime; **p. 128:** V. Dorosz/Alamy; Dennis Van De Water/ Dreamstime; Olga Albizu, 900-50-80 / Museo de Arte de Puerto Rico; Richard Ellis/Alamy; **p. 129:** Jlbecker86/Dreamstime; iStock/JuliarStudio; **p. 131:** iStock/thananya; **p. 132:** iStock/Non-Exclusive; **p. 133:** Anan Sudsaithong/Dreamstime; iStock/ primeimages; iStock/golibo; iStock/jeffbergen; Tetra Images/Alamy; iStock/Juan Jose Napuri; iStock/ kupicoo; iStock/monkeybusinessimages; iStock/ tomazi ; iStock/PeopleImages; Pepo Alcala/Alamy; "iStock/Tero Vesalainen"; iStock/BartekSzewczyk Monkey Business Images/Dreamstime; **p. 134:** Mmarik/Dreamstime; Cidepix/Dreamstime; **p. 135:** Flaticon;

Capítulo 6: p. 136: iStock/LUHUANFENG; **p. 138:** "iStock/SL_Photography"; iStock/saiko3p; iStock/ stockcam; Sandra Grandon/Dreamstime; picture-alliance/Fred Stein/Album; Clasos/GettyImages; **p. 139:** Ilusión Óptica; **p. 141:** iStock/dennisvdw; iStock/borchee; Matyas Rehak/Dreamstime; **p. 142:** iStock/Ogphoto; iStock/ajr_images; iStock/vale_t; **p. 143:** iStock/Wavebreakmedia; iStock/ajr_images; iStock/Morsa Images; iStock/LattaPictures; **p. 144:** José Castro; José Castro; José Castro; José Castro; "iStock/diego_cervo"; **p. 146:** Roger Pibernat; **p. 147:** Dan Porges/GettyImages; **p. 149:** iStock/mihtiander; **p. 150:** Czuber/Dreamstime; **p. 151:** Benzoix/ Dreamstime; **p. 152:** iStock/VisionsbyAtlee; iStock/ Sean Pavone; iStock/Stefan Becker; **p. 153:** CÓMO VIAJAR SIN VER by Andrés Neuman. Copyright 2012, Andrés Neuman, used by permission of The Wylie Agency (UK) Limited.; Boarding1now/ Dreamstime; Дмитрий Удовиченко/Dreamstime; **p. 156:** Pongphan Ruengchai/Alamy; Potysiev Denis/ Dreamstime; **p. 157:** Photoking/Dreamstime; Gordan/ Dreamstime; Portsmouth Square, San Francisco, California [1851 January]. Creator(s): McIntyre, Sterling C., photographer; iStock/ilbusca; **p. 159:** iStock/AlanFalcony; **p. 160:** Kzenon/Alamy; Annausova75/Dreamstime; iStock/Ranta Images; iStock/JackF; iStock/Tempura; Chermen Otaraev/ Dreamstime; iStock/Cecilie_Arcurs; iStock/ SolStock; iStock/JackF; iStock/mphillips007; iStock/LenaKozlova; iStock/Drazen_; **p. 161:** iStock/ mastaka; iStock/Evgeniya Chertova; iStock/ilyast; iStock/kbeis; iStock/Amoled; iStock/cnythzl; iStock/ filborg; iStock/Abscent84; iStock/i3alda; iStock/ nadia_bormotova; iStock/Serhii Brovko; iStock/ KeithBishop; iStock/primo-piano; **p. 162:** iStock/ agustavop; **p. 163:** iStock/holgs;

Capítulo 7: p. 164: Robtek/Dreamstime; Palians/ Dreamstime; iStock/ozanuysal; **p. 165:** "Nitipong Choosompop/Dreamstime"; **p. 166:** MediaPunch Inc/Alamy; Sam Levi/GettyImages; Igor Terekhov/ Dreamstime; **p. 167:** GIOVANNI MACCELLI/ Zampano Producciones; **p. 168:** AYAimages/ Dreamstime; **p. 170:** Art Collection 4/Alamy; iStock/swisshippo; iStock/Nnehring; De Agostini/ Biblioteca Ambrosiana/Getty; **p. 171:** Artem Varnitsin/Dreamstime; **p. 174:** Jose Castro; iStock/

jacquesdurocher; ajr_images/Adobe Stock; **p. 175:** iStock/aldomurillo; pathdoc/Adobe Stock; sianc/ Adobe Stock; iStock/monkeybusinessimages; **p. 176:** Clearvista/Dreamstime; iStock/JasonDoiy; **p. 178:** "Library of Congress/GettyImages"; **p. 179:** "Juan Gelman. "Carta abierta a mi nieto". 1998, Herederos de Juan Gelman"; "MIGUEL ROJO/ GettyImages"; **p. 182:** iStock/Shidlovski; iStock/ RolandBlunck; iStock/Tassii; Underwood Archives/ GettyImages; iStock/gremlin; **p. 183:** Niday Picture Library/Alamy; Granger Historical Picture Archive/ Alamy; Alpha Historica / Alamy Stock Photo; Matthew Kiernan/Alamy; "Netsign33/Dreamstime"; **p. 184:** Justin Fegan/Dreamstime; **p. 186:** iStock/ Kharlamova; **p. 187:** Okanakdeniz/Dreamstime; Stephane Duchateau/Dreamstime; Edwardgerges/ Dreamstime; Atosan/Dreamstime; iStock/t_kimura; iStock/Freer Law; Gabriel Robledo/Dreamstime; Raducomes/Dreamstime; Lasse Kristensen/ Dreamstime; Alain Lacroix/Dreamstime;

Capítulo 8: p. 188: Oleg Dudko/Dreamstime; **p. 189:** iStock/3quarks; "iStock/Hung_Chung_ Chih"; Art4stock/Dreamstime; iStock/Chalabala; iStock/LagunaticPhoto; Djtomsten Hammarsten/ Dreamstime; David Woods/Dreamstime; Ondřej Prosický/Dreamstime; **p. 191:** Ilusión Óptica; **p. 192:** iStock/FG Trade; iStock/Juanmonino; **p. 193:** iStock/ferrantraite; **p. 194:** Markus Mainka/ Adobe Stock; **p. 195:** Yassan's GPS Drawing Project; iStock/Jean-philippe WALLET; **p. 196:** iStock/Jmonkeybusinessimages; iStock/JIgor Alecsander; iStock/JJackF; iStock/JRidofranz; iStock/JJuanmonino; iStock/JJohnnyGreig; iStock/ JJTSorrell; **p. 198:** iStock/aldomurillo; **p. 199:** iStock/ FG Trade; iStock/AnnaNahabed; iStock/Morsa Images; iStock/visualspace; **p. 200:** Agence Opale/ Alamy; **p. 202:** iStock/Martin Dimitrov; **p. 203:** "Евгений Харитонов/Dreamstime"; iStock/SensorSpot; **p. 204:** Artepics/Alamy; RONALDO SCHEMIDT/ GettyImages; Hanneke Luijting/GettyImages; **p. 205:** Ana María Matute. "El niño al que se le murió el amigo", Los niños tontos. Ana María Matute, 1956 y Herederos de Ana María Matute; Pere Virgili/Album; **p. 207:** Ana María Matute. "El niño al que se le murió el amigo", Los niños tontos. Ana María Matute, 1956 y Herederos de Ana María Matute; **p. 208:** Museu de Montserrat; Museu Nacional d'Art de Catalunya; **p. 209:** Sataporn Jiwjalaen/Dreamstime; **p. 213:** Oleksandr Suhak/Dreamstime; Millda/Dreamstime; Mariadubova/Dreamstime; Olezzo/Dreamstime; **p. 214:** Rawpixelimages/Dreamstime; **p. 216:** Melanie Moor/Dreamstime; **p. 217:** Sergio Hayashi/ Dreamstime;

Capítulo 9: p. 218: Serhii Stadnyk/Dreamstime; **p. 219:** Carrienelson1/Dreamstime; Slaven Vlasic/ GettyImages; WENN Rights Ltd/Alamy; iStock/ malerapaso; **p. 221:** Ilusión Óptica; **p. 222:** iStock/ Nattakorn Maneerat; **p. 223:** iStock/shironosov; iStock/svetikd; iStock/vgajic; **p. 224:** iStock/Daniel Ernst; iStock/franckreporter; iStock/lovro77; **p. 225:** Llorenç Conejo; **p. 226:** Oleh29photo/Dreamstime; Alexmax/Dreamstime; Tatyanaego/Dreamstime; Tatyanaego/Dreamstime; Sergarck/Dreamstime; Serhii Yevdokymov/Dreamstime; Ashwin Kharidehal Abhirama/Dreamstime; Viovita/Dreamstime; Parin Kiratiatthakun/Dreamstime; "Oleg Magurenco/ Dreamstime"; Figarro/Dreamstime; Evaletova/ Dreamstime; Wabeno/Dreamstime; iStock/clu; Veniamin Kraskov/Dreamstime; Superdenysuhendra/ Dreamstime; George Mdivanian/Dreamstime; Marusea Turcu/Dreamstime; Jcsmilly/Dreamstime; Vitali Enhelbrekht/Dreamstime; Zakaz/Dreamstime; Kaththea/Dreamstime; Evaletova/Dreamstime; **p. 227:** Mindauga Dulinska/Dreamstime; Tatyanaego/ Dreamstime; zhekos/iStock; DonNichols/ iStock; Alexkalina/Dreamstime; "Ruslan Kudrin/ Dreamstime"; Andreas Muenchbach/Dreamstime; Melica/Dreamstime; Oleg Dudko/Dreamstime; **p. 228:** Juan Moyano/Dreamstime; iStock/porcorex; **p. 229:** iStock/CasarsaGuru; **p. 231:** Boris Medvedev/ Dreamstime; **p. 232:** Voyageur/Dreamstime; Piksel/ Dreamstime; "Acceleratorhams/Dreamstime"; **p. 233:** Salo Shayo/Roots Project; Ericka Suárez Weise / Weise Atelier; Ericka Suárez Weise / Weise Atelier; **p. 234:** Gheorghe Andrei Cosmin/Dreamstime; **p. 236:** iStock/kyoshino; iStock/Happycity21; **p. 237:** PatersonFilms/MOLA/2018; **p. 239:** iStock/ TopDigiPro; **p. 241:** iStock/baona; iStock/Lemon_tm; **Capítulo 10: p. 242:** iStock/LarisaBlinova; **p. 243:** El Celler de Can Roca; Jussi Puikkonen / Alamy Stock Photo; **p. 244:** iStock/LDF; Hasan Can Balcioglu/Dreamstime; iStock/mphillips007; iStock/ TheCrimsonMonkey; iStock/Issaurinko; iStock/ malerapaso; iStock/JoKMedia; **p. 245:** Ilusión Óptica; **p. 246:** Ppy2010ha/Dreamstime; Ppy2010ha/ Dreamstime; iStock/daniel san martin; **p. 247:** Mircea Dobre/Dreamstime; Ildipapp/Dreamstime; **p. 248:** iStock/Sezeryadigar; iStock/Serg_Velusceac; iStock/Floortje; iStock/Alexlukin; iStock/hdagli; **p. 249:** iStock/nicolesy; **p. 250:** iStock/photomaru; iStock/egal; iStock/ALEAIMAGE; iStock/YinYang; iStock/karandaev; iStock/amphotora; iStock/ Dimitris66; iStock/Floortje; iStock/adavino; iStock/ choness; iStock/fcafotodigital; iStock/robynmac; iStock/chictype; iStock/fcafotodigital; iStock/ fcafotodigital; iStock/julichka; iStock/RedHelga; iStock/anna1311; iStock/Maksym Narodenko; **p. 251:** iStock/Iryna Chubarova; Niknikopol/Dreamstime; iStock/ziquiu; iStock/fcafotodigital; James Brunker/ Alamy; Dorling Kindersley ltd/Alamy; **p. 252:** iStock/ Gilberto Villasana; Coconutdreams/Dreamstime; Martin Schneiter/Dreamstime; iStock/Jultud; **p. 253:** iStock/SamuelBrownNG; iStock/KittisakJirasittichai; iStock/kali9; iStock/AntonioGuillem; iStock/ AaronAmat; **p. 254:** iStock/DebbiSmirnoff; **p. 255:** Pakhnyushchyy/Dreamstime; iStock/Yana Dzubiankova; **p. 256:** Martinmark/Dreamstime; **p. 257:** iStock/bonchan; **p. 258:** Ppy2010ha/ Dreamstime; **p. 259:** Leonardo Padura Fuentes, 2000. Por cortesía de Tusquets Editores, Barcelona,